T0207584

Printed in the United States
By Bookmasters

ألفاظ الحضارة

عند

أبي حيّان التوحيديّ

د. حسن اسماعيل

ألفاظ الحضارة

عند

أبي حيّان التوحيديّ

دار الفارابي

الكتاب: ألفاظ الحضارة عند أبي حيّان التوحيديّ

المؤلف: د. حسن اسماعيل

الغلاف: فارس غصوب

الناشر: دار الفارابي ـ بيروت ـ لبنان

ت: 301461(01) ـ فاكس: 307775(01)

ص.ب: 11/3181 ـ الرمز البريدي: 2130 1107

e-mail: info@dar-alfarabi.comwww.dar-alfarabi.com

الطبعة الأولى 2010

ISBN: 978-9953-71-516-2

تباع النسخة الكترونياً على موقع:

www.arabicebook.com

إهداء

إلى ذكرى أبي حيّان التوحيديّ في ألفيّة رحيله.

إلى ذكرى أستاذي الدكتور حليم اليازجيّ .

إلى حفيديَّ محمد وحسن

أهدي هذا العمل.

حسن

مقدمة

ألفاظ الحضارة عند أبي حيّان التوحيدي هو معجم يتناول ألفاظ الحضارة في القرن الرابع الهجري/ العاشر الميلادي، وهو الزمان الذي عاش فيه التوحيدي. وقد أنشأته من خلال كتاب «الإمتاع والمؤانسة» ([1]) و «رسالة الصداقة والصديق» ([2]).

ويعود اختيار الموضوع إلى أربعة أمور:

الأول هو حاجة مكتبتنا العربية الى هذا النوع من الدراسات التي تُسهم في ملاحقة ألفاظ اللغة في تطوّر دلالاتها، وتؤدي خدمة جليلة إلى دارسي اللغة دراسةً تاريخية.

والثاني هو المستوى الرفيع الذي بلغته الحضارة العربية الإسلامية في القرن الرابع الهجري؛ فقد ذهب أكثر الدارسين إلى اعتبار هذا القرن العصر الذهبيّ للعرب، من حيث الحياة الاجتماعية والعلمية والفكرية والفنيّة والأدبية، على الرغم مما آلت اليه أحوال السياسة في تلك المرحلة، من تشتُّت وانقسام وضعف ([3]). ومن البديهيّ أن تواكب اللغة حضارة العصر في التعبير عن المستجدّات الحضاريّة، الأمر الذي يُكسبها صفة الجدارة بالبحث والدراسة.

---

[1] التوحيدي، أبو حيّان، الإمتاع والمؤانسة، 3 أجزاء. تحقيق. أحمد أمين و أحمد الزين، مكتبة الحياة ـ بيروت ـ ب. ت.

[2] التوحيدي، أبو حيّان، الصداقة والصديق، تحقيق إبراهيم الكيلاني، دار الفكر المعاصر ـ بيروت ، ودار الفكر ـ دمشق، ط 2، 1421هـ/2000م.

[3] ميكال، أندريه (Miquel. A) ، الإسلام وحضارته، ترجمة زينب عبد العزيز ، المكتبة العصرية، صيدا ـ بيروت ، ط 1، 1981، ص 131. و حسين، طه ، من تاريخ الأدب

والثالث هو أنّ أبا حيّان التوحيديّ يُعتبر أحدَ أهمّ الأعلام الذين واكبوا تلك المرحلة من حياة العرب ، ورافقوا حيّزاً من مسيرة الحضارة فيها، وأسهموا في صنعها، وشهدوا على تطوُّرها؛ فقد استطاع التوحيديُّ ـ بفضل تنقُّله في قصور الوزراء والأمراء ـ أن يكون شاهداً على حضارة عصره، وفاعلاً فيها، فنقل الى الأجيال اللاحقة صُوَراً من مظاهر تلك الحضارة، انفرد ببعضها، ولولاه لبقيت طيّ الكتمان؛ إذ شُهِرَ بنقل المناظرات الفكرية، التي ميّزت القرن الرابع الهجري/ العاشر الميلادي، نقلاً أميناً ودقيقاً، ما جعله، باعتراف كثير من الدارسين، الشاهد الوحيد على تلك المظاهر ([4]). وقد عبّر التوحيدي عن ذلك كلّه بلغةٍ هي الأرقى، في ألفاظها وتراكيبها وأسلوبيّتها العامّة، قياساً على ما آلت اليه أساليب العرب في ذلك الزمان، من حيث المبالغة في استخدام البديع، ولا سيّما غلبة السجع على سواه من أساليب النثر المتعارفة. وكانت لغته نموذجاً من نماذج العربية يستحقُّ البحث والدراسة.

والرابع هو اختيار كتاب «الإمتاع والمؤانسة» ورسالة «الصداقة والصديق» مادّة للبحث؛ فأما كتاب «الإمتاع والمؤانسة» فهو مدوّنة لجلسات سمر دارت بين التوحيديّ و الوزير البويهي ([5]) أبي عبد اللـه العارض ([6]) في مجلس الأخير. وقد

=العربي (3 أجزاء) دار العلم للملايين، بيروت ، ط 5، 1991، ج 3، ص 34. وشلق، علي ، مراحل تطوّر النثر العربيّ في نماذجه (3 أجزاء) دار العلم للملايين، بيروت ، ط 1، 1994، ج 3، ص 7.

[4] الحوفي، أحمد محمد، أبو حيّان التوحيدي (جزءان) مكتبة نهضة مصر بالفجالة، ب. ت، ج 2، ص 108، و مروّة، حسين ، النزعات المادية في الفلسفة العربية الإسلامية، (مجلدان) دار الفارابي ـ بيروت ، ط 2، 1979م، ج 2، ص 360.

[5] نسبة إلى مؤسس الدولة الحسن بن بويه بن فنا خسرو الديلمي، ركن الدولة (ت366هـ/ 976م) الذي استمر في ملك الري 44 سنة وشهراً وتسعة أيام (الزِّركلي، خير الدين، الأعلام، (8 مجلدات) دار العلم للملايين، بيروت ، ط 6، 1984م، مجلد 3، ص 185.

[6] هو أبو عبد اللـه الحسين بن أحمد بن سعدان ، كان وزيراً لصمصام الدولة بن عضُد الدولة البويهي، من سنة 372هـ/ 983م الى سنة 375هـ/ 986م. والعارض لقب يُطلق على من يُعرِّف العسكر، ويحفظ أرزاقهم، ويعرض العسكر على الملك. (التوحيدي، أبو حيّان، الإمتاع والمؤانسة، ج1، ص 24).

جمع أبو حيّان في هذا الكتاب كل ما في نفسه من جدّ وهزل، وغثٍّ وسمين، وشاحب ونظير، وفكاهة وأدب، واحتجاج وعذر، وتعرَّض الى مجالس الأدباء والوزراء، ووَصَف المناظرات العلمية والفكريّة واللغوية، الأمر الذي جعل الكتاب ممتعاً ومؤنساً، يلقي الضوء على حضارة عصره بأسلوب أدبيّ راقٍ يحذو حذْوَ الجاحظ ([7]) في الإطناب ([8]) والإطالة في تصوير الفكرة، وتوليد المعاني منها حتى يكاد يفليها فلياً. وقد زخر الكتاب، فضلاً عن ذلك، بتنوع واسع من الألفاظ الدالة على مظاهر الحضارة، وأفانينها. وأما رسالة «الصداقة والصديق» فهي تصنِّف طبقات المجتمع على اختلافها. وقد عرفها التوحيديّ بالمعاينة والمعاشرة والاختبار، وقدّمها في تصوير أدبيّ وجدانيّ، دوَّن فيه المجالس التي كان يحضرها، فجمع بعض القضايا الفلسفية والأخلاقية التي كانت تشغل المفكرين والعلماء في زمانه، بالإضافة إلى أحوال المجتمع. ومن شأن مثل هذه القضايا أن تصنَّف في جوهر الحضارة، وقد كتبها التوحيديّ في أواخر أيامه، أو ـ كما يصرّح هو نفسه ـ حين كانت «شمس العمر على شفا، وماء الحياة إلى نضوب، ونجم العيش إلى أفول» ([9]). ولعل لغته وصلت ـ في هذه المرحلة ـ الى أرقى مستوياتها، فغدت خير معبِّر عن حضارة العرب في ذلك الزمان، وباتت ـ بالتالي ـ جديرة بالبحث والدراسة. ومن هنا رأينا أن نختار هذين المصنَّفين مادة للبحث باعتبارهما خلاصة لغة التوحيدي ولغة زمانه.

منهج البحث ومنهجيته: يلتقي أكثر الدارسين على أن المنهج هو الطريق الذي يسلكه الباحث بوساطة قواعد عامة تحدّد عمليات العقل، للكشف عن

---

[7] هو عمرو بن بحر بن محبوب الكناني بالولاء، الليثي، أبو عثمان، الشهير بالجاحظ، كبير أئمة الأدب، ورئيس الفرقة الجاحظية من المعتزلة . توفي سنة 255هـ/ 869م. له مصنفات كثيرة، منها «الحيوان» و«البخلاء» والبيان والتبيين» (الحموي، ياقوت ، معجم الأدباء، تحقيق أحمد فريد رفاعي بك . دار المأمون، مصر . ب. ت. ج 16 ص 74.

[8] الإطناب نوع من أنواع البلاغة، وهو أداء المقصود بلفظ أكثر من المتعارف. (التهانوي، محمد علي، كشاف اصطلاحات الفنون، تحقيق علي دحروج (جزءان) مكتبة لبنان ـ بيروت . ط 1، 1996م، ج 1، ص 222.

[9] التوحيدي، أبو حيّان، الصداقة والصديق، ص 74.

الحقيقة المفضية الى الغاية المنشودة ([10]). وبناء عليه نرى أن المناهج مرتبطة بالغايات.

ولما كانت الكلمة هي المادة التي يدور حولها النشاط المعجمي، لكونها غاية هذا النشاط، فإنها تحتاج الى شرح وتحليل في هجائها ونطقها وتحديدها الصرفي. وإذ تباينت الآراء ـ قديماً وحديثاً ـ حول تحديد مفهوم الكلمة العربية، فإننا نتبنّى التعريف الذي اعتمده تمام حسان، إذ قال: «صيغة ذات وظيفة لغويّة معيّنة في تركيب الجملة تقوم بدور وحدة من وحدات المعجم، وتصلح لأن تُفرد، أو تُحذف، أو تحشى، أو يُغيَّر موضعها، أو يُستبدل بها غيرها، في السياق، وترجع في مادتها غالباً إلى أصول ثلاثة، وقد تلحق بها زوائد» ([11]).

ومن هذا المنطلق قمت باستخراج ألفاظ الحضارة الواردة في كتاب «الإمتاع والمؤانسة» و «رسالة الصداقة والصديق»، وأثبتها مضبوطة بهدف هجائها ونطقها، وشرحت معانيها، مشيراً الى ما فيها من تطور دلالي، متوقفاً عند المعنى الذي يقصده أبو حيان التوحيدي، إذا كان للفظ أكثر من دلالة، أو إذا كان المعنى الذي يقصده التوحيدي مغايراً للمعاني التي استخدم فيها هذا اللفظ أو ذاك. وقد حرصت على إثبات ما لحق باللفظ من دلالات مستجدة بعد التوحيدي، وأشرت إلى ما أهمله أصحاب المعجمات القديمة من تلك الألفاظ.

وإذ قسمت هذا البحث الى بابين، فقد تناولت في الباب الأول أبرز الإنجازات الحضارية في القرن الرابع الهجري/ العاشر الميلادي، وهو عصر التوحيدي، فحددت الإطار التاريخي والسياسي لتلك المرحلة من حياة المجتمع العربي ـ الإسلامي، وألقيت بعض الضوء على دور أهل الذمّة في هذه الحقبة، وتوقفت عند التطور الحاصل في التنظيم والإدارة، فمظاهر الحياة الاجتماعية

[10] بدوي، عبد الرحمن، مناهج البحث العلمي، وكالة المطبوعات الكويت، ط 3، 1977م، ص 5. وفخري، ماجد، إشكالية المنهج: منهج واحد أم عدة مناهج، مجلة الفكر العربي، معهد الإنماء العربي ـ بيروت، العدد 42، 1986 ص 10.

[11] حسان، تمام، مناهج البحث في اللغة، دار الثقافة، الدار البيضاء، 1986، ص 266.

والاقتصادية، ولا سيّما حياة الغنى والترف، والقفزات النوعية على المستوى الاقتصادي. ثم تناولت مظاهر الحياة العلمية، ولا سيما علوم التاريخ والجغرافيا، والطب والرياضيات والفلسفة، وأثر ذلك على مجرى تطور المجتمع العربي ـ الإسلامي. فضلاً عن ذلك عالجت بعض مظاهر الحياة الأدبية، ووقفت على تطور لغة العرب وقدرتها على مواكبة الحضارة، فعرضت بعض عوامل التطور اللغوي، وموقف العربية منها، وأساليب العرب في التوسع الدلالي، ولا سيما الاشتقاق والمجاز وتعريب الدخيل، والنشاط اللغوي في تلك الحقبة، وبخاصة النشاط المعجمي. وتناولت، في نهاية هذا التمهيد، موقع أبي حيان في عصره، ولا سيما علمه وثقافته، وأثره في حضارة العصر، دون الغوص في تفاصيل حياته، لأن طبيعة الموضوع لا تحتمل التوسع في ذلك.

وأما الباب الثاني فتضمن ألفاظ الحضارة عند أبي حيّان التوحيدي. وقد رتبتها بحسب الترتيب الألفبائي للألفاظ، وإذا كان التعبير من كلمتين فالمعتبر في الترتيب هو الحرف الأول من الكلمة الأكثر أهميّة، فتعبير «ديوان التوقيع» على سبيل المثال، يُبحَث عنه في باب الدال، باعتبار كلمة ديوان هي الأهم، في حين يبحث عن «صاحب الشرطة» في باب الشين (شرطة). وأنهيت الكتاب بخاتمة ضمنتها أهم النتائج التي توصلت اليها من خلال البحث، وأتْبعتُ ذلك بفهارس عامة شملت الآيات القرآنية، والأعلام والقبائل والفرق، والبلدان والأنهار والجبال، والمصادر والمراجع، والموضوعات.

وقد اعتمدت في هذا الكتاب على مصادر ومراجع لغوية وتاريخية وفكرية وأدبية موثوق بها، وفي رأس هذه المصادر القرآن الكريم والحديث النبوي الشريف، ومعجمات العرب: قديمها وحديثها، فضلاً عن كتب في علم اللغة.

وأخيراً، أتقدم بالشكر الجزيل، ممن آزروني في إنجاز هذا العمل، راجياً أن أكون قد أسديت خدمة الى لغتنا العربية في معركة صمودها ضد إضعافها.. ثم موتها.. فاندثارها، معتذراً عما شابَهُ من أخطاء وهنات.

بيروت في 2009/8/19

الباب الأول

الوضع الحضاري في القرن الرابع الهجري تمهيد

تمهيد

مفهوم الحضارة

الحضارة في العربية (بكسر الحاء وفتحها): خلاف البادية والبَداوة والبَدْو. والحِضارة (بكسر الحاء): الإقامة في الحَضَر والحاضِرة والحَضْرة. والحضَر هي المُدُن والقُرى والريف. سُمِّيت بذلك لأن أهلها حضروا الأمصار ومساكن الديار التي يكون لهم بها قرار ([12]).

والحضارة والبداوة عند ابن خلدون (ت 808هـ/1406م) طوران أو جيلان طبيعيّان من أجيال طبيعية في حياة المجتمعات المختلفة. ولكن البدو أصل الحضر لأن البداوة أقدم، وهم ـ حسب رأيه ـ «المُقْتَصِرون على الضروري في أحوالهم، العاجزون عما فوقه» ([13]). فمتى حصل لهم ما فوق الحاجة من الغِنى والرّفه «دعاهم ذلك إلى السكون والدعة وتعاونوا في الزائد على الضرورة واستكثروا من الأقوات والملابس والتأنّق فيها وتَوْسِعة البيوت واختطاط المدن والأمصار للتحضّر» ([14]). وانسجاماً مع ذلك يعرّف الحضارة بأنها «تفنُّن في الترف وإحكام الصنائع المستعمَلة في وجوهه ومذاهبه من المطابخ والملابس والمباني والفُرُش والأبنية وسائر موائد المنزل وأحواله» ([15]).

---

[12] الزَّبيدي، السيد محمد مرتضى الحسيني. تاج العروس من جواهر القاموس، إصدار وزارة الإرشاد والأنباء بالكويت (40 مجلداً (1965 ـ 2001) ج 11، ص 37، مادة حضر.

[13] ابن خلدون. المقدمة. دار إحياء التراث العربي، بيروت ، ب. ت، ص 122.

[14] م. ن، ص 120.

[15] م. ن، ص 172.

وفي اللغات الأجنبية تطالعنا بإزاء لفظة «الحضارة» لفظتا Culture و Civilisation وما يرادفهما. فأما كلمة Culture فمأخوذة عن اللاتينية (Cultura) وقد كانت دلالة الأصل اللاتيني في العصور القديمة والوسيطة مقصورة على تنمية الأرض ومحصولاتها، فلمّا كان القرن الثامن عشر «انتقلت إلى التعبير عن المكاسب العقلية والأدبية والذوقيّة التي نعبِّر عنها بالعربيّة بلفظة الثقافة» ([16]). ثم أخذ معناها يتطوّر عند الفلاسفة وعلماء الاجتماع والمؤرخين، وغدت تُطلَق على «مجموع عناصر الحياة وأشكالها ومظاهرها في مجتمع من المجتمعات» ([17]).

وأما كلمة Civilisation الفرنسية (أو Civilization الانكليزية) فمشتقة كذلك من اللاتينية من Civis أي المدني أو المواطن في المدينة ([18]). ثم أخذت تُستخدَم مجازاً للتعبير «عن حالة الرقي والتقدّم في المجتمعات» ([19]). وقد ظنَّ تايلور (Tylor) (ت 1334هـ/1917م) أن لفظتي Culture Civilisation مترادفتان وكأنهما لفظ واحد، وعرَّفهما بكل تركيب يؤلّف العلوم والمعتقداتِ والفنونَ والأخلاقَ والقوانينَ والأعرافَ والعاداتِ والخواصَّ الأخرى. ثم عاد فميَّز بين ثلاثِ درجاتٍ من تطور المجتمعات هي: الوحشية فالبربرية فالحضارة. وبهذا تكون الحضارة عنده مطابِقة لنموذج عال من الثقافة ([20]).

ويلتقي هنري مورغان (H. Morgan) (ت1299هـ/ 1881 م) مع تايلور في تصنيفه مراحل البشرية، ولكنَّ مورغان يخالفه في إعادة تقسيم كلّ من «مرحلتيْ

---

16 زريق. قسطنطين، في معركة الحضارة، دار العلم للملايين، بيروت ، ط. أولى 1978، ص 33.

17 م. ن، ص 34.

18 انظر:

Auge. Paul, Larousse du XXe sicelce (6v). Librairie larousse, Paris V. 2, p. 281

19 زريق، قسطنطين ، في معركة الحضارة، ص 35.

20 انظر:

Encyclopedia Universalis, V. 4, p. 587-

التَوَحُّش والبربرية الى ثلاث مراتب» ([21]). إذ يصنِّف هذه المراحل، فيرى أن الوحشية هي التي يهيمن فيها امتلاك المنتجات الطبيعية الجاهزة، وأن البربريَّةَ هي مرحلة تربية الماشية والزراعة، أي هي مرحلة تحصيل الطرائق لزيادة إنتاج المنتجات الطبيعيَّة بفضل النشاط البشري، وأن مرحلة الحضارة هي «مرحلة استمر فيها تعلُّم معالجة المنتجات الطبيعية، وأنها مرحلة الصناعة بالذات، مرحلة الفن» ([22]).

وأما فردريك أنجلس (F. Angelz) (ت 1313هـ/1895م) فينظر إلى الحضارة على أنها ازدهار تام وانقلاب في حياة المجتمع. فهو يعرِّفها بـ «تلك الدرجة من تطوُّر المجتمع التي يبلغ فيها تقسيمُ العمل والتبادلُ الناجم، بين الأفراد، والإنتاجُ البضاعيُّ الذي يجمع بين هاتين الظاهرتين، الازدهارَ التامَّ، وتؤدِّي هذه العوامل الثلاثة إلى انقلاب في عموم المجتمع السابق» ([23]). ويميّز اسوالد اشبنغلر (O. Spengler) (ت 1936 م) بين الحضارة والمدنيَّة، فيرى أن الحضارة «هي كينونة الأمم في أشكال دول» ([24])، وأنها «النقطة التي يسمو عندها الإنسان بنفسه فوق قوى الطبيعة ويصبح هو نفسه خالقاً» ([25]). وتشتمل الحضارة عنده على «كل ما هو منظور ومحسوس ومدرك من تعابيرها، كالأعمال والآراء والدين والدولة والفنون والعلوم والشعوب والمدن والاقتصاد والأشكال الاجتماعية والنطق والقوانين والعادات والطبائع وخطوط الوجه والأزياء» ([26]).

---

[21] الخوري، فؤاد، نشأة الانتربولوجيا والاجتماع وتطورها، مجلة الفكر العربي، العددان 37 ـ 38 ك 2 ـ أيار 1 1985، ص 18.

[22] أنجلس. فردريك، أصل العائلة والملكية الخاصة والدولة. ترجمة الياس شاهين ـ دار التقدم ـ موسكو. ب. ت، ص 32.

[23] م. ن، ص 23.

[24] اشبنغلر، اسوالد، تدهور الحضارة الغربية، ترجمة أحمد الشيباني، دار مكتبة الحياة، بيروت . ب ـ ت، ج 2 ص 540.

[25] م. ن. ج 2 ص 487.

[26] م. ن. ج 1، ص 126.

وأما المدنيّة فهي في نظره المصير المحتوم للحضارة، وهي أضحل الأوضاع سطحية وأبعدها عن الطبيعة أصالة. ويرى اشبنغلر أنها «الموت يتبع الحياة. إنها الصلابة تعقب المرونة» ([27]). وهي فوق هذا «تشكل نهاية لا تستطيع أمام تحقيقها إرادة أو عقل، ومع ذلك تبلغها الحضارات مرة بعد أخرى مدفوعة بضرورة باطنية» ([28]).

وفي ضوء هذه المفاهيم نستنتج دلالتين لكلمة الحضارة. فأمّا الأولى فهي الدلالةُ على الحالة التي يتَّصف بها المجتمع المتقدّم الراقي، وهي ناتجة من إنجازاته وإبداعاته في الميادين المختلفة. وأما الثانية فهي التي نقصدها عندما نتكلم عن «الحضارات» البشرية التي تتابعت على مسرح التاريخ نحو «الحضارة» المصرية أو اليونانية أو الغربية. ولذا فإننا سنحاول التمييز بينهما بإطلاق «التحضُّر» أو «الوضع الحضاري» على الأولى واستبقاء الحضارة للثانية.

ولعلّ دراسة اللغة في الإطار الحضاري لا تتطلب دراسة وصفيَّة شاملة ومفصّلة للوضع الحضاري في المجتمع، بل تكتفي بالوقوف على أبرز الإنجازات والإبداعات التي شكلت قفزة نوعية في حياة المجتمع وحضوره الواعي في مجالات النظم السياسية والاجتماعية والاقتصادية والدين والفلسفة والأخلاق والفنون والعلوم، وغير ذلك من مجالات المعرفة. وفي الإطار نفسه تتم ـ في مقابل هذه القفزة ـ دراسة اللغة وحضورها، وإمكانية إحاطتها بهذه الإنجازات، وتوليدها الألفاظ الجديدة، وتعاملها مع اللغات المجاورة التي تأثرت بها حضارياً لأن «الناس الذين يطوِّرون إنتاجهم الماديَّ ومعاشرتَهم الماديَّةَ يغيِّرون كذلك مع نشاطِهم هذا تفكيرَهم ومنتجاتِ تفكيرِهم» ([29]). واللغة أحد أبرز هذه المنتجات.

---

[27] م. ن. ج 1 ص 87.

[28] م. ن. ج 1 ص 87.

[29] ماركس. أنجلس، المختارات (3 مجلدات) ترجمة الياس شاهين ، دار التقدم، موسكو، 1980، م 1، ج 1، ص 21.

الفصل الأول

المظاهر الحضارية في القرن الرابع الهجري

مظاهر الحياة السياسية: استطاعت الدولة العربية في خلال فترة لا تزيد على قرنين بعد ظهور الدعوة النبوية أن تمتد بنفوذها من حدود الهند و الصين في الشرق حتى شواطىء المحيط الأطلسي في الغرب. وما إن أطلّ القرن الثالث الهجري (التاسع الميلادي) حتى كانت زعامة السياسة العالمية خاضعة لتجاذب شارلمان (Charlemagne) ، (ت 199هـ/814م) في الغرب و هارون الرشيد (ت 193هـ/809م) في الشرق ([30]).

ثم إنه ما إنّ انتصف القرن الثالث الهجري حتى كانت الدولة تشهد حركة خطيرة ربما كانت أمارة على تفسُّخها من الناحية السياسية، وفاتحةً لأحداث جديدة تتجلى بانقسامها إلى دويلات مستقلَّة أو شِبْه مستقلَّة. وهذه الحركة هي ثورة الزَّنج التي حدثت في خلافة المهتدي (ت256هـ/870م) سنة خمس وخمسين ومئتين، ودامت أربع عشرة سنة حتى مقتل صاحب الزَّنْج سنة سبعين ومئتين ([31]).

---

[30] حتي، فيليب، تاريخ العرب، دار غندور، بيروت ، ط. خامسة، 1974، ص 364.

[31] المسعودي ، مروج الذهب (4 مجلدات)، تحقيق محمد محيي الدين عبد الحميد، دار المعرفة، بيروت ، ب. ت.، ج 4، ص 194 و218.

وفي القرن الرابع الهجري، وهو عصر أبي حيّان ، عادت الدولة العربية إلى ما كانت عليه قبل الفتح فنشأت فيها دول صغيرة منفصل بعضها عن بعض. وكان ذلك حوالى سنة 324هـ/ 935م، فصارت فارس و الرّي و أصبهان و الجبل بأيدي بني بويه ، و كرْمان بيد محمد بن الياس ، و الموصل و ديار ربيعة و ديار بكر و ديار مضر بأيدي بني حمدان ، و مصر و الشام بيد محمد بن طغج الإخشيد (ت334هـ/946م)، و المغرب و أفريقيا بيد الفاطميين ، و الأندلس ، بيد عبد الرحمن الناصر الأموي (ت350هـ/ 961م)، و خراسان بيد نصر بن أحمد السامانيّ (ت331هـ/ 943م)، و الأهواز وواسط و البصرة بيد البريديّين ، و اليمامة و البحرين بيد أبي طاهر القرمطي (ت332هـ/944م)، و طبرستان و جرجان بيد الدَيْلم . ولم يبقَ بيد الخليفة إلّا بغدادُ وأعمالُها ([32]). أضف الى ذلك أن الخلفاءَ أصبحوا في هذا العصر عُرْضة لأهواء الوزراء والقوّاد والأمراء، وكانوا غالباً من الفرس أو الأتراك . فقد بويع جعفر بن المعتضِد (المقتدر) (ت320هـ/932م) وهو صبيٌّ لا تجوز مبايعته، في حين لم يبايع ابن المعتز (ت296هـ/909م) لأنه عرف الأمور وحنَّكَته التجارب ([33]). وطُلب من الخليفة القاهِر (ت339/هـ/950م) أن يشهدَ على نفسه بالخلع، ولما رَفَض خُلِع وسُمِلَتْ عيناه، وسُمِلَتْ كذلك عينا كل من المتَّقي بالله (ت357هـ/967م) و المستكفي بالله (ت338هـ/949م) ([34]). وكان المتَّقي بالله أولَ خليفة يترك مدينة السلام خوفاً وطلباً للنجاة، وقد لحق بالحمدانيّين وظلَّ يتنقل معهم

---

[32] متز. آدم، الحضارة الإسلامية في القرن الرابع الهجري، (جزءان)، تعريب محمد عبد الهادي أبو ريدة ، دار الكتاب العربي، بيروت ، ط. خامسة، ب. ت.، ج 1، ص 19.

[33] ابن الأثير، أبو الحسن علي، الكامل في التاريخ (13 مجلداً). دار صادر، بيروت ، 1979، ج 8، ص 9.

[34] المسعودي ، مروج الذهب، ج 4، ص 339 و371.

في الجزيرة وهم يُهزمون أمام البريديّين مرة بعد أخرى ([35]). وأما الخلفاء الآخرون فلم يكن لهم عمل فعليٌّ في إدارة الدول فطال حكمهم.

وبالرغم مما طرأ على منصب الوزير من انتقاص في اختصاصه بتجريده من الضياع العباسية التي كانت إقطاعاً يديرها فقد صار الوزير في هذا العصر مقدَّماً على جميع القوّاد، مع أنه ليس إلّا رئيس الكتّاب.

وفي مطلع القرن الرابع الهجري، كان رسم الوزير في لباسه رسم سائر العمال، فكان يلبس درّاعه وقميصاً ومبطنة وخُفّاً. وأمّا في أيام الاحتفالات الرسمية فكان يرتدي ثياب الموكب، وهي قباء وسيف بِمِنْطَقَة وعمامة سوداء ([36]).

وفي سنة 324هـ/935م دخل بنو بُوَيْه بغداد فلم يعد للوزير دور يذكر، وصار ابن مُقلة (ت328هـ/939م) يعرِض الكتب على الدَيْلمي و المطيع (ت364هـ/974م) ويتصرف برسم الكتابة لا برسم الوزارة ([37]). ولذلك يقسِّم هلال الصابي (ت448هـ/ 1056م) الوزراء الى وزراء الدولة العباسية وكتّاب الأيام الدَيْلَمِيَّة ([38]).

وفي هذا العصر أحدث عضُد الدولة (ت372هـ/ 982م) في منصب الوزارة شيئين لم يكونا قبله: أولهما اتخاذُه وزيرين معاً، وثانيهما هو أن أحد الوزيرين كان نصرانياً. وقد أبقى الوزير النصرانيَّ في بلاد فارس وأخذ الآخر إلى بغداد .

---

[35] م. ن، ج 4، ص 340 ـ 341. وابن الأثير، الكامل في التاريخ، ج 8، ص 384 ـ 385 و396 ـ 397.

[36] متز، آدم، الحضارة الاسلامية في القرن الرابع الهجـري، ج 1، ص 169، وانظر: الصابي، الهلال بن المحسّن، كتاب الوزراء أو تحفة الأمراء في تاريخ الوزراء، تحقيق عبد الستار أحمد فراج ، عيسى البابي الحلبي ـ القاهرة 1958 ص 352.

[37] المسعودي ، مروج الذهب، ج 4، ص 372.

[38] الصابي، الهلال بن المحسّن ، الوزراء، ص 5.

ولما ولي ابنه بهاء الدولة (ت403هـ/1012م) جرى على رسمه فعيَّن وهو بشيراز وزيرين عام 382هـ/ 992م وجعل أحدهما مدبِّراً لأمور العراق ، ثم صار للوزير النصراني بالمشرق نظير في مصر؛ ففي سنة 380هـ/990م قلّد الخليفة الفاطميُّ العزيزُ بالله (ت386هـ/996م) وزارته لعيسى بن نسطوريوس ([39]).

أهل الذمَّة: ضمِنت النظم الإسلامية الكيان الخاص للأديان السماوية الأخرى، فكان لا يجوز لليهودي أن يتنصَّر ولا للمسيحي أن يتهوّد، ولم يكن تغيير الدين مسموحاً به إلّا إذا كان دخولاً في الإسلام . وفي سنة 311هـ/ 923م أصدر الخليفة المقتدر كتاباً في المواريث «أمر فيه بأن تردّ تركة من مات من أهل الذمّة ولم يخلّف وارثاً على أهل ملّته، في حين كانت تركة المسلم تُردّ إلى بيت المال» ([40]).

وفي النصف الثاني من القرن الرابع الهجري صدر عن الخليفة منشور أمر فيه بالتَخْلِيَة بين الصابئين ومواريثهم، إلى جانب صيانتهم وحراساتهم والذبّ عن حريمهم ورفْعِ الظلم عنهم ([41]). وكذلك تمَّ الاعترافُ للمجوس بأنهم أهل ذِمَّة إلى جانب اليهود والنصارى ، وصار لهم رئيس يمثلهم في قصر الخلافة وعند الحكومة. وكانوا يدفعون له الضرائب كما هي الحال عند اليهود ([42]).

وقد لعب أهل الذمّة دوراً مهماً في التطور الحضاري لهذا العصر. فكان

---

[39] متز، آدم ، الحضارة الإسلامية، في القرن الرابع الهجري، ج 1، ص 180، عن يحيى بن سعيد 112 أ.

[40] الصابي،الهلال بن المحسّن ، الوزراء، ص 270.

[41] متز، آدم ، الحضارة الإسلامية في القرن الرابع الهجري، ج 1، ص 78، عن رسائل الصابي مخطوط رقم 766 بمكتبة ليدن بهولنده 211 أ ـ ب.

[42] م. ن، ج 1، ص 78.

منهم الوزراء كما أسلفنا، وكان لكل من الخليفة الطائع (ت393 /1003م) و لعلي بن بويه (ت338هـ/ 949م) كاتب نصراني، كما كانت قدمهم راسخة في الصنائع الوفيرة الربح؛ فكان منهم الصيارفة والتجار وأصحاب الضِياع والأطباء. أضف إلى ذ لك أن بعض الوزراء كان يحضر مواكبهم وأعيادهم. ولم تكن في المدن أحياء خاصة باليهود و النصارى ، ولم يسمع في هذا القرن بأي تشريع يقضي بمخالفة أهل الذِمَّة للمسلمين في الهيئة واللباس والركوب، وذلك خلافاً لما كان الرشيد قد أمر به عام 191هـ ـ 707م ([43]).

الإدارة: كانت دولة الخلفاء أشبه باتحاد يتألف من ولايات كثيرة، وكان لكل ولاية ديوان ببغداد يدير شؤونها.

وفي القرن الرابع الهجري كانت إدارة الدولة تنقسم إلى ما يشبه وزارتين إحداهما للداخليَّة هي ديوان الأصول، والأخرى للمالية هي ديوان الأزِمَّة. وكان كل ديوان ينقسم إلى أقسام كثيرة تسمى أيضاً دواوين، لأنه كان لكل ناحية ديوانها. وأهم هذه الدواوين: ديوانُ الجيشِ، وديوانُ بيتِ المالِ، وديوانُ التوقيعِ والدارِ، وديوانُ الخاتَم، وديوانُ الفضِّ، وديوانُ النقْدِ والعيارِ، وديوانُ الضرْبِ، وديوانُ المظالمِ، وديوانُ الشرطةِ والأحداثِ ([44])، وديوانُ النفقاتِ، وديوانُ الرسائلِ، وديوانُ البريدِ، وديوانُ الجهبذةِ، وديوانُ البرِّ والصدقاتِ. وكان ديوانُ النفقاتِ يُقسَمُ إلى مجالسَ أهمُّها: مجلسُ الجاري ([45]) ومجلسُ

---

[43] الطبري، أبو جعفر محمد بن جرير، تاريخ الرسل والملوك (15 مجلداً)، مكتبة خياط، بيروت ، ب. ت. ج 11، ص 713. وأنظر: متز، آدم ، الحضارة الإسلامية في القرن الرابع الهجري، ج 1، ص 101 و108.

[44] التوحيدي أبو حيان ، الإمتاع والمؤانسة، ج 1، ص 98.

[45] مجلس الجاري: ديوان يسجّل فيه ما كان الخليفة يأمر بدفعه ـ وتجري عليه العادة ـ لأولاد الخلفاء والوزراء والأمراء، وأصحاب الدواوين والقواد، ومشايخ الهاشميين من الطالبيين

الإنزال ([46]) ومجلسُ الكِراعِ ([47]) ومجلسُ البناءِ والمِرمَّةِ ([48]) ومجلس الحوادث ([49]) ومجلسُ الإنشاءِ والتحرير ([50]) ومجلس النسْخ ([51]). وكان لكل ديوانٍ ومجلسٍ وظيفتُه الخاصَّةُ.

وأما المشتغلون في هذه الدواوين فكانوا من الأوساط الأدبية والثقافية، ولا سيّما الذين لم ينشؤوا في الأوساط الدينية. وكانت هذه الطائفة من الكتّاب حسبما يرى آدم متز (ت1335هـ/ 1916م) أكبر ما يُميِّز الدولة عن أوروبا في العصور الوسطى ([52]).

=والعباسيين، والخطباء في المساجد الجامعة والمؤذنين وسائر الموظفين، وثمن الزيت للمصابيح والحصر البواري (تشبه الحصر) والماء والخلوق (ما يُتطيّب به) وثمن الستائر في الصيف، والحباب (جرة كبيرة) والخزف والعمارة في شهر رمضان. (الصابي، الهلال بن المحسن ، الوزراء، ص 25 ـ 26).

46 مجلس الإنزال: ديوان يُدَوَّن فيه طعام الخدم وضيوفهم، ونفقات المطابخ الخاصة والعامة، وأنزل الحرم والحشم. م. ن، ص 20).

47 مجلس الكراع: يطلق الكراع على الخيل والبغال والحمير. ومجلس الكراع يسجل فيه ثمن علوفة الكراع، وتكاليف رياضتها، وثمن كسوتها وآلاتها وأدويتها وعلاجاتها، وأجور الساسة، والمكارية، والراضة، والبياطرة والوكلاء وغيرهم. وما يصرف من ثمنها وثمن الإبل، وما يبتاع من الخيل الموصوفة في أحياء العرب، ويستبدل به إذا عَطَب في العمل. (الصابي ، م. ن، ص 22 ـ 23).

48 مجلس البناء والمَرَمَّة: يسجل فيه نفقات الأبنية ونفقات ترميمها. (م. ن ص 27).

49 مجلس الحوادث: تسجل فيه نفقات الحوادث والملمات والرسل والدواوين. (م. ن، ص 27).

50 مجلس الإنشاء والتحرير: تسجّل فيه نفقات الكتّاب وأصحاب الدواوين والخُزان والبوابين والمديرين والأعوان، وسائر من في الدواوين سوى دواوين الإعطاء وخلفائهم على مجالس التفرقة وأصحابهم وأعوانهم وخزان بيت المال، فإنهم يأخذون أرزاقهم بما يوفرونه من أموال الساقطين وغرْم المخلين بدوابّهم. (م. ن، ص 26).

51 مجلس النسخ: تسجّل فيه أثمان الصحف والقراطيس والكاغد، وما له علاقة بالنسخ (م. ن، ص 26).

52 متز، آدم ، الحضارة الإسلامية في القرن الرابع الهجري، ج 1، ص 160.

مظاهر الحياة الاجتماعية والاقتصادية: لعل أهمّ الظاهرات الاجتماعية التي ميّزت الأعصر العباسية أن تكون ظاهرة الانقسام المريع في مستوى الحياة الاجتماعية. ففي حين كان الترفُ والغِنى يظهران في قصور الخلفاء والوزراء والقوّادِ كان الفقر يحطُّ رِحاله بين عامة الشعب. ولعل ثورة الزَّنج التي حدثت في البصرة كانت خير شاهد ودَليل على هذا الانقسام، غير أن فشلها مردُّه الى عوامل منها أنها بقيت في نطاق محدود لا يتعدى البصرة، فضلاً عن أن قائدها «لم يكن في مستوى فكريّ يسمح له بوضع برنامج اجتماعي لثورته» ([53]).

وربما كان أبلغ وصف لحالة البؤس والفقر ما ذكره المسعوديُّ (ت346هـ/ 956م) عن حياة أهل البصرة بُعَيْد إخماد ثورة الزَّنج من أنَّ الناس كانوا يختفون في الدور والآبار فكانوا يظهرون بالليل فيأخذون الكلاب فيذبحونها ويأكلونها، والفيران والسنانير، فأفنوها حتى لم يقدروا منها على شيء، وكانوا إذا مات منهم الواحد أكلوه، ويراعي بعضهم موت بعض، ومن قدِر منهم على صاحبه قتله وأكله، وعدموا مع ذلك الماء العذب ([54]). وكان الغلاء يدفع الناس إلى الاحتجاج لدى الوزراء الذين كانوا يقابلون هذه الاحتجاجات بالسخرية حيناً أو بتدابير للتخفيف من أعباء المعيشة حيناً آخر. ويروي أبو حيان أنه سمع يوماً أن الناس اجتمعوا على الشط ، فلما نزل الوزير ليركب المركب صاحوا وضجوا وذكروا غلاء القوت وعَوَز الطعام وتعذُّر الكسب وغَلَبَة الفقر وتهتُّك صاحب العيال، وأن الوزير أجابهم بجواب مُرّ مع قطوبِ الوجْهِ وإظهار التبرُّمِ: بعدُ لم تأكلوا النخالة ([55]).

---

[53] علبي، أحمد، ثورة الزّنج ، دار الفارابي، بيروت ، ط 3، 2007، ص 222.

[54] المسعودي ، مروج الذهب، ج 2، ص 207.

[55] التوحيدي ، الإمتاع والمؤانسة، ج 2، ص 26.

وأما مظاهرُ الغنى فتتجلى بتلك الأموالِ التي كان الخلفاءُ والوزراءُ والتجارُ يخلّفونها. ويُحكى عن الخليفة المعتضِد (ت289هـ/ 901م) أنه خلّف في بيوت الأموال تسعة آلاف ألف دينار، ومن الورق أربعين ألف ألف درهم، ومن الجِمال والدواب والبِغال اثني عشر ألف رأس ([56]).

وكثيراً ما كانوا يكثرون من اقتناء الجواهر وأنواع الحليّ، إذ يحكى أن ابن الجصّاص الجوهري كان يملك سِفْطاً مبطّناً بالحرير فيه جوهر قد نُظِم فيه سُبح يتجاوز عددها العشرين، وفي كل واحدة منها مئة حبّة، ووزن كل حبّة كوَزن صاحبتها لا تزيد ولا تنقص، وقد عَدلت كل سُبْحةٍ وزن صاحبتها، فإذا هي سبائك ذَهَبٍ تُوزن بقبّان كما يوزن الحطب. ولما قُبِض عليه قُبِض من ماله من العين والورق والجوهر والفُرُش والثياب والمستغلات خمسة آلاف ألف وخمسمئة ألف درهم ([57]). ويذكر المسعوديُّ أن الرشيدَ اشترى فَصًّا بأربعين ألف دينار ونقش عليه اسمَه (أحمد)، ثم تداولته الخلفاء الى أن خفيَ أثرُه في أيام المقتدر، وكان هذا الفصُّ ياقوتاً أحمرَ تداولته ملوك الأكاسرة يُضيءُ بالليل كضياء المصباح، وإذا وُضِع في بيتٍ لا مصباح فيه أشرق، ويُرى فيه ليلاً تماثيل ([58]).

ونتيجة الغنى أفرطوا في الملاهي وانتشرت مجالس الشراب في قصور الخلفاء والأمراء. وكثيراً ما كانت تدور في هذه المجالس أحاديث عن الخمرة وتأثيرها وعن آداب الشرب فوُضعت لها القواعد والقوانين كالذي فعله «كشاجم» (ت360هـ/ 970م) في تأليف كتابه «أدب النديم». ويُحكى أنه كان للوزير

[56] المسعودي ، مروج الذهب، ج 4، ص 232.

[57] م. ن، ج 4، ص 234، و310.

[58] م. ن، ج 4، ص 168.

المهلّبيّ (ت352هـ/ 963م) ندماء يجتمعون عنده في الأسبوع ليلتين على اطّراح الحِشْمة والتبسُّط والقصف والخلاعة، وما منهم إلا أبيضُ اللحية طويلُها، فإذا تكامل الأنسُ وطاب المجلسُ ولذَّ السماعُ وأخذ الطرب منهم مأخذَه وَهَبوا ثوب الوَقار للعُقار، وتقلَّبوا في أعطاف العيش بين الخِفَّة والطيش، ووضع كل واحد منهم كأس ذهب من ألف مثقال إلى ما دونها مملوءاً شراباً قُطْرُبُلِيَّا أو عُكْبَرِياً، فيغمس كلٌّ منهم لحيته فيها، بل ينقعها حتى تتشرَّب أكثَره، وَيَرُشُّ بعضهم على بعض، ويرقصون جميعاً... حتى إذا أصبحوا عادوا إلى عادتهم في التَّزمُّت والوَقار ([59]).

وكان الخليفة المستكفي يجمع ندماءه ممن كان يعاشرهم قبل الخلافة، ويتحادثون في الخمرة وتأثيرها وأقوال الشعراء فيها ([60]).

وشُهِر الخلفاء والوزراء في هذا العصر بالإسراف في الإنفاق والأعطيات. ويحكي الصولي (ت336هـ/ 946م) في ما ينسبه اليه ابن الجوزي (ت597هـ/ 1200م) أن جماعة جلساء الخليفة الراضي (ت329هـ/ 940م)، وكان سمِحاً عظيمَ العطاء واسعَ النفس يُنفق ما وجد، دخلوا عليه وهو يهدم شيئاً ويبني شيئاً، وكان جالساً على آجُرة حيال الصُّناع فأمرهم بالجلوس في حضرته فأخذ كل واحد آجُرة جلس عليها، فلما قاموا أمر أن توزن آجُرة كل منهم ودفع إليه وزنها دراهَم أو دنانيرَ ([61]).

ويذكر الصولي كذلك شغف الراضي باقتناء البِلَّوْر، فيقول: «ما رأيت البِلَّوْر عند ملك أكثر منه عند الراضي ، ولا عمل ملك منه ما

---

[59] الثعالبي ، يتيمة الدهر (5 مجلدات)، تحقيق د. محمد مفيد قميحة ، دار الكتب العلمية، بيروت ، ط. أولى 2000، ج 2، ص 272.

[60] المسعودي ، مروج الذهب، ج 4، ص 358، وما بعدها.

[61] ابن الجوزي ، المنتظم، دار المعارف العثمانية، حيدر آباد، ط. أولى 1357هـ ج 6، ص 267.

عمل، ولا بذل في أثمانه ما بذل حتى اجتمع له من آلته ما لم يجتمع لملك قط» ([62]). وكان الوزير أبو الحسن علي بن عيسى (ت334هـ/ 946م) وزير المقتدر بالله يطلق كل شهر من نفقات المطبخ لثمن المسك نحو ثلاثمئة دينار ([63]).

ومن مظاهر الترف أيضاً كثرة البساتين وقد غرست بمختلف أنواع الأشجار. ويحكي المسعودي أنه كان للخليفة القاهر في بعض الحصون بستانٌ قد غرس فيه النارَنْج وقد حُمِل إليه من البصرة و عُمان ومما حُمِل من أرض الهند ، وقد اشتبكت أشجاره، ولاحت ثماره، كالنجوم من أحمرَ وأصفرَ، وبين أنواعِ الغروسِ والرياحينِ والزهرِ، وقد جعل مع ذلك في الصحن أنواع الأطيار من القُمّاريِّ والديَاسي والشحارير والببّغاء، ومما قد جُلِب اليه من الممالك والأمصار، وكان ذلك في غاية الحسن، وكان القاهر كثير الشراب عليه والجلوس في تلك المجالس ([64]).

وكما أكثروا من الحديث عن الخمرة في مجالسهم تناولوا أنواع الأطعمة وفنونها وما تتركه في النفس، حتى رأيناهم يُكثِرون من المنظوم فيها ويتذاكرونه. ويُفرد المسعودي في هذا المجال صفحات لِما دار في مجلس المستكفي في اليوم الأخير من خلافته، من تذاكر أنواع الأطعمة وما كان يقال فيها، حتى إن الخليفة ابنَ المعتزّ ، وكان شاعراً، قال الشعر في الكوامخ والسكارج ([65]).

---

[62] الصولي، أبو بكر محمد بن يحيى ، الأوراق (3 مجلدات) عني بنشره ج. هيورث د. ن ، دار المسيرة، بيروت ، ط. ثانية 1982، ج 2، الصابي، الهلال بن المحسّن ، الوزراء أو تحفة الأمراء في تاريخ الوزراء، ص 379. ص 20.

[63] الصابي، الهلال بن المحسّن ، الوزراء أو تحفة الأمراء في تاريخ الوزراء، ص 379.

[64] المسعودي ، مروج الذهب، ج 4، ص 335.

[65] م. ن، ج4، ص362.

ولم يحمل القرن الرابع الهجري جديداً في ما يتعلق بتجارة الرقيق؛ لأن ذلك كان ظاهرةً رافقت المجتمع العباسيَّ في شتّى مراحله. ولعل أهمَّ ما يَلفت النظرَ في هذا المجال هو أنه لم يكن بين الخلفاء العباسيين من كانت أمُّه حُرَّة حاشا السفاحَ (ت136هـ/ 754م) والمهديَّ (ت169هـ/ 785م) و الأمينَ (ت 198هـ/ 813م)، في حين لم يلِ الخلافة في الصدر الأول من أمُّه أمَةً سوى يزيدَ (ت126هـ/ 744م) و إبراهيمَ (ت132هـ/ 749م) ابني الوليد (ت96هـ/ 715م) ولم يلِها من بني أُمَيَّة بالأندلس من أمُّه حرَّةً أصلاً ([66]).

وكانت مصر و جنوب جزيرة العرب و شمال افريقية أكبرَ أسواق الرقيق الأسود؛ فكانت قوافل هذه البلاد تجلب الذهب والعبيد من الجنوب. وكان ثمن الزنجي الجيِّد يُراوح بين خمسة وعشرين وثلاثين ديناراً، ومثل ذلك كان يُدفع ثمناً للعبد العاديّ في بيزنطة ، في حين كان الثمن الجاري للعبد في منتصف القرن الثاني الهجري مئتي درهم، ولما اشترى الصاحب بن عبّاد (ت385هـ/ 995م) عبداً نوبيّاً بأربعمئة دينار استكثر الناس هذا الثمن. وكان ثمن الجارية النوبية يبلغ ثلاثمئة دينار. ويقال إن كافوراً (ت357هـ/ 967م) كان عبداً حبشيّاً اشتُرِيَ في سنة 312هـ/ 924م بثمانية عشر ديناراً ([67]).

وكانت الدولة تستعين بالرقيق باعتبارهم جنوداً وقوّاداً. وقد بلغ بعضهم أرقى المناصب، من مِثْل مؤنِسٍ (ت321هـ/ 933م) في العراق ، و جوهرٍ الصَّقلّي (ت381هـ/ 991م) في المغرب وكافورٍ الإخشيديِّ في مصر ، و سبكتكينَ (ت387/ 998م) في أفغانستان .

[66] أمين، أحمد ، ظهر الإسلام (مجلدان، 3 أجزاء)، دار الكتاب العربي، بيروت ، ط. خامسة 1388هـ/ 1969م، ج 1، ص 124 عن نقط العروس لابن حزم .

[67] متز، آدم ، الحضارة الإسلامية في القرن الرابع الهجري، ج 1، ص 297.

وكان من أثر الطابع العلمي الذي طبع هذا العصر أن تعرّض العلم للإماء يؤلّف فيهن الكتب، فألّف ابن بطلان (ت بعد 456هـ/ 1063م) كتابه العلمي في تجارة الرقيق: «رسالةٌ جامعةٌ لفنونٍ نافعةٍ في شراء الرقيق وتقليب العبيد». كما فلسفوا الكلام في الحُسْن وحاولوا وضْع قواعدَ للجمال حتى ظهر منهم «جهابِذةُ الجمال» ([68]).

وشهد القرن الرابع الهجري تطوُّراً ملحوظاً في فروع الاقتصاد. فقد أدى اتّساع البلاد وتعدُّد مناخاتها وتطوُّر التجارة الداخلية والخارجيّة إلى ظهور مزروعات كانت تخص مناطقَ معينةً، ونُقلت مواد غير عضوية ومعادن من مناطق إلى أخرى، وظهرت أسماؤها في لغتنا؛ فقد جاؤوا بقصب السكّر من خوزستانَ ، وأتوا بالليمون من السند ([69])، ونقلوا زراعته إلى شواطىء المتوسط .

ومن النبات ما استخدموه في الصناعة؛ فقد ازدهرت الصناعات العطرية في سابور من أعمال فارس . وكانت الزيوت تُتَّخذ من البنفسج والنيلوفر والكاردة والسوسن والزنبق والمرسين والمرزنجوش والبادرنك والنارنج ([70]). وكذلك استحدثت الكوفة دهان الخيري. وكان ماء الورد يُحضَّر في مدينة جور بفارس من زهور مثل الطلع والوَرْد والقَيْسوم والزعفران والخُلاف. وكان هذا الماء يفضَّل على كل ما سواه فيُنقل إلى المغرب و بلاد الروم و مصر و اليمن و الهند و الصين و بلاد الإفرنج ([71]). وما زال هذا النوع من الورد معروفاً في لغتنا بالورد الجوريِّ نسبةً إلى مدينة جور. ويعتقد آدم متز أن صناعتي الخيري وماء الورد

---

[68] أمين، أحمد ظهر الإسلام، ج 1، ص 128.

[69] ابن حوقل، صورة الأرض، مكتبة الحياة، بيروت ، 1979، ص 294.

[70] المقدّسي ، أحسن التقاسيم في معرفة الأقاليم، مكتبة خياط، بيروت ، ب. ت.، ص 343.

[71]) ابن حوقل ، صورة الأرض، ص 260.

نشأتا في العصر الإسلامي لأن أحداً من الأقدمين لم يحدِّثنا بشيء عن أصلهما ([72]).

ولقد اهتمّوا بتلوين الثياب، فاستخدموا القِرمِز والنيل والزعفران والورس (وهو الزعفران العربي). فقد جاؤوا بالقِرمِز من أرمينية ([73]) ونقلوا تسميته الى اللغات الأوروبية. وجاؤوا بالنيل من كابُل فانتشرت زراعته في فلسطين ومصر ([74]).

وفي مجال الصناعات النسيجيّة ظهر مركزان لصناعة الكتان في مصر هما الفيّوم و بحيرة تنّيس بنواحيها وهي مدن دِمْياط وشَطا ودَبِيق ؛ فكان يُنسب إلى دَبيق أجودُ الأقمشة التي ربّما بلغ ثمن الثوب منها مئة دينار، فإذا كان فيه ذهب بلغ المئتين ([75]). وكان ثمن الثوب الشَطَوي (نسبةً الى مدينة شطا المصرية)، الذي لا ذهب فيه يبلغ ألف درهم ([76]).

وأما صناعة القطن فقد تمركزت في شرقيِّ فارس ، واشتهرت بَمّ - بشرقي كَرْمان - بثياب القطن الفاخرة. وكان من طرائف ما يُعمَل فيها الطيالسة المقوَّرة التي تُنسَج برفارف، يبلغ ثمن الطيْلسان منها ثلاثين ديناراً. وكانت تُحمَل إلى أقطار الأرض وتُباع في خُراسان و العراق و مصر ([77]).

وأما صناعةُ الحرير فنُقلت من بلاد الروم ، واشتُهرت في خوزستان

---

[72] متز، آدم ، الحضارة الإسلامية في القرن الرابع الهجري، ج 2، ص 362.

[73] م. ن، ج 2، ص 362.

[74] م. ن، ج 2، ص 315.

[75] ابن حوقل، صورة الأرض، ص 143.

[76] ياقوت ، معجم البلدان (5 مجلدات)، دار إحياء التراث العربي، بيروت ، 1399هـ/ 1979م، ج 3، ص 342.

[77] ابن حوقل، صورة الأرض، ص 271.

و طبرستان ، وفي مرْو كانت تُصنع ثياب الإبْرَيْسَم التي تُصدَّر إلى جميع الآفاق. ويرى آدم متز أن الصينيّين أخذوا صناعة الحرير عن الطبرسيين نظراً الى الصلة الوثيقة بين حريرهم وحرير طبرستان ([78]).

ومن الصناعات التي انتشرت في مختلف أنحاء البلاد صناعة البُسط والسجاجيد. وكانت السجاجيد في ذلك العصر ثلاثة أقسام: السور المعلقة على الحيطان، والبُسط التي تفرش بها الغرف والصحون والممرات، والأنماط التي تفرش على الأرض للنظر دون الدَّوْس ([79]). ويضاف إلى ذلك أنواع أخرى منها سجاجيدُ الصلاةِ والأغطيّةُ والمخادُّ والنمارقُ والمقاعدُ ونحوُها من أنواع الوسائد ([80]).

وحتى أوائل القرن الثالث الهجري كان العرب يكتبون على الرقوق أو البردي ([81]). وفي القرنين الثالث والرابع الهجريين حدث انقلاب في صناعة الورق بعد أن عطلت كواغيد سمرقند قراطيس مصر والجلود التي كان الأوائل يستخدمونها في الكتابة لأنها أحسن وأنعم وأرفق وأوفق. وفي هذا يقول كرباتشك : «يمكننا أن نقول مع كثير من الترجيح إن صناعة تجهيز ورق البردي بمصر للكتابة قد أصبحت بالإجمالي منتهية حوالى منتصف القرن العاشر الميلادي (الرابع الهجري)، فنجد أن الورق البردي المؤرّخ ينتهي في عام 323هـ/ 935م انتهاءً تاماً، في حين أن الوثائق المكتوبة على الكاغد يبدأ تاريخها منذ عام 300هـ/ 912م ([82]).

[78] متز، آدم، الحضارة الإسلامية في القرن الرابع الهجري، ج 2، ص 358.

[79] م.ن، ج 2، ص 350، عن تاريخ بغداد، طبعة سلمون، ص 52.

[80] م.ن.، ج 2، ص 351، عن حكاية أبي القاسم، ص 36.

[81] حتّي، فيليب، تاريخ العرب، ص 487.

[82] متز، آدم ، الحضارة الإسلامية في القرن الرابع الهجري، ج 2، ص 366.

وأفادوا في القرن الرابع من حركة الماء فصنعوا الأرحِيَةِ وجعلوها في السفن، وانشأوا كذلك أرحية مائية على النهيرات الصغيرة ([83]). وأما الأماكن الخالية من مجاري الماء، ولا سيما الأماكن التي يشتدّ فيها الريح من مثل سجستان فقد استخدموا فيها المطاحن الهوائية ([84]). وربما يكون ذلك ظاهرة جديدة، إذ لم يشر إليه أحدٌ قبل الأصطخري (ت347هـ/ 957م) والمسعودي ([85]).

وظهرت في مجال الصناعة أيضاً آلات القياس من مثل الاسطرلاب وغيره من الآلات الرياضية الدقيقة. وقد شُهِرَتْ مدينة حرّان بهذه الصناعات وكانت موازينها مضرب الأمثال ([86]).

وعرفوا كذلك الكثير من المواد غير العضوية مثل البَوْرَق والشب والنوشاذر، وكان البَوْرَق يُؤخذ من بحيرة بأرمينية ويُحمل إلى فجاج الأرض وأعماقها وسهلها وجبلها، وكان يستخدم في صناعة الخبز، ومنه ما يُستخدم في لحام الذهب والفضة ([87]). وأما النوشاذر فكانوا يأتون به من بلاد ما وراء النهر . ويقول ابن حوقل (ت380هـ/ 990م): «ولم أعلمْ النوشاذر في بلد من بلاد الإسلام إلّا في ما وراء النهر حتى رأيت شيْئاً منه بصقلية ، وليس كنوشاذرهم في القوّة» ([88]). وربّما ـ لهذا السبب ـ سمِّيَ ملحُ النوشاذر في اللغات الأوروبية بالملحِ التتريِّ.

---

[83] م. ن، ج 2، ص 363.

[84] ابن حوقل، صورة الأرض، ص 350.

[85] حتّي، فيليب ، تاريخ العرب، ص 457.

[86] متز، آدم ، الحضارة الإسلامية في القرن الرابع الهجري، ج 2، ص 368.

[87] ابن حوقل ، صورة الأرض، ص 297.

[88] م. ن، ص 385.

واستخرجوا من المعادن الذهب من الصحراء الحارة ومن السودان وبلاد سجستان و ما وراء النهر . ويُروى أنهم كانوا يتجوَّلون ليلاً حتى يضعف ضوء القمر، ويُشيرون إلى المواضع التي يرون فيها شيئاً، ومتى أصبح الصباح يحملون الرمل الذي وضعوا عليه العلامات ويستخرجون منه الذهب ويسكبونه ([89]). وأتوا بالفضة من بلاد هندكوش، واستخرجوا النحاس الأصفر من بخارى ، والحديد من بلاد فارس و فرغانة و كابُل ، وعرفوا الزئبق، وقد شُهِرَت به قرطبة وبلاد ما وراء النهر . ويرى ابن حوقل أن لا مثيل لزئبق بلاد ما وراء النهر في الغزارة والكثرة في سائر بلدان الإسلام ([90]). وكان يُستخدم لاستخراج زئبق قرطبة ما يزيد عن ألف رجل، منهم قوْم للنزول وقَطْع الحجر، وقوْم لنقل الحطب لحرْقِ المعدن، وقوم لعمل أواني سبك الزئبق وتصعيده، وقوْم لشأن الأفران والحرْق ([91]). وكان الفحم الحجريُّ يُستخرج من بخارى، وقد وصفه ابن حوقل بأنه حجارة تحترق ([92]).

وأما الأحجارُ الكريمة فكان تقدير نفاستها في ذلك العصر يختلف عنه في أيامنا، وقد بيَّن الثعالبيّ (ت429هـ/ 1038م) نفائس الجواهر فكانت عنده: فيروزجَ نيسابور ، وياقوت سرنديبَ ، ولؤلؤ عُمان ، وزبرجدَ مصر ، وعقيقَ اليمنِ ، وبجاذِيَ بلخ . وأحصى البيرونيُّ (ت440هـ/ 1048م) كذلك الجواهرَ حوالى عام 400هـ/ 1009م، وهي عنده الياقوتُ والزمرُّدُ واللؤلؤ ([93]). وأما ابن حوقل فيصرِّح أنَّه ليس في الأرض معدِن للزمرُّد غيرَ صعيدِ مصر جنوبيِّ النيل ([94]).

[89] متز، آدم ، الحضارة الإسلامية في القرن الرابع الهجري، ج 2، ص 320.

[90] ابن حوقل، صورة الأرض، ص 385.

[91] متز، آدم، الحضارة الإسلامية في القرن الرابع الهجري، ج 2، ص 324.

[92] ابن حوقل، صورة الأرض، ص 402.

[93] متز، آدم ، الحضارة الإسلامية في القرن الرابع الهجري، ج 2، ص 325.

[94] ابن حوقل ، صورة الأرض، ص 141.

وعرفوا كذلك المرجان وكان يُصاد في شمال أفريقيا . ويقول ابن حوقل : «هو نباتٌ ينبت كالشجر في الماء ثم يُستخرَج بين جبليْن عظيميْن. والعاملون فيها يُكثِرون الأكل والشرب والخلاعة ولهم بها مكاسبُ وافرة» ([95]). ويرى أبو حيان أن نضج المرجان لا يتم إلّا في السنة أو أكثر ([96]).

ولم يكن للماس في ذلك العصر المركز الذي يحتلُّه اليوم في قائمة الأحجار الكريمة، فقد كان يُستعمل في القطْع، وكان الملوكُ والكبراءُ يستعملونه في قتل أنفسهم لئلا يقعوا في قبضة أعدائهم.

مظاهر الحياة العلمية: إذا كان انقسامُ دولة الخلافة ونشوءُ دويلات متناحرة على أطرافها مظهريْ ضعف من الناحية السياسية، فإنهما يشكلان ـ دون ريب ـ مظهر قوة من النواحي العلميَّةِ والفكريَّةِ؛ فبعد أن كانت بغداد مركزَ الخلافة، وبالتالي مركزَ العلوم والحركات الفكريَّة، أصبحت عواصم الدويلات مراكزَ يؤمُّها العلماء، والفلاسفة والأدباء، فكانت تصرف من ميزانيَّتها الخاصة تشجيعاً لهم. وقد شجَّع الخلفاء والوزراء والأمراء ـ وكان بعضُهم من رجال العلم والأدب ـ العلماءَ والأدباءَ والفلاسفةَ، وعقدوا في قصورهم المجالسَ العلميَّةَ والفلسفيَّةَ والأدبيَّةَ، الأمر الذي رفع من مستوى البحوث إلى أعلى المراتب.

ولم تكن النهضةُ العلميَّةُ وليدةَ المصادفات، بل لقد ارتكزت على قاعدة متينة؛ فالنبتةُ التي كانت قد غُرست في القرنين الثاني والثالث الهجريين ـ وتمثَّلت في ترجمة الآثار اليونانية والفارسية ـ أينعت وحان قطافها. إذ أعقب عصرَ الترجمة «عصرُ إنتاج وابتكار أثبت العرب فيه أنهم لم يكتفوا باقتباس تراث فارس القديم وتراث اليونان المدرسيّ وهضْمه، بل حوَّلوا التراثيْن إلى

---

[95] م. ن، ص 77.

[96] التوحيدي ، الإمتاع والمؤانسة، ج 2، ص 112.

حاجاتهم الخاصّة وطرُق تفكيرهم، وأضافوا إليهما ما استطاعوا أن يستنبطوه» ([97]).

ومن مظاهر التقدم العلمي في هذا العصر الاستقلاليَّةُ النسبيَّة في كل علم من العلوم؛ فلقد صار لكل من التاريخ والجغرافيا واللغة منهجه الخاص، وأقبل العلماء على الدراسة العلميَّةِ المتخصِّصَةِ وعلى تنظيم معارفهم بعد أن كانوا يُلمون من كل علم بطرف.

ففي الجغرافيا تَقَدَّمَ البحثُ في هذا العصر تَقَدُّماً كبيراً حتى لَيبدو أن عهد كبار الجغرافيّين «لم يبدأ حتى أواسط القرن الرابع الهجري وذلك حين ظهر الأصطخريُّ وابنُ حوقل والمقدّسيّ (ت نحو 380هـ/ 990م)» ([98]). فالأصطخريُّ «أخرجَ كتابه «مسالك الممالك» مزيّناً بالخرائط الملوَّنة لكل بلد على حدة معتمداً على الأصول التي وضعها أبو زيد البلخيُّ (ت322هـ/ 934م). وأما كُتُبُ المقدّسيِّ وابنِ حوقلٍ فتُعتبر الذروةَ التي بلغها العرب في وصف البلدان» ([99]). فكلاهما سافر حتى دوَّخ الممالك، وحمله تيّار الأسفار واستهْوَته حياةُ الارتحال. فالمقدّسيُّ يقول عن نفسه إنه «لم يبقَ شيء مما يلحق المسافرين إلّا وقد أخذ منه نصيباً» ([100]) وأما ابنُ حوقل فيقول إنه شاهد كل ما كتب عنه إلّا الصحراءَ الغربيَّةَ الكبرى فيَعتَرِفُ بأنه شاهد بعضها ([101]).

ولقد اطّلع كل من المقدّسيِّ وابنِ حوقلٍ على الكتبِ التي صُنّفت في هذا

---

[97] حتّي، فيليب ، تاريخ العرب، ص 432.

[98] م. ن.، ص 456.

[99] متز، آدم ، الحضارة الإسلامية في القرن الرابع الهجري، ج 2، ص 10.

[100] المقدّسي ، أحسن التقاسيم، ص 440.

[101] ابن حوقل ، صورة الأرض، ص 83 و103.

الفن. ويصرِّح المقدّسيُّ بذلك بوضوحٍ وإيجاز ([102])، في حين يقول ابنُ حوقل : «ولم أزل في حال الصَّبْوَةِ شغوفاً بقراءة كتب المسالك... وترعرعت فقرأت الكتبَ الجليلةَ المعروفةَ والتواليفَ الشريفةَ المَوْصوفةَ، فلم أقرأ في المسالك كتاباً مُقْنِعاً، وما رأيتُ فيها رسْماً متعِباً، فدعاني ذلك إلى تأليف هذا الكتاب» ([103]).

وعلى الجملةِ فقد وصف جغرافيو هذا العصر مملكةَ الإسلام : سهولَها وجبالَها ووديانَها ومسالكَها وأبعادَها، ووضعوا الخرائطَ التي تخدم أغراضَهم. ووصفوا كذلك منتجاتِها الزراعيَّةَ والصناعيَّةَ ومصادرَها وأماكنَ تجارتِها، إلّا أنهم اقتصروا في دراساتهم على وصف مملكة الإسلام دون غيرها، مع أن الناسَ «كانوا يُصغون مَتَشوِّقين لمّا يَقُصُّه عليهم البحريّون من حكاياتٍ ومن مشاهداتهم في بحرِ الصين والهند» ([104]).

وأما البحثُ التاريخيُّ فيبدو أنه بلغ في هذا العصر أعلى مراتبه على يد كلّ من أبي جعفرٍ محمدٍ بن جريرٍ الطبريِّ (ت310هـ/ 923م) وأبي الحسنِ عليّ المسعوديِّ الملقب بـ «هيرودوتس العربِ» . وكانت رواية التاريخ تَستندِ الى أسلوب رواية الحديث فتُروى كلُّ حادثة بلسان أحد شهود العيان أو المعاصرين، ثم يتناقلها الحفَّاظ الى أن تتصلَ براويها الأخير، فيذكرها ويذكر سلسلة الأسانيد كلّها. وتسمَّى هذه الكتبُ الكتبَ المُسْنَدة أو المُعَنْعَنَة، ويُحدّث فيها واحد عن آخر عن ثالثٍ وهلُمَّ جرّاً. وقد جرى الطَبَريُّ على هذه الطريقة، ولكنه رتَّب حوادثه على أساس السنين الهجريَّة. ويبدأ تاريخُه ـ «أخبارُ الرسلِ

102 المقدّسي ، أحسن التقاسيم، ص 43 و44.

103 ابن حوقل، صورة الأرض، ص 10.

104 متز، آدم، الحضارة الإسلامية في القرن الرابع الهجري، ج 2، ص 14.

والملوك» ـ بخلقِ العالم وينتهي عند سنة 302هـ وقد استعان بالمصادر الأدبيَّةِ والتاريخيَّةِ المتداوَلةِ في عصره، وسار على منواله كل من مِسكويْه (ت421هـ/ 1030م) وابنِ الأثير (ت632هـ/ 1234م) وأبي الفدا (ت732هـ/ 1331م) والذهبي (749هـ/ 1348م).

وأما المسعوديُّ فقد ابتدع لنفسه طريقةً جديدة تعتمد على ترتيب الحوادث على أساس المواضيع والدول والملوك والشعوب، فجاء كتابُه «مروجُ الذهبِ ومعادنُ الجوهر» مؤسوعة تاريخيَّة جغرافيَّة فيها حُبُّ الاستطلاع العِلْميِّ بما تحتويه من بحوثٍ خارجةٍ عن نطاقِ المواضيع الإسلاميَّةِ البحتة، وقد تمثلت في ما يتعلق بتاريخ الأمم الهنديَّة و الرومانيَّةِ و العبرانيَّةِ ، وفي ديانات هذه الشعوب.

وعلى العموم، فقد وُلد علم التاريخ عند العرب من رحم العلوم الشرعية، وتطوَّر بتطوُّرها، قبل أن يجد له منهجاً خاصاً، فأصبح، بعد أربعة قرون، على يد ابن خلدون علماً له قواعده وأصوله.

وأما في مجال الطب فكان الطبيبُ يجمع ـ الى جانبِ علْمه بالطب ـ معرفةَ الميتافيزيقا والفلسفة والحكمة. ورُبَّما أطلق لهذا على من يجوز هذه العلوم لقبُ الحكيم. وفي القرن الرابع الهجري أصبح الطبيب يخضع لامتحان خاص على الطريقة التي كان يَخضع لها الصيادلةُ منذ زمن المأمونِ (ت218هـ/ 833م) و المعتصمِ (ت227هـ/ 841م) ([105]). إذ يُحكى أنه رُفِع الى الخليفة المقتدر أن رجلاً من العامة جاء يتداوى فلحقه ضرر من سوء المعالجة، فأمر المقتدرُ سنانَ ابنَ ثابتِ بن قره (ت332هـ/ 943م) بامتحان الأطباء وإجازة من ينجح منهم، وأن يطرد من اتَّضَح قلّة علمِه في الأمور الطبية. فتقدم إلى الامتحان عدد كبير أُجيزَ منهم أكثرُ من ثمانمئة وستين رجلاً ببغداد، وتخلصت العاصمة من

[105] القفطي، أبو الحسن علي بن يوسف، تاريخ الحكماء، ليبزغ 1320هـ ص 189.

الدجالين ([106]). ويحكى كذلك أن عليّ بنَ عيسى وزيرَ المقتدرِ أَوْعزَ الى سنان هذا بأن يُنفِذ جماعةَ الأطباء يطوفون البلاد - ومعهم خزانةٌ للأدوية والأشربة - ويعالجون من يرونهم من المرضى، وأن يُنفذ آخرين لزيارة المرضى في السجون ([107]). «وتُظهِر هذه المعلومات اهتمام أولياءِ الأمر بالصحة العامة وهو أمر لم يكن معروفاً في سائر العالم آنذاك» ([108]). وفي هذا العصر ظهر أبو بكر محمد بن زكريا الرازي (ت311هـ/ 923م)، ولعله كان «أعظمَ أطباءِ الإسلام وأكثرَهم ابتكاراً وإنتاجاً» ([109])، إذ يقال إنه لمّا استُشير في موضع بناء البيمارستان العَضُدِي - وقد أصبح في ما بعد رئيسَ الأطباء فيه - أمَر أن يُعلّق في كل ناحية من جانبي بغداد شقة لحم ثم اعتبر الناحية التي لم يتغيّر اللحم فيها بسرعة فأشار بأن يُبنى البيمارستان فيها ([110]). ويُعتَبَرُ الرازي أولَ من وضع بياناً سريرياً للجُدَري ([111]). وإليه يُنسب اختراع الفتيلة في الجراحة. وقد ألّف عدداً من الكتب والرسائل أحصى ابنُ النديم (ت بعد 390هـ/ 1000م) منها مئةً وثلاثةَ عَشَر كتاباً وثمانياً وعشرين رسالةً، ومن هذه المؤلفات اثنا عشَر مؤلَّفاً في الكيمياءِ ([112]). ومن أهم مؤلّفاته كتاب

---

[106] ابن أبي أصيبعة، عيون الأنباء في طبقات الأطباء (3 أجزاء)، دار الثقافة، بيروت ، ط. ثالثة 1981، ج 2، ص 204، و القفطي ، تاريخ الحكماء، ص 191.

[107] ابن أبي أصيبعة ، عيون الأنباء في طبقات الأطباء، ج 2، ص 202، و القفطي ، تاريخ الحكماء، ص 193 - 194.

[108] حتّي ، تاريخ العرب، ص 434.

[109] م. ن، ص 435، عن
Edward G. Browne. Arabian medicine (Cambridge, 1921), p. 44

[110] ابن أبي أصيبعة، عيون الأنباء في طبقات الأطباء، ج 2، ص 343.

[111]) حتّي، فيليب ، تاريخ العرب، ص 436.

[112] ابن النديم ، الفهرست، دار المعرفة، بيروت ، ب. ت.، ص 416 - 420.

«الحاوي» وهو موسوعةٌ في علوم الطب حَوَت خلاصةَ معارف العرب المستقاة من المصادر الهنديَّة واليونانيَّة والفارسيَّة وفيها مآثرُ للعرب أنفسهم.

وظهر أيضاً ابنُ سينا أبو عليّ الحسين بنُ عبد اللـه(ت429هـ/ 1037م)، وقد لمع اسمُه بعد الرازي في تاريخ الطب العربي. وإلى جانب كونه طبيباً فقد ألَّف في الفلسفة والشعر والفقه حتى قال عنه فيليب حتّي: «تجلّت بل تجسّدت فيه خلاصة علم العرب» ([113]). وقد ترك ابن سينا عدداً من المصنّفات ذكر منها القفطي (ت 646هـ/ 1248م) واحداً وعشرين كتاباً، وعشرين رسالةً ([114]). وتدور كتبه على الفلسفة والطب والهندسة والإلهيات وفِقْهِ اللغة والفنون. ومن بين هذه الكتب كتابُ القانون في الطب وهو «آخرُ كتابٍ دُوِّنت فيه خلاصةُ الفكرِ الطبيِّ شاملاً آثارَ الإغريقِ و العربِ » ([115]) ومن فضائل هذا الكتابِ أنه يَنُصُّ على أن عدوى الأمراض تسري بوساطة الماء والتراب. وفيه تشخيص لداء الأمعاء، يردُّ مؤلِّفهُ سببَ هذا الداء إلى وجود دودة في الأمعاء. وأما القسمُ الذي قصر على علم العقاقيرِ والأدوية فقد أدرج فيه أبحاثاً في نحو سبعمئة وستين دواء. فلا عجب بعد هذا أن يبلغ الكتابُ تلك المنزلة التي بلغها وأن يبقى مرشداً لطلاب العلوم الطبيَّة شرقاً وغرباً حتى القرن السابع عشر. ويذهب الدكتور وِلْيَم أسلر (W. Osler) (ت 1338هـ/ 1919م) إلى أن كتابَ «القانون» ظل الحجَّةَ والمرجعَ في الطب مدَّةً أطولَ من أيَّة مدَّةٍ بلغها كتابٌ طبيٌّ آخر ([116]).

---

113 حتّي، فيليب ، تاريخ العرب، ص 437.

114 القفطي ، تاريخ الحكماء، ص 418.

115 حتّي، فيليب ، تاريخ العرب، ص 437.

116 م. ن، ص 438، عن:

- Wiliam Osler, The Evolution of Modern Medecine (New Haben-1922) p. 98

وشُهِر إلى جانب هذين الطبيبين أطباءُ كثيرون منهم عليّ بنُ عباس المجوسيُّ (ت 400هـ/ 1010م) صاحبُ «الكتاب الملكي» المعروف بـ «كامل الصناعة الطبيَّة»، وقد جَمَعَ فيه صاحبُه معلوماتِ عصرِه الطبيَّةَ مشيراً إلى المؤلفين الأصليِّين. وبعد أن توجَّه بالنقد الى كتب الأقدمين والمعاصرين لم يتردَّدْ في القول بأنه يذكر في كتابه «جميعَ ما يحتاجُ إليه من حِفْظِ الصحَّةِ ومداواة الأمراض والعلل وطبائعها وأسبابها والأعراض التابعة لها والعلامات الدالة عليها مما لا يستغني الطبيب الماهر عن معرفته» ([117]). والجدير بالذكر أن هذا الكتاب «كان عمدةَ الدرْس في اللغة العربيَّةِ إلى حين ظهور «قانون» ابن سينا» ([118]).

وأما في مجاليْ الفلك والرياضِيَّات فقد خطا هذا العصرُ خطوةً كبيرةً نحو الابتكار. فلقد حلَّت «التقاويم الفلكيَّة وغيرُها مما أنتجه العربُ محلَّ ما سبقها من نتاج اليونان و أهل الهند ، وشاعت فأخذ الناس بها حتى الصين » ([119]). ففي عهد الخليفة المنصورِ (ت158هـ/ 774م) كان الفلكيّون قد قاموا بحل مسائلَ دقيقةٍ تتعلق بالجغرافيا الهندسيَّةِ، ولا سيَّما قياسُ طول الدرجة الأرضية. وكان غرضُهم من ذلك تحديد حجم الأرض ومحيطها على أساس أنها مدوَّرة. وقد توصَّلوا الى نتائجَ شبه دقيقة على ما يذكر فيليب حتّي ([120]). وفي القرن الثالث الهجري (التاسع الميلادي) بُنيت المراصدُ وجُهّزت بأدواتٍ مختلفة منها مقياسُ الارتفاع والاسطرلابُ والمزولةُ (ساعة شمسية) وعددٌ من الكرات. وقام

---

[117] خير اللـه، أمين أسعد، الطب العربي، المطبعة الأميركانية، بيروت 1946م، ص 141.

[118] م. ن، ص 137.

[119] حتّي، فيليب، تاريخ العرب، ص 445.

[120] م.ن، ص 445.

الفلكيون بأرصاد مُنسَّقة لحركاتِ الأجرام السماويّة، وأخذو يحقِّقون ما جاء في المجسطي من مثل انحراف دائرة البروج ومواقيت اعتدال الليل والنهار وطول السنة الشمسية ([121]).

ولمع في أواخر القرن الثالث الهجري اسمُ البتّاني أبي عبد اللـه محمدٍ بنِ جابر (ت317هـ/ 929م) فأصلح ما خلّفه بطليموس (ت نحو 168م) من الآثار العلميّة وضبَط حساب الأفلاك التي يدور فيها القمرُ وبعضُ النجومِ السيّارة. وأثْبَتَ كذلك إمكان كسوف الشمس المستدير وضبَطَ بدِقَّةٍ فائقةٍ مقدارَ الانحرافِ في دائرة البروج وطولَ السنة في الأقاليمِ الحارةِ وطولَ الفصولِ الأربعةِ ومعدَّلَ دائرةِ الفلكِ الذي تجري فيه الشمسُ مع إيضاح حقيقتِه. وأَثْبَتَ الكواكبَ الثابتةَ في زيجه لسنة تسعٍ وتسعينَ ومئتينِ ([122]). فكان بذلك من المبتكرين حتى عدّه فيليب حتّي «أعظم فلكيّ في قومه وعصره، بل من أعظم فلكيّي الإسلام» ([123]).

وفي القرن الرابع الهجري حقّق أبو جعفرٍ الخازنُ الخراسانيُّ (ت نحو 400هـ/ 1009م) انحرافَ دائرةِ البروجِ وحلّ مسألةً عويصةً عرض لها أرخميدس تؤدي إلى معادلة مكعَّبة ([124]). وظهر في أواخر هذا القرن البيرونيُّ أبو الريحانِ محمد بنُ أحمدَ (ت440هـ/ 1048م) فعالج تقاويمَ السنين عند الشعوب القديمة وتواريخهم، وتصدّى للنظريَّةِ القائلةِ بأن الأرضَ تدورُ حوْل محورِها، وضبَط أبعادَ خطوط الطولِ والعرضِ، وألَّفَ كتاباً شاملاً في علم الفلك عنوانه «القانونُ المسعوديُّ في الهيئةِ والنجومِ» وقدّمه إلى وليِّ نعمته

---

[121] م. ن، ص 445، عن:

C.a. Nallino, art. Astronomy Encyclopaedia of Islam -

[122] ابن النديم ، الفهرست، ص 389.

[123] حتيّ، فيليب ، تاريخ العرب، ص 446.

[124] القفطي ، تاريخ الحكماء، ص 396.

السلطانِ مسعودٍ بنِ محمودٍ الغزنويِّ (ت432هـ/ 1040م)، وألّف أيضاً رسالةً على طريقة السؤال والجواب تتعلق بالهندسة والحساب والفَلَك والتنجيم ([125]). وظهر في هذا القرن أيضاً أبو الوفاء البوزنجانيُّ (ت388هـ/ 998م) الذي كان السببَ في ظهور كتابِ الإمتاعِ والمؤانسةِ، وقد قيل إن أبا الوفاء بلغ المحل الأعلى في الرياضيَّات، وكان له في الحساب والهندسة استخراجاتٌ لم يُسبَق إليها ([126]). وقد عدَّ له ابنُ النديم اثنيْ عَشَرَ كتاباً في الجبر والمقابلةِ والحسابِ والكواكبِ ([127]).

مظاهر الحياة الفكرية: في ظلِّ التحولات الاجتماعيَّة العميقةِ التي أحدثَها الإسلام ، وفي ظل نموِّ العلاقاتِ الإقطاعيَّةِ وتطوُّرِها وما أحدثته من فرزٍ طبقيّ جديدٍ، وبخاصة بعد الفتوحاتِ التي أسفرت عن نشوءِ دولةِ الخلافةِ ذاتِ القومياتِ المتعدِّدةِ، نما الفكر العربيُّ الإسلاميُّ وتطوَّرَ.

وقد حمل المجتمع العربي الإسلاميُّ ـ شأنه شأنُ أيِّ نظامٍ اجتماعيّ ـ بذورَ انقسامه منذ بداياتِ نشوئِه. وكان هذا الانقسامُ يتمظهر بمظاهرَ سياسيَّةٍ أو دينيَّةٍ أو قوميَّةٍ أو بهذه المظاهر مجتمعة، الأمرُ الذي انعكس بأشكال مختلفة على مظاهر الحياة الفكريَّةِ لأن الفكرَ هو السلاحُ الذي يتنكبُه كل فريقٍ من فرقاءِ الصراعِ لإظهار حقِّه في الاستيلاء على السلطة السياسيَّة. ولمّا كان الإسلامُ دينَ الدولةِ الرسميَّ فقد أصبحت تعاليمُه مسرحاً تشهد خشبتُه «مشاهدَ» متنوعة من الحوارِ الفكريّ، وتقوم بأدوارِها عناصرُ من فئاتٍ إجتماعيَّةٍ مختلفةٍ بكل ما

---

[125] م. ن، ص 447.

[126] الزركلي، خير الدين، الأعلام (8 مجلدات)، دار العلم للملايين، بيروت ، ط. خامسة 1980، ج 7، ص 21.

[127] ابن النديم ، الفهرست، ص 394.

تحملُه من تراثٍ دينيّ وقوميّ. وكان هذا الحوارُ يتطوَّرُ ـ ضمن قوانينه الخاصة ـ بتطوُّرِ الحياةِ الاجتماعيَّةِ والاقتصاديَّةِ والسياسيَّةِ وبتطوُّرِ العلوم الطبيعيَّة.

ولقد تمحور الصراع منذ البداية حول مسألةِ الخلافةِ فانقسم الناسُ بين مؤيِّدٍ لخلافةِ الطالبيّين ومؤيِّد لغيرهم. وانعكس ذلك على الحياةِ الفكريَّة فظهرت، في هذه الحقبة، مسألتا الجبر والقدر. ففي حين كان أصحاب السلطة ومؤيدوهم يعتبرون أن سلطتهم مستمدَّةٌ من قدرةٍ إلهيَّةٍ، وأنَّ الناسَ مسيَّرون في أفعالهم التي تُقَرِّرها قدرةٌ إلهيَّةٌ خارجةٌ عن قدرةِ الإنسانِ واختيارِه، بَرَزَ موقفٌ ـ ينطلقُ من المعارضة السياسيَّة ـ يقول بقدرةِ الإنسانِ على اختيارِ أفعاله. فالأمويُّون ، و العباسيُّون من بعدهم، كانوا يوهمون الناسَ بأنهم ورثةُ النبيِّ ، وهذا يعني أن حكمَهم منَّةٌ من اللـه، وفي هذا يروي المسعوديُّ أنَّ أشياخاً من أرباب النِّعَم والرِّياسة من سائرِ أجناد الشام حلفوا لأبي العبَّاسِ السفَّاحِ أنَّهم «ما علموا لرسول اللـه (صلعم) قرابةً ولا أهلَ بَيْتٍ يرثونه غيرَ بني أميَّة حتى وُلِّيتم الخلافة» ([128]).

وكلَّما بَعُد الزمن من ظهور الدعوة النبويَّةِ، مع ما يحمل ذلك من تطوُّر في تفسيرِ القرآن والأحاديثِ النبويَّة، كان الفكرُ العربيُّ الإسلاميُّ يخطو خطواتٍ حثيثةً نحو الطريقة العقليَّةِ التأمليَّةِ المجرَّدةِ من دون أن يتخلَّصَ من ظروف سيطرة المعارف الدينية وظروف التطوُّرِ الانتقاليِّ من التفكيرِ البسيط المباشر إلى التفكيرِ المركَّبِ غيرِ المباشَر، فتطوَّرت الأبحاثُ الدينيَّةُ في مسألتيْ الجبرِ والقَدَرِ وغيرِهما من المسائل، وتراكمت فأعطت كَيْفِيَّة جديدةً تمثَّلت في نشوءِ علمِ الكلامِ على أيدي المعتزلة ([129])، وهي فرقةٌ ينتمي أصحابُها إلى القدريَّةِ ، اعتزلوا

---

[128] المسعودي ، مروج الذهب، ج 3، ص 43.

[129] أنظر: (معتزلة) في هذا الكتاب.

حَلْقَةَ الحسنِ البصريِّ (ت110هـ/ 728م). ومع ظهورِ الترجمات من اليونانيَّة والفارسية والهندية وما رافقها من تطوُّر في العلوم بدأ هذا العِلْمُ يتلمَّس الطريق إلى التعامل مع الفلسفة مادة وأُسلوباً من دون أن يخرجَ عن كونه معارضةً سياسيَّةً للسلطةِ القائمةِ دفعت بالمسعوديِّ إلى اعتبار المعتزلةِ إحدى فرقِ الشيعة ([130]). وبذلك «كان هذا العلمُ، أو كانت مباحثُه ومسائِلُه قبل أن يتكوَّن عِلْماً منظماً، أولَ طريقِ الفكرِ العربيِّ الإسلاميِّ إلى ممارسة التفكيرِ الفلسفيِّ» ([131]).

وقد بلغ علمُ الكلامِ المعتزليِّ أوجَ ازدهارِه في عهدِ كلّ من المأمون و المعتصمِ و الواثقِ (ت 232هـ/ 846م) فاضْطَهَدَ المعتزلةُ خصومَهم ونكّلوا بهم. ولمّا أفضتِ الخلافةُ إلى المتوكّل (ت247هـ/ 861م) أمَرَ «بتركِ النَّظَرِ والمباحثةِ في الجدالِ، والتَّرْكِ لما كان عليه الناسُ في أيام المعتصمِ والواثقِ والمأمونِ، وأَمَرَ الناسَ بالتسليمِ والتقليدِ. وأَمَرَ شيوخَ المحدِّثين بالتحديثِ وإظهارِ السُّنَّةِ و الجماعةِ » ([132]) وقد سهَّلَ هذا التدبيرُ أمَرَ أهلِ السُّنَّةِ في الاستقواءِ على المعتزلةِ واضطهادِهم. ولكنَّ تلك الموجةَ التي أبعدت المعتزلةَ عن التأثيرِ المباشَرِ في مسارِ حركةِ التطوُّر الفكريِّ لم تستطعْ أن تطفىءَ جذوةَ علم الكلامِ، ولا أن تضعَ حاجزاً متماسكاً يقوى على الحيلولةِ بين الاتجاه العقلانيِّ المعتزليِّ والتأثيرِ غيرِ المباشَرِ في مسارِ حركةِ الفكر، إذ ترك هذا العلمُ بصماتِه الواضحةَ على خصومِه. ففي أواخرِ القرن الثالث الهجري «خرج أبو الحسن الأشعريُّ

---

[130] المسعودي ، مروج الذهب، ج 3، ص 231.

[131] مروة، حسين، النزعات المادية في الفلسفة العربية الإسلامية (مجلدان)، دار الفارابي بيروت ، ط. ثانية 1979، ج 1، ص 837.

[132] المسعودي، مروج الذهب، ج 4، ص 86.

(ت324هـ/ 935م) على المعتزلةِ ، بعد أن كان منهم، وبدأ يحاربُهم بسلاحهم» ([133]). ومع تَنَحّي علمِ الكلامِ المعتزليِّ عن واجهةِ الزعامةِ الكلاميَّةِ أصبحت البِنْيَةُ الأساسية لعلم الكلام تتشكل من فلسفة لاهوتيَّة تدخل في الإطار العام لبنية الدولة الإيديولوجيَّةِ الرسمية المصابة ـ وقتئذٍ ـ بأعراضِ الاهتزازِ والتصدُّعِ من جرَّاء الثوراتِ التي كانت تعصف آنذاك بدولةِ الخلافة، فلم يعد للفكر الفلسفيِّ العربيِّ «أن يقدِر على أداء مهمته الخطيرة الشأن لو أنه بقيَ في أحضانِ علم الكلام المعتزليّ، لأن هذا «العلمَ» أصبح في القرن الثالث الهجريِّ (التاسعِ الميلاديِّ) عائقاً في طريق نموِّ الفكرِ الفلسفيِّ وتطوُّرِه اللذين كانت تدفعه إليهما ظروف الصراع الاجتماعيِّ الإيديولوجي» ([134]).

وفي موازاة نمو مذهب الاعتزال كان ينمو مذهب فكري آخر هو المذهبُ الإسماعيليُّ ، ويرجع أصحابه في أصل تسميتهم إلى الإمام اسماعيل بنِ جعفرٍ الصادقِ (ت143هـ/ 760م) وإلى ولدِه محمد بنِ إسماعيل (ت نحو 198هـ/ نحو 814م) من بعده. وقد طرح أصحابُ هذا المذهبِ حلولاً اجتماعيّةً شبيهةً بما طرحه البابِكيّون ([135]) فكانوا «أقربَ الناسِ إلى البابِكيَّةِ في العقيدةِ والمذهبِ، وأشدَّهم تعلُّقاً بالمبادىء الاشتراكيَّة» ([136]) إلى حدّ أنَّهم كانوا يُعرفون

[133] متز، آدم، الحضارة الإسلامية في القرن الرابع الهجري، ج 1، ص 377.

[134] مروة، حسين ، النزعات المادية، ج 2، ص 203.

[135] البابكيون: نسبة إلى بابك الخرّمي (ت224هـ/ 838م) الذي نشر دعوته في أيام المأمون في أذربيجان . التف حوله خلق كثيرون، أكثرهم من المزدكية . وتدعو تعاليمهم إلى المساواة، وقد قاموا بثورات متعددة دامت عشرين سنة وانتهت بالقاء القبض على بابك وقتله وصلبه في سامراء ، في خلافة المعتصم .

[136] جوزي، بندلي، من تاريخ الحركات الفكرية في الإسلام، دار الروائع، بيروت ، ب. ت. ص 118.

في العراق باسم المزدكيّة ([137]). وقد عُرَف عن أصحاب هذه الفرقة أنهم «كانوا يؤوِّلون الشرائعَ الدينيَّةَ وشعائرَها تأويلاً باطنيّاً ـ ومنه عرفوا بالباطنيّةِ ـ يخالفُ ظواهرَها ولكنْ لا يخالفُ العقلَ السليمَ، وأنهم أخذوا تأويلَهم هذا عن فلاسفة اليونان ، ولا سيّما الأفلاطونيين المُحْدَثين، فكان من نتائجِ هذا التأويل أنهم قضَوا على الشرائعِ المُنْزَلةِ ورفَعوا بذلك شأنَ «إمامِ الزمانِ» وحصروا السلطةَ في يديْه» ([138]). وقد أفادت هذه الحركةُ من أسبابِ الفشل الذي مُنِيَ به البابكيُّون فنظَّمت نشاطَها تنظيماً سرِّياً مميَّزاً مكّنها من أن تنفردَ بحيويةِ الحركةِ والتأثيرِ، واستمراريَّةِ الصمودِ أكثرَ من جيلين، فكانت هذه المزايا عاملاً من عواملِ نجاح الدعوة الفاطميَّة في الوصولِ إلى مركز الحُكم. ونتيجة التنظيمِ السريِّ الذي امتازت به دعوةُ القرامطة ـ إحدى الفرقِ الإسماعيليَّةِ ـ أصبحنا مُلْزَمين، على حد تعبيرِ دي خويه (ت237هـ/ 1909م)، «باستقاء معلوماتِنا كلِّها من ألدِّ أعدائِهم» ([139]).

ومهما يكن أمر هذه الفرقة فقد تأثَّرت بمختلف التيّارات الفكريَّةِ السابقة للإسلامِ ، فكان نظامُها يُشبِهُ الفيثاغوريَّةَ القديمةَ من حيث اعتبار العددِ «سبعة» مقدَّساً. وقد جعلت «السبعيَّة» النظامَ الكونيَّ والحوادثَ التاريخيَّةَ أمراً مرتّباً على هذا العدد، واتّبعت في حدوث الكائنات فلسفةً «غنوسطيَّةً» مبنيَّةً إلى حدّ بعيدٍ على الأفلاطونيّة الجديدة، وجعلت التجليات سبعةً، وهي اللـه والعقلُ والنفسُ

[137] الشهرستاني، أبو الفتح محمد بن عبد الكريم بن أبي بكر أحمد ، الملل والنحل (جزءان) تحقيق محمد سيد كيلاني ، دار المعرفة، بيروت 1402هـ/ 1982م، ج 1، ص 192.

[138] جوزي، بندلي ، من تاريخ الحركات الفكرية في الإسلام، ص 138.

[139] دي خويه ، ميكال يان، القرامطة : نشأتهم ـ دولتهم ـ علاقتهم بالفاطميين . ترجمة حسني زينة . دار ابن خلدون، بيروت ، ط. أولى 1978م. ص 129.

والمادةُ الأصليّةُ والفضاءُ والزمنُ وعالمُ الأرضين والبشرِ. ولهذا العالمِ سبعةُ أنبياء مشترعين يُسمَّى كلُّ واحد منهم «الناطقَ». وهم آدم ونوحُ وإبراهيمُ وموسى وعيسى ومحمدٌ ثم محمدٌ التامُّ بنُ إسماعيلَ ([140]). ومن نتائج تأثُّرِهم بالدياناتِ القديمة قولُهم بظهورِ المهديِّ ، و المهديُّ في نظرِهم ما هو إلّا محمد بنُ إسماعيلَ العلويُّ ([141]).

وأما نظامهم الاجتماعيُّ فيتميز بالعدالة في توزيع خيرات المجتمع، وفي معاملة الرعية بصورة لم تشهدها دول وعهود سابقة، وعلى الرغم مما حيك حولهم من أخبار حول الحرّيّة والإباحة ([142])، نرَى ابن حوقلٍ يتحدَّث عنهم باحترام ويصِفُ طريقتَهم في توزيع الإنتاج بعد أن يرصدوا خمْسَهُ لصاحب الزمان ([143])، كما أن ناصر خسرو (ت481هـ/ 1088م) الذي زارهم عام 443هـ لا يذكرُهم إلّا بالخيرِ. فهو يقول: «... وهم لا يأخذون عشوراً من الرعيّة. وإذا افتُقِر إنسانٌ أو استدانَ تعهَّدوه حتى يتيسَّر عملُه، وإذا كان لأحدِهم ديْن على آخر فلا يطالبُه بأكثرِ من رأسِ المالِ الذي له. وكلُّ غريبٍ ينزل في هذه المدينةِ (الأحساء) وله صناعةٌ، يُعطى ما يكفيه من المال حتى يشتريَ ما يلزمُ صناعتَه من عُددٍ وآلاتٍ، ويَرُدَّ إلى الحكَّام ما أخذ حين يشاء. وإذا تخرَّب بيتٌ أو طاحونُ أحدِ المُلّاك، ولم تكن لديه القدرةُ على الإصلاحِ، أَمَرُوا جماعةً من عبيدهم بأن يذهبوا إليه ويُصلحوا المنزلَ أو الطاحونَ ولا يطلبون من

---

140 الشهرستاني ، الملل والنحل، ج 1، ص 193 ـ 194.

141 دي خويه، القرامطة، ص 134.

142 أنظر مثلاً: البغدادي، عبد القاهر، الفرق بين الفرق، دار الآفاق الجديدة، بيروت ، ط. رابعة 1400هـ/ 1980م. ص 270 وما بعدها.

143 ابن حوقل ، صورة الأرض، ص 33 ـ 34 ـ 35.

المالك شيئاً» ([144]). ومما يُذكر عن نظامهم أيضاً أنّهم كانوا يجبون ضريبةَ الخُمْس ويخصِّصونها لصاحب الزمان ، وأن النساءَ كنَّ يدفعْنَ خُمْسَ الخيْطِ الذي يَغْزِلْنَ، والرجالَ خُمْسَ كسبِهم اليوميِّ. وقد وصل بهم الأمر إلى حدّ أن يجمعوا أموالهم في موضعٍ واحد، وأن يكونوا فيها أُسْوَةً واحدةً لا يفضِّلُ أحدٌ منهم صاحبَه أو أخاه في ملك يملكه ([145]).

ويبدو أن الإسماعيليّين أفادوا من الحالة الاجتماعية التي كانت تضغط على الفئات الدنيا من المجتمع فاستطاعوا تنظيم دعوتهم ونشرِها، لا بين العرب وحدهم، بل لقد انضمت إليهم فئات واسعة من العجم و الأكراد و الأتراك ، وممثلون لجميع الأديان والاتجاهات الفكريّةِ. وقد تمكّنوا في خلال فترة بسيطة من السيطرة على البحرين ، وأسّسوا فيها دولة القرامطة ، كما نجحت دعوتُهم في مصر وأسّسوا الدولة الفاطميّة ، وقاموا بعدة ثورات أخرى استطاعوا من خلالها تهديد مركز الخلافة في بغداد .

على هذه الأسس ارتفع بنيان الفكر العربي ـ الإسلامي في القرن الرابع الهجريِّ ليشهدَ ولادةً جديدةً تمثلت في تياراتٍ أربعةٍ رئيسَة هي: المشّائيَّةُ الشرقيَّةُ وتعاليمُ «إخوانِ الصفا» و الصوفيَّة و الأشعريَّةُ .

أ ـ المشائيَّة الشرقيَّة: شكلت هذه المدرسة تيّاراً بارزاً في الفلسفةِ العربيَّةِ ـ الإسلاميَّةِ بين القرنيْن الثالثِ والخامسِ الهجريَّيْن وامتازت بالتوفيقِ بين مذهبيْ أفلاطون (ت347 ق.م) وأرسطو (ت322 ق.م). وقد مهّد أبو يوسف يعقوب ابنُ اسحقَ الكنديُّ (ت223هـ/ 837م) ـ وهو أولُ فيلسوفٍ عربيّ ـ لظهورِ هذا

---

[144] خسرو، ناصر ، سفرنامة، ترجمة د. يحيى الخشاب ، دار الكتاب الجديد، بيروت ، ط. ثالثة، 1983م، ص 143.

[145] دي خويه ، القرامطة، ص 135.

التّيارِ. فقد عُنِيَ بقضايا المنطق والمعرفة من خلال شروحه على مؤلفات أرسطو ، وقال بالمشروطيّة السببيّة لظواهرِ الطبيعةِ والمجتمعِ، وبطابَعِها القانونيِّ. وهو يسلّم بوجودِ الـلـه باعتباره «علّةً أخيرةً» للظواهِر. ومن مآثِره الهامّةِ قولُه بدرجاتٍ ثلاثٍ للمعرفة هي المنطقُ والرياضيّات، فعلومُ الطبيعةِ، فالمسائلُ الميتافيزيقيّةُ. وقد «اتّخذَ موقفاً ريْبيّاً من القرآن ومن بعض المعتقدات الدينيّة. ولذا اعتبره المحافظون هرتقيّاً، وأتلفت مؤلفاتُه » ([146]). وقد نُسِبَ إليه ما لا يقلّ عن ثلاثمئةٍ وواحدٍ وستين كتاباً. وكان الكنديُّ ـ إلى جانب كونه فيلسوفاً ـ عالماً بالتنجيم والكيمياء والبصريّات وأصولِ الموسيقى. «وقد تأثّر روجر باكن (ت692هـ/ 1292م) بترجمة لاتينية لكتابٍ له في علم البصريات عنوانُها (أي الترجمة) De aspectibus » ([147]).

ومن مُمَثّلي هذه المدرسةِ الفارابيُّ (ت339هـ/ 950م) وابنُ سينا . فأما الفارابيُّ فكان رياضيّاً وطبيباً وفيْلسوفاً، وكان على معرفة عميقة بأعمال أرسطو، فقام بشروحٍ على مؤلفاتِه الفلسفيّةِ والطبيعيّةِ. وتُعتبر فلسفتُه مزيجاً من الأفلاطونيّة والأرسطيّة والصوفيّة، الأمرُ الذي أكسبه لقبَ «المعلمِ الثاني» بعد أرسطو . وقد ألّفَ جملةً من الكتبِ في علمِ النفس والسياسةِ وما وراءِ الطبيعة أشهرُها رسالةٌ في آراءِ أهل المدينة الفاضلة ورسالةُ «السياسة المدنيّة». ولقد استوحى آراءَه فيهما من «جمهوريةِ» أفلاطونَ «وسياساتِ» أرسطو. ومن مآثرِ الفارابيِّ أنّه «أولُ فيلسوفٍ وضع نظريّةَ الفيْض الأفلاطونية في سياق التطوّر التاريخي للفلسفة العربية من حيث هي علم وإيديولوجية... وهذه هي قيمة

---

[146] جماعة من الأساتذة السوفيات، موجز تاريخ الفلسفة. تعريب توفيق إبراهيم سلوم، دار الفكر، موسكو، ط. ثالثة، 1979م، ص 147.

[147] حتّي، فيليب ، تاريخ العرب، ص 440.

الدور الذي نهض به» ([148]). كما «بدأ صياغة جديدة للمفاهيم الفلسفية أكثر استقلالية عن المفاهيم اللاهوتية السابقة» ([149]).

وأما ابنُ سينا فكانت فلسفتُه تتويجاً للمراحلِ التي اجتازها الفكرُ الفلسفيُّ العربيُّ منذ القرن الثاني الهجريِّ حتى الثُّلُثِ الأَوّلِ من القرن الخامسِ الهجريِّ. ولم يترك ابنُ سينا مجالاً إلّا اشتغل فيه، غير أنه تفوّق في مجالَيْ الطبِّ والفلسفةِ، وبسبب تفوُّقِه في الفلسفة لُقِّبَ بـ «الشيْخِ الرئيس» ، وله أكثرُ من خمسين مؤلّفاً فلسفيّاً أهمُّها كتابُ «الشفا».

والفلسفةُ في نظر ابنِ سينا هي العلمُ بالوجود بما هو وجود. ويقسمها إلى ثلاثة أقسام: الفيزياء والمنطق والميتافيزيقا. ففي الفيزياء يعترف ابنُ سينا بالوجود الموضوعيِّ للطبيعة، وأما في المنطق فيشارك أرسطو آراءه، وقد حاول استنتاجَ قوانينِ الفكر المنطقي من خصائصِ الوجود. وأما في المعرفة فتشكّل نظريةُ الفيضِ عنده المحوَر الأساسيَّ. فالعالَمُ ـ عنده ـ صَدَرَ عن العقْلِ الأوّلِ بطريق «الفَيْض»، أي بتَوَسُّطِ عددٍ من العقول، وكل موجود عنده يجب أن يكونَ فيه استعدادٌ ذاتيٌّ للوجود، بمعنى أنه يجب أن يكون موجوداً بالقوة، وبعد أن يفيضَ عليه العقلُ الفعّال يصبح موجوداً بالفعل. وتُعتبَر نظرية الفَيْضِ السينيَّةِ إنجازاً مهما اذ زعزعت أركانَ الايديولوجية الدينيّةِ الغيبيّةِ.

ولقد تهيأ للفلسفة العربية من ظروف المجتمع العربي ـ الإسلامي ما مكّنها من أن تؤديَ دوراً مزدوِجاً في تاريخ تطوُّر الفلسفةِ العالميَّة؛ فقد أعادت الحياة من جديد إلى الفلسفة اليونانيَّة بعد أن أصابها التشتُّت والتبعْثُرُ والانزواءُ بضعةَ أجْيالٍ، في الأدْيرَةِ و المدارسِ النسطوريَّةِ و اليعقوبيَّةِ و الفارسيَّةِ . كما استطاعت

[148] مروّة ، حسين، النزعات المادية، ج 2، ص 490.

[149] م. ن، ج 2، ص 531.

أن تطبعَ جانِباً من جوانب الفلسفة الأوروبية في خلال العصر الوسيط بطابع منجزاتِها في معرفة الطبيعة. «فمن المعروف تاريخياً أنه لم يبدأ الكلامُ في أوروبا عن الطبيعة، ومحاولةِ معرفةِ ماهيَّةِ الطبيعة، إلّا منذ تعرفوا هناك على فلسفة ابن سينا » ([150]).

ب ـ إخوان الصفا ([151]): في الحقيقة يبدو تاريخ هذه المجموعة غامضاً. فالقرن الرابع الهجري الذي يتبنى المؤرِّخون والباحثون أنه عصرُهم «ليس لدينا منه سوى مصدرٍ واحدٍ نجدُه عند أبي حيَّان التوحيديِّ » ([152]). ويرى عارف تامر أن الرسائلَ التي وُضِعَتْ باسم إخوانِ الصفا هي من وَضْع الإسماعيليِّين ويستند في ذلك إلى مجموعةٍ من الآراءِ نسبَها إلى عَدَدٍ من الدُّعاة الإسماعيليِّين ([153]).

ولسنا في مجال البحث عن كونهم فرقة إسماعيليَّة أم لا، ولكن ما يجدر ذكره هو أن هذه الجماعةَ تأثَّرت إلى حدّ بعيدٍ بالفِرَقِ الإسماعيليَّةِ الباطنيَّةِ التي كانت منتشرةً آنذاك في طول البلاد وعرضها؛ فلقد ألّف «إخوان الصفا» مجموعةً من الرسائل (اثنتين وخمسين رسالة) وبَثُّوها في الآفاق، وأهم ما قالوه فيها حسبما يُخبرنا أبو حيان: «إن الشريعة قد دُنِّست بالجهالات، واختلطت بالضلالات ولا سبيل إلى غسلها وتطهيرها إلّا بالفلسفة، لأنها حاويةٌ للحكمة الاعتقاديَّة والمصلحةِ الاجتهاديَّة. وزعموا أنه متى انتظمت الفلسفةُ اليونانيَّةُ والشريعةُ العربيَّةُ فقد حصل الكمال» ([154]).

---

[150] م. ن، ج 2، ص 705.

[151] أنظر: (إخوان الصفا) في هذا الكتاب.

[152] مروة، حسين ، النزعات المادية، ج 2، ص 360.

[153] أنظر: تامر، عارف ، حقيقة إخوان الصفا وخلّان الوفا، المطبعة الكاثوليكية، بيروت ، ط. ثانية، 1966م، (في مواضع متفرقة).

[154] التوحيدي، أبو حيان ، الإمتاع والمؤانسة، ج 2، ص 4.

ولإخوانِ الصفا مفهومٌ للطبيعةِ قريبٌ من مفهومِ الإسماعيليّين ، فَهُمْ يقولون: «... فالعقل هو أول موجود أَوْجـده الباري تعالى وأبدعه من غيرِ واسطةٍ ثم أَوْجد النفسَ بوساطةِ العقلِ ثم أَوْجَدَ الهيولى، وذلك أن العقلَ جوهرٌ روحانيٌّ فاضَ من الباري عزَّ وجلَّ وهو باقٍ تامٌّ كاملٌ. والنفسُ جوهرةٌ روحانيَّةٌ فاضت من العقل وهي باقيَةٌ تامَّةٌ غيرُ كاملةٍ. والهيولى الأولى جوهرٌ روحانيٌّ فاضَ من النَّفْسِ وهو باقٍ غيرُ تامّ ولا كاملٍ» ([155]).

وأما السياسة فلهم فيها أيضاً مفهومٌ قرِيبٌ من مفهومِ الإسماعيليّين من حيث طاعتهم علماء حكماء أخياراً، ومن حيث نصرتهم بعضهم بعضاً، فقد جاء في رسائلهم: «واعلمْ أن دولةَ أهلِ الخيْرِ يبدأُ أولُها من قَوْمٍ علماءَ حكماءَ أخيارٍ فضلاء يجتمعون على رأيٍ واحدٍ ويعقدون بينهم عهداً وميثاقاً أن لا يتجادلوا ولا يتقاعدوا على نصرة بعضهم في ما يقصدون» ([156]).

ونستطيع أن نستخلصَ من خطَّتهم الستراتيجيَّةِ أن مبادِئَهم الأساسيَّة تحتوي على مضمون اجتماعي يعبّر عن إيديولوجيَّة الفئاتِ المضطهَدَةِ من المجتمع. وقد انعكس هذا الموقفُ المعارِضُ للنظامِ القائمِ موقفاً معارِضاً للشريعةِ التي هي الأساسُ النظريُّ الإيديولوجيُّ لهذا النظام.

ومهما يكن أمرهم فإن رسائلهم تُعتبر «أولَ دائرةٍ للعلومِ والمعارفِ ظهرت في العالم، وقد حاولوا أن يُثبتوا فيها مبادِئَهم العلميَّةَ ونظرَهم الخاصَّ إلى الطبيعةِ والإنسانِ، وأن ينشروا فيها آراءَ فلاسفةِ اليونانِ الذين كانوا في نظرِهم من درجةِ الأنبياء أو أعلى، فمهدوا بذلك السبيلَ لفلاسفةِ الإسلامِ من مثل الفارابي وابنِ سينا وغيرِهما» ([157]).

---

[155] إخوان الصفا، رسائل اخوان الصفاء (مجلدان، 4 أجزاء)، تصحيح خير الدين الزركلي ، المطبعة العربية بمصر ، 1347هـ/ 1928م، ج 3، ص 187.

[156] م. ن، ج 1، ص 131.

[157] جوزي، بندلي ، من تاريخ الحركات الفكرية في الإسلام، ص 150.

ج ـ التصوُّف: نشأ التصَوُّف وتطوَّرَ في الظروفِ التاريخيَّةِ التي احتضنتِ الفكرَ الفلسفيَّ العربيَّ ـ الإسلاميَّ. فبدأ كينونتَه الجنينيَّةَ زُهْداً مَسْلَكِيّاً عَدَمِيّاً، ثم تَطَوَّر إلى موقفٍ فكريّ يتضمن معارضةً دينيَّةً تَتَمثَّلُ في تأويلِ القرآن والحديثِ، ومعارضةً سياسيَّةً تتمثل في استنكار الظلم الاجتماعيِّ والاستبدادِ، ثم تحوَّل إلى شكلٍ من أشكالِ الوَعْي الفلسفيِّ يعبِّر عن موقفٍ إيديولوجيّ محدَّد.

ولسنا في مجال البحث في المراحل التي قطعها التصوُّف منذ أن كان زُهْداً حتى بلغ أعلى مراتبِ تطوُّره، ولكنَّ جُلَّ ما تجدر الإشارةُ إليه هو أن العواملَ التي أسهمت في نشوء الفكر الفلسفي في صورته المستقلة عن علم الكلام المعتزليِّ جعلتِ التصوُّفَ الإسلاميَّ ـ في مراحل تطوره العليا ـ يتحوَّلُ إلى شكلٍ جديدٍ من أشكالِ الوعي الفلسفيِّ يتميَّزُ من الفلسفة نفسِها بمقولاتِه الخاصَّةِ وبمنطقِ حركته الخاص على الرغم من «أن الصوفيَّةَ أخذوا المسالكَ والمناهجَ من المعتزلة » ([158]).

ولقد تصدَّى الصوفيَّةُ لأكثرِ المسائلِ النظريَّةِ التي كانت تستقطب جَوْهَرَ البَحْثِ الفكريِّ العَرَبِيِّ في تلك الحقبة فكانت لهم مواقفُ اتفقوا فيها مع المذاهبِ الفكريَّةِ المتصارعة آنذاك، ومواقفُ تفرَّدوا بها عن سائر المذاهب.

ففي مجال المعرفة نجدُ الصوفيَّةَ وقد انطلقوا من الأرضِ اللاهوتيَّةِ التي انطلقت منها مختلفُ ظاهراتِ الفكرِ العربيِّ آنذاك (علم الكلام والفلسفة والتصوُّفِ والفِقْه وأصوله) يتفقون مع الآخرين في موضوع المعرفة وهو اللـه، وفي مركز هذا الموضوع وهو وحدانية اللـه (فكرة التوحيد)، وفي أن حقيقةَ اللـه، أي ماهيَّته، ليست في متناوَل إدراكِ الإنسان، وإنما يُدرِك الإنسان منه أنه موجود، وأنه واحد، وأنه بوحدانيته مُنَزَّه عن المثيل والشبيه تنزيهاً مُطْلَقاً.

---

[158] متز، آدم، الحضارة الإسلامية في القرن الرابع الهجري، ج 2، ص 42.

ونجدهم، في المقابل، قد تفرّدوا في طريقة تفسيرهم وحدانيةَ الـلـه وماهيَّتَه؛ فقد توصَّل التصوُّف في تفاصيله إلى تنميةِ تِقَنيَّةٍ روحانيَّةٍ خلقت بتقدمها ودرجاتها وحاصلها ميتافيزيقا كاملة عرفت باسم العرفان ([159]).

وأول ما يطالعنا في هذا المجال هو تلك الحدودُ الفارقةُ التي رسمها متصوِّفو القرنيْن الثالثِ والرابعِ الهجريَّيْن بيْن «المعرفة» الإيمانيَّة الصرف و«المعرفة» العقليَّة البرهانيَّة و«المعرفة» الصوفيَّة. ثم إنهم قلَّلوا من أهمية المعرفتيْن الحِسِّيَّة والعقليَّة، واعتبروا أن المعرفة الحق هي في «مشاهدة الـلـه» بواسطة «الإلهام الإلهي» الذي يَفيضُ على قلوبِ «العارفين» من ينبوع «الجود الإلهي» بعد المكابدة وترويض النفس على معاناة التجربة الصوفية. ولكن هذه المعرفة اقتصرت في نظرهم على صفات الـلـه دون «حقيقته» انطلاقاً من الآية: ﴿ وَلَا يُحِيطُونَ بِهِ عِلْمًا ﴾ «110/ طه» .

يقول ذو النون المصري (ت245هـ/ 859م)، وهو من أوائل المعبِّرين عن الفكر الفلسفيِّ الصوفيّ في القرنِ الثالثِ الهجريِّ: «المعرفةُ على ثلاثةِ وجوه: الأولُ معرفةُ التوحيدِ، وهي خاصةٌ بعامَّةِ المؤمنين المخلصين. والثاني معرفةُ الحجَّة والبيان، وتلك خاصَّةٌ بالحكماء والبلغاء والعلماء المخلصين. والثالث معرفة صفات الوحدانيَّة، وتلك خاصَّةٌ بالحكماء والبلغاء والعلماء المخلصين. والثالث معرفة صفات الوحدانيَّة، وتلك خاصَّةٌ بأهلِ ولايةِ الـلـه الذين يشاهِدون الـلـه بقلوبهم حتى يَظْهرَ الحقُّ لهم ما لم يَظْهَرْه لأحد من العالمين» ([160]).

---

[159] كوربان، هنري، تاريخ الفلسفة الإسلامية، ترجمة نصير مروة و حسن قبيسي ، منشورات عويدات، بيروت ، ط. ثانية 1977م. ص، 283.

[160] الشيبي، كامل مصطفى، الصلة بين التصوف والتشيع (جزءان)، دار الأندلس، بيروت ، ط. ثالثة 1982، ج 1، ص 393. والنص مترجم من الفارسية عن تذكرة الأولياء لفريد الدين العطار ، ص 108.

فتح هذا النوع من المعرفة التي سلكها متصوفو القرنيْن الثالث والرابع الهجريَّيْن الطريقَ أمام نَوْعٍ معرِفِيٍّ آخرَ هو المعرفةُ الإشراقيَّةُ. فقد ظهرت لَدَيْهم مجموعةٌ من الآراءِ والمفاهيم التي تنسجم مع نظريَّتِهم في المعرفة. إذ حين أخذوا بمفهوم المعرفة الحقّ وخصوا أنفسهم بهذا النوع منها لأنهم أولياءُ اللـه ـ حسب زعمهم ـ قادهم منطِقُهم إلى استخدام مفهومي الظاهر والباطن في التعامُل مع نصوص الإسلام ذاتِ الصِّفَةِ المقدَّسةِ عند المسلمين بدعوى أن هذه النصوصَ تحمِل وجهيْن من المعاني: وجهاً ظاهراً يتوجه إلى عامة المسلمين ، ووجهاً باطناً يتوجه إلى الخاصة منهم أي إلى الصوفيّة أنفسهم، ولا تُمْكِن معرفة هذا الوجه (الباطن) إلّا من طريق التأويل؛ فقد انطلقوا من الآية: { هُوَ الَّذِي أَنْزَلَ عَلَيْكَ الْكِتَابَ مِنْهُ آيَاتٌ مُحْكَمَاتٌ هُنَّ أُمُّ الْكِتَابِ وَأُخَرُ مُتَشَابِهَاتٌ فَأَمَّا الَّذِينَ فِي قُلُوبِهِمْ زَيْغٌ فَيَتَّبِعُونَ مَا تَشَابَهَ مِنْهُ ابْتِغَاءَ الْفِتْنَةِ وَابْتِغَاءَ تَأْوِيلِهِ وَمَا يَعْلَمُ تَأْوِيلَهُ إِلَّا اللَّهُ وَالرَّاسِخُونَ فِي الْعِلْمِ }. (7/ آل عمران) ووجدوا تفسيراً «للراسخين في العلم» من خلال آية أخرى تقول: { يَا (أَيُّهَا الَّذِينَ آمَنُوا أَطِيعُوا اللَّهَ وَأَطِيعُوا الرَّسُولَ وَأُولِي الْأَمْرِ مِنْكُمْ فَإِنْ تَنَازَعْتُمْ فِي شَيْءٍ فَرُدُّوهُ إِلَى اللَّهِ وَالرَّسُولِ إِنْ كُنْتُمْ تُؤْمِنُونَ بِاللَّهِ وَالْيَوْمِ الْآخِرِ ذَلِكَ خَيْرٌ وَأَحْسَنُ تَأْوِيلًا 59 }. (59/ النساء). فإذا بحثنا في مضمون هاتين الآيتين، وفي ما قاله عليُّ بن محمدٍ الشريفُ الجرجانيُّ (ت816هـ/ 1413م) في تعريف الوليّ وجَدْنا حلّاً لهذه المسألة في أن أولي الأمر هم الصوفيَّة أنفُسُهم. قال الشريف الجرجاني: «الوالي هو العارفُ بالله وصفاتِه بحسْبِ ما يُمكن، المواظبُ على الطاعاتِ، المجتنبُ عن المعاصي، المعرِضُ عن الانهماكِ في اللذاتِ والشهواتِ» ([161]).

[161] الجرجاني، علي بن محمد الشريف، التعريفات، مكتبة لبنان، بيروت ، 1978م، ص 275.

ويرى آدم متز في مسألة الولاية وفكرةِ الوليِّ مذهباً نصرانياً غنوسطياً أدخله الصوفيَّةُ في الإسلام . وهو يَعتبِر أنَّ في ذلك نجاحاً كبيراً للصوفيَّة بدأ يظهر في القرن الرابع الهجري ([162]).

وعلى الجملة فقد شغلت مسألةُ المعرفةِ الصوفيَّةِ حيِّزاً مهماً من النشاطِ الفكريِّ في القرنِ الرابعِ الهجريِّ، ومهَّدتِ السبيلَ أمامَ حركةِ التصوُّف لتصبحَ تيّاراً فكريّاً مستقِلاً في المجتمع العربيِّ ـ الإسلاميِّ يعبِّر عن موقفٍ إيديولوجِّي يرفضُ الأساسَ النظريَّ لإيديولوجيَّةِ النظامِ الاجتماعيِّ الإسلاميِّ باعتباره في نظرهم نظاماً ذا طبيعةٍ استبداديَّةٍ مطلَقَةٍ.

د ـ الأشعرية ([163]): ينتسب أصحاب هذا المذهب إلى أبي الحسنِ علي الأشعريِّ البغداديِّ أحدِ تلاميذِ أبي عليّ الجبّائيّ (ت303هـ/ 915م) المعتزِليِّ ([164]). فقد تَلْمَذَ الأشعريُّ للجبائي في أصول الاعتزال، ولكنه تاب بعد حين عن القول بالحق وبخلق القرآن، وأَقْلَع عن آراء المعتزِلة ([165]). ونَشَط للردِّ على تعاليمِ شيوخِه منهم، فَشَهَر «فضائِحَهم» وحاربهم بسلاحهم.

كانت الأشعرية محاولةً متميِّزَةً لدعم الأفكارِ الدينيَّةِ بحجج عقلانيَّةٍ، وكان مذهبُها يقوم على التوفيقِ بَيْنَ العقْلِ والنقْل. ولذلك سُمِّيَ مذهباً «أوسط». ومنذ أن أخذ مذهبُ الأشاعرةِ بالانتشار في العراقِ نحو عام 380هـ/ 990م بدأَ أصحابُه يتعرَّضون للاضطهاد من خصومهم، ولا سيَّما الحنابلة، على الرغم من

[162] متز، آدم، الحضارة الإسلامية في القرن الرابع الهجري، ج 2، ص 46.

[163] أنظر: (أشعرية) في هذا الكتاب.

[164] البغدادي، عبد القاهر ، الفرْق بين الفِرَق، ص 167.

[165] ابن النديم ، الفهرست، ص 181.

أن الأشعريَّ أعلن تمسُّكه بمذهبِ الحنابلة الذين كانوا لا يتردَّدون في القول إنه ظل معتزليّاً دائماً ([166]).

ولم يلقَ مذهبُ الأشعري في غضون القرنِ الرابعِ رواجاً كبيراً فانتشر انتشاراً بطيئاً، وبَقِيَ أصحابُه يدرؤون هجماتِ الحنابلةِ الذين كان شيخُهم يَلْعَن حوالى عام 400هـ/ 1009م أبا الحسنِ الأشعري أمام الملأ، وينال من الأشاعرة . وكان عليهم أيضاً أن يردوا هجمات الكرّاميَّةِ ([167]) الذين تحزَّبوا عليهم ورفعوا أمرهم إلى السلطان محمود بن سبكتكين (ت422هـ/ 1030م) ([168]). ولم يرتفع شأنُهم إلّا بعد ظهور الغزَّالي (ت505هـ/ 1111م) وكان «أعظمَ فقهاءِ الإسلام دون منازع وإليه يعود الفضل في تثبيت نظام الأشعرية على شكل مستقر واتخاذ تعاليمها عقيدةً إسلاميَّةً شاملة» ([169]).

وعلى الجملةِ فقد أدّت الأشعريَّةُ دوراً مهماً في تاريخ الفكر العربي ـ الإسلاميِّ لا يَقِل أهميَّةً عن دَوْرِ الفلسفة نفسِها، إذ اشتدَّ بوجودِها نقاشٌ حاد بين الفلسفة والدين، الأمرُ الذي أغنى ذلك الفكرَ بمعطياتِ فلسفيَّةٍ جديدةٍ، أضف إلى ذلك أن هذا المذهبَ أصبح مذهبَ جمهورِ المسلمين. فالثوبُ الفكريُّ المدرسيُّ الذي نسجه الأشعريُّ و الغزّاليُّ لايزالُ ثوبَ الإسلام الرسمي إلى اليوم.

---

[166] متز، آدم ، الحضارة الإسلامية في القرن الرابع الهجري، ج 1، ص 378.

[167] الكرامية: أصحاب عبد الله محمد بن كرّام (ت255هـ) الذي دعا أتباعه الى تجسيم معبوده وزعم أنه جسم له حد ونهاية. بلغ أتباعه في خراسان وحدها أكثر من عشرين ألفاً. وقد انقسمت هذه الشيعة إلى اثنتي عشرة فرقة.

[168] متز، آدم ، الحضارة الإسلامية في القرن الرابع الهجري، ج 1، ص 380، عن طبقات السبكي، ج 3، ص 54 و117.

[169] حتّي، فيليب ، تاريخ العرب، ص 503.

وقد نشأت على ضفاف هذا النهر الفكريِّ الغزيرِ أقْنِيَةٌ فكريَّةٌ متعدِّدَةٌ قامت بأدوارٍ متفاوتةٍ في رَفْع النشاط الفكريِّ في القرن الرابع الهجري، من مثل الحنابلةِ و الكرّاميَّة و الماتريديَّةِ وغيرها مما لا يتسع مجال البحث لتفصيله.

مظاهر الحياة الأدبيَّة: من الطبيعيِّ أن يواكبَ الأدبُ حضارةَ عصره، بما فيه من خشونةٍ ونعومةٍ، وزُهْدٍ وإقبال، وَشَظفٍ وترَفٍ، وبَدَاوَةٍ وتَمَدُّنٍ. فلكل عصر أدبُه كما أن لكل عصر وضْعَهُ الحضاريَّ. ومن غير المعقول إذاً، أن تبقى حضارة القرن الرابع الهجري خاضعةً ـ في أدبها ـ لأطلال امرىء القيس (ت نحو 545م)، وعِفَّة جميل بن مَعْمَر (ت نحو 82هـ/ نحو 701م)، وألفاظِ الجاهليّين على شدة قساوتها.

ولقد شهدتِ الأعْصُرُ العباسيَّةُ، ولا سيَّما الزمان الذي احتضن أبا حيّان التوحيديَّ ، تطوُّراً بارزاً في مستوى الحياة الأدبية رافق تطوُّر الحياةِ الاجتماعيَّة والسياسيَّةِ والعلمية، وعَكَسَ صُوَرَها، وَترَكَّز في الشعر كما في النثر، وفي الأسلوب كما في المضمون.

أ ـ النثر: برزت في الأعصر العباسيَّةِ موضوعاتٌ جديدةٌ أملتْها ظروفُ الحياةِ، فانتشرت الرسائلُ الديوانيَّةُ أو الرسائلُ السلطانيَّةُ. وكانت تلك الرسائل، وهي «مقياسُ العُرْفِ اللغويِّ العامِ» ([170])، تُكتبُ في ديوانٍ خاصّ يُسمّى ديوانُ الرسائل، ولعل أبرزَ ما طرأ عليها هو أنها أصبحت تَتَّخِذُ ـ في القرن الرابع الهجري ـ من السجع ثوباً لها؛ فبعْدَ أن كان أصحابُ الدواوين يكتبون من غير سَجَعٍ أصبح التسجيع حوالى عام 300هـ/ 912م «الطريقةَ الجديدةَ المستحدَثةَ

---

[170] متز، آدم ، الحضارة الإسلامية في القرن الرابع الهجري، ج 1، ص 445، وأنظر: بروكلمان، كارل، تاريخ الأدب العربي (6 أجزاء) ترجمة يعقوب بكر و رمضان عبد التواب وعبد الحليم النجار ، دار المعارف بمصر ، ط. ثالثة، 1977م، ج 2، ص 110.

عند كبراءِ بغدادَ ، فوجدنا الخليفةَ المقتدِرَ يكتب إلى عمال البلاد سجعاً، وكذلك كان الوزير عليُّ بنُ عيسى يحلّي كتبَه بالسجع الكثير» ([171]). وقد عظم شأنُ هذا الفنِّ حتى صار يطغى على ما عداه. وانتقل استعمال الأساليب المحلّاة بالسجع من الرسائل الديوانيَّة الى الرسائل الإخوانيَّة.

وليس هذا الفن بجديدٍ على الأدبِ في الواقع. فقد «بدأ العرب في الجاهليَّة يستعملونه كالملح في الطعام، ثم زاد في العصر العباسيِّ شيئاً ما، ثم عمّ في الكتابات في عصرنا هذا» ([172]). ويُعيد أحمد أمين (ت1374هـ/ 1954م) أمرَ غَلَبَةِ السجع إلى دخول النصارى في الإسلام ـ وقد كانوا يستعملونه في الكنائس ـ والى حُبِّ العَرب للطَّريفِ من الأشياء ([173]). وربَّما يعودُ أمرُ غَلَبَةِ البديعِ، ولا سيّما السجعُ، إلى طابع الحياةِ المتأنقة وترفِها، فقد بنى العربيُّ و«أعلى» حتى وصل ـ في القرن الرابع الهجريِّ ـ إلى قِمَّة ما يستطيع، فما كان عليه إلا أن يُزخرِفَ في كتاباته كما في ثيابه وصُورِه. ولو لم تصل إلينا آيات الفن الجميلة التي صنعتها أيدي الفنَّانين في ذلك العهد من الزجاج والمعادن لاستطعنا ـ على حد تعبير آدم متز ـ «أن نرى في هذه الرسائلِ مبلغَ تقديرِ المسلمين للرشاقةِ الرقيقة، وامتلاكَهم ناصِيَةَ البَيَان في صُورَتِه الصعبة، وتلاعبهم بذلك تلاعباً» ([174]) ومن أشهر من عرف هذا الفن أبو هلال الصابيّ (ت401هـ/ 1010م) و أبو بكرٍ الخوارزميُّ (ت383هـ/ 993م).

وعلى الرغم مِن سيطرةِ السجع على رسائل القرْنِ الرابعِ الهجريّ فإنّنا نَجد

[171] متز، آدم ، الحضارة الإسلامية في القرن الرابع الهجري، ج 1، ص 446.

[172] أمين، أحمد ظهر الإسلام، ج 2، ص 96.

[173] م. ن، ج 2، ص 96.

[174] متز، آدم ، الحضارة الإسلامية في القرن الرابع الهجري، ج 1، ص 447.

بَعْضَ الكتّاب يجمعُه (أي السجع) إلى المزاوجةِ، مع غزارة في المعاني تلطّف من حِدّة السجع الذي كان سائداً في ذلك العصرِ «وقد بلغ أبو حيّان التوحيديُّ مرتبةَ الأستاذِ لهذه الطريقة وكان على ذروةٍ من ذُراها» ([175]). ولكن الجمهورَ كان يميل إلى طريقة الآخرين في البديع فيجري عليها ويعظّم أصحابَها. ومن أمثلة هذا المَيْل قولُ الثعالبيِّ في الصاحبِ بنِ عبّادٍ ، وكلاهما مُولَعٌ بالبديع: «كان نادرةَ عطاردَ في البلاغة» ([176]).

وظهر إلى جانب فنِّ الرسائل فنٌّ جديدٌ هو فنُّ المقامات. ويقوم هذا الفنُّ على تصويرِ حياةِ المُكْدين ونَقْل طرائِفِهم بأسلوب حِواريّ لا يخلو من السخريَةِ اللاذِعة. «وقد عَمَدَ البديعُ (بديعُ الزمانِ الهمذانيُّ) إلى أقوالِ المُكْدين فَصَاغَ صُوَراً قِصاراً من حياةِ الأدباءِ السيّارين حافلةً بالحركةِ التمثيليَّةِ التي تَدورُ فيها المُحاوَرَةُ والمُساجلةُ بيْن شخصيْن سمّى أحدَهما «عيسى بنَ هشامٍ» والآخرَ «أبا الفتح الاسكندريَّ» . وجعلهما يتهاديان الدرَّ، ويتنافثان السِّحْر في معانٍ تُضحِك الحزين وتُحرِّك الرصينَ» ([177]). وقد مهَّد هذا النوعُ من الكتابةِ إلى الكتابةِ الروائيَّةِ على صورةٍ أكبر؛ فلم يكن قد بقيَ على الهمذانيِّ إلّا خطوةٌ واحدةٌ ليأتيَ لنا بقصص المحتالين واللصوص من أخفِّ نَوْعٍ وألطفِه، ولكنَّ هذه الخطوةَ لم تتمَّ لأنَّ المقاماتِ «كانت ولا تزالُ أدَباً يُؤلَّفُ للبلغاءِ، وهؤلاء لا يُعنون برَبْطِ أجزاءِ القِصَّةِ بعضِها ببعض، وإنّما يعنون بالألفاظ والأساليب البليغة» ([178]).

---

[175] م. ن، ج 1، ص 465.

[176] الثعالبي ، يتيمة الدهر، ج 3، ص 225.

[177] بروكلمان ، تاريخ الأدب العربي، ج 2، ص 113.

[178] متز، آدم ، الحضارة الإسلامية في القرن الرابع الهجري، ج 1، ص 461.

وكان من أثرِ الترجماتِ الأجنبيّةِ أنْ ظهرت في ذلك العصر قصصٌ جديدةٌ كان أهمُّها ألفَ ليلةٍ وليلةٍ أو «هزارَ أفسانَ» (ألف حكاية) وهو اسمُها الفارسيُّ. وهذه الحكاياتُ «دونَ المئتي سمرٍ مُوَزعة على ألف ليلة» ([179]). غير أنّها لم تَرُقْ الأدباءَ الذين يؤثِرون قراءةَ النثرِ الغنيِّ الذي يهزُّ أرجاءَ النَّفْسِ ولا يخلو ـ إلى جانب ذلك ـ من زخرفةٍ، فابنُ النديمِ مثلاً يرى فيها «كتاباً غثّاً باردَ الحديثِ» ([180]). ولكنَّ روحَ العصرِ التي خرجت على النزعة العربية الأولى كانت تتَّجِهُ إلى ما هو أجنبي، فسرعان ما وجدْنا من العلماء وممن يُصنِّفون في الأدباءِ من لم يجِدْ غضاضةً على مكانته في أن يؤلِّف أسماراً من النثر السهل غايتُها مجرَّد التسليَةِ؛ فقد ألَّف الجهشياري (ت331هـ/ 942م) أربعَمئةِ سمرٍ جعل كلاً منها قائماً بذاته يكفي لليلة واحدة، وألَّفَ مسكويه كتاب «أنسِ الفريد» وهو «أحسن كتابٍ صُنِّف في الحكايات القصار والفوائد اللطاف» ([181]).

وقد عرف العصرُ طائفةً من الكتَّاب والمترسِّلين منهم أبو الفرجِ الأصفهانيُّ (ت356هـ/ 966م) صاحبُ كتابِ «الأغاني»، و أبو علي القالي (ت356هـ/ 966م) صاحب كتابيْ «النوادرِ» و«الأمالي»، و ابنُ العميد (ت360هـ/ 970م) في رسائله الشهيرةِ، و أبو اسحق الصابيُّ (ت384هـ/ 994م) الذي «نبغ بالسلطانيّة والإخوانيات» ([182]).

ب ـ الشعر: اتَّجَهَ الشعرُ في هذا العصر اتّجاهاتٍ جديدةً. فقد فرضت طبيعةُ الحياة ظهورَ أبوابٍ مستحدَثَةٍ من مثل الإخوانيّات وشكوى الزمان والسلطانيّاتِ

---

[179] ابن النديم ، الفهرست، ص 423.

[180] م. ن، ص 423.

[181] متز، آدم ، الحضارة الإسلامية في القرن الرابع الهجري، ج 1، ص 468، وأنظر: تاريخ الحكماء للقفطي ، ص 331.

[182] الثعالبي ، يتيمة الدهر، ج 2، ص 241.

والمقارضات والمداعبات، وكثُرت المقطوعاتُ الصغيرةُ التي تعصِفُ كلَّ ما تراه العينُ من مِثْل وَصْفِ الاسطرلاب والبِرْكار والفيل والطاووس والثلج والبِرْذَونيّات ([183]). وظهرت كذلك حِكَم المتنبيّ (ت355هـ/ 965م) ممزوجةً بحُكَمِ اليونانِ ، وبرزت المعاني الفقهيَّةُ والفلسفيَّةُ والصوفيَّةُ في شعرِ أبي العلاء المعري (ت449هـ/ 1057م). وهناك بالإضافة إلى ذلك الشعرُ الشعبيُّ الحُر الذي دخل على أيدي المُكْدين من أمثال الأحنفِ العكبريِّ (ت385هـ/ 995م) و ابنِ حجّاجٍ (ت391هـ/ 1001م) و ابنِ سكّرة (ت385هـ/ 995م). وقد أكْثَرَ هؤلاء من الأقوال الشعبيَّة «في صراحة من غير كناية أو تَوْرِيَةٍ في العلاقاتِ الجنسيَّةِ والفَضَلاتِ البدنيَّةِ بأقبح لفظ وأسوأ تعبير» ([184]). وفي هذا العصر ظَهَر الصنوبريُّ (ت335هـ/ 946م)، وهو «أوّلُ شاعرٍ للطبيعة في الأدب العربي، يجمع إلى ذلك وُلوعاً شديداً بالسماء والضِيّاء والهواء مع التطلُّع إلى أسرارِها الجميلة» ([185]) وقد جاء الصنوبريُّ بِصُوَرٍ جديدةٍ من مِثْل تشبيهه الوردَ بالخدود، والنرجس بالعيونِ، والسروَ بالغواني، بعد أن كانت العادةُ أن تُشَبَّه الخدود بالوردِ، والعيونُ بالنرجسِ، فهو، مثلاً، يقول: ([186]) (الكامل).

يا ريمُ قُومي الآن وَيْحَكِ فانظري — ما للرُبى قد أظهرت إعجابَها
كانت محاسِنُ وجهِها محجوبةً — فالآن قد كَشَفَ الربيعُ حجابَها
وَرْدٌ بدا يَحكي الخدودَ ونرجِسٌ — يَحكي العيونَ إذا رأت أحبابَها
والسرْوُ تحسبُه العيونُ غوانياً — قد شمَّرَتْ عن سَوْقِها أثوابَها

---

183 أنظر بعض النماذج من ذلك: ابن رشيق ، العمدة (جزءان) تحقيق محمد محيي الدين عبد الحميد ، دار الجيل، بيروت ، ط. ر ابعة، 1972م. ج 2، ص 296 وما بعدها.

184 أمين أحمد ، ظهر الإسلام، ج 2، ص 104.

185 متز، آدم ، الحضارة الإسلامية في القرن الرابع الهجري، ج 1، ص 485.

186 الصنوبري ، الديوان، تحقيق إحسان عباس ، دار الثقافة، بيروت، 1970م، ص 454.

وكأنَّ إحداهن من نفحِ الصَّبا　　　خُودٌ تلاعبُ موهِنا أترابَها

لو كنت أملِك للرياضِ صيانةً　　　يوْماً لما وَطِىء اللئام ترابَها

وأما الأسلوب فقد حصل فيه تغيير كبير؛ إذ كانت العرب في الجاهلية «تجري على عادة تفخيم اللفظ وجمال المنطق لم تأتلف غيرَه، ولا أنِسَها سواه... فلمّا ضرب الإسلام بجِرانِهِ (*[187])، واتَّسَعَتْ ممالك العربِ. وكثُرَتِ الحواضر، ونزعتِ البوادي إلى القرى، وفشا التأدُّبُ والتظرُّف اختار الناسُ من الكلامِ ألْيَنَه وأَسْهَلَه. وعمدوا إلى كل شَيْءٍ ذي أسماء كثيرةٍ اختاروا أحسنَها سَمْعاً، وألطفَها من القلب موقِعاً، وإلى ما للعرب فيه لغات فاقتصروا على أسْلَسِها وأشْرَفِها» ([188]).

واختلف الشعراء في هذا العصر في تقديم المعنى على اللفظ، واللفظ على المعنى؛ فمنهم من ذهب الى سهولةِ اللفظ فعُنيَ بها واغتفر فيها الركاكةَ واللينَ المفرطَ، من مثل أبي العتاهية (ت211هـ/ 826م) وعباس بنِ الأحنفِ (ت192هـ/ 807م) ومَن تابعهما. ومنهم من آثرَ المعنى على اللفظ، فطلب صحته ولم يبالِ حيث وقع من هُجْنَة اللفظ وقُبْحِه وخشونته، من مثل ابنِ الروميِّ (ت256هـ/ 869م) و أبي الطيِّب ومَن شاكلهما ([189]). ولكنَّ ابنَ رَشيقٍ (ت463هـ/ 1070م) يرى أن أكثرَ الناسِ على تفضيل اللفظ على المعنى، إذ يقول: «سمعت بعض الحذّاق يقول: قال العلماء: اللفظ أغلى من المعنى ثمناً وأعزَّ مطلباً، فإن المعاني موجودةٌ في طباعِ الناسِ، يستوي الجاهلُ فيها

---

[187] الجِران: باطن عُنُق الجمل أو الفَرَس. والمقصود هنا: لما تمكّن وانتشر.

[188] الجرجاني، القاضي علي بن عبد العزيز، الوساطة بين المتنبي وخصومه، تحقيق محمد أبو الفضل إبراهيم و محمد علي البجاوي ، البابي الحلبي، مصر ، 1966م، ص 18.

[189] ابن رشيق ، العمدة، ج 1، ص 126.

والحاذِق، ولكنَّ العملَ على جودةِ الألفاظِ، وحُسْنِ السَّبْكِ، وصحة التأليف» ([190]). إلّا أنّ ابن رَشيقٍ لا يَخْضَعُ لهذا المنطق، فهو يحاول التقريب بيْن دُعاة المعنى ودُعاة اللفظ، مع ميْلٍ واضحٍ الى دعاة المعنى، ويرى أنْ «للشعراءِ ألفاظٌ معروفة، وأمثلة مألوفة، لا ينبغي للشاعر أن يعدوَها، ولا أن يستعملَ غيرَها، كما أن الكتّاب اصطلحوا على ألفاظٍ بأعيُنِها سمُّوها الكتابيَّةَ لا يتجاوزونها إلى سواها، إلّا أن يريد شاعرٌ أن يتظرَّف باستعمال لفظٍ أعجمي فيستعمله في الندرة، وعلى سبيلِ الخطرة، كما فعل الأعشى (ت7هـ/ 629م) قديماً و أبو نواس (ت198هـ/ 814م) حديثاً» ([191]).

ومهما يكن أمر اللفظ والمعنى فقد فرضت روح العصر غلبةَ اللفظ، ودعت الشعراءَ إلى التأنُّقِ والْتِزامِ البديعِ، حتى كادوا أن يفسدوا المعنى، الأمرُ الذي حدا عبد القاهر الجرجاني (ت471هـ/ 1078م) إلى القولِ: «... وقد تَجِد في كلام المتأخِّرين الآن كلاماً حَمَل صاحبه فرْط شغفه بأمورٍ ترجع إلى ما له اسم في البديع إلى أن ينسى أنه يتكلم ليُفهَم، ويقول ليُبين، ويُتخيَّل إليه أنَّه إذا جمع بيْن أقسام البديع في بيت فلا ضيْر أن يَقَع ما عناه وأن يوقع السامعَ من طلبه في خبْط عشواء، ورَبما طمس بكثرة ما يتكلَّفُه على المعنى وأفسده كمن ثقَّل على العروس بأصناف الحِليُ حتى ينالها من ذلك مكروه في نفسها» ([192]).

ولم يَخْلُ ذلك العصرُ ـ مع هذا ـ من طابَعِ الشعرِ الكلاسيكي الذي تمثل في آثار أبي الطيِّب المتنبي و الشريف الرضي (ت406هـ/ 1016م) و أبي فراس الحمدانيِّ (ت357هـ/ 967م).

---

190 م. ن، ج 1، ص 127.

191 م. ن، ج 1، ص 128.

192 الجرجاني. عبد القاهر، أسرار البلاغة، تحقيق هـ ريتر ، استانبول، مطبعة وزارة المعارف، 1954، ص 9.

وأما أبو الطيّب فقد «ملأ الدنيا وشغل الناس»، و«اشتهر في الأمثال وذمِّ الزمانِ وأهلِه» ([193]). ومن أمثاله قوله ([194]):

(الكامل)

والمَرْءُ يأملُ، والحياةُ شَهِيَّةٌ، والشَّيْبُ أَوْقَرُ، والشَّبيبةُ أَنْزَقُ

فقد أتى بمثلين في كل شطر.

ونَجِدُ عنده إلى جانب ذلك «المعنى الذي لم يسبقْه الشعراء إليه إذا دقّق فخرج عن رسم الشعر إلى طريق الفلسفة» ([195]) فهو يقول ([196]): (الخفيف).

إلْفُ هذا الهواءِ أوقَعَ في الأنْـ فُس أن الحِمامَ مرُّ المذاقِ

والأسَى قَبْلَ فُرقة الروحِ عَجْزٌ والأسى لا يكون بعد الفِراقِ

ويقول أيضاً ([197]): (الكامل)

ولَجُدْتَ حتى كِدْتَ تَبْخَلُ حائلاً للمُنْتَهَى ومن السرورِ بُكاءُ

وأما الشريفُ الرضيُّ فقد كان سيِّدَ أصحابِ المراثي، «فلم يكن في شعراء العصر أحسن تصرُّفاً في المراثي منه» ([198]). وقد جرى الرضيُّ على طريقةِ القدماء و«لم تخرج من فمه كلمةٌ واحدةٌ من الكلماتِ القبيحة التي يتلفَّظ بها العامَّة» ([199]).

وأما أبو فراسٍ الحمدانيُّ فكان ينسُجُ على منوالِ القدامى، ولم يَحِدْ عن ذلك قَطُّ، إلى حدّ أنَّ من يقرأ شعرَه يظنّ أنّه «قد يستحيلُ على مَن لم يكن

---

[193] ابن رشيق، العمدة، جـ 1، ص 286.

[194] م. ن، ج 1، ص 284.

[195] الجرجاني، علي بن عبد العزيز، الوساطة بين المتنبي وخصومه، ص 182.

[196] اليازجي، ناصيف، العرف الطيب في شرح ديوان أبي الطيب، دار القلم، بيروت ، ط. ثانية، ب. ت. ص 245.

[197] م. ن، ص 127.

[198] الثعالبي ، يتيمة الدهر، ج 3، ص 131.

[199] متز، آدم ، الحضارة الإسلامية في القرن الرابع الهجري، ج 1، ص 505.

ملماً بحوادثِ ذلك العصر أن يستنبطَ من قصائده أن الرومَ والمسلمين والنصارى كانوا يتحاربون بجيوشٍ جرّارة مسلحين بأكمل سلاح حربيّ عرفه ذلك العصر، ولا يزيد وصفُه لهذه الحروب الكبيرة في شعره عما يُمكن أن يقالَ في وصْفِ قِتالٍ بين قبيلتين من البَدْوِ» ([200]).

ج ـ النقد الأدبي: تطور النقد في هذا العصر تطوُّراً مُهماً، وبَلَغَ مستوىً راقياً إنْ في طريقةِ معالجتِه قضايا الشعرِ والأدبِ، وإنْ في عُمْقِ هذه المعالجة، وإن في عَدَد المشتغلين في هذا المضمار. وقد انقسم النقّاد، شأْنُهم في ذلك شأْنُ أدباء العصر، بين مؤيِّدٍ للتجديد وسائرٍ على طريقة القدامى وموفِّقٍ بين الطريقتين. ولكنَّ روحَ العصرِ كانت تنزعُ، كما رأينا، إلى الجديدِ. وقد برزت أسماء كثيرة من النقاد من أمثال عبدِ القاهرِ الجرجانيِّ صاحبِ «أسرارِ البلاغةِ» و«دلائلِ الإعجازِ»، وقدامةَ بنِ جعفرٍ (ت338هـ/ 948م) صاحبِ «نَقْدِ الشعرِ» و«نَقْدِ النَثْرِ»، و عليِ بنِ عبدِ العزيزِ الجرجانيِّ (ت392هـ/ 1001م) صاحبِ «الوساطةِ بَيْنَ المتنبي وخصومه»، و أبي منصورِ الثعالبيِّ صاحبِ «يتيمةِ الدهرِ» و الآمديِّ (ت371هـ/ 981م) صاحبِ «الموازنةِ بين شعرِ أبي تمامٍ و البحتري» .

وإذا كان هؤلاء وغيرهم قد تركوا كُتُباً خاصّةً بالنقد، فقد ظهر كثيرون من الأدباء الذين عنوا بالنقد وكانت لهم فيه آراء سديدة ومؤثرة، ولكنهم لم يتركوا كُتُباً خاصّة بالنقْدِ وحدَه، وإنما جاء نقدُهم في مواضعَ متفرقةٍ، ومن هؤلاء أبو حيّان التوحيديُّ .

---

[200] م. ن، ج 1، ص 503.

الفصل الثاني

العربية وقدرتها على مواكبة الوضع الحضاري

اللغة في العربية فُعْلةٌ من لَغَوْتُ أي تَكَلَّمْتُ، وأصلها لُغْوَة ككُرَة، وقيل منها لَغِيَ يَلْغَى إذا هذى. وأما حدُّها ـ كما يرى ابن جنّي (ت393هـ/ 1002م) ويوافقه ابن منظور (ت711هـ/ 1311م) ـ فأصواتٌ يعبِّر بها كل قوم عن أغراضهم ([201]).

في حين يتَّفق ابن الحاجب (ت646هـ/ 1249م) و الإسنوي (ت722هـ/ 1322م) على اعتبار اللغة ألفاظاً موضوعةً لمعانٍ ([202]).

وفي المصادر الأجنبية يعرِّفون اللغة بـ «تلك التي تتعلّق باللسان الإنساني» أو «كل شيْءٍ ينقُل المعنى من عقلِ إنسانٍ إلى آخر» ([203]).

واللغة بهذه المعاني «ليست مجرَّد ألفاظٍ وإنَّما هي نَهْج من علاقاتٍ بين هذه

[201] ابن جني، الخصائص (3 مجلدات) تحقيق محمد علي النجار، دار الهدى، بيروت ، ط. ثانية، ب. ت.، ج 1، ص 33، وابن منظور، لسان العرب (15 مجلداً)، دار صادر بيروت ، ب. ت.، ج 15، ص 250.

[202] السيوطي، جلال الدين عبد الرحمن الشافعي، المزهر في علوم اللغة (جزءان) شرح وضبط أحمد جاد المولى و محمد أبو الفضل إبراهيم ومحمد علي البجاوي ، دار إحياء الكتب العربية، عيسى البابي الحلبي، ط. رابعة 1378هـ/ 1958 م، ج 1، ص 8.

[203] باي. ماريو، أسس علم اللغة، ترجمة أحمد مختار عمر، جامعة طرابلس، ليبيا، 1973م، ص 35.

الألفاظ» ([204]). وإلّا بَقِيَتْ في بابِ الهَذَيان ولا يُمْكِنُ اعتبارُها في حال من الأحوال أداةً للتفكيرِ ووسيلةً للتعبير. ومع أن لكل كلمة دلالتَها الاجتماعيَّةَ المستقلّةَ، «نلحظُ أنَّه حين تتركب الجملةُ من عدَّة كلماتٍ تتَّخِذُ كلُّ كلمة موقِفاً معيَّناً من هذه الجملة، بحيث ترتَبِط الكلماتُ بَعْضُها بِبَعْضٍ على حسْب قوانين لغويَّة خاصةٍ بالنظامِ النحويِّ، وفيه تؤدي كلُّ كلمةٍ وظيفةً معيَّنَةً» ([205]). يقول عبدُ القاهرِ الجرجانيُّ: «الألفاظُ المفرَدَةُ التي هي أوضاعُ اللغة لم توضع لتعرف معانيها في أنفسها ولكن لأنْ يُضَمَّ بعضُها إلى بعض فيُعرف فيما بينها من فوائد» ([206]).

والشرْط الأول لوجود اللغة هو وجودُ بَشَرٍ يعيشون مجتمعين، فلا وجود لها خارج الوجودِ الاجتماعيِّ للإنسانِ، إذ «لولا اجتماعُ الأفرادِ بعضهم مع بعضٍ، وحاجتُهم إلى التعاوُنِ والتفاهمُ وتبادُلِ الأفكارِ والتعبيرِ عما يجول في الخواطرِ من معانٍ ومُدرَكاتٍ لَمَا حدثَتْ لغةٌ ولا تعبير إرادي» ([207]).

فاللغة نظام من نظم المجتمع الإنساني، ومظهر من مظاهره. غايتها تأمين الاتصال، وتبادل الأفكار، وحفظ التراث ونقله من جيل الى جيل، وقد ارتضى معظم العلماء تعريفها بقولهم: «اللغة نظام عرفي لرموز صوتية يستغلها الناس في الاتصال بعضهم ببعض» ([208]) وعرّفها بعضهم بأنها «وسيلة للاتصال تتحلّل بموجبه

---

[204] دمشقية، عفيف، اللغة وباب الاجتهاد، الفكر العربي المعاصر، العددان 30 ـ 31 صيف 1984م، ص 31.

[205] أنيس، إبراهيم ، دلالة الألفاظ، مطبعة الأنجلو المصرية، ط. ثانية، 1963م، ص 48.

[206] الجرجاني، عبد القاهر، دلائل الإعجاز، تصحيح محمد عبده و محمد محمود التركزي الشنقيطي ، دار المعرفة، بيروت ، 1398هـ/ 1978م، ص 415.

[207] وافي. علي عبد الواحد، علم اللغة، مكتبة نهضة مصر بالفجالة، القاهرة، ط. رابعة، 1377هـ/ 1957م، ص 88.

[208] أنيس، ابراهيم، اللغة بين القومية والعالمية، دار المعارف بمصر 1970، ص 11.

التجربة الإنسانية، تبعاً لاختلاف المجتمعات، الى وحدات مشحونة بمحتوى دلاليّ وتعبير صوتيّ: المونمات (Monèmes) ، ويترابط هذا التعبير الصوتيّ، بدوره، بوحدات مميَّزة متتالية هي الأصوات الكلامية، بأعدادها المحددة في كل لغة، تلك الوحدات التي تختلف طبيعتها وعلاقاتها المتبادلة أيضاً من لغة الى أخرى» ([209])، ويرى أنيس فريحة أن اللغة ظاهرة اجتماعية هي جزء من الكيان العقلي الروحي للجماعة، بل هي جزء من الحياة. ويقول: «اللغة ظاهرة اجتماعية سيكولوجية مكتسبة لا صِفَة بيولوجية ملازمة للفرد، وتتألف من مجموعة رموز صوتية اكتسبت عن طريق الاختبار معاني مقررة في الذهن، وبهذا النظام الرمزي الصوتي تستطيع جماعة أن تتفاهم وتتفاعل... فاللغة عندنا أداة مركبة من أصوات فكلمات، فتراكيب بينما هي في الواقع جزء من كياننا العقلي الروحي، هي أكثر من أداة، هي جزء من الحياة» ([210]).

فاللغة إذن ظاهرةٌ اجتماعيَّةٌ لا تحصر باعتبارها وسيلة تواصل. وهي علة كينونة المجتمع، والناس خارجها ليسوا شيئاً، وبالتالي لا وجود خارج اللغة. وإذ يشترك في إنتاجها أكثر من طرف، يستحيل وجودها خارج الوجود الاجتماعي للإنسان، وهي «تُشَكِّلُ جِزْءاً من الوعيِ الثقافيِّ للجماعةِ، وتُعَدُّ واحدةً من أقدمِ المظاهرِ لهذا الوعيِ» ([211]). كما تُعْتَبَر مفتاحَ سلوكِ المجتمع لأن «ثقافة الأمَّةِ ترتَبِط ارتباطاً وثيقاً بنمطِ لغتِها ما دامت الأخيرةُ تَعْكِسُ نشاطاتِ هذه الأُمَّةِ» ([212]).

---

[209] Martinet, André, Elements de lingustique générale, Paris, 1980, p. 20.

[210] فريحة، أنيس، محاضرات في اللهجات وأسلوب دراستها، جامعة الدول العربية، معهد الدراسات العربية العالمية 1955، ص 11.

[211] باي، ماريو ، أسس علم اللغة، ص 207.

[212] م. ن، ص 206.

وما دامت اللغةُ ترتبط بعلاقةِ مباشَرَةٍ بالنشاط الاجتماعيِّ للإنسانِ فإنها تتمتَّعُ ببعض خصائصِ الكائن الحيِّ. ولها من هذه الخصائصِ طاقة النموِّ والتطوُّر بقدْرِ ما يكون للناسِ الذين يتفاهمون بها طاقةُ النُّمُوِّ والتطوُّر في ميادين نشاطهم البشريِّ. وتتأثَّر اللغةُ في تطوُّرها وارتقائِها بعواملَ كثيرةٍ يُمْكِنُ إعادتُها إلى الأمورِ الآتية:

أ ـ انتقالُ اللغةِ من السَّلَف إلى الخَلَفِ: فالكلمةُ في كثيرٍ من اللغاتِ «مادةٌ حيَّةٌ يَعْمَلُ فيها الزمانُ ويؤَثِّر، وتجِدُ فيها الحياةُ فتتطوَّرُ وتتبَّدل، وربَّما اكتسبت خصوصياتٍ معنويَّةً أبعدها الاستعمال عن أصلِها قليلاً أو كثيراً» ([213])، فلا تكادُ تُستعمل كما كانت تَحمِل من معانٍ بل تَتَّخِذُ مدلولاتٍ أخرى لسدِّ حاجاتٍ حضاريةٍ أو علميَّةٍ جديدةٍ، كما في لفظِ (الرسمِ) الذي أصلُه آثارُ الدارِ الباقيَةُ على الأرض فتطوَّرَ معناه إلى ما نُحدثه بالقلم من أثرٍ في ورقةٍ أو سطْحٍ لتمثيل شيءٍ ما، وتولَّدت من هذا المعنى معانٍ أخرى فَرَضَتْها ظروف التطوُّر منها المرسومُ بمعنى القرارِ، والرسمُ بمعنى الضريبةِ، وكما في لفظ (القلمِ) وأصلُ معناه القصبُ ونحوُه بعد قلْمِهِ أي قَطْعِه فتطوَّرَ إلى القصبةِ التي تُبرى للكتابةِ ثم إلى القلم الذي نكتبُ به الآن ولم يَبْقَ له في بعض أشكاله علاقةٌ بالبَرْيِ والقَصَبِ كما في قَلَمِ الحِبْرِ والحِبْرِ الجافِّ.

وربما تحتفظ اللغةُ برواسبَ من الماضي ولو زالت الصُّوَرُ التي تطوَّر اللفظُ معها، كما في (صفقة البيع) التي تُصوِّرُ وضعاً ماضياً كان يَحْدُثُ بين المتبايعين وهو ضرْبُ اليَدِ على اليَدِ أثناء حدوثِ البيْع. وكذلك كلمةُ (عَقْد) إذ كان المتعاقدان على أمر يعقدان طرفي ثوبيهما.

---

[213] السامرائي. إبراهيم، التطور اللغوي التاريخي، دار الأندلس، بيروت ، ط. ثالثة، 1983، ص 229.

ب ـ تأثُر اللغة بلغةٍ أو لغاتٍ أخرى: والأمثلةُ على ذلك لا تُحصى لأن حضاراتِ الأُمَمِ تتشابك بحُكْمِ عواملَ كثيرةٍ من مثل الغَزْوِ والحَرْبِ والاحتلالِ والجِوَارِ والعلاقات التجاريَّةِ والسياحيَّةِ والثقافيَّةِ وغيرِها، الأمرُ الذي يؤَدي إلى أن تتلاقحَ اللغاتُ. ويستعيرَ بعضُها من بعضٍ من الألفاظِ ما يوافِقُ حاجاتِ تطوُّرِها، فلا تكادُ لغةٌ من اللغات الحيَّةِ، ومنها لغتنا العربيَّةُ، تخلو من تأثُّرٍ باللغات الأخرى وتأثيرٍ فيها. ومن ذلك ما نجدُه من أسماءِ الأطعمةِ والثيابِ والعطورِ، وألفاظِ التنظيماتِ الإداريَّةِ، من مثل السكباجِ واللوزينجِ والأسكرجةِ والديوانِ والنَّرْدِ والشِّطرنجِ. ومن ذلك ما نجده اليومَ من أسماءِ المكتشفاتِ الجدِيدَةِ التي يأخذُ انتشارُها طابَعَ العالميَّةِ فيَنْتَقِلُ مع كل مُكْتَشَفٍ جديد اسمُه.

ج ـ عواملُ اجتماعيَّةٌ ونفسيَّةٌ وجغرافيَّةٌ من مثل حضارةِ الأمَّةِ ونظمِها وعاداتِها وتقاليدِها وعقائدِها وثقافاتِها واتجاهاتِها الفكريَّةِ ونزوعِها ومناحي وجدانِها وبيئتِها الجغرافيَّةِ. فكل تطوُّرٍ يحدث في ناحِيَةٍ من هذه النواحي يتردَّد صداه في أداةِ التعبير فيصبغُها بصبغة خاصَّةٍ في جميعِ مظاهرِها، في الأصوات والمفردات والدلالة والقواعد. و«كلّما اتسعت حضارةُ الأمَّةِ وكثرت حاجاتُها ومرافقُ حياتِها، ورُقِّيَ تفكيرُها وتهذيب اتجاهاتها الفكرية نهضت لغتها وسَمَت أساليبها وتعددت فيها فنون القول ودقت المعاني في مفرادتِها القديمةِ ودخلت فيها مفرداتٌ جديدةٌ عن طريق الوضع والاشتقاق والاقتباس للتعبير عن المسميات والأفكار الجديدة» ([214]). ويقول م.م. لويس : «إن نمُوَّ لغاتٍ اجتماعيَّةٍ لجماعاتٍ خاصَّةٍ مُنَظَّمةٍ داخل إطارِ المجتمع الأكبرِ ظاهرةٌ شائعةٌ في تاريخ اللغة. وكلما انتظم الناس في مجموعات لأغراض تخصّصية جنحوا إلى خلق

[214] وافي، علي عبد الواحد، علم اللغة، ص 233.

لغة غريبة نوعاً ما عن اللغة التي يتكلمها المجتمع الأكبر الذي يحيَوْن فيه؛ فرطانةُ المتشرِّدين، وتفاهمُ اللصوصِ، واصطلاحاتُ معلمي القرون الوسطى، واللغةُ السرِّيةُ للماسونيَّة أمثلةٌ واضحةٌ لهذه الظاهرة. وفي أيام الحرب يَزيدُ مَيْلُ العمل الجَماعيِّ إلى خَلْقِ لغة جَماعيَّة خاصَّةٍ زيادةً مفاجِئَة. فيوجد في هذا الوقت نموٌّ في ارتجال الكلمات والتعبيرات غير المألوفة، في الورشة والمخيَّم والمطار. وكذلك تكون الحال في القاعدة الجويَّة، وكلما وُجِدَت أشكالٌ جديدة متعدِّدة من العمل قَوِيَ نموُّ اللغة الجديدة» ([215]).

د ـ عواملُ أدبيّةٌ تتمثلُ في ما تُنتجِهُ قرائحُ الناطقين بها، وفي ما تبذلُه معاهدُ التعليمِ والمجامعِ اللغويَّة وما اليها في سبيل حمايتِها والارتقاءِ بها.

وتحصل عملية التطور اللغوي في مختلف فروع اللغة وإن بِنِسَب متفاوتة. فإذا كانت قواعد اللغة، أيّ لغة، تثبت لفترة زمنيَّة طويلة فالألفاظ تتزايد باستمرار، ولا سيَّما في محتواها من المصطلح الحضاري والعلمي للوفاءِ بمتطلبات التقدم. والمجتمع الذي يُنتِج حضارة معيَّنة يستطيع، ضمن قواعدِ لغتِه، أن يُنتِج مُسَمّيَاتِ مكتشفاتِه فيَزيدُ في ثروته المعجميَّة مصطلحاتٍ جديدةً. ومن هنا نجدُ أن معجماتِ العالم المتقدِّم هي اليومَ غيرُ ما كانت عليه في مطلع القرن الماضي.

وقد تبدو هذه العوامل التي ذكرناها منفصلاً بعضُها عن الآخر للوهلة الأولى، بينما هي في الواقع متداخلةٌ في ما بينها، في صراع مع اللغة بخصائصها الداخلية لأن عمليَّة التطوُّر لا تحصل من خارج اللغة بل من داخلها، من استعدادها الذاتي عبر عملية صراع بين ما هو من خارج، وما هو

[215] لويس، م. م.، اللغة في المجتمع، ترجمة د. تمام حسان . دار إحياء الكتاب العربي، عيسى البابي الحلبي، ط. 1959م، ص 70.

من داخل. وهذا الصراع يولّد خصائصَ جديدةً للغة تَحُلُّ مَحَلَّ خصائصِها القديمةِ لتعودَ وتتعاملَ من جديدٍ مع المعطياتِ الآنفةِ الذكرِ.

في ضوء ما تقدم من تطور حضاري رافق عصر أبي حيّان، وما تقدّم من عوامل التطوُّر اللغويِّ لا بد لمتسائل أن يتساءلَ: أين كانت اللغة العربيّةُ في معترك هذه الحضارة؟ وهل استطاعت الوفاءَ بحاجات التطور؟

في الواقع إن أولَ ما يتبادر إلى الذهنِ قِدَمُ العربيّةِ وافتقارُنا إلى الحلقاتِ الأولى من تاريخها؛ فمن غير المعقول أن تكونَ بدايات هذه اللغة قد جاءت مع تلك النصوص التي نُسِبَتْ الى الشعر الجاهلي لأن هذه «النصوص الجاهلية تقدِّم للباحثِ نماذجَ عاليةً من العربيّةِ، وهذه النماذجُ لا يمكن أن تكونَ بحالٍ من الأحوالِ من البداياتِ في اللغة، فلا بد من أن تكونَ العربيّةُ قد قطعت قبل هذه النصوصِ مراحلَ أخرى من تاريخها لم تكنْ فيها على هذا المستوى العالي من حيث القدرةُ على أداء المعاني، ومن حيث توفُّر المادَّةِ العربيّةِ للتعبيرِ عن النواحي الماديّة وانصرافِها إلى المعنويات من الأمور تَوَسُّعاً ومجازاً» ([216]).

وتمتاز العربيّةُ بمزيّة قلّما تشاركُها فيها لغاتٌ أخرى، وهي تتلخص بسعتها وبطواعِيتِها لاحتواءِ كل ما هو جديد. وهذه الطواعِيَة ناتجة من توليد الألفاظ من داخلها؛ أي من طريقِ الاشتقاق والتوَسّع الدلاليِّ عَبْر المجازِ. وقد أحصى أهلُ اللغة عدَّة مئاتٍ من الموازين الاشتقاقيَّةِ التي ساعدت وتساعدُ على استنباط ألفاظٍ جديدةٍ تلبيَة لحاجاتِ التطوُّر. وفي هذا المجال يقول الشيخُ عبد اللـه العلايلي:

«استرعى انتباهي أمران، أولُهما: ما قرَّره عِلْم اللغة المقارن من أن التزايد

---

[216] السامرائي، إبراهيم، فقه اللغة المقارن، دار العلم للملايين، بيروت ، ط. ثالثة، 1983م، ص 31.

المستمر في اللغات الساميَّة يَخْضَع لقانون الاشتقاق أي «الموازين» أو قُلِ التحرُّك من داخل، بينما هو ـ في اللغات الآريّة ـ يخضع لقانون التركيب أي «السوابق واللواحق» أو قُلِ التحرُّك من خارج. ثانيهما: إحصاءٌ بالموازين أثبته سيبويهِ في كتابه النحويِّ الضخم وتناوله قدماء المدرسة اللغويَّة بالبحثِ، وهو يقع في عدد الثلاثمئةِ للثلاثيِّ الواحِد، فهالتني هذه الكثرةُ التي لا يُقصدُ بها قَطْعاً إلى التلاعب... فلم أقرر إزاء هذا وهذا عن القَطْعِ بأنَّ الموازينَ ذاتُ دلالات ثابتة تقوم في الساميّات مقام السوابق واللواحق في الآريّات» ([217]).

ويحمل كل ميزان من موازين الاشتقاق معنىً مشترَكاً للألفاظِ التي تندرج تحته، فإذا نظرنا في أسماء المهن وجدناها في أكثرها على وزن فِعالة كما في سِدانة ووِراقة وخِياطة ودِباغة وفِلاحة وحِدادة... الخ. وإذا نظرنا في أسماء أصحاب المهن وجدْنا أكثرها على وزن فعّال مثل سَدَّان وَوَرَّاق وخَيّاط ودَبّاغ وفلّاح وسَقّاء وحَدّاد وطَبَّاع... إلخ وإذا نظرْنا في أسماء الآلاتِ والأدواتِ وجدْنا أكثرَها لا يَحيدُ عن مِفْعَال ومِفْعَل ومِفْعَلة، كما في مِفْتَاح ومِنْشَار ومِقَصّ ومِكْنَسَة.

وإزاء التطوُّرِ الذي شهدَه القرنُ الرابعُ الهجريُّ في مختلف مناحي الحياة سياسيّاً واقتصاديّاً واجتماعيّاً ومعرفيّاً، وجدَتِ العرب نفسَها أمام أشياء كثيرة ليس لها في اللغة العربية ما يدلُّ عليها، وكان ذلك في جميع مرافق الحياة من أدواتِ الزينةِ وأنواعِ المأكلِ والملبسِ وآلاتِ الغناءِ والدواوينِ ونظامِها، فكان من الطبيعي أن تتواكبَ اللغةُ مع المعطياتِ الجديدةِ إذ «من غير المعقول أن تتطوَّر إنْ كانت لا تزال تتعبَّدُ في محرابِ جريرٍ والأخطلِ والفرزدقِ» ([218]).

---

[217] العلايلي، عبد الله ، المعجم (المجلد الأول، 4 أقسام)، دار المعجم العربي، بيروت ، 1954، ج 1، ص 5.

[218] العلايلي، عبد الله، (مقابلة) مجلة الأفق، عدد 48، آذار 1985، ص 44.

وعندما نظرَتْ (أي العرب) إلى مخزونها اللغويِّ وجدت هذه اللغةَ التي نزل بها القرآن قادرةً على الإحاطة بالوضع الجديد، ولذلك وقف قسم من أبنائها مشدوهاً أمام بيانها. فقرَّر أنّ اللغة توقيف، ووقف قِسْمٌ آخر موقف الحائرِ يُقِرُّ بالتوقيف والمُواضعة في آن واحد. وربّما كان ذلك خوفاً من إلصاق التُّهَم بأصحاب الاصطلاح من مثل الكفر والزندقة. فمن ذلك يقف أحمد بن فارس (ت395هـ/ 1004م) على رأس القائلين بأنّ «اللغة توقيف. ودليل ذلك قوله ـ جلّ ثناؤه ـ { وَعَلَّمَ آدَمَ الْأَسْمَاءَ كُلَّهَا} . البقرة 31/2» ([219])، وفي المقابل نجد عثمان بن جِنّي يقف بين تلك الخِلّتين (التوقيف والاصطلاح) حسيراً. إذ يقول في الخصائص: «وهذا موضوع مَحوُج إلى فضل تأمُّل، غيرَ أنَّ أكثرَ أهل اللغة على أنَّ أصلَ اللغةِ إنّما هو تواضعٌ واصطلاحٌ، لا وحيٌ وتوقيفٌ. إلّا أن أبا عليّ [الفارسي] رحمه الله قال لي يوماً هي من عند الله. واحتَجَّ بقوله سبحانه { وَعَلَّمَ آدَمَ الْأَسْمَاءَ كُلَّهَا } » ([220]).

ثم يقول في مكان آخر:

«واعلمْ في ما بعد أنني على تقادم الوقت، دائم التنقير والبحث عن هذا الموضوع... وذلك أنني إذا تأملت حال هذه اللغةَ الشريفةَ الكريمةِ اللطيفة، وجدْتُ فيها من الحكمةِ والدِّقةِ والإرهافِ والرِّقّة، ما يَملِكُ عليَّ جانبَ الفِكْرِ، حتى يكادُ يَطمَحُ به أمام غَلْوَة السِّحْر، فمِن ذلك ما نبَّه عليه أصحابُنا رحمهم الله، ومنه ما حذوْته على أمثلتهم، فعرفْتُ بتتابعه وانقيادِه، وبُعْدِ مراميه وآماده، صحةَ ما وُقفوا لتقدمِه منه، ولُطْفِ ما أُسعدوا به وفُرّق لهم عنه وانضاف إلى ذلك واردُ الأخبار المأثورة بأنها من عند الله سبحانه، وأنها وحيٌ».

[219] ابن فارس، الصاحبي في فقه اللغة وسنن العرب في كلامها، تحقيق مصطفى الشويمي، مؤسسة بدران 1963، ص 31.

[220] ابن جنّي ، الخصائص، ج 1، ص 40.

«ثم أقول في ضد هذا: كما وقع لأصحابنا ولنا، وتنبّهوا وتنبّهنا على تَأَمُّلِ هذه الحكمة الرائعةِ الباهرة. كذلك لا ننكِر أن يكونَ الـلـه تعالى قد خلق من قبلنا ـ وإن بَعُد مداه عنّا؛ مَن كان أَلْطفَ مِنّا أذهاناً وأسرعَ خواطرَ وأجرأ جِناناً. فأقف بين تلك الخلّتَيْن حسيراً وأكاثرهما فأنكفىءُ مكثوراً» ([221]).

وبناء على مِثْل هذين الموقفيْن حدَّد العلماءُ مواقِفَهم من قضيَّةِ القياسِ؛ ففي حينٍ أيّد ابنُ جنّي موقفَ المازنيِّ (ت249هـ/863م) في أنَّ «ما قيس على كلام العرب فهو من كلامِ العربِ» ([222]) تشدَّد ابنُ فارسٍ تجاه القياسِ ورأى أنَّ «لِلُغَةِ العربِ قِياساً وأنَّ العربَ تشتقُّ بعضَ الكلامِ من بعضٍ... وهذا أيضاً مبنيٌّ على قولنا في التوقيف... وليس لنا اليوم أن نخترع ولا أن نقولَ غيرَ ما قالوه، ولا أن نقيسَ قياساً لم يقيسوه. لأن في ذلك فسادَ اللغةِ وبطلانَ حقائقِها. ونكتةُ البابِ أن اللغةَ لا تؤخذُ قياساً نقيسُه نحن الآن» ([223]).

ومهما يكن موقف اللغويِّين فاللغةُ تشق طريقَها بصورةٍ موضوعيَّةٍ نسبياً، ولا سيَّما في التوسُّعِ الدلاليِّ، وفي ما يتعلقُ باللفظِ الحضاريِّ الذي «يرتبطُ بالحياةِ اليوميَّةِ المفاجئة التي لا تترقبُ الأناةَ للدلالةِ على المستجداتِ الطارئةِ اليوميَّةِ، ولا سيَّما أنها تتعلق بشؤونِ الحياة العامة التي لها تأثير مباشَر على الوجدان اللغويّ الجماهيريِّ» ([224]). فاللغة، كما يقول الشيخ العلايلي «تتحرَّك بقانونِ الغايةِ لا السببيةِ» ([225]). فما عليك إلّا أن ترميَ اللفظَ الجديدَ بين الناسِ ليفلتَ من

[221] م. ن، ج 1، ص 47.

[222] م. ن، ج 1، ص 357.

[223] ابن فارس ، الصاحبي، ص 67.

[224] الصيّادي. محمد مُنْجي ، التعريب وتنسيقه في الوطن العربي، مركز دراسات الوحدة العربية، بيروت ، ط. أولى 1980م، ص 376.

[225] العلايلي، عبد الـلـه ، المرجع، دار المعجم العربي، بيروت ، ط. أولى، 1963م، المقدمة، ص (و).

إرادتِكَ ويُصبحَ مُلْكاً للجماهير بِغَضِّ النَّظَرِ عن اعتراف المعجمات به أو إنكارها إيّاه.

أساليب العرب في التوسع الدلاليّ

أ ـ الاشتقاق: رأينا كيف أن لغة العرب تمتاز بقدرتها على الاشتقاق، أو كما سمّاها الشيخ العلايلي : التحرك من داخل، ورأينا كيف أن كل ميزانٍ من موازين الاشتقاق يحمِل معنىً مشتركاً بَيْن الألفاظِ التي تندرِجُ تحته. ولذلك كان من الطبيعي أن يلتفتَ العربُ أولَ ما يلتفتون إلى هذه المزيَّة في لغتهم، وأن يشتقُّوا بسليقتهم ألفاظاً تفرضها عليهم حاجةُ التطوُّرِ. ولقد اكتشفوا آلاتٍ وأدواتٍ جديدةً فحدَّدوا أفعالَها وأخذوا من هذه الأفعال أسماءَها، فأخذوا من فعل قَصَّ مثلاً اسم المِقَصّ، ومن فعل فَتَح لفظة المِفتاحِ... إلخ. كما طرأت عليهم مهن جديدة فنظروا إلى أوزان المهن التي يمارسونها من مثل سِقَايَة وسِدَانَة، فاشتقوا وِرَاقَة وخِيَاطة وغيرهما، ومنها أخذوا أسماء أصحابها فقالوا وَرَّاق وخَيّاط. كما اشتقوا من أسماء الفاعلين ومن الصفات المشبهة أسماء لِفِرَقٍ ومذاهبَ؛ فقالوا مُعْتَزِلة ومُرْجِئَة وغيرها. واشتقوا ألفاظاً جديدة من طريق النسبة فقالوا: رياضيّات وأشعريّة وكليّات، وقالوا: وَرْدٌ جوريّ وثوب دبيقيّ وبُرْد شطويّ. قال ابن جني : «ألّا ترى أنك لم تسمع أنت ولا غيرك اسم كل فاعل ولا مفعول، وإنما سمعت البعض فقست عليه» ([226]).

ب ـ المجاز: عُرِف العربي بسعةِ خياله وفصاحةِ لسانِه. وهاتان الصفتان انعكستا على لغتِه؛ فجرَّد المحسوساتِ وشخَّص المعانيَ بعد أن انتقى لها

---

[226] ابن جنّي ، الخصائص، ج 1، ص 357.

الألفاظَ الجميلةَ، الأمرُ الذي أضفى على تعابيره الطلاوةَ الجميلةَ والنهكةَ الطيّبَةَ والجَرْسَ الموسيقيَّ الناعمَ.

ولم يكنْ ذلك ليخصَّ العربيَّ في عصر دون آخر، وإنما رافقه في مختلف عصوره. فهذه لغة القرآن «بلسان عربي مبين» تدلّ على أعلى مستوياتِ البيانِ العربيِّ وتبيِّن سعةَ خيالِ الجاهليِّ، فلا يُعْقَلُ أن ينزلَ كتابُ اللـه على قوْمٍ بلغةٍ لا يفهمها هؤلاء القومُ. ويحكى عن الشاعر أبي تمام (ت231هـ/ 845م) أنه حين سمع بعضُهم قولَه: (الكامل)

«لا تسقني ماء الملام فإنني

صَبٌّ قد استعذبت ماء بُكائي »

أخذ وعاء وذهب يطلب في شيء من السخرية قطرات من ماء الملام هذا، فأجابه أبو تمام بأنه لن يعطيَه ما يريد قبل أن يأتيَه بريشة من جناح الذل ([227])، مشيراً إلى الآية { وَاخْفِضْ لَهُمَا جَنَاحَ الذُّلِّ} (24/ الإسراء) .

وقد شغلت مسألةُ البحْثِ في الحقيقةِ والمجازِ جانباً مهماً من جهودِ اللغويِّين الأوائل الذين اهتدوا إلى نظراتٍ ثاقبةً تدل على وعيٍ بالتطوُّرِ اللغويِّ من طريقِ المجاز؛ فابن جني انتهى في بحثه إلى أن «أكثرَ اللغةِ مجازٌ لا حقيقة» ([228]). ورأى ابن فارس أن «الحقيقةَ والمجازَ أخذا حيِّزاً في نظوم القرآن لتكون حجةُ اللـه عليهم آكد، ولئلا يقولوا: إنما عجزنا عن الإتيانِ بمثله لأنه بغير لغتنا وبغيْرِ السَّنَن التي نستنُّها، لا بل أنزله ـ جلَّ ثناؤه ـ بالحروف التي يعرفونها وبالسَّنَن التي يسلكونها في أشعارهم ومخاطباتهم» ([229]).

[227] ابن الأثير، ضياء الدين نصر اللـه ، المثل السائر في أدب الكاتب والشاعر (جزءان) تحقيق محمد محيي الدين عبد الحميد، البابي الحلبي، مصر ، 1358هـ/ 1939م، ج 1، ص 418.

[228] ابن جنّي ، الخصائص، ج 1، ص 447.

[229] ابن فارس، الصاحبي، ص 198.

وكان العربي يستخدمُ اللفظَ في معناه المجازيّ لأدنى علاقة. الأمرُ الذي جعل الألفاظَ تفقِدُ مع الزمنِ معانيَها الحقيقيّةَ لتكتسبَ معانيَ جديدةً (مجازيّةً) لا تلبثُ أن تُصبِحَ في ما بعدُ حقيقيّةً، ومن ذلك انتقال اللفظِ من المعنى الخاصّ الى المعنى العام، كما في معنى الرمّان الذي هو في الأصلِ شَجَرٌ مثمِرٌ له ثمرةٌ مستديرةٌ تدعى رُمّانة، فانتقل اللفظُ إلى ثدي المرأةِ لاستدارته، وإلى القُنْبُلَةِ التي لها شكل ثمرة الرمّان (في اللغة الفرنسية مثلاً). وكما في معنى الدرع إذ قالوا: دِرْعُ المرأة أي قميصُها، وقالوا شاةٌ دَرْعاء وهي التي اسودَّ رأسُها وابْيَضَّ قدماها، لأن بياضَ سائرِ بدنِها كَدِرْعٍ لها قد لبسته. وقالوا: الليالي الدرعُ، وهي ثلاثٌ تسودُّ أوائلُها ويبيضُّ سائرُها تشبيهاً بالشاة الدَّرْعاءِ. ومن ذلك أيضاً انتقالُ اللفظِ من المعنى العام إلى المعنى الخاص، كما في مثال (القلم)، وفي مثال (الشرطة) وهي العلامة، فقد أصبحت تعني مع الاستعمال كلَّ طائفةٍ من أعوانِ الولاةِ، وقد سُمُّوا بذلك لأنهم جَعَلوا لأنفسِهم علامةً يُعرفون بها. ومع الزمان انتقل هذا اللفظ من العام إلى الخاص وأصبح يعني هذه الطائفة التي تحفظ الأمن.

ولم يكن استخدام المجاز في القرن الرابع الهجري بِدْعةً، فقد كان اللفظ ينساق على لسان العربي بمعناه المجازي بالسليقة تماماً كانسياقه بمعناه الحقيقي. وكان لهذا الاستخدام أثر جليل في تَطَوُّرِ دلالةِ الألفاظِ وفي اتّساع العربيَّةِ ونموِّها وقدرتِها على التعبيرِ عن المعقولاتِ المحضةِ ومعنوياتِ الأمورِ. ألا ترى أنَّ كثيراً من الألفاظِ العربيَّة الدالَّة على المعاني الكليَّةِ والظواهرِ النفسيَّةِ منقولةٌ في الأصل من الأمور الحسيَّة بطريقِ المجازِ، ثم شاعَ استخدامُها في معانيها الجديدةِ حتى أضحى إطلاقُها عَلَيْها من قبيلِ الحقيقةِ اللغويَّة؟

ج ـ تعريبُ الدخيل: التعريبُ في الأصلِ قَطْع سَعفِ النخلِ، وهو التشذيب. وتعريبُ الاسمِ الأعجميِّ أن تتفوَّهَ به العرب على منهاجها، تقول عرَّبَتْه العربُ وأعربَتْه أيضاً ([230]). «وقد يُعرَّب لفظٌ ثم يُستعمل في معنىً آخر غير ما كان موضوعاً له» ([231]).

إنَّ احتكاكَ العرب بغيرهم من الشعوب قديمٌ يعودُ مثلاً إلى رحلتيْ الشتاءِ والصيفِ، وعندما ظهر الإسلامُ اتَّسَعَ هذا الاحتكاكُ نتيجةَ دخولِ أفواجٍ مختلفةِ الانتماءاتِ القوميَّةِ في الدينِ الجديد. وازداد نطاقُ الاحتكاكِ اتّساعاً بعد خروجِ العَرَبِ من الخِيمِ إلى القصورِ وانتقالِهم من نظامِ القبيلةِ إلى نظامِ الدولةِ الموحَّدة، الأمرُ الذي فَسَحَ المجال أمَامَ شعوبِ الفُرْسِ و الهندِ و التركِ وغيرِها لتلعبَ دَوْراً مُهِمّاً في بناءِ الحضارةِ الجديدةِ، إنْ من حيثُ نَقْلُ تَجاربِ هذه الشعوب في تنظيمِ الدولةِ وإدارتِها وإنْ من حيث التدخُّل المباشر في شؤون الخلافةِ، وقد بَلَغَ أوجَهُ في القرنِ الرابعِ الهجريِّ، لإنشاءِ دويلاتٍ فارسيَّةٍ أو تركيَّةٍ، أضِفْ إلى ذلك ما حَمَلَتْ أوجَهُ هذه الشعوبُ من منتجات مختلفةٍ من مثل أنواعِ الزينةِ والأطعمةِ والأشربةِ والعطورِ والنباتاتِ، ومن نتاجِ حضاراتِها من العلومِ والفلسفةِ، عَبْرَ حركةِ الترجمةِ التي أيْنَعَتْ في القرنِ الرابعِ الهجريِّ.

وكان طبيعيّاً أن تتأثَّر اللغةُ العربيَّةُ من جرّاءِ هذا الاحتكاكِ، فقد وجدَ العربُ أنفسَهم أمامَ أشياء جديدة تحمل مسمياتِها الأعجميَّة وليْس لها ما يدلُّ عليها في

---

[230] الجوهري، اسماعيل بن حماد، تاج اللغة وصحاح العربية، (6 مجلدات مع مقدمة للمحقّق أحمد عبد الغفور عطّار) ط. ثالثة 1402هـ/ 1982م، ج 1، ص 179.

[231] الخفّاجي، شهاب الدين أحمد، شفاء الغليل فيما في كلام العرب من الدخيل، تصحيح محمد بدر الدين النعساني ، مطبعة السعادة، مصر . ط. أولى، 1325هـ/ 1907م، ص 3.

لغتهم فانتقلت إليها ألفاظٌ عرَّبتْها العربُ بلسانِها دون تغييرٍ، وأضافتها إلى لغتها حتى «رأيناها في لغةِ الشعرِ الجاهليِّ وقرأناها في سُوَرِ القرآن واستخرجناها من بعض الحديثِ النبويِّ» ([232]). وقد اختطلتْ بكلامِ العَرَبِ «فمن قال إنها عربيَّة فهو صادق ومن قال عجميَّة فهو صادق» ([233]).

وقد نظر العرب في الواقع إلى لغات الشعوب المجاورة من مثل لغة العجم (الفرس) و الروم والترك و خوارزمَ و صقلابَ ، فلم يجدوا لشيء من هذه اللغاتِ كما يَنْسِبُ أبو حيّان إلى ابن المُقَفع «نصوعَ العربيّةِ، أعني الفُرَجَ التي بين مخارجِها» ([234]) فكان طبيعيّاً أن يقومَ العربيُّ بتنقيحِ الألفاظِ الجديدةِ بما يتوافقُ مع سهولةِ نطقِه إيّاها، إذ «لا نظنُّ أن الناطقين بلغةٍ من اللغاتِ يتواضعون في لغتِهم على ما يُمكن أن يتناهى في الثقل على اللسان وفي عسر النطق به» ([235]). ويقول الشيخ الدكتور صبحي الصالح (ت1406هـ/ 1986م) في هذا المجال:

«والعربيَّةُ ـ على اتِّساعِ مدرجها الصوتيِّ ـ ازدادت سعةً على سعة يوم أدخلت بين حروفِها الهجائيَّة أصواتاً تقارب أصواتها مخرجاً أو صفة، إذ عرَّبت هذه الأصوات الدخيلةَ، وحددت لها مواقعها من جهاز النطق فلم تستعصِ على ألْسِنَةِ العامَّةِ فضْلاً عن الخاصَّة، فقُطعَ الشوطُ الأولُ من التعريبِ: ألا وهو تعريبُ المادّةِ الصوتيَّةِ، وتطويعها لأصوات العربيَّة.

---

[232] الصالح، صبحي ، دراسات في فقه اللغة، دار العلم للملايين، بيروت ، ط. سابعة، 1978م، ص 314.

[233] الزَّبيدي ، تاج العروس، مقدمة الجزء الأول، ص 27، عن أبي عبيد.

[234] التوحيدي، أبو حيان ، الإمتاع والمؤانسة، ج 1، ص 77.

[235] دمشقية، عفيف، المنطلقات التأسيسية والفنية إلى النحو العربي، معهد الإنماء العربي، بيروت ، ط. أولى، 1978م. ص 26

«ولا ريْبَ في أنَّ هذا الشوطَ الأولَ من تعريب الأصوات هو أهَمُّ الأشواط، فمِن بَعْدِه لن يكونَ عسيراً أن تُعرَّب الكلماتُ الدَّالةُ على مفهومٍ حضاريّ معيَّنٍ، ولا سيَّما إذا كانت غير مألوفةٍ للعربِ أو غيرَ شائعةٍ بينهم، فحينئذٍ تتابعُ اللغةُ عملها في ضم ما تحتاجُه [كذا] من تلك الكلماتِ إلى ثروتِها بعد أن تضعَه في قوالبِها أو تنسجَه على منوالِها» ([236]).

فإذا أنعمنا النظر في ما نسبه كلٌّ من ابن سيده و الخفَّاجيّ (ت1069هـ/ 1659م) إلى سيبويهِ (ت نحو 180هـ/ 796م)، وفي ما قاله الجواليقي (ت540هـ/ 1145م) استطعنا أن نستخلص طرائقَ العرب وأساليبَهم في تعريبِ الدخيلِ. قال ابن سيده : «اعلمْ أنَّه قال سيبويه: اعلمْ أنهم مما يغيّرون من الحروف ما ليس من حروفهم البتّة فربما ألحقوه ببناء كلامهم وربما لم يلحقوه... وربما غيّروا حاله عن حاله في الأعجمية مع إلحاقهم غير الحروف العربية فأبدلوا الحرف الذي هو للعرب عربياً غيره» ([237]).

وقال سيبويه في باب اطّراد الإبدال في الفارسية:

«يُبَدِّلون من الحرف الذي بين الكاف والجيم ـ الجيمَ لقربها منها ولم يكن من إبدالها بدّ لأنها ليست من حروفهم وذلك نحو الجربز والآجر والجَوْرب، وربّما أبدلوا القاف لأنها قريبة أيضاً... ويبدِّلون مكانَ آخر الحرف الذي لا يثبت في كلامهم الجيمَ وذلك في نحو كوسه وموزه، لأنّ هذه الحروف تُبَدَّل وتُحْذَف في كلام الفرس همزة مرّة وياء مرّة أخرى. فلمّا كان هذا الآخِر لا يشبه آخر كلامهم صار بمنزلة حرف ليس من حروفهم، وأبدلوا الجيمَ لأن

---

236 الصالح، صبحي، دراسات في فقه اللغة، ص 319.

237 ابن سيده ، المخصص (5 مجلدات، 17 جزءاً)، دار الآفاق الجديدة، بيروت ، ب. ت. م 4، ج 14، ص 39.

الجيمَ قريبةٌ من الياءِ وهي من حروف البدل... فالبدل مُطَّرِدٌ في كل حرف ليس من حروفهم يبدّل منه ما قرب من حروف الأعجمية» ([238]).

وقال أبو منصور الجواليقي : «لم تجتمع الجيم والقاف في كلمة عربية فمتى جاءتا في كلمة فاعلم أنها معرّبة. ولا تجتمع الصاد والجيم في كلمة عربية وليس في أصول أبنية العرب اسم فيه نون بعدها راء. فإذا مرّ بك ذلك فاعلم أن ذلك الاسم معرّب... وليس في كلامهم زاي بعد دال إلّا دخيل» ([239]).

وقال ابن فارس : «الجيم والصاد لا يصلح أن يكونَ كلاماً صحيحاً» ([240]). ونراه في المقابل يُهمِل الألفاظ التي تحتوي الجيم والقاف، أو النون بعدها راء، أو الزاي بعد دال. وقال في مادة (نرب) مثلاً: «النون والراء والباء لا يأتلفان، وقد يكون بينهما دخيل» ([241]).

وفي هذا الصدد نسجّل الملاحظات الآتية:

1 ـ ليست حركةُ التعريبِ بجديدةٍ، فقد وردت ألفاظٌ كثيرة في دواوينِ الجاهليّين اعتبرها القدامى من كلام العربِ لأنها وَرَدَتْ في القرآن «بلسانٍ عربيّ مُبين». ولم تكن هذه الحركة خاضعة لقواعد مكتوبة بل كانت تخضع لسليقة اللسان العربي.

2 ـ إنَّ العرب يُخضعون الألفاظ الأعجمية لقواعدهم فَيُبدِّلون من أحرف لا

---

[238] ابن سيده ، المخصص، م 4، ج 14، ص 39 ـ 40. و الخفاجي ، شفاء الغليل فيما في كلام العرب الدخيل، ص 4.

[239] الجواليقي، أبو منصور موهوب، المعرّب من الكلام الأعجمي على حروف المعجم، تحقيق أحمد محمد شاكر ، ومعه كتاب تكملة ما تغلط به العامة، تحقيق عزّ الدين التنوخي، طهران، 1966م، ص 11.

[240] ابن فارس ، مقاييس اللغة (6 مجلدات)، تحقيق عبد السلام هارون ، الدار الإسلامية، بيروت ، ب. ت. ج 1، ص 415.

[241] م. ن، ج 5، ص 414.

وجود لها أحرفاً أخرى تتقارب معها مخرجاً أو صفة، وربّما يحذفون أحرفاً أو يزيدون أخرى.

3 ـ إنَّ في كلام العرب أحرفاً لا تجتمع في لفظ واحد من مثل الجيم والقاف، أو الجيم والصاد، أو النون بعدها راء، أو الزاي بعد دال. فإذا اجتمعت إحدى هذه المجموعات في كلمة واحدة فهي معرّبة أو دخيلة.

وفي القرن الرابع الهجري شاع اللحن بين الناس نتيجة ابتعاد اللغة من مركزها (الصحراء) واختلاط العرب بالأعاجم ، فتسربت إلى العربيَّة ألفاظٌ كثيرةٌ على الرغم من أن القيِّمين عليها «حاولوا إفراغها في قالب كان اسمُه دوْماً «العرب» وأحياناً «العربَ الموثوقَ بهم» وتارةً من «تُرضى عربيتُهم» بينما كانت تلك العربيَّةُ في تفاعُلٍ وتطوّرٍ مستمِرَّيْن لا يجوز إغفالُهما أو التغاضي عنهما» ([242])؛ فقد وقفوا من الألفاظ المُعَرَّبة موْقفاً حذِراً فلم يضموها إلى معجماتِهم، وإذا شاءَ بعضُهم ضمَّها عَرّفها بالدخيل أو المعرَّب. كما صنَّفوا في المُعَرَّب كتباً من مثل ما فعل الجواليقي في «معرّبة»، أو الثعالبي في تصنيف «الألفاظ الفارسية والروميَّة التي لا وجود لمثلها في العربيّة فاضطرت العرب إلى تعريبها أو تركها على حالها» ([243]).

ولعل أول من وقف موقفَ الحذَرِ من الألفاظِ المعرَّبة الإمامُ إسماعيلُ بن حمّاد الجوهريّ (ت396هـ/ 1005م)، وسمّى لهذا كتابَه الصِّحاحَ، وقال في خطبته: «قد أودعت هذا الكتاب ما صحَّ عندي من هذه اللغة التي شرَّف الـلـه منزلتها، وجعل علم الدين والدنيا منوطاً بمعرفتها، على ترتيب لم أسبق إليه، وتهذيب لم أغلب عليه... بعد تحصيلها بالعراق رِوايةً، وإتقانها دِرايةً،

[242] دمشقية، عفيف، المنطلقات التأسيسية إلى النحو العربي، ص 31.

[243] الثعالبي، فقه اللغة وأسرار العربية، مكتبة الحياة، بيروت ، ب. ت. ص 197.

ومشافهتي بها العربَ العاربة في ديارهم بالبادية، ولم آلُ في ذلك نُصْحاً، ولا ادّخرتُ وسعاً» ([244]). وكذلك تشدَّد حيالَ القبائلِ والأماكنِ والأزمنة، إذ ينسب السيوطي (ت911هـ/ 1555م) إلى الفارابي قوله:

«والذين عنهم نُقِلَتْ اللغة العربيَّة وبهم أقتدِي، وعنهم أُخِذَ اللسان العربي من بين قبائل العرب هم قيس و تميم و أسد .... ثم هذيل وبعض كنانة وبعض الطائيين ، ولم يؤخذ عن غيرهم من سائر قبائلهم... وبالجملة فإنه لم يُؤخذ عن حضريّ قطُّ، ولا من لخم و جذام لمجاورتهم أهل مصر و القِبْط ، ولا من قضاعة و غسان ، و إياد لمجاورتهم أهل الشام ، وأكثرهم نصارى يقرؤون العبرانية، ولا من تغلب لمجاورتهم الروم ... ولا من عبد القيس و أزد عمان لأنهم كانوا بالبحرين مخالطين للهند والفرس ، ولا من أهل اليمن لمخالطتهم الهند و الحبشة ، ولا من بني حنيفة وسكانِ اليمامة و ثقيف ولا من أهل الطائف ، لمخالطتهم تجار اليمن المقيمين عندهم ولقربهم من الجاليات اليمنيَّة، ولا من حواضرِ الحجازِ لأن ألْسِنَة أهلها كانت قد فَسُدَت لامتزِاجهم بأمَمٍ كثيرة» ([245]).

وما اتخذوه من وسائل الحيطة حيال القبائل والأمكنة اتخذوه حيال الأزمنة والعصور؛ «فلم يأخذوا إلّا عن العصور التي كان فيها اللسان العربي سليماً لم يصبه بعد تبلبل أعجمي ولا انحراف عن أوضاع اللغة الفصحى. ولذلك لم يأخذوا إلّا عن عرب الجاهلية والإسلام إلى نهاية القرن الثاني الهجري بالنسبة إلى فصحاء الحضر ، وإلى أواسط الرابع بالنسبة إلى فصحاء البادية . وسموا هذه العصور «عصور الاحتجاج» ([246]).

[244] الجوهري ، الصحاح، ج 1، ص 33.

[245] السيوطي، عبد الرحمن جلال الدين، المزهر في علوم اللغة وأنواعها، ج 1، ص 212.

[246] وافي، علي عبد الواحد، فقه اللغة، مطبعة لجنة البيان العربي، بلاظو غلي، ط. رابعة، 1385هـ/ 1965م، ص 166.

وتجدر الإشارة إلى أن اللفظ المعرَّب، شأنه شأن أي لفظ حضاريّ، لم يكن ينتظر موقف المعجميّين وعلماء اللغة، بل كان يسيل على لسان العربي كالماء الجاري أنّى يسهل الجريان، يتعثَّرُ تارة، وطوراً يغيِّر مساره ليجد من يُثبِت هذا المسار في خط مستقيم أو يُستبدلَ به لفظٌ آخرُ عربي.

يقول الدكتور علي عبد الواحد وافي:

«إن الظواهر اللغوية لا تسيرُ وِفْقاً لإرادة الأفرادِ والمجتمعات، أو تبعاً للأهواءِ والمصادفات، وإنما تسيرُ وِفْقاً لنواميسَ لا تقل في ثباتها وصرامتها واطّرادِها وعدمِ قابليَّتِها للتخلُّفِ عن النواميس الخاضعة لها ظواهرُ الفلك والطبيعة. فقد يكون في استطاعة الفرد أو في استطاعة الجماعة اختراع لفظ أو تركيب، ولكن بمجرد أن يُقذَفَ بهذا اللفظِ أو بهذا التركيبِ في التداول اللغويِّ وتتناقله الألسنةُ يفلتُ من إرادةِ مخترعهِ ويخضعُ في سيْرِه وتطوُّرِه وحياتِه... لقوانينَ ثابتةٍ لا يستطيع الفرد ولا الجماعة إلى تعويقها أو تغييرها سبيلاً» ([247]).

ومهما يكن الأمر فقد أفادت العربية من احتكاكها باللغات الأخرى، ووصلت في القرن الرابع الهجري إلى مستوى من النضج والاكتمال جعلها تعرف ما تختار من الألفاظ الأعجميَّة، وتعرف كيف تُقَوْلِبُ هذه الألفاظ على لسانها لتحولها إلى ألفاظ عربية أصيلة، متابعة بذلك مسيرة الأولين من حيث اشتقاق الأفعال والمصادر وغيرها. فكما قيل درهمت الخُبّازى أي استدارت كالدرهم فقد قيل هندس قيل يهندس هندسة، فلم يعد اللفظ الأعجمي هجيناً بعد أن لبس عباءة وكوفية.

د ـ النشاط المقصود: أشرنا في البدء إلى أن اللغةَ ظاهرةٌ اجتماعيّةٌ تتطورُ

---

[247] وافي، علي عبد الواحد، علم اللغة، ص 18.

بتطورِ الإنسان الذي يتكلمها، ولكنَّ هذا التطوُّرَ قد يتحول في يومٍ من الأيامِ إلى ما يشبه الفوضى إذا ما تُرِكَ الحبلُ على الغارب. ومن هنا لا بد للغة من «أن تخضع في وقت من الأوقات لمجموعة من القوانين تضبطها وتنظمها وتبعد عنها شبح الفوضى [في] خلال تطوُّرِها المحتوم» ([248]). وهذا ما حصل للعربية عندما دعت الحاجة إلى وضع قوانين تحميها من اللحن وتضبط ألفاظها.

إن بحثنا لا يتّسع، في الواقع للغَوْص في كل الخطوات التي قطعتها العربية في رحلتها الطويلة، وما يهمنا من الأمر هو النشاط اللغوي الذي نما في عصر أبي حيّان . ولا سيّما النشاط المعجمي.

بدأت الحركةُ اللغويَّةُ منذ منتصفِ القرنِ الأول الهجري و«استهدفت في مبدأ الأمر ضبط القواعد التي يسير عليها إعرابُ المفرداتِ ليسهُلَ تعلُّمُها وتعليمُها واحتذاؤها في الحديث والكتابة، ولتَعْصِمَ الناسَ عن اللحْن الذي أخذ يتفشى منذ صدر الإسلام من جرّاء تطوُّر اللغة واختلاط العرب بالعجم» ([249]). وكان علماء اللغة في ذلك الحين يجمعون بين النحو والصرف ومعاني الألفاظ. ثم بدأت هذه العلوم تنفصل شيئاً فشيئاً وتتجه اتجاهات مستقلة في مواضيعها، فصار للنحو علم خاص نضج في مدارس البصرة و الكوفة و بغداد و الشام و مصر و الأندلس . وصار للصرف علم متميز غير أنه «لم يستقلَّ تمامَ الاستقلال عن النحو» ([250]). ونشأت كذلك بحوثٌ جديدة تتعلق بجمع اللغة وحصر مفرداتها وإحصائها كان رائدها الخليل بن أحمدَ (ت170هـ/ 786م) صاحبُ كتاب «العين».

[248] دمشقية، عفيف، تجديد النحو العربي، معهد الإنماء العربي، بيروت ، ط. أولى، 1976م، ص 9.

[249] وافي علي عبد الواحد، علم اللغة، ص 63.

[250] م.ن.، ص63.

وفي القرن الرابع الهجري اتسع الاختلاط بالأعاجم وفشا اللحن فتزايد الخوف على «أصالة» اللغة، الأمرُ الذي زاد في ضرورةِ ضبْطِها. وهذا ما أهاب بالعقولِ النيِّرةِ والأيادي الخيّرة في هذه الأمة إلى جمع اللغة وحفظِها. فقد شمَّرَ عدد من العلماء عن سواعد الجِدّ، وراحوا يتابعون مسيرة الأولين في هذا المضمار؛ فلمعت في سماء العربية أسماء كان لأصحابها فضلٌ كبيرٌ في تثبيتِ قواعدِها وجمع موادها وتنظيمها، ومن هؤلاء ابنُ دريد (ت321هـ/ 987م) و ابن سيده (ت455هـ/ 1066م) و الثعالبيُّ ، وغيرهم.

وقد تميَّز علم اللغة في هذا العصر بتخلصه من طريقة الإملاء التي كان يتَّبعها علماء اللغة في تعليمهم. يقول السيوطي : «... وآخر من علمته أملى على طريقة اللغويين في تعليمهم أبو القاسم الزَّجَّاجي ، له آمالٍ كثيرة في مجلد ضخم، وكانت وفاته سنة تسع وثلاثين وثلاثمئة، ولم أقف على أمال لأحد غيره» ([251]).

وتميَّز هذا العصر بانتشار مجالس التعليم والبحث في مختلف المساجد ودكاكين الورَّاقين، حتى في مجالس عضد الدولة و ابن العميد و الصاحب بن عباد و أبي عبد الـلـه العارض . وكان لهذا الانتشار أثرٌ جليلٌ في تطوُّرِ البحثِ اللغويِّ الذي «بلغ مستوىً عالياً في مؤلفاتِ أحمدِ بنِ فارس صاحبِ كتاب «الصاحبي في فقه اللغة»، و ابنِ جني صاحبِ «الخصائص». وقد ظهرت لدى هذين المؤلِّفين فكرةٌ واضحةٌ عن علم القوانين العامة الناظمة لجزئياتِ اللغةِ وبمعنى أعم وأشمل من علم النحو» ([252]). وقد نُسب إلى ابن جني «ابتداعُ مَبْحثٍ

[251] السيوطي، المزهر، ج 2، ص 199.

[252] المبارك، محمد، فقه اللغة وخصائص العربية، دار الفكر، بيروت ، ط. ثالثة، 1968، ص 26.

جديدٍ في علم اللغة هو المسمى بالاشتقاق الأكبر، وهو البحث الذي لا يزال يؤتي ثمره إلى اليوم ويختص بمادة الكلمة دون هيئتها، ولم يكن لعلماء اللغة من العرب إنتاجٌ أعظمَ من هذا» ([253]).

وفي المقابل كانت تنمو علوم من نوع آخر هي علوم البلاغة ببحوثها الثلاثة، المعاني والبيان والبديع، وبموضوعاتها التي ترجع إلى ما يسميه المحدثون من علماء الغرب «الستيليستيك التعليمي» أي علم الأسلوب التعليمي. وقد كتب المتقدمون بعض بحوث في هذه العلوم، ولكن «أول من تصدّى لاستيعاب هذه البحوث الثلاثة في موقف مستقل هو أبو هلال العسكري (ت395هـ/ 1004م) في كتابه «الصناعتين» ثم جاء بعده عبد القاهر الجرجاني فميّز بحوث المعاني من بحوث البيان، وردّ مسائل كل منهما إلى قواعد مضبوطة سهلة المأخذ، فكان بذلك المنشىء الحقيقي لهذين العِلْمَيْن» ([254]).

وفتح القرن الرابع الهجري إلى جانب ذلك فتحاً جديداً في عمل المعجمات، فحتى ذلك الحين كان التأليف المعجميُّ يَقْتَصِر على مدرستين تسيران بخطين متوازيين هما مدرسة المعاني ومدرسة الألفاظ.

وأما مدرسةُ المعاني فقد اتَّخذَتْ معجماتٍ رتَّبَتْها حسْب المعاني والموضوعات. وكان رائدها أبا عبيدٍ القاسمَ بنَ سلّام (ت224هـ/ 838م) صاحبَ كتاب «الغريب المصنّف» وقد تبعه في ذلك كثيرون من أمثال الثعالبيِّ صاحبِ «فقه اللغة وأسرار العربية» وابن سيده صاحبِ «المخصّص». كما يدخل في فصول هذه المدرسة كل الرسائل والكتب اللغوية التي اتخذت المعاني وسيلتها إلى ذكر الكلمات.

---

[253] متز، آدم ، الحضارة الإسلامية في القرن الرابع الهجري، ج 1، ص 437.

[254] وافي، علي عبد الواحد، علم اللغة، ص 66.

وأما مدرسةُ الألفاظ فقد بَنَتْ قواعدَها على علمِ الأصواتِ العربيَّةِ فجمع أصحابُها الألفاظَ حسْب الحروفِ التي تبتدئ بها أوائلُ الكلماتِ على اختلافٍ في ترتيبِ الحروفِ فسلكوا بذلك ثلاثَ طرقٍ اعْتَبَرَها أحمدُ عبدِ الغفور عطار محقّقُ «الصحاح» ثلاث مدارس ([255]):

1 ـ مدرسة الخليل ([256]): وهي «أول مدرسة عرفتها العربية في تاريخ المعجم العربي» ([257])، وقوامها ترتيب الحروف حسب مخارجها وتقليب الكلمة على مختلف الصِيَغِ المتحصِّلةِ منها.

وفي القرن الرابع الهجري سار عدد من أئمة اللغة على نهْجِ الخليلِ فالتزمه الأزهريُّ (ت370هـ/ 981م) في «التهذيب» و ابنُ عبَّاد في «المحيط» وأبو علي القالي في «البارع» و ابنُ فارس في «مقاييس اللغة» و ابنُ دُرَيْد في «جمهرة اللغة»، ولكنهم لم يتبعوه في كل دقيقة من دقائق منهجه بل خالفوه في بعضها، وأضافوا إلى طريقته أشياء جديدة. كما لم يسعهم الابتكارُ، فقد حصَرَ الخليلُ ألفاظَ اللغة بطريقة الحساب، وذكر المستعمل والمهمل بضرب عدد الأحرف الثمانية والعشرين بسبعة وعشرين وأحصى بذلك الثنائي، المهمل منه والمستعمل، وأحصى بالطريقة نفسها أبنية الثلاثي والرباعي والخماسي.

وأما أتباعه فقد قصدوا إلى جمع اللغة ولكنهم أرادوا أن يسمِوا عملهم بجديد، فوصف الأزهريُّ كتابه بـ «تهذيب اللغة» ونَفْيِ الغلط عنها، وتصويبِ ما لحق بعض ألفاظها من تصحيف وتحريف. وأما ابنُ دُرَيْدٍ فكان مقصده تدوين «جمهور اللغة» وكان مقصدُ ابنِ عباد «استيعابَ المواد واستدراكَ ما أغفله غيرُه

---

[255] عطار أحمد عبد الغفور، مقدمة الصحاح، ص 94.

[256] نسبة الى الخليل بن أحمد الفراهيدي .

[257] عطار، أحمد عبد الغفور، مقدمة الصحاح، ص 94.

ممن سبقوه، ومقصَدُ القالي قريب من مقصد الأزهري » ([258]). واتّبَعَ ابنُ فارس طريقةَ الخليلِ في التقاليبِ ولكنّه سار في ترتيبِ مواده حسْب الحروف الهجائية. وأهم عيوب هذه المدرسة وعورة الطريق لمن يريد أن يتنقل في ربوعها لأن البحث فيها يحتاج إلى عالم بالأصوات، ولذلك قلّ من انتفع بمعجماتها.

2 ـ مدرسة الجوهري : يُعتبَر الجوهريُّ بحقٍ جوهرةَ القرنِ الرابعِ الهجريِّ في التأليف المعجمي. فقد ابتكر طريقةً جديدة يَسَّر بواسطتِها للباحثين السبيل إلى الكلمة التي يقصدون.

ويقوم نظام هذه المدرسة على ترتيب المواد على حروف المعجم باعتبار آخر الكلمات، ثم النظر إلى ترتيب حروف الهجاء عند ترتيب الفصول، وتسميّة الأوّلِ منها باباً والثاني فصلاً وتجاوَزَ الحرفَ الأولَ إلى الثاني في الثلاثي، وإلى الثالث في الرباعي وإلى الرابع في الخماسي.

ومن أشهر أتباع الجوهري الإمامُ الصاغاني (ت650هـ/ 1252م) صاحبُ «التكملة والذيل والصلة» و«مجمع البحرين» و«العباب»، و الفيروزُ أباديُّ (ت817هـ/ 1414م) صاحب «القاموس المحيط»، و ابنُ منظورٍ صاحبُ «لسان العرب» و الزَّبِيديُّ (ت1205هـ/ 1790م) صاحبُ «تاج العروس».

3 ـ مدرسة البرمكي ([259]): اتّخذت هذه المدرسةُ ترتيبَ المعجمِ على الحروف الهجائيَّةِ مبتدئةً بالهمزةِ منتهيَةً بالياء مع مراعاة الحرف الثاني والثالث والرابع، ورائد هذه المدرسة هو أبو عمرو الشيباني (ت206هـ/ 821م) الذي لم يراعِ في الترتيب إلّا الحرفَ الأولَ. ولهذا لم تنسب المدرسةُ إليه ([260]). وأما البرمكيُّ

---

[258] م.ن، ص 97.

[259] نسبة إلى محمد بن تميم البرمكي من علماء القرن الرابع الهجري.

[260] عطار، أحمد عبد الغفور، مقدمة الصحاح، ص 104.

فقد نظر إلى الحَرْفِ الذي تبتدىء به الكلمة وراعى الحرف الثاني والثالث والرابع. ويدل ترتيبه على أنه أولُ من رتَّب الموادَّ ترتيباً مُحكَماً سبق به أصحاب المعجمات الحديثة، و«سبق الزمخشريَّ الذي تُنسب إليه هذه الطريقة. فالزمخشريُّ تأخر ميلادُه عن البرمكيِّ بأكثر من قرن ونصف قرن، لأنه توفي سنة 538هـ/ 1143م و البرمكيُّ كان حيّاً سنة 397هـ/ 1006م وهي السنة التي انتهى فيها من تأليف معجمه، وسبق كل من رتَّب المعجمات على أوائل الحروف» ([261]).

وخلاصة الأمرِ إن اللغةَ العربيَّةَ استطاعت أن تفيَ بحاجاتِ العصرِ الذي عاش فيه أبو حيّانٍ وأن تواكبَ التطوُّرَ الناتج من اتِّساعِ الحضارة في مختلف أمور الحياة، ولا سيَّما ما يتعلّق بتوليد الألفاظ للتعبير عن المُسَمَّيات الجديدة، وقد تم ذلك عبر قنواتٍ كثيرةٍ منها داخليٌّ من مثل الاشتقاقِ والاستعمالِ المجازيِّ، ومنها خارجيٌّ من مثل الاقتراض من اللغاتِ الأجنبيَّةِ بعد تهذيبِ الألفاظِ وتحويلِها إلى اللسانِ العربيِّ. وشهد هذا العصرُ كذلك حركةً لغويَّةً ناشطةً تجلَّتْ في ذلك العملِ المقصودِ الذي رافَق التطوُّرَ اللغويَّ وهو يتعلقُ بترسيخِ قواعدِ اللغةِ من نحوٍ وصرفٍ، وبتجديدِ علومِ البلاغةِ وجمعِ الألفاظِ عبرَ التأليفِ المعجميِّ الذي فَتَحَ لنفسِه آفاقاً جديدةً بطريق إحصاء الألفاظ وترتيب موادها بحيث لا يسعُنا إلّا القولُ مع القائلين باعتبار هذا العصر فاتحة العملِ الموسوعيّ العربي.

---

[261] م. ن، ص 107.

الفصل الثالث

أبو حيّان التوحيدي: علمه وثقافته وأثره في حضارة عصره

هو عليُّ بنُ محمدٍ بنِ العباسِ أبو حيّان ([262]). اختُلف في نسبه فقيل إن (التوحيدي) نسبةٌ إلى نوع من التمر يُعرَفُ في العراقِ باسم (التوحيد) ـ وكان أبوه أو أحد أجداده يبيعه في بغداد ـ أو نسبةٌ إلى التوحيدِ الذي هو الدين، فإن المعتزلةَ يُسمّون أنفسَهم أهلَ العدلِ والتوحيدِ ([263]). وكما اختُلِف في نسبِه اختُلف

---

[262] ياقوت ، معجم الأدباء (20 مجلداً)، تحقيق د. أحمد فريد الرفاعي بك ، دار المأمون بمصر ، ب. ت. ج 15، ص 5. والسبكي ، تاج الدين، طبقات الشافعية (3 مجلدات، 6 أجزاء) المطبعة الحسينية ـ مصر ، ط. أولى 1324هـ/ 1906م. ج 4، ص 2. و السيوطي ، بغية الوعاة، دار المعرفة، بيروت ، ب. ت. ص 348. و الزَّبيدي ، تاج العروس، ج 5، ص 274. و الزركلي ، الأعلام، ج 5، ص 144 ودائرة المعارف الإسلامية، ط. 1352هـ/ 1933م، ج 1، ص 333. وأما مُعين الدين أبو القاسم الجنيد الشيرازي من رجال القرن السابع. فقد سماه في كتابه «شد الإزار عن حط الأوزار» هكذا: «أبو حيّان أحمد بن العباس الصوفي التوحيدي» أنظر في هذا المجال: محيي الدين، عبد الرزاق، أبو حيّان التوحيدي ـ سيرته وآثاره، مصر 1949. ص 7 (ح) عن بست مقالة ط. طهران، 313هـ شمسي، ج 2، ص 124، نقلاً عن النسخة المخطوطة في المتحف البريطاني رقم 3395، ورقة 32 ـ 33.

[263] السبكي ، طبقات الشافعية، ج 4، ص 2. و السيوطي ، بغية الوعاة، ص 348. و الزَّبيدي، تاج العروس، ج 9، ص 274، ودائرة المعارف الإسلامية، ج 1، ص 333.

في أصله فقيل شيرازيٌّ وقيل نيسابوريٌّ وقيل واسطيٌّ من العراقِ ([264]). والقولان الأولان يعيدانه إلى أصلٍ فارسيّ. ولسنا في مجال تحقيقِ أصلِه أو نَسَبِه، فكل ما يهمنا قولُه إن أبا حيّان وإن لم يكن عربيّاً بالمولد فهو عربي بالنشأة والمعرفة.

وأما ولادته، فإن صحّ ما قاله ياقوت (ت626هـ/ 1229م)، من أن رسالة أبي حيّان التي كتبها إلى القاضي أبي سهل علي بن محمد الذي عذله على إحراق كتبه قد كتبت في شهر رمضان من سنة أربعمائة هجرية، فإنها (ولادة أبي حيّان) تكون في العشر الثانية أو أوائل العشر الثالثة من القرن الرابع الهجري. ويستدل منها أيضاً على أنه كان لا يزال حيّاً حتى ذلك التاريخ ([265]).

عجِب ياقوت أنْ لم يذكره أحد من أهلِ العِلْم في كتابٍ، ولا دَمَجَه في خطابٍ ([266]). فكان من الصعب الوقوفُ على دقائقِ سيرتِه دونَ الرجوعِ إلى ما وَصَلَ من آثارِه.

ويبدو أنه عاشَ منذ صغرِه في بغدادَ حيث اشتغلَ بالوِراقة، ولكنهَ لم يستقرَّ فيها؛ إذ يذكر أنه حضر في الري سنة ثمانٍ وخمسين وثلاثمئةٍ مَجْلِساً عند ابنِ عبادٍ الذي كان قد وَرَد مع مؤيِّد الدولة في مهماتٍ وحوائجَ ([267]). وبعد أن نفاه الوزير المهلبيُّ من بغداد لجأ إلى خراسانَ وتوجَّه إلى ابن العميدِ الذي «كان يَعقِدُ مجالسَ مختلفةً للفقهاءِ يوْماً، و للأدباءِ يَوْماً، و للمتكلمين يَوْماً،

---

[264] ياقوت، معجم الأدباء، ج 15، ص 5.

[265] م. ن، ج 15، ص 20.

[266] م. ن، ج 15، ص 6.

[267] التوحيدي،أبو حيان ، أخلاق الوزيرين أو «مثالب الوزيرين»، تحقيق محمد بن تاويت الطنجي ، المجمع العلمي العربي، دمشق، ب. ت.، ص 127.

و للمتفلسفين يَوْماً» ([268])، ثم تقدَّمَ إليه برسالةٍ أذاعها بعد ذلك على أنها مثالُ الفصاحة ([269]). كما وصفه بأنه «كان شاباً ذكياً متحرِّكاً حسنَ الشعرِ مليحَ الكتابةِ، كثيرَ المحاسن» ([270]).

وانتقل بعد وفاة ابن العميد إلى الرَّي وبقِيَ في بلاط ابن عباد ثلاثَ سنواتٍ من سنة 367هـ إلى سنة 370هـ ولكنَّه لم ينل حظوته لرفضِه أن يكونَ كاتب الإنشاء بعد أن ترك بغدادَ ليتخلَّص من الوِراقة. ويبدو أنه كان أكثر توفيقاً مع وزير صمصام الدولة (ت431هـ/ 1040م) أبي عبد اللـه الحسينِ بنِ أحمدَ بن سعدانَ (ت375هـ/ 984م). وصرف الجزء الأخير من حياته في بغداد حيث توفي نحو 400هـ/ 1010م ([271]).

عاش أبو حيّان حياةَ فَقْرٍ مُدْقَعٍ، فلقد اشتغل في مطلع حياته بالوِراقة التي سماها «حرفة الشؤم». وعلى الرغم من انتقاله بين مجالس الوزراء و الفلاسفة فقد بقي «محدوداً مجازفاً يبكي في تصانيفه على حرمانه» ([272])، إذ أذلَّه السفرُ وخذله الانتقال. فكان يأمل، بعد أن ترك الوِرَاقة، عقد الرياسة بين الناس ومدّ الجاه عندهم، ولذلك انطلق إلى خراسان و الرَّي وفي نفسه شوق إلى الرفعة والمجد، فكان ينتظر أن تكون علاقته بابن العميد و ابن عبّاد علاقة عالم بعالم وأديب بأديب، ولكن الآخرين كانوا ينظرون إليه بعين السخرية؛ فهو يقول في هذا المجال عن ابن عبّاد : «طلع عليّ يوماً في داره، وأنا قاعد في كسر رواق أكتب له شيئاً قد كادني به، فلما أبصرته قمت قائماً، فصاح بحلق مشقوق:

[268] التوحيدي، أبو حيّان ، أخلاق الوزيرين، ص 410.

[269] دائرة المعارف الإسلامية، ج 1، ص 333.

[270] التوحيدي، أبو حيان ، أخلاق الوزيرين، ص 406.

[271] الزركلي ، الأعلام، ج 5، ص 144.

[272] ياقوت، معجم الأدباء، ج 15، ص 6.

اقعد! فالورّاقون أخسّ من أن يقوموا لنا...» ([273]) فلا عجب إذا رأيناه ينتفض لكرامته وينتقم من ابن العميد و ابن عبّاد بمهاجمتهما في رسالة تناولت مثالبهما. ويُعيد عبدُ الأمير الأعسم إحباطَ شخصيَّة أبي حيّان في مجالس الوزراء والأعيان في الدولة إلى أنه «لم يتدرَّب على الطريقة التي بها يتخاطب الناس في المجالس العالية، فقد انتقل فجأة هكذا من مجالسِ الورَّاقين في السوق ومن مجالسِ الأدب والظَرَف والثقافةِ إلى ذوي السلطانِ وكان له معهم خطوبٌ وأحداث ولا يكفي أن أبا حيّان كان عارفاً، مثقفاً، متين العلم، دقيق الفهم حتى يستقيم به الأمر لكي يُحرزَ النجاحَ في مجالس الحكام» ([274]). واضطر في أواخر حياته بعد الشهرة والمعرفة إلى أكل الخُضَرِ في الصحراء وإلى التَكَفُّفِ الفاضِحِ بين الخاصَّةِ والعامَّةِ، فبقيَ يستجدي الخلاصَ من الكسيرةِ اليابسةِ والقميصِ المرقَّعِ طالباً كفافَ مؤونةِ الغداءِ والعشاءِ، الأمرُ الذي جعله سوداويَّ المزاج، زئبقيَّ المشاعرِ يسيءُ الظنَّ بالوجودَ ويَنْفُرُ من الواقع وقد عبّر عن هذا الواقع بشيء من المرارة والأسى، والألم الذي يعتصر قلبه، فوجد نفسه غريباً، مستوحشاً، ليس له صديق من أصحاب الشأن، فقال: «لربما صلّيتُ في الجامع فلا أرى إلى جنبي من يصلّي معي، فإن اتّفق فبقّال، أو عصّار أو ندّاف، أو قصّاب، ومن إذا وقف إلى جانبي أسدرني بصُنانه، وأسكرني بنتنه، فقد أمسيت غريب الحال، غريب اللفظ، غريب النحلة، غريب الخلق، مستأنساً بالوحشة، قانعاً بالوحدة...» ([275])، وربّما كان ذلك، بعد موت ولده، دافعاً له لأن يجعل كتبه طعمة للنار. ولعل الرسالة التي كتبها إلى

---

[273] التوحيدي، أبو حيان ، أخلاق الوزيرين، ص 141.

[274] الأعسم، عبد الأمير، أبو حيّان التوحيدي في كتاب المقابسات، دار الأندلس، بيروت ، ط. أولى، 1400هـ/ 1980م، ص 60.

[275] التوحيدي، أبو حيان ، الصداقة والصديق، ص 34.

القاضي أبي سهل مُعتذِراً فيها عن فعله هذا تلخَّصُ ما لَقِيَه الرجل في حياته من حرمان وإنكار قيمته وقيمة أمثاله، لم يفارقاه حتى بعد وفاته، فهو يقول:

«مما شحذ العزم على ذلك ورفع الحِجاب عنه أني فقدت ولداً نجيباً، وصديقاً حبيباً، وصاحباً قريباً، وتابعاً أديباً، ورئيساً منيباً، فشق عليّ أن أدعها لقوم يتلاعبون بها، ويدنّسون عرضي إذا تصفَّحوها، ويتراءون نقصي وعيبي من أجلها، فإذا قلت ولِمَ تسِمهم بسوء الظن، وتقرّع جماعتهم بهذا العيب؟ فجوابي لك أن عِياني منهم في الحياة هو الذي يحقق ظني بهم بعد الممات، وكيف أتركها لأناس جاورتهم عشرين سنة فما صح لي من أحدهم وداد ولا ظهر لي من إنسان منهم حفاظ، ولقد اضطررت بينهم بعد الشهرة والمعرفة في أوقات كثيرة إلى أكل الخضر في الصحراء، وإلى التكفّف الفاضح عند الخاصة والعامة، والى بيع الدِّين والمروءة، وإلى ما لا يحسن بالحر أن يرسمه بالقلم ويطرح في قلب صاحبه الألم» ([276]).

علمه وثقافته: قال عنه ياقوت : «كان متفنناً في جميع العلوم من النحو واللغة والشعر والأدب والفقه والكلام على رأي المعتزلة . وكان جاحظياً يسلك في تصانيفه مسلكه ويشتهي أن ينتظم في سلكه، فهو شيخُ الصوفيَّةِ وفيلسوفُ الأدباء، وأديبُ الفلاسفة، ومحقِّقُ الكلامِ، ومتكلمُ المحقِّقين، وإمام البلغاء... وهو مع ذلك فرد الدنيا الذي لا نظير له ذكاء وفطنة، وفصاحة ومكنة، كثير التحصيل للعلوم في كل فن حفظه واسع الدراية والرواية..» ([277]).

وقال السبكي (771هـ/ 1369م): «كان إماماً في النحو واللغة والتصوف، فقيهاً مؤرخاً» ([278]).

---

[276] أنظر نص الرسالة في: ياقوت ، معجم الأدباء، ج 15، ص 18 ـ 21.

[277] ياقوت، معجم الأدباء، ج 15، ص 5.

[278] السبكي، طبقات الشافعية، ج 4، ص 2.

سلك أبو حيّان ، مسلك الجاحظ (ت255هـ/ 869م) ونسج على منواله، فأضاف إلى الثقافة الأدبية ثقافة نحوية ولغوية وفقهية، ثم إذا به «يذهب في انحناءة جديدة فيفارق مجالس المحدِّثين و الفقهاء واللغويين ـ إلّا قليلاً ـ ويختار مجالس الفلاسفة » ([279]). وظلّ مع هذا أسيرَ التجاذب بين النزعة الصوفية ونشدان الحقيقة الفلسفية، «تارة يستخلصه التصوف، وطوراً تستأثر به الفلسفة، وطوراً يحار بينهما، فلا هو بالمتصوف خالصاً، ولا هو بصاحب الفلسفة وحدها» ([280])، بل كان يجمع بين مختلف العلوم ويصنع بها كما تصنع النحلة برحيق الزهر. وربما يرى فيه عبد الرّزاق محيي الدين لهذا «دائرة معارف جيله، وكتّاب عصره» ([281]). ولعل كتبه تحتوي على الكثير من الشواهد التي تضع صاحبها في مرتبة عالية من أبناء عصره وجيله «فما تحسبه ألّف كتاباً إلّا أنطق الناس فيه بفنون من الأحاديث فيها متعة للعقل والذوق والإحساس» ([282]). ففي كتاب «الإمتاع والمؤانسة» يردّ على أسئلة الوزير ابنِ سعدانَ (ت375هـ/ 985م) التي كان يعدُّها أو تأتي عفو الخاطر، ولكنَّها لم تكن محصورة بموضوع واحد، بل تتوزَّع بين الفلسفة والمنطق والتصوُّف وعلم الكلام والفقه واللغة والنحو ومواضيع تتناول الحيوان وطبائعه وتكاثره، أو تتناول النبات والمعادن والكيمياء والطب. وكان أبو حيّان يجيب عنها جامعاً مادّتها من هنا وهناك، ناقلاً بأمانة المؤرّخ ما يقوله الآخرون بأسلوب ممتع مؤنس، حاذفاً ما يرى في حذفه

---

[279] عبّاس، إحسان ، أبو حيّان التوحيدي، دار بيروت ، بيروت، 1956، ص 82.

[280] مروة، حسين، تراثنا كيف نعرفه، مؤسسة الأبحاث العربية، بيروت ، ط. أولى، 1985م، ص 196.

[281] محيي الدين، عبد الرزاق، أبو حيّان التوحيدي، ص 123.

[282] مبارك، زكي، النثر الفني في القرن الرابع (جزءان)، دار الكتاب العربي، القاهرة، 1324هـ ج 1، ص 351.

ضرورة. وسجّل في «المقابسات» ما سمعه من فطاحل العلماء في بغداد في مجلس صديقه وأستاذه أبي سليمان المنطقي (ت375هـ/ 985م) إذ كانوا يتذاكرون ويتحاورون في موضوعات شتى من الفلسفة والأدب والنفس والتعليل وعلم الكلام والأخلاق. ويظن بعض الباحثين أن أبا حيان أنشأها أو أنشأ بعضها ونسبها إلى فلاسفة عصره ([283]). وسواء أكانت المقابسات أو بعضها من إنشاء التوحيدي أم لا، فإنها تعبّر عن ثقافة عصره. وأما كتابُ «الهواملِ والشواملِ» فهو أسئلةٌ طرحها أبو حيَّان على مسكويه وإجاباتُ هذا الأخيرِ عنها، وهي تتضمن مسائل إراديةً واختياريةً ونفسانيّةً ومسائلَ في مبادىءِ العاداتِ ومسائلَ طبيعيّةً وخلقيَّةً ومسائلَ لغويَّةً. وأمّا كتابُ «تقريظِ الجاحظِ » فقد ضمَّنَه رأيَهُ في الجاحظِ وذَكَرَ فيه العلماءَ الذين كانوا يفضِّلونه وبيَّن عِظَم مكانتهم. وأما رسالة «الصداقةِ والصديق» فهي أفضل ما كتب في الإخوانيات، ويَرى زكي المبارك فيها «من أنفس ذخائر اللغة العربية» ([284]). زِدْ على ذلك أن مصنفاته «هي المصدر الوحيد للاتصال بإخوان الصفا» ([285]). وهو الوحيد الذي دوّن المناظرة بين أبي سعيد السيرافي (ت369هـ/ 979م) و متّى بن يونس (ت329هـ/ 940م) في المفاضلة بين النحو العربي والمنطق اليوناني ([286]). ويُعتبَر فوق هذا عالماً بالفن ناقداً وفيلسوفاً في هذا المجال.

يقول عفيف بهنسي في كتابه «علم الجمال عند أبي حيّان التوحيدي »:

---

[283] التوحيدي، أبو حيان ، المقابسات، تحقيق محمد توفيق حسين ، دار الآداب، بيروت، ط2، 1989، مقدمة المحقق، ص16.

[284] مبارك، زكي ، النثر الفني في القرن الرابع، ج1، ص 204.

[285] مروّة، النزعات المادية، ج 2، ص 360.

[286] الحوفي، أحمد محمد، أبو حيّان التوحيدي (جزءان) مكتبة نهضة مصر بالفجالة، ب. ت. ج 2، ص 108.

«إن مطالعةَ كُتُبِ أبي حيَّانِ تبيّن لنا أنَّ هذا المفكّرَ كان فناناً وناقداً وفيلسوفاً فنيّاً، ولعلّه أولُ عربيّ وَضَعَ عِلْمَ الجمال العربي مأخوذاً عن آراء معاصريه، ومُدَبَّجاً بأسلوبه. بل لعلّه أضاف إليه من أفكاره، وحصر فيه من الآراء المتفقة مع آرائه ما يجعله أقرب إلى فلسفته الخاصة» ([287]).

ولا شك في أن الرجلَ كان ذا حظٍ موْفُور من مفرداتِ اللغةِ، وأنَّ قاموسه محيطٌ واسعٌ، فما خطر له معنى إلّا كان له من مخزونه اللغوي أداة مسعفة، وذخيرةٌ مبلِغة، فاستطاع بهذا القاموسِ الواسعِ أن يُخضِعَ مسائلَ العِلْمِ والفلسفةِ إلى أسلوبِهِ السهلِ، فإذا تتبّعنا مثلاً «الإمتاعَ والمؤانسةَ» بمواضيعِه المختلفةِ وجدْنا صاحبه يمتلكُ ناصية اللُّغة، فهو يكتُبُ في العلومِ المختلفة فلا تخونُه لفظةٌ. وكان يعرف ـ بالإضافة إلى معاني الألفاظ ودلالاتِها ـ مسائلَ قلَّما يعرفُها غيره؛ فإذا سُئِل عما يحفظُه في تَفْعَال وتِفْعَال مثلا كرّر ما قاله شيخُه أبو سعيد السيرافيُّ وذَكَر ستة عشر حرفاً مؤكداً خلوَّ اللغةِ من غيرها ([288]). وإذا سُئِل عن معاني ألفاظٍ مختلفةٍ أجاب عنها كما رواها أئمة اللغة، وإذا سئل عن الألفاظ التي عينُها (عين) ولامها (واو) عدّها عَشرةً، وشرح معانيها ([289]). وإذ زعم النحويون أن «فَعْل وأَفْعال» ما جاء إلّا على زَنْد وأَزْناد، وفَرْخ وأَفْراخ، وفَرْد، وأَفْراد، رأيناه يقول إنه يحفظ ثلاثين حرفاً كلها «فَعْل وأَفْعال» ويسردها ويدل على مواضعها في الكتب، ثم يضيف في الموضع نفسه: «ليس للنحوي أن يجزم في مثل هذا الحكم إلّا بعد التَّبَحُّر والسماع الواسع، وليس للتقليد وجه إذا كانت الرواية شائعة، والقياس مطّرداً، وهذا كقولهم: فَعِيل على عشرة

---

[287] بهنسي، عفيف، علم الجمال عند أبي حيّان التوحيدي، وزارة الإعلام العراقية، ب. ت.، ص 9.

[288] التوحيدي،أبو حيان ، الإمتاع والمؤانسة، ج 2، ص 2.

[289] م. ن، ج 3، ص 126.

أوْجُهٍ وقد وجدتُه أنا على أكثر من عشرين وجْهاً، وما انتهيْتُ في التَّتَبُّعِ إلى أقصاه» ([290]).

والحقُّ يقال إنَّ قاموسَ أبي حيّان بساتين جاحظيّةٌ تحمل ما تشتهي العين وترتاح إلى وقعه الأذنُ ويستطيبه اللسانُ وتُنعِش رائحتُه الأنفَ؛ فهو يتلاعبُ بألفاظِه تلاعُبَ العارِف بدقائقها ومعانيها، ويستعمل اللفظَ الواحدَ ويقلبُه في معانيه المختلفة، حتى تكاد لا تميّز بين ما استعمل على حقيقته وما استعمل مجازاً، ليسير اللفظ في رحلته قاطعاً دون تعب مسيرة عشرة قرون نابضاً خالداً حيّاً ما دام على وجه الأرض ناطق بالضاد.

ولم يكن أبو حيّان أديباً وعالِماً فحسْب، بل كان ناقداً أيضاً؛ فهو يطرح آراء سديدة يمكن أن يكون كل منها إماماً يقاس عليه في موضوعه، ففي الليلة الخامسة والعشرين من كتاب «الإمتاع والمؤانسة»، نراه، بعد أن يورد آراء كبار العلماء في البلاغة يُبدي رأيه في الكلام البليغ؛ فيقول: «أحسنُ الكلام ما رقَّ لفظُه، ولطُفَ معناه، وتلألأ رونقُه، وقامت صورتُه بين نَظْمٍ كأنه نَثْرٌ، ونَثْرٍ كأنَّه نَظْمٌ، يطمع مشهودُه بالسمع، ويمتنع مقصودُه على الطبْع، حتى إذا رامه مُرِيغٌ حلَّقَ، واذا حلَّقَ أسفَّ، أعني يبعد على المحاوِل بعنف، ويقرُب من المتناوِل بلطف» ([291]).

وفي المكان نفسه يكرِّرُ مؤيِّداً ما قاله ابن المراغي (ت371هـ/ 981م) في هذا المجال فيقول: «ما أحسنَ معونةَ الكلماتِ القصارِ المشتملةِ على الحِكَمِ الكبارِ لمن كانت بلاغتُه في صناعتِه بالقلمِ واللسان، فإنها توافيه عند الحاجة،

---

[290] التوحيدي، أبو حيان ، أخلاق الوزيرين، ص 222.

[291] التوحيدي، أبو حيان ، الإمتاع والمؤانسة، ج 2، ص 145.

وتستصحب أخواتِها على سهولة، وهكذا مصاريعُ أبياتِ الشِّعْرِ، فإنَّها تختلطُ بالنَّثْر متقطعةً وموْزونةً، ومنثرة ومنضودة» ([292]).

ويقول في البصائر والذخائر: «... وينبغي أن تعلم إنَّ من أراد خطابة البُلغاء على طريقة الأدباءِ، ومجاراة الحكماء على عادة الفضلاء، احتاج ضرورة إلى تقديم العنايةِ بأصولٍ هي الأساسُ، وحِفْظِ فصولٍ هي الأركانُ، ولن ينفعَها تقديمُها دون إحكامِها، كما لا يجدي عليه حفظُها دون عرفانِها، فمِنْ أوائلِ تلك العنايةِ جَمْعُ بَدِدِ الكَلِمِ، ثم الصَبْرُ على دراسةِ محاسِنِه ثم الرياضةُ بتأليفِ ما شاكل كثيراً منه، أو وقع قريباً إليه، وتنزيلُ ذلك على شرح الحال ألّا يقتصر على معرفةِ التأليفِ، دون معرفة حُسنِ التأليفِ، ثم لا يقف على اللفظِ وإن كان بارعاً رشيقاً حتى يَفْليَ المعنى فلْياً، ويتصفَّحَ المغزى تصفُّحاً، ويقضيَ من حقه ما يلزم من حكم العقل ليبرأ من عارضٍ سقيمٍ، ويَسْلَمَ من ظاهرةِ استحالةٍ، ويعتمدَ حقيقتَه، ولن يتمَّ ذلك حتى يتجنبَ غريبَ اللفظِ ووحشيَّه، ومستكرهَهُ وبدويَّهُ، وينزلَ من ربوةِ ذي العُنْجَهيَّةِ وأصحابِ اللوَّثَةِ وأربابِ العظمة، بعد أن يرتقيَ من مساقطِ العامة في هجْرِ كلامها ومرذول تأليفها» ([293]).

ويُعَدُّ التوحيدي، من الوجهة الفنيَّة، رجُلاً خصْبَ الذهن، غنيَّ اللغة، وافر المحصول قوي الخيال» ([294]). واذا كان قد سلك طريق الجاحظ فلا شك في أنه تابعه في أسلوبه السهل؛ فكان صاحبنا يُعنى بالموضوع كما يُعنى بالشكل، الأمر الذي يُضفي على نتاجه جودة السبك وحُسن الصياغة ليحمل بجدارة لقب

[292] م. ن.، ج 2، ص 146.

[293] التوحيدي، أبو حيان ، البصائر والذخائر، تحقيق إبراهيم الكيلاني، دمشق، 1964م، ص 422 ـ 423.

[294] مبارك، زكي، النثر الفني، ج 1، ص 160.

«الجاحظ الثاني» ([295]). ففي كتاباته نستطيع أن نتصور عالِماً فنّاناً يشتغل بمعظم الفنون، يجمع الكلمة إلى أختها حتى يصعب استبدال كلمة أخرى بها، معتمداً في ذلك على مقدرته اللغوية، وامتلاكه نحوها ومعانيها.

يقول محمد كرد علي (ت1373هـ/ 1953م): «اللغةُ في نَظَرِ التوحيديّ واسطةُ تعبيرٍ وتصوير، لا أداةٌ لطافة وظرافةٍ، كانت على أسلة قلمه غزيرةَ المائيَّةِ نضيرةَ الديباجةِ، وكان بيانُه الصافي البرّاقُ يسيلُ مطواعاً لِبَنَانه، يتصرفُ به تصرفاً غريباً، ويصرِفُه في ضروبِ الموضوعاتِ العالية» ([296]).

إنَّ أولَ ما يطالُعنا في كتاباتِه تلك الجملُ الدعائيَّةُ من مثل قوله: «أيها الشيخُ، وصل الـلـه قولَكَ بالصوابِ، وفِعْلَكَ بالتوفيقِ، وجعل أحوالَكَ كلَّها منظومةً بالصلاحِ...» ([297]) أو من مثل قوله: «فقال أدام الـلـه دولتَه، وكبَت أعداءَه...» و«فَضَحِكَ، أضْحَكَ الـلـه سِنَّهُ»... إلخ. كما نراه يكثر من الجُمَل الاعتراضيَّةِ من مِثْل قوله: «ما أعرفُ اليومَ ببغدادَ ـ وهي الرُّقعةُ الفسيحةُ الجامعةُ، والعَرْصةُ العريضةُ الغاصّةُ ـ إنساناً أشكرَ لك، وأحسنَ ثناءً عليك، وأذهبَ في طريق العبوديّةِ معك، منه... إلخ» ([298]). أو قولُه: «فلمّا وصل إليه ذلك الرسمُ ـ وهو مائة دينار ـ وحاجتُه ماسَّةٌ إلى رغيفٍ، وحولُه وقوَّتُه قد عجِزا عن أجرةِ مسكنِه، وعن وَجْهِ غدائِه وعشائِه عاشَ» ([299]).

وكثيراً ما نجدُه يستطرد في كلامه ثم يعود إلى موضوعه الرئيس خَوْفاً من

---

[295] أمين، أحمد ، ظهر الإسلام، ج 1، ص 238.

[296]) كرد علي، محمد، أمراء البيان (جزءان) القاهرة، مطبعة لجنة التأليف والنشر، ط. 1355هـ/ 1937م، ج 2، ص 541.

[297] التوحيدي،أبو حيان ، الإمتاع والمؤانسة، ج 2، ص 165.

[298] م. ن، ج 1، ص 29.

[299] م. ن، ج 1، ص 31.

إدخالِ المَلَلَ في نفسِ القارىءِ أو السامعِ، كما يُكثِرُ من المزاوجةِ والجُمَلِ القِصار، وهذا هو أسلوب الحكماء.

ولو أقمْنا موازنةً بسيطةً بين كتابات الجاحظ وكتابات أبي حيَّان لرأيناهما يتفقان في كثير من هذه الأمور، ولا سيَّما الاستطرادُ والجُمَلُ الدعائيَّةُ والجُمَلُ المعترِضة والمزاوجةُ والجُمَل القِصار.

إن الفنَّ العظيمَ الذي يتجلى في طريقة أبي حيّان جعل لغتَه سلسةَ القيادِ إلى درجةٍ نادرةٍ، متينة التعبير، وهي طريقةٌ اسْتَنَدَ إليها كلُّ من أراد التعبيرَ عمّا في نفسه مع مراعاة الإيجازِ والقوّةِ والحريَّةِ في التعبير. وكان أبو حيّان «عالماً بدقائق الأسلوبِ الرائع وقادراً عليه، بَيْدَ أنّنا نكادُ لا نلاحظُ في أسلوبه ذلك التكلُّفَ الذي نجده عند غيره من الأدباء. ولم يكتب في النثر العربي بعد أبي حيّان ما هو أبسط وأقوى وأشد تعبيراً عن صاحبه مما كتب أبو حيّان» ([300]).

وباختصارٍ فقد أغنى أبو حيّان الأدبَ بالأبعادِ الفكريَّةِ بقدْرِ ما أغنى العربيّة بدلالات مفرداتِها في مجالِ التعبيرِ الدقيقِ المطواعِ عن مضامينِ الكلمةِ وموسيقاها في الوَضْعِ الذي تَتَّخِذُه من عمارة الجملة وَوَحْدَةَ الموضوعِ، غير أنه كان واحداً من الطيورِ التي تغرِّدُ خارجَ أسرابِها، وربَّما كان ذلك أحدَ أسبابِ خلودِه، لأن «الضِّدَّ يُظهِرُ حسنَه الضِّدُّ».

[300] متز، آدم، الحضارة الإسلامية في القرن الرابع الهجري، ج 1، ص 465.

الباب الثاني

معجم أبي حيّان التوحيدي

رموز واصطلاحات

ـ رموز الاستعمال

// فاصل ما بين مصطلحين.

ـ رمز لكلمة عربية مكررة.

= فاصل ما بين لغتين أجنبيتين (فرنسي انكليزي) لمصطلح عربي بعينه.

( ) فاصل ما بين لغتين أجنبيتين (فرنسي لاتيني) لمصطلح عربي بعينه. النقطة أمام الحرف الأجنبي (الكبير) دلالة على اختزال الكلمة الأجنبية المكررة بحرفها الأول.

(F): المصطلح باللغة الفرنسية.

(E): المصطلح باللغة الانكليزية.

(S): المصطلح باللغة العلمية اللاتينية.

(ج): جمع.

(مو): للمولّد، وهو اللفظ الذي استعمله الناس قديماً بعد عصر الرواية.

(مع): للمعرّب، وهو اللفظ الأجنبي الذي غيّره العرب بالنقص، أو الزيادة، أو القلب.

(د): للدخيل، وهو اللفظ الأجنبي الذي دخل العربية دون تغيير.

(محدثة): للفظ الذي استعمله المحدثون في العصر الحديث، وشاع في لغة الحياة العامة

(را):راجع.

ـ رموز مصادر لم ترد كاملة

جر:جامعة الرباط.

شق:د. قتيبة الشهابي .

شم:الأمير مصطفى الشهابي .

شي: الأمير يحيى الشهابي .

كوش: يوسف كرم ، د. مراد وهبة ، يوسف شلالة .

لار:لا روس Petit Larousse .

مج:مجمع اللغة العربية في القاهرة.

مع:المجمع العلمي العراقي (في بغداد).

معجم:المعجم الكبير.

وسع   الموسوعة العربية الميسرة.

رموز الفنون

اج :	علم الاجتماع.		اح :	علم الأحياء.
اد :	علم الإدارة.		اق :	اقتصاد واقتصاد سياسي.
الك :	الكترونيات.		بتر :	بتروليات.
بك :	بكتيريات.		بلر :	بلورات.
تا :	تاريخ وتاريخ سياسي.		تأ :	تأمين.
تب :	تربية بدنية.		تر :	علم التربة.
تم :	تقنية مجهرية.		ث :	أثريات.
جغ :	جغرافيا.		جي :	جيولوجيا.
ح :	علم الحيوان.		حر :	علم الحرارة.
حض :	ألفاظ الحضارة.		رج :	المصطلحات الحراجية.
زر :	المصطلحات الزراعية.		سر :	سكك وري
سلك :	سلكيات ولاسلكيات.		سي :	سينما.
صح :	علم الصحة.		صو :	علم الصوت.
ضو :	علم الضوء.		ط :	علم الطب.
طبا :	فن الطباعة.		طبع :	علوم طبيعية.
طن :	طبيعة نووية.		فر :	فيزياء ورياضيات.
فض :	علوم الفضاء.		فل :	فلسفة.
فن :	فنون جميلة.		ق :	قانون عام.
قب :	قانون بحري.		قت :	قانون تجاري.
ك :	كيمياء.		كم :	كهرباء ومغناطيس.
لجم :	آلات وأجهزة ومكاين.		لغ :	علم اللغة.
مؤ :	مؤتمرات.		مر :	علم الأمراض.
ن :	علم النبات.		نف :	علم نفس.
هـ :	هندسة ورياضيات.		هك :	هندسة كهربائية.
هم :	هندسة ميكانيكية.			

فصل الهمزة

الآجُرّ: ... لا جَرَم شمِت اليهود والنصارى و المجوس بالمسلمين ، وعابوا وتكلموا ووجدوا آجرّ وجصاً فبنوا، وسمعوا فوق ما تمنّوا فروَوْا. (الإمتاع والمؤانسة، ج 2، ص 78).

الأَجور واليَأْجور والآجِرون والأَجُرّ والآجُرّ والآجِرُ : طبيخ الطين، الواحدة بالهاء، أُجُرّة وآجُرّة وآجِرة؛ أبو عمرو : هو الآجرُ، مخفف الراء، وهي الآجُرة. وقال غيره: آجِر وآجور على فاعول، وهو الذي يُبنى به، فارسي معرّب، قال الكسائي : العرب تقول آجُرّة وآجُرٌّ للجمع وآجُرَة وجمعها آجُر، وأجُرة وجمعها آجُر، وآجورة وجمعها آجور. (ابن منظور ، لسان العرب، ج 4، ص 11).

(الآجور واليَأجور والأَجور والأُجُور والآجُر والأجُرُّ والآجِرون) تعريب أكَور وهو تُراب يُحكَم عجنه وتقريصه ثم يحرق ليُبنى. وقالوا فيه: أجُر الطين... وقال فرانكل (ص 5) إن أصل اللفظة أرامي وهو موجود في اللغة الآشورية القديمة. وأما القرميد فهو يوناني weram oLoV . (أدي شير ، الألفاظ الفارسية المعرّبة، ص 7).

(الآجرَ) اللَّبِن المحرَق المُعَدُّ للبناء وفيه لغات (مع) (المعجم الوسيط، ج 1، ص 1).

شي (ث): آجره: قرميدة (بإزاء) (Tuile (F . // ـ آجرّ (واحدتها آجرة)

Brique Cuites . // ـ فارغ B. Creuses . // ـ آجرّ (واحدتها آجرة) Briques Cuites . // ـ فارغ B. Creuses . // ـ مملوء Pleines .

// ـ مميَّن (مطلي بالمينا) B. émaillés réfractaires . (مرعشلي ، الصحاح في اللغة والعلوم، ج 1، ص 1).

(ومعنى الآجر عند أبي حيّان لا يختلف عن معناه في المعجمات).

الإبريز: فأما أبو إسحق (إبراهيم بن هلال الصابي) ... إنّما هو ذَهَبٌ إبْريز كيفما سُبك فهو واحد. (الإمتاع والمؤانسة، ج 1، ص 68).

ويقال: إن لون الذهب الإبريز ... منسوب إلى نور الشمس وبريق شعاعها (الإمتاع والمؤانسة، ج 2، ص 111).

الذهب الإبريز: الخالص، سمي بذلك لأنه أُبْرِز من خبثه فأصبح صافياً نقياً.

ذهب إبريز: خالص، عربي، قال ابن جني : هو إفعيل من بَرَزَ. وفي الحديث: ومنه ما يخرج كالذهب الإبريز أي الخالص، وهو الإبرِزي أيضاً والهمزة والياء زائدتان. ابن الأعرابي: الإبريز الحِلي الصافي من الذهب. وقد أَبْرَز الرجل إذا اتخذ الإبريز وهو الإبرِزي. قال النابغة : (الطويل)

مُزَيَّنَةٌ بالإبرِزيِّ وجشْوُها

رضيعُ النَّدى، والمُرْشِفاتِ الحواضِنِ

(ابن منظور، لسان العرب، ج 5، ص 311، وأنظر: ابن جني، الخصائص، ج 2، ص 125).

وذهب إبريز: خالص. وتقول ميّز الخبث من الإبريز. والناكصين من أولي التبريز. (الزمخشري ، أساس البلاغة، ص 36).

(استخدم أبو حيّان اللفظ بمعناه المجازي مشبهاً الإنسان بالذهب الإبريز في الجملة الأولى، واستخدمه بمعناه الحقيقي في الجملة الثانية).

الأثاث: قلنا: فالصين. قال: أصحاب أثاث وصَنعة (الإمتاع والمؤانسة، ج 1، ص 71).

الأثاث. متاع البيت. قال الفرّاء : لا واحد له. وقال أبو زيد: الأثاث: المال أجمع: الإبل، والغنم، والعبيد، والمتاع. الواحدة أثاثة.

وتأثَّث فلان: إذا أصاب رياشا. (الجوهري ، الصحاح، ج 1، ص 272).

الأثاث والأثاثة والأُثوث: الكثرة والعِظَم من كل شيء.

والأثاث: الكثير من المال، وقيل: كثرة المال، وقيل: المال كله والمتاع ما كان من لباس، أو حَشْوٍ لفراش، أو دِثار... والأثاث: أنواع المتاع من متاع البيت ونحوه.

وتأثث الرجل: أصاب خيراً. (ابن منظور، لسان العرب، ج 2، ص 111).

انتقل هذا اللفظ مع الاستخدام من المعنى العام إلى المعنى الخاص وأصبح يطلق للدلالة على المتاع. ولكن أبا حيّان استخدم اللفظ في معناه العام.

أجرة المسكن: فلما وصل إليه ذلك الرسم ـ وهو مائة دينار ـ وحاجته ماسة إلى رغيف، وحوله وقوته قد عجزا عن أجرة مسكنه ، وعن وجه غدائه وعشائه عاش. (الإمتاع والمؤانسة، ج 1، ص 31).

الأجْر: الجزاء على العمل وآجَرْته الدار: أكريتها. (ابن منظور ، لسان العرب، ج 4، ص 10).

وأُجْرة المسكن: ما يعطى من النقود مقابل الإقامة فيه. ويقال له: بدل الإيجار أو بدل السكن. (مرعشلي، الصحاح في اللغة والعلوم، جـ 1، ص 76).

استخدم أبو حيّان اللفظ بمعنى بدل السكن، الأمر الذي يدل على وجود مثل هذه العلاقة في القرن الرابع الهجري.

أخشاد: وكل أخشاد كان بفرغانة... (الإمتاع والمؤانسة، ج 1، ص 79).

أهمله الجوهري و ابن فارس و ابن منظور .

الإخشيد، بالكسر: ملك الملوك، بلغة أهل فرغانة. ذكره السيوطي في «تاريخ الخلفاء».

وكافور الإخشيديّ، منسوب إلى الإخشيد بن طغج . (الزَّبيدي، تاج العروس، ج 8، ص 57).

(الإخشيد): لقب ملوك فرغانة، ومعناه ملك الملوك. ولقب محمد بن طغج الذي تولى إمارة مصر عام 326هـ/ 937م، لأن آباءه من ملوك فرغانة. (مع). (المعجم الوسيط، ج 1، ص 9).

لم يختلف معنى أبي حيان عما ورد في تاج العروس والمعجم الوسيط.

إخوان الصفاء : قال (الوزير):... إني لا أزال أسمع من زيد بن رفاعة قولاً ومذهباً لا عهد لي به...

قلت:... قد أقام بالبصرة زماناً طويلاً، وصادف بها جماعة لأصناف العلم وأنواع الصناعة، منهم أبو سليمان محمد بن معشر البَيْسَتي، ويُعرف بالمقدِسي، وأبو الحسن علي بن هارون الزَّنْجاني، وأبو أحمد المهرجاني والعوفي وغيرهم، فصحبهم وخدمهم، وكانت هذه العصابة قد تآلفت بالعِشرة وتصادقت بالصداقة، واجتمعت على القدس والطهارة والنصيحة، فوضعوا بينهم مذهباً زعموا أنهم قرّبوا به الطريق إلى الفوز برضوان الله والمصير إلى جنته، وذلك أنهم قالوا: الشريعة قد دُنّست بالجهالات، واختلطت بالضلالات، ولا سبيل إلى غسلها وتطهيرها إلّا بالفلسفة، وذلك لأنها حاوية للحكمة الاعتقادية، والمصلحة الاجتهادية.

وزعموا أنه متى انتظمت الفلسفة اليونانية والشريعة العربية فقد حصل الكمال، وصنَّفوا خمسين رسالة في جميع أجزاء الفلسفة: علميّها وعمليّها، وأفردوا لها فهرستا وسمّوه رسائل إخوان الصفاء وخلان الوفاء ، وكتموا

أسماءهم ولقنوها في الورّاقين... (الإمتاع والمؤانسة، ج 2، ص 4). وورد اللفظ في الصداقة والصديق، ص 319.

إخوان الصفاء جماعة سِرّيّة ظهرت في البصرة في النصف الثاني من القرن الرابع الهجري. وقد ألّف «الإخوان» إحدى وخمسين رسالة، بالإضافة الى «الرسالة الجامعة» التي تُعدّ الرسالة الثانية والخمسين. وجمعوا في هذه الرسائل معلومات عصرهم في مختلف ميادين العلم والفلسفة. وتميّزت تعاليمهم بطابعها التجميعي، فأخذوا المنطق وعلوم الطبيعة عن أرسطو، وأخذوا الطب عن جالينوس، واقتفوا أثر الأفلاطونية الجديدة والفيثاغورية في المسائل الفلسفية العامة. ويرى «إخوان الصفا» أن تحصيل المعرفة الإنسانية يتم عبر ثلاث طرق: أعضاء الحس، والعقل، والحدْس. وكان «الإخوان» من أنصار توحيد جميع الأديان والمذاهب الفلسفية. أما الأساس الذي يقوم عليه التوحيد فيرونه في المعارف العلمية والفلسفية التي تُخلِّص الدين من الأوهام والخرافات. ويجب في رأيهم، الجمع بين الفلسفة والشريعة بلوغاً للكمال. (موجز تاريخ الفلسفة، ص 146). ويمكن العودة إلى رسائل إخوان الصفاء . ويعتبر ما جاء عند أبي حيّان وثيقة مهمة يمكن العودة إليها للوقوف على آراء إخوان الصفاء .

الأرُزّ: قيل لهندي: ما حد الشبع؟ قال: المسألة عن هذا كالمحال، لأن الشبع من الأرُزّ النقي الأبيض، الكبّار الحبّ، المطبوخ باللبن الحليب... مخالف للشبع من السمك المملوح وخبز الذُرة. (الإمتاع والمؤانسة، ج 3، ص 22).

الأرُزّ: حبّ. وفيه ست لغات أَرُزّ وأُرُزّ تتبع الضمة الضمة، وأُرْز مثل رُسْل ورُسُل، ورُز ورُنْز، وهي لعبد القيس. (الجوهري، الصحاح، ج 3، ص 864). ونقله ابن منظور في اللسان، والزَّبيدي في التاج. وزاد الزَّبيدي: وهو معروف، وهو أنواع، مصري وفارسي وهندي، وأجوده المصري، بارد

يابس في الثانية، وقيل معتدل، وقيل حار في الأولى، وقشره من جملة السموم، نقله صاحب المنهاج. (الزَّبيدي، تاج العروس، ج 15، ص 11).

مج (ن): الأرز (Rice Plant (E) Riz (F الأُرْز نبات وثمار Oryza Sativa الفصيلة النجيلية Graminae وهو الأرز والأَرُز والرّز والرُنْز والآرُز. وهو عشب حولي يحب الماء يحمل سنابل متدلية وثماره تقشر عن حب أبيض صغير يُطبخ ويؤكل وهو الغذاء الرئيس لأهل الصين واليابان والهند وجنوب شرقي آسيا. (مرعشلي، الصحاح في اللغة والعلوم، ج 1، ص 18).

الأستاذ: قال أبو عبد اللـه(ابن حجّاج) (يخاطب ابن العميد): أيها الأستاذ : (الإمتاع والمؤانسة، ج 1، ص 138).

«الأستاذ» كلمة ليست بعربية. يقولون للماهر بصنعته «أُستاذ». ولا توجد الكلمة في الشعر الجاهلي. واصطلحت العامة إذا عظّموا الخَصِيّ أن يخاطبوه بالأُستاذ. وإنما أخذوا ذلك من الأُستاذ الذي هو الصانع، لأنه ربما كان تحت يده غلمان يؤدبهم، فكأنه أستاذ في حسن الأدب. ولو كان عربياً لوجب أن يكون اشتقاقه من «السَّتَذ»، وليس ذلك بمعروف. (الجواليقي ، المعرّب ص 25).

لا تجتمع السين والذال في كلمة عربية... ومن هذا كان الأستاذ غير عربي ولم توجد مادة (س ت ذ) ومعناه الماهر ولم يوجد في كلام جاهلي. والعامة تقوله بمعنى الخَصِيّ لأنه مؤدب الصغار غالباً فلذا سموه أستاذاً (الفيروز أبادي، القاموس المحيط، ج 1، ص 354).

واستدرك شيخنا (الفيروز أبادي) لفظ الأستاذ. وهو من الألفاظ الدائرة المشهورة التي ينبغي التعرض لها وإيضاحها وإن كان عجمياً، وكون الهمزة أصلاً هو الذي يقتضيه صنيع الشهاب الفيّومي لأنه ذكره في باب الهمزة، وقال: الأستاذ كلمة أعجمية، ومعناها الماهر بالشيء العظيم. وقال الحافظ أبو

الخطاب بن دِحْيَة في كتاب له سماه المُطْرِب في شعر أهل المَغْرِب: الأستاذ: كلمة ليست بعربية، ولا توجد في الشعر الجاهلي، واصطلحت العامة إذا عظّموا المحبوب أن يخاطبوه بالأستاذ، وإنما أخذوا ذلك من الماهر بصنعته لأنه ربما كان تحت يده غلمان يؤدبهم، فكأنه أستاذ في حسن الأدب. (الزْبيدي، تاج العروس، ج 9، ص 418).

(أستاذ) ليس بعربي لأن مادة (س ت ذ) غير موجودة. ومعناه الماهر ولم يوجد في كلام جاهلي والعامة تقوله بمعنى الخصِيّ لأنه يؤدب الصغار غالباً، فلذا سُمّيَ أستاذاً. (الخفاجي ، شفاء الغليل، ص 11).

الأستاذ: المعلّم (مع) // الماهر في الصناعة يعلمها غيره. // لقب علمي عال في الجامعة (ج) أساتذة وأساتيذ. (المعجم الوسيط، ج 1، ص 17).

وأستاذ الدولة لقب أطلق على الناظر في ديوان الجباية العامة لدولة الترك. وهو أعلى الناظرين في الأموال عندهم. وكان عادة أحد الأمراء الأكابر في الدولة من الجند وأرباب السيوف. (ابن خلدون، المقدمة، ص 245). وكان لفظ الأستاذ يطلق في القرن الرابع الهجري على أصحاب الدواوين. (الصابي، الوزراء، ص 148).

أطلق ابن حجاج لفظ الأستاذ من باب كفاية القلم عند ابن العميد .

الأُسْطُقُسّ: وليس فيها (الشريعة) حديث صاحب الطبيعة الناظر في آثارها وأشكال الأُسْطُقُسّات، بثبوتها وافتراقها، ورجوعها واستقامتها، وتربيعها وتثليثها، وتسديسها ومقارنتها. (الإمتاع والمؤانسة، ج 2، ص 7).

إن الإنسان وإن الْتذّ بالدّستنبان فلن يعدّ موسيقاراً إلّا إذا تحقق بمبادئه الأُوَل التي هي الطَّنينات وأنصاف الطَّنينات، وكذلك الإنسان وإن استطاب الحلو فلن يُسمّى حلوانياً إلّا اذا عرف بسائطه و . (الإمتاع والمؤانسة، ج 2، ص 85).

قال أبو النضر نفيس: الإنسان مركب من الأعضاء الآلية بمنزلة الرأس

واليدين والرجلين وغيرها، ثم كل واحد من هذه الأعضاء مركب من الأعضاء المتشابهة الأنواع بمنزلة اللحم والعظم والعصب والشريان، ثم كل واحد من هذه الأعضاء مُركّب من الأخلاط الأربعة التي هي الدم والبلغم والمُرّيّان، ثم كل واحد من هذه الأخلاط مُركَّب من الأُسْطُقُسّات الأربع التي هي النار والهواء، والأرض والماء، ثم كل واحد من هذه الأُسْطُقُسّات مركب من الهَيُولى والصورة. (الإمتاع والمؤانسة، ج 2، ص 87).

أهمله الجوهري و ابن منظور و الفيروز أبادي و الزَّبيدي .

أُسْطُقُسّات هو لفظ يوناني بمعنى الأصل، وتسمى العناصر الأربعة التي هي الماء والأرض والهواء والنار أسْطُقُسّات لأنها أصول المركبّات التي هي الحيوانات والنباتات والمعادن. (الجرجاني، التعريفات، ص 24).

أُسْطُقُس (عنصر، أَصْل، رُكْن) (Elelment (E) lément (F .

كوش (فل): (1) لفظ يوناني Stoichoin بمعنى الأصل ويراد به العنصر من العناصر الأربعة التي هي النار والهواء والماء والتراب أو الأرض، وتُسمّى أُسْطُقُسّات لأنها أصول المركَّبات التي هي من المعادن والنباتات والحيوانات (تعريفات الجرجاني). «فلذلك قيل إنه آخر ما ينتهي إليه تحليل الأجسام فلا توجد فيه قسمة إلّا إلى أجزاء متشابهة» (ابن سينا ، رسالة الحدود، 85) (2) عناصر المعرفة léments de Connaissance هي المعاني المجردة والأحكام. (مرعشلي، الصحاح في اللغة والعلوم، ج 1، ص 26).

وسيط: (الأُسْطُقُس): الأصل البسيط يتكون منه المُرَكّب. والأُسْطُقُسّات: العناصر الأربعة عند القدماء، وهي الماء والهواء والنار والتراب (مع). (المعجم الوسيط، ج 1، ص 17).

ويبدو في ضوء شواهد أبي حيّان ، ولا سيّما الثاني والثالث، أن معنى الأُسْطُقُسّ عنده لا يختلف عن معناه عما ورد في المعجمات الحديثة.

الأُسطوانة: ... وجلسوا عند بعض أساطين الهيكل. (الإمتاع والمؤانسة، ج 2، ص 154).

الأُسطوان: الرجل الطويل الرِجلين والظهر. وجَمَل أُسطوان: طويل العُنُق مرتفع، ومنه الأسطوانة...

والأسطوانة: السارية، معروفة... ونون الأسطوانة من أصل بناء الكلمة، وهو على تقدير أُفْعوالة، وبيان ذلك أنهم يقولون: أساطين مُسَطعنة. (ابن منظور، لسان العرب، ج 13، ص 208).

وسيط: (الأسطوانة): العمود. // السارية. // في الهندسة: جسم صلب ذو طرفين متساويين، على هيئة دائرتين متماثلتين، تحصران سطحاً ملفوفاً بحيث تمكن متابعته بخط يتحرك موازياً لنفسه، وينتهي طرفاه في محيطي هاتين الدائرتين. وكل جسم أو شيء ذي شكل أُسْطُواني يسمى أُسطوانة أيضاً. // القرص الذي تُسجّل فيه أصوات الغناء أو الموسيقى أو غيرهما. (ج) أساطين. (مع). (وأساطين العلم أو الأدب): الثقات المبرّزون فيه. وهم أساطين الزمان: حكماؤه وأفراده. مفرده أسطون معرّب (أستون) الفارسية. (المعجم الوسيط، ج 1، ص 18).

أسطوانة (Cylinder (E) Cylindre (F) . // (هـ) الدائرية = Circular C. C. Circulair هي جسم يحيط به سطح أسطواني دائري ودائرتان توازي كل منهما دليله.

// ـ الزائدية المقطع Hyperbolic C. = C. Hyperbolique أسطوانة دليل راسمها قطع زائد وعادلتها الديكارتية بالنسبة للمحاور الأصلية إذا كان راسمها يوازي محور العينات هي: ص 2/ب 2 ـ س 2/أ 2 = ح. // ـ المتكافئية المقطع Parabolic C. = C. Parabolique اسطوانة دليل راسمها يوازي محور العينات هي: س 2 = 4 أ ص. // (ك) ـ طبع = Calender roller Calandre a Rouleau أسطوانة دوارة ضاغطة تستعمل في طباعة الأشكال المختلفة على المنسوجات. (مرعشلي، الصحاح في اللغة والعلوم، ج 1، ص 26).

استخدم أبو حيّان اللفظ بمعنى العمود.

الإسْفِيداج: ... وقد نقول في شيء: إنه واحد بالموضوع وهو كثير بالحدود، كالتفاحة الواحدة التي يوجد فيها اللون والطعم والرائحة، وقد يكون واحداً في الحدث وكثيراً في الموضوع، كالبياض الذي يوجد في الثلج والقطن و الإسفيداج . (الإمتاع والمؤانسة، ج 2، ص 89).

قالوا: وهكذا أيضاً وصف الجواهر المعدنية... كالجص و الإسفيداج لا يكونان إلّا في الأرض الرمليّة المختلطة ترابها بالحصى. (الإمتاع والمؤانسة، ج 2، ص 107).

(الإسْبيداج والإسفيداج) بياض الرصاص والآنُك تعريب سبيد آنُك ومعناه الآنُك الأبيض.

و(الإسْفِيداج والإسفيديا) طين يجلب من أصفهان يَكتب به الصغار، ورماد الرصاص والآنُك تعريب اسفيداب وأصل معناه الماء الأبيض. (أدي شير، الألفاظ الفارسية المعرّبة، ص 9).

مج (ك) (إسفيداج) هو الكربونات القاعدية للرصاص صيغته الكيميائية 2 ر ك أ3 ـ (أيد)، وهو مسحوق يستخدم في أعمال الطلاء، وهو سام. (مرعشلي، الصحاح في اللغة والعلوم، ج 1، ص 27).

وسيط: الإسبيداج والإسفيداج: كربونات الرصاص وهو مادة بيضاء تستخدم في أعمال الطلاء. (مج) (المعجم الوسيط، ج 1، ص 17).

الإسكاف: ... لكن بقي أن تفهم أنك محتاج إلى الأساكفة أكثر مما تحتاج إلى العَطّارين، ولا يدل هذا على أن الإسكاف أشرف من العَطّار، والعَطّار دون

الإسكاف، والأطباء أقل من الخيّاطين... (الإمتاع والمؤانسة، ج 1، ص 102).

كان اللفظ يطلق على الصانع الحاذق أيّاً كان. فالنجار إسكاف وصانع الأحذية إسكاف. وقال الشمّاخ : (السريع):

لم يبق إلّا مَنْطِقٌ وأطرافْ،

وبُرْدتان وقميصٌ هَفْهافْ،

وشُعْبَتا مَيْسٍ براها إسكافْ،

(الجوهري، الصحاح، ج 4، ص 1375، وابن منظور، لسان العرب، ج 9، ص 157).

وانتقل اللفظ مع كثرة الاستخدام من المعنى العام إلى معناه المعروف اليوم، فأصبح لا يطلق إلّا على صانع الأحذية ومصلحها. والجمع أساكفة.

ويبدو أن أبا حيّان استخدم اللفظ في معناه الخاص عندما ميّز بين الإسكاف والعَطّار والخَيّاط.

الأُسْكُرّجَة: ... وإذا كان ضعيفاً قالوا: كأنه قطعة زُبْد، والموَلَّدون يقولون: كأنّه أُسْكُرُّجَة . (الإمتاع والمؤانسة، ج 2، ص 67).

الأُسْكُرُّجة: فارسية معرّبة وترجمتها مُقَرِّب الخل. وقد تكلمت بها العرب.

(الجواليقي، المعرّب ص27 ـ أدي شير الألفاظ الفارسية المعرّبة ص10 ـ الخفاجي شفاء الغليل ص12). وزاد أدي شير : وفارسيته أُسْكَرَه وهو إناء صغير من خزف.

ومع الاستخدام أطلق اللفظ على كل ما يوضع فيه الكوامخ ونحوها على المائدة حول الأطعمة للتشهي والهضم. والجمع سَكَارج. (المعجم الوسيط، ج 1، ص 18 و439).

ويبدو، في ضوء الشاهد، أن اللفظ أصبح شائعاً حتى إنّهم أصبحوا يشبِّهون الضعيف به.

الأَشعريّ :... وصار الناس أحزاباً في النِّحَل والأديان، فهذا نصيري ، وهذا أشْجَعِي، وهذا جاروديّ ، وهذا قَطْعي، وهذا جُبّائي ، وهذا أَشعريّ ... (الإمتاع والمؤانسة، ج 2، ص 77).

الأشعريّ: واحد الأَشاعِرة . و الأشعريّة فرقة كلاميّة أَسَّسَها أبو الحسن عليّ بن اسماعيل الأشعريّ المنتسِب إلى أبي موسى الأشعريّ . وقد كان أبو الحسن الأشعريّ معتزليّاً، ثم انشقّ عنهم بعد مناظرة جرت بينه وبين أستاذه الجُبائيّ في مسألة من مسائل الصلاح والأصلح.

وأثبت الأشعري لله صفات أزليّة، فقال: الباري تعالى عالِم بعِلْم، قادر بقدرة، حي بحياة، مريد بإرادة، متكلم بكلام، سميع يسمع، بصير يُبصر. وقال: هذه الصفات أزليّة قائمة بذاته.

ورأى أن الإنسان قادر على أفعاله، ولكن هذه القدرة تستند في وجودها إلى سبب تكون نسبة القدرة إلى ذلك السبب كنسبة الفعل إلى القدرة. وكذلك يستند سبب إلى سبب آخر حتى ينتهي إلى مُسَبِّب الأسباب. فهو الخالق للأسباب ومُسَبِّباتها.

ومن مذهب الأشعري : أن كل موجود يصح أن يُرى، فان المصحّح للرؤية إنما هو الوجود. والباري تعالى موجود فيصح أن يُرى. وقد استند في ذلك إلى الآية: { وُجُوهٌ يَوْمَئِذٍ نَاضِرَةٌ} (22/القيامة) . وأما عن صاحب الكبيرة فيرى أنه إذا خرج من الدنيا من غير توبة يكون حكمه إلى اللـه تعالى، إما أن يغفر له برحمته وإما أن يشفع فيه النبي (صلعم)، وإما أن يعذبه بمقدار جرمه ثم يدخله الجنة برحمته، ولا يجوز أن يخلد في النار مع الكفّار.

ويرى الأشعري أن العالم المادي مركّب من ذرّات لا امتداد لها، يفصل

بينها الخلاء، كما أن المكان والزمان والحركات ذوات بِنْية ذريّة أيضاً. والزمان يتألف من آنات منفصلة (ذَرّات زمنية) ليس بينها أيّة رابطة. (المِلَل والنِّحَل، ج 1، ص 94 وما بعدها).

الأُشنان: ... قد غسلت يدي من عهدك بالأشنان البارِقي. (الإمتاع والمؤانسة، ج 1، ص 6).

الأشنان: فارسي معرّب وهو الحُرُض بالعربية (المعرّب، ص 24) الذي يغسل به الأيدي. (لسان العرب، ج 13، ص 18).

مج (ن) الأشنان أو الغَسول أو الحُرُض أو الخِمام (في الشام) وهو من الغسولات يطلق خاصة على Arthrocnenum glaucum من الفصيلة الرمرامية Chenopodiaceae وهو جنبة ملحيّة تنبت بالأراضي الرملية، وأغصانها كثيرة العُقَد، وأوراقها أثرية متقابلة، وتستعمله العرب هو أو رماده في غسل الثياب أو غسل الأيدي بعد الطعام ويطلق أيضاً على نباتات الجنسين Anabasis، Salicornia وكانوا يستخرجون القِلْي منها. (مرعشلي، الصحاح في اللغة والعلوم، ج 1، ص 31، والمعجم الوسيط، ج 1، ص 19).

الاقتصاد:... أن من صعد بك حين أراد، ينزل بك إذا شاء، وأن من يُحسِن فلا يُشكَر، يَجْتَهد في الاقتصاد حتى يُعذر. (الإمتاع والمؤانسة، ج 1، ص 6).

الاقتصاد علم يبحث في الظواهر المتعلقة بالإنتاج والتوزيع. وأصل الاقتصاد هو الاعتدال. نقول اقتصد في الأمر: اعتدل فيه وانحرف عن الإفراط والتفريط. ومع الاستخدام أصبح المعنى الخاص أكثر شيوعاً من المعنى العام.

مج (ا ج) اقتصاد (بإزاء) (Economy (E). conomie (F . // الاقتصاد الاجتماعي: (Social E. (E. گ. (Sociale (F) وموضوعه دراسة الوسائل التي من

شأنها تخفيف وطأة المظالم الاجتماعية ويدخل في ذلك تحسين حالة العمال. // ـ البحت (F .E. Pure) . موضوعه كشف القوانين الاقتصادية بدراسة العلاقات بين الظواهر المختلفة. // ـ التطبيقي Applied E. = گ. Appliquée مِن غرضِه البحث في الوسائل التي يُتسنّى بها زيادة الثروة والإنتاج وإصلاح النُظُم الاقتصادية. // ـ الثنائي (E .Dial E) يُشار بهذا الاصطلاح إلى انقسام الاقتصاد القومي في البلدان المتخلفة إلى قطاعين متميزين أحدهما تجـاري عصري والآخر بدائي تقليدي، ولا تقوم بينهما علاقات اقتصادية وثيقة. // ـ القومي (E) National E) گ. (F National) موضوعه دراسة أمّة بعينها من الوجهة الاقتصادية باعتبار أن لكل أمّة ظروفاً خاصة بها. // ـ الكفاف Subsistence E. = de Subsistance اقتصاد يتميّز بتخلّف الفن الإنتاجي وعجزه عن مد أفراده بما يجاوز ضرورات الحياة ويصغر حجم وحداته الإنتاجية كما يحدث عادة في العلاقات الريفية التي تستقل كل منها عادة إلى حد كبير عن غيرها فتُنتج معظم ما تستهلكه من سِلَع. // ـ المُوَجّه Planned E. = گ. Dirigée يراد به تَدّخُل الدولة في الشؤون الاقتصادية بوضع خطة عامة لها. // ـ المختلط: E. Mixte = Mixed E. اقتصاد تتوزع فيه ملكية الإنتاج بين المشروعات العامة والخاصة. // ـ السوق (E .Market E) گ. (F du Marchée) اقتصاد يتم الإنتاج فيه أساساً بقصد التبادل، وتُستخدم فيه النقود، وتتحدد فيه الأثمان، ويتم توزيع الموارد وفقاً لتفاعل قوى العرض والطلب، وعلى أساس المنافسة بين الوحدات الإنتاجية والاستهلاكية. وبهذا المعنى يتميّز عن الاقتصاد المُخَطَّط أو الموجّه. // (فل): ـ السياسي Political E. = گ. Politique علم يدرس الظواهر الخاصة بالإنتاج والتوزيع والاستهلاك ويكشف عن القوانين التي تخضع لها. ويعرض تبعاً لهذا للعوامل المؤَثِّرة في الإنتاج والتوزيع من أجور وأسعار وأسواق ونقد

وتجارة داخلية وخارجية. وسمي سياسياً لما له من شأن في رسم سياسة الدولة. // ـ في التفكير: گ. F) de pensée) اتجاه عام في التفكير العلمي والعقلي والفلسفي يرمي إلى الإيجاز والتعويل على أقل ما يمكن من الفروض لتفسير ظواهر مختلفة و«العلم» اقتصاد في التفكير.

شم (زر) ـ الزراعي F) conomie rurale) علم الاقتصاد السياسي مطبقاً على الزراعة.

كوش (فل) ـ الجهد (قانون الجهد) E) Parcimonie (Loi de) (F) Parsimony (Law of)) يطلق على مبادىء الأبستمولوجيا أو الكوسمولوجيا أو الميتافيزيقا. والغرض منه وضع أساس لنقد الفروض. (مرعشلي، الصحاح في اللغة والعلوم، ج 2، ص 311).

استخدم أبو حيّان اللفظ في معناه العام.

الإلهيات: لم يكن يلوذ بالإلهيات . (الإمتاع والمؤانسة، ج 1، ص 37).

كوش (فل): علم بمقابلة Théologie الفرنسية يبحث عن الموجود المطلق. وينتهي في التفصيل إلى حيث تبتدىء سائر العلوم فيكون فيه مبادىء سائر العلوم الجزئية. (مرعشلي، الصحاح في اللغة والعلوم، ج 1، ص 42).

أهل الذمّة : هذا مع حركات غير متناسبة، وشمائل غير دمثة، ومناظرة مخلوطة بذِلَّة أهل الذمَّة (الصداقة والصديق، ص 76).

الذَمّ: نقيض المدح، يقال: ذممته فهو ذميم، وبئرٌ ذَمَّة قليلة الماء. وجمعها ذِمام.

والذِمام: الحُرْمة. و أهل الذِّمَّة: أهل العَقد. قال أبو عبيد: الذِّمَّة: الأمان، في قوله عليه الصلاة والسلام: «يسعى بذمتهم أدناهم». وأذمّه: أجاره. وأذمّه: وجده مذموماً. (الجوهري: الصحاح، ج 5، 1926).

والذِّمَام والمذمّة: الحق والحُرْمة. ج: أَذَّمةٌ. ويقال الذِّمام: كل حرمة تلزمك إذا ضيّعتها المذمَّة. ومن ذلك: (الذّمّة، بالكسر: العهد). ورجل ذميّ أي له عهد. وقال الجوهري: أهل الذمّة: أهل العَقْد. قلت: وهم الذين يؤدون الجزية من المشركين كلِّهم. وقيل: الذِّمّة: الأمان، وسمّي الذِّمّي لأنه يدخل في أمان المسلمين. (الزبيدي، تاج العروس، ج 32، ص 206. مادة ذمَمَ).

فصل الباء

البادزهر:... وكذلك البادزهر فانه طل يقع على بعض الأحجار في خَللها، ويغيب فيها وينعقد في بقاع مخصوصة، في زمان العلوم. (الإمتاع والمؤانسة، ج 2، ص 108).

أهمله الجوهري وابن منظور والفيروز أبادي والزَّبيدي.

البادزهر: فارسيّ معرّب من باد أي ضد، ومن زهر أي السم. ومنه الفرنسي Bézoard والايطالياني Belzuar والانكليزي -Bezoard Stone . (أدي شير ، الألفاظ الفارسية المعرَّبة، ص 14).

والبادزهر حجر ينفع من السموم، معاده ببلاده الصين أو الهند . (ابن البيطار ، الجامع لمفردات الأدوية والأغذية، ج 1، ص 81).

والجدير في الأمر أن أبا حيّان قال إن البادزهر طلّ منعقد، وهذا ما لم يقله ابن البيطار .

الباذِنجان : قال أبو سعيد الذهبي الطبيب: لو علم الذي يحمل الباذنجان أن على ظهره باذنجاناً لصال على الثيران. (الإمتاع والمؤانسة، ج 1، ص 157).

أهمله الجوهري .

أبو حنيفة : الباذنجان بالفارسية وهو بالعربية المَغْد والوَغْد، الأَنَب الباذنجان. قطرب: المغْد والوغْد: الباذِنجان وقيل هو شبيه به (ابن سيده، المخصص، م 3، ج 12، ص 6).

الأَنَب: الباذنجان، عن أبي حنيفة. (ابن منظور، لسان العرب، ج 1، ص 217).

الأَنَب محرّكة: الباذنجان. (الفيروز أبادي، القاموس المحيط، ج 1، ص 37)، وزاد الزَّبيدي: نقله الصاغاني، قال شيخنا هو تفسير بمجهول، فإنه لم يذكر الباذنجان في مظنّته، قلت: ولكن الشهرة تكفي في هذا القدر. (الزَّبيدي، تاج العروس، ج 2، ص 32).

قال في محيط المحيط: «الباذنجان معرّب باذنكان بالفارسية ومعناه بيض الجان: نبات يعرف عند العامة بالبتنجان والبيدنجان». قلت: إن باد بالفارسية اسم جن كان مُوَكَّلًا على أمر التزويج. ونِك (وجمعه نِكان) هو المنقار. فيكون معنى الباذنجان بالفارسية مناقير الجن. والصحيح أن الباذنجان مشتق من السريانية وأصل معناه ابن الجُنينة أي النبات المختص بالجنينة. واسمه الفرنسي يقرّب أكثر من لفظه الأصلي فيقال Aubergine ويقول الأسبانيون Berengena وهو باطلجان بالتركية وباجان بالكردية. (أدي شير، الألفاظ الفارسية المعرّبة، ص 15).

مج (ن): واحدته باذنجانة وهو الأَنَب والمَغْد والوَغْد (Solanum melongena (S من الفصيلة الباذنجانية Solanaceae وهو نوع من الخضر معروف تستعمل ثماره في الأكل ومنه الأسود والأبيض. (مع). (مرعشلي، الصحاح في اللغة والعلوم، ج 1، ص 65، والمعجمُ الوسيط، ج 1، ص 36).

الباشق: ذو الشهوة ثلاثة: العصفور والثور والباشق. (الإمتاع والمؤانسة، ج 1، ص 177).

ذو حدة البصر ثلاثة: العقاب والظبي والباشق (الإمتاع والمؤانسة، جـ 1، ص 177).

الباشق: أعجمي معرّب (الجواليقي، المعرّب، ص 63)، طائر من فصيلة

العقاب النسرية، من رتبة الصقريات وهو طائر من الجوارح يشبه الصقر يصيد العصافير والطيور الصغيرة. وهو يتميّز بجسم طويل ومنقار قصير بادي التقوّس، وجناحه قصير وذيله طويل مستقيم من الجسم ذو لون أزرق أردوازي حالك في الذكر، ويغلب عليه اللون البني في الأنثى. وأصول ريشه بيضاء، والجزء السفلي أبيض وعليه خطوط عرضية صدئية اللون. يستوطن أوروبا وينتشر شرقاً حتى آسيا و آسيا الصغرى و سوريا و فلسطين وهو يزور مصر ويذهب جنوباً حتى عدن و الحبشة و السودان . مج (ن) (مرعشلي، الصحاح في اللغة والعلوم، ج 1، ص 94).

البَت: ... ولهذا تجد أحدهم وهو في بَتٍ حافياً حاسراً يذكر الكرم (الإمتاع والمؤانسة، ج 1، ص 83).

البَت: ثوب من الصوف، غليظ مهلهل مربّع أخضر تلتحف به المرأة، ويستعمل أيضاً لقلانس الرهبان. اشتق منه البَتيّ والبَتّان وهو صانعه. (الصحاح، لسان العرب، تاج العروس، مادة بتت). واللفظ نادر الاستخدام في عصرنا.

البحرجان: وقال المدائني : قبض كسرى أرضاً لرجل من الدهاقين، وأقطعها البحرجان . (الإمتاع والمؤانسة، ج 3، ص 175). أهمله الجوهري و ابن منظور و الزَّبيدي و الجواليقي .

البحرجان كلمة فارسية معناها النوتي. (الإمتاع والمؤانسة، ج 3، ص 175 (حاشية) عن المعجم الفارسي الإنكليزي لأستانجاس).

والمقصود بالبحرجان في شاهد أبي حيّان هو صاحب سفن كسرى ورئيس الملاحين.

البُخْت: ... وليس لشيء من الحيوان سنام إلّا البعير، ولبعض البخاتي سنامان. (الإمتاع والمؤانسة، ج 2، ص 30).

البخت نوع من الإبل الخرسانية، طويلة الأعناق ولبعضها سنامان، تنتج من بين عربية وفالج (الفالج بعير ذو سنامين).

واللفظ فارسي معرّب. قالته العرب . وبعضهم يقول: إن البُخت عربي وينشد لابن قيس الرقيّات : (الخفيف).

إن يَعِشْ مُصعبٌ، فأنّا بخيرٍ	قد أتانا من عيشنا ما نرجّي
يهب الألْف والخيولَ، ويسقي	لبن البخت، في قصاعِ الخَلَنْج

قالها في مدح مصعب بن الزبير. (ابن منظور، اللسان، ج 2، ص 9).

البُرْجُد : ... أو ما كان (العربي) يلبس البُرْجُد والخميصة والسّمل من الثياب وما هو دونه وأخشن. (الإمتاع والمؤانسة، ج 1، ص 80).

البرجد: كساء ضخم من صوف أحمر فيه خطوط يصلح للخباء وغيره. (ابن منظور، لسان العرب، ج 3، ص 89).

البُرْد الشَّطَوِيّ : ... هات يا غلام ذلك الثوب الدبيقي وذلك البرد الشطوي وذلك الفروج الرومي وتلك السكة المطيّبة... (الإمتاع والمؤانسة، ج 2، ص 179).

البُرد نوع من الثياب الكتانية تلبسه الأعراب.

قال ابن سيده: البُرد ثوب فيه خطوط وخص بعضهم به الوشي، والجمع أبراد وأبرد.

قال الليث: البُرْد معروف من برود العصب والوشي. (ابن منظور، لسان العرب، ج 3. ص 87).

والبُرْد الشطوي: ضرب من ثياب الكتان كان يصنع بقرية مصرية تدعى شطا ، بالقرب من بحيرة تنّيس . وكان ثمن الثوب الشطوي يبلغ ألف درهم ولا ذهب فيه. (ياقوت، معجم البلدان، ج 3، ص 342، وابن حوقل، صورة الأرض، ص 143).

البرغوثيون : ... وأتعصب لك لا تعصّب المفضليين و البرغوثيين . (الإمتاع والمؤانسة، ج 2، ص 188).

البرغوثيون: أتباع محمد بن عيسى الملقب ببرغوث. ومذهبه قريب من مذهب النجّارية ، إحدى الفرق الجبرية . (را. جبرية).

البُرْنُس: وشتم آخر فقال: أيا رأس الأفعى. ويا عصا المكاري، ويا بُرنُس الجاثليق. (الإمتاع والمؤانسة. ج2، ص159).

البُرنُس كل ثوب رأسه منه ملتزق به، درّاعةً كان أو مُمْطَراً أو جبّة. وفي حديث عمر رضي اللـه عنه: سقط البرنس عن رأسي، وهو من ذلك. الجوهري: البُرْنُس قلنسوة طويلة، وكان النساك يلبسونها في صدر الإسلام، وقد تَبَرْنَس الرجل إذا لبسه، قال: وهو البِرْس، بكسر الباء، القطن، والنون زائدة، وقيل: إنه غير عربي. (الجوهري، الصحاح، ج3، ص908، ابن منظور لسان العرب، ج 6، ص 26 والفيروزأبادي، القاموس المحيط، والزبيدي، تاج العروس، مادة برنس).

البرنس كل ثوب رأسه منه ملتزق به، درّاعةً كان أو مُمْطراً أو جبّة. والتَّبَرْنُس: مَشْيُ الكلب، وإذا مشى الإنسان على نحو ذلك قيل: تَبَرْنَسَ. قال: (الطويل)

ومستنكرٍ لي لم أكن ببلاده

ففاجأته من غربةٍ أتبرنَسُ.

(الفراهيدي، الخليل بن أحمد ، كتاب العين. (6 أجزاء) تحقيق هادي حسن حمودي ، عمان 1994، ج 1 ص 194.

وتطلق الكلمة في زماننا على الثوب الذي يلبس بعد الاستحمام، سواء كان له رأس أم بغير رأس.

البريد: ... كعهد يُنشأ في إصلاح البريد ... (الامتاع والمؤانسة، ج 1، ص 99).

البريد: البغلة المرتّبة في الرباط تعريب بريده دُم ثم سمي به الرسول

المحمول عليها، ثم سمّيت المسافة به والجمع بُرُد بضمتين. (المطَرّزي، المغرّب في ترتيب المعرَّب، ص 40).

البريد: المرتب. يقال حُمل فلان على البريد. وقال أمرؤ القيس: (الطويل)

على كل مقصوص الذُنابي مُعاوِدٍ

بريدِ السُرى بالليل من خيل بربرا

والبريد أيضاً اثنا عشر فرسخاً وصاحب البريد قد أَبْرَد إلى الأمير، فهو مُبرِد، والرسول بريد. (الجوهري، الصحاح، ج 2، ص 447).

البريد فرسخان، وقيل ما بين كل منزلتين بريد. والبريد: الرسل على دواب البريد، والجمع بُرُد. وبَرَد بريداً أرسله. وفي الحديث أنه، صلى اللـه عليه وسلم، قال: إذا أبردتم إليّ بريداً فأجعلوه حسن الوجه حسن الاسم، البريد: الرسول وإبراده إرساله. قال الراجز: رأيت للموت بريداً مبرَداً.

وقال بعض العرب: الحمّى بريد الموت، أراد أنها رسول الموت تُنذِر به، وسكك البريد: كل سكة منها اثنا عشر ميلاً... وقيل لدابة البريد: بريد، لسيره في البريد، قال الشاعر: (الطويل)

وإني أنُصّ العين حتى كأنني،

عليها بأجواز الفلاة بريدا

وقال ابن الأعرابي : كل ما بين المنزلتين فهو بريد. (ابن منظور، لسان العرب مادة برد).

ومع تنظيم الإدارة أصبح البريد يطلق على النظام الذي يتم بموجبه توزيع الرسائل. وأما صاحب البريد فهو صاحب الأخبار الرسمية. وفي القرن الرابع الهجري كان له عيون يوافونه بكل جديد. ويعتقد بيركهارت أن العرب أخذت ذلك عن البيزنطيين ، إذ كان لصاحب البريد في عهد قسطنطين أعوان يسموّن Veredarii (وهم نقلة الأخبار الذين يركبون الخيل).

(أنظر: متز، الحضارة الإسلامية في القرن الرابع الهجري، ج 1، ص 151).

ويميز أبو حيّان بين البريد وصاحب البريد، فيقصد بالبريد نظام توزيع

الرسائل، وأما صاحب البريد فهو المسؤول عن توزيع الرسائل وعن الأخبار الرسمية. وهذا يعني أن لصاحب البريد في عصر أبي حيّان مهمات تشبه اليوم مهمة ساعي البريد من جهة، ومهمة المخبرين من جهة ثانية. وقد تغيّرت هذه المهمة مع تقسيم العمل في عصرنا.

البقّال: فلا أرى إلى جنبي من يصلّي معي، فإن اتفق فبقال أو عصار أو نداف. (الصداقة والصديق، ص34): اهمله الجوهري و ابن منظور في باب (بَقَل) وقال ابن منظور في باب بَدَل: الأصل في التبديل تغير الشي عن حاله، والأصل في الإبدال جعل الشيء، مكان شيء آخر كإبدالك من الواو تاء في تالله. والعرب تقول للذي يبيع كل شيء من المأكولات: بدّال، قاله أبو الهيثم ، والعامة تقول بقال.. (ابن منظور، لسان العرب، ج4، مادة بدل).

الزّبيدي : والبدّال كشدّاد: بياع المأكولات من كل شيء منها، هكذا تقوله العرب، قال أبو حاتم : سمي به لأنه يبدّل بيعاً ببيع. فيبيع اليوم شيئاً وغداً شيئاً آخر. وقال أبو الهيثم : (والعامة تقول: بقال) (الزبيدي ، تاج العروس، (مادة بَدَل)

وقال ابن السمعاني : البقّال هو من يبيع اليابس من الفاكهة، (عاميّة، والصحيح البدّال). (الزبيدي . م.ن. (مادة بَقَلَ).

قلت: والمستخدم بلغة زماننا هو البقال لا البدّال.

بَلَهْوَر:... وكل بلهور كان بالهند . (الإمتاع والمؤانسة، ج 1، ص 79).

بلهور: كلمة هندية تطلق على العظيم من ملوك الهند . (ابن منظور، لسان العرب، ج 4، ص 81، والزّبيدي، تاج العروس، ج 10، ص 250).

ومعنى البَلَهور عند أبي حيّان لا يختلف عنه عند ابن منظور والزّبيدي.

البِلَّوْر : ويقال: إن بياض الفضة والملح و البِلَّوْر والقطن وما شاكله من ألوان النبات منسوبة إلى نور القمر وبياض شعاعه، وعلى هذا مثال سائر الألوان. (الإمتاع والمؤانسة، ج 2، ص 111).

أهمله الجوهري.

البِلّور: المحار من الحجر. والبِلَّوْر الرجل الضخم. (ابن منظور، لسان العرب، ج 4، ص 80).

وقال الصّغاني: هو كتِنَّوْر وسِنّوْر وسِبْطر وهذه عن ابن الأعرابي، وهو مخفَّف اللام: جوهر معروف أبيض شفّاف واحدته بَلّورة، وقيل هو نوع من الزُجَاج. (الزَّبيدي، تاج العروس، ج 10، ص 249).

البِلَّوْر: جوهر معدني أبيض شفَّاف تُتّخذ منه الأواني والخواتم والعقود والتربات وغير ذلك من الزجاجيات.

مج (بلر) البلّورة: Crystal (E) Cristal (F) كل مادة صلبة مشكّلة تشكيلاً هندسياً خاصاً بتوزيع مُنَظَّم للذرات أو الجزئيات المكوّنة لها. والمواد المتبلورة تنصهر في درجات حرارة ثابتة. (مرعشلي، الصحاح في اللغة والعلوم، ج 1، ص 109).

البَنّاء: ... رأيت جحظة قد دعا بَنّاء ليبني له حائطاً... (الإمتاع والمؤانسة، ج 1، ص 28).

البنّاء مدبّر البنيان وصانعه. والبنيان الحائط، كان البِنَاء من المَدَر أو الصوف. وأخذ لفظ البنّاء مدلولاً آخر انطلاقاً من تغيّر معنى البِناء الذي صار يصنع من الطين والآجر والجص. والدليل هو نقلهم مدلول البناء إلى الضرب الواحد في الكلمة من السكون أو الحركة. (أنظر: ابن منظور، لسان العرب، ج 14، ص 94).

وقد يَعرِف صاحب هذه الصناعة أشياء من الهندسة مثل تسوية الحيطان بالوزن وإجراء المياه بأخذ الارتفاع وأمثال ذلك فيحتاج إلى البصر بشيء من مسائله. وكذلك في جرّ الأثقال بالهندام فإن الأجرام العظيمة إذا شيّدت بالحجارة الكبيرة يعجز قدر الفَعَلَة عن رفعها إلى مكانها من الحائط فيتحيّل

لذلك بمضاعفة قوة الحبل بإدخاله في المعالق من أثقاب مقدّرة على نسب هندسية... وهذا إنما يتم بأصول هندسية معروفة متداولة بين البشر. (ابن خلدون ، المقدمة، ص 409).

البَهْرَج: ... عُرِف البهرج الذي ضُرِب خارج الدار والجيد الذي ضُرِب داخل الدار. (الإمتاع والمؤانسة، ج 1، ص 63).

البهرج: لفظ معرّب من الفارسية بعد نقله عن الهندية، أصله في الهندية نَبْهَلَه فقيل نَبْهَره. ثم عرّب بَهْرَج ونَبَهْرَج. (الجوهري ، الصحاح، ج 1، ص 300، و الجواليقي ، المعرَّب، ص 49، و ابن منظور ، لسان العرب، ج 2، ص 217، وأدي شير، الألفاظ الفارسية المعرّبة، ص 29).

والبهرج في الأصل التعويج من الاستواء إلى غير الاستواء، ويقال للمعدول عن جهته بَهْرَج. وقد قيل «بَهْرج البريد» إذا عدل عن الطريق (لسان العرب، مادة بهرج، عن الأزهري). وأطلق اللفظ من هذا المعنى على الدرهم الذي فضته رديئة وعلى الدرهم المُبْطَل السكة وهو ما ضُرِب في غير دار السلطان. وصُرِف اللفظ فقيل بَهْرَجْتُه كما قيل زِيَّنْتُه.

ويُطلق البهرج اليوم على كل ما يوهم الحواس ويَبهرُها فيقال بَهْرَج كلامه أي زيّنه.

ومن المجاز: كلام بَهْرج وعَمَلٌ بَهْرَج. وكذلك كل موصوف بالرداءة. ودَمٌ بَهْرَج: هَدَرٌ. وبُهرجِ بهم الطريق إذا أُخِذ بهم في غير المحجّة. وماء مبهرَج: مُهمَل للواردة. قال ثعلبة بن أوس الكلابي: (الطويل)

فلو كنتَ ثوباً كنتَ سبعاً وأربعاً ولو كُنْتَ ماءً كنتَ ماءً له نحْلُ

مبهرجةً للواردين حِيَاضُه وليس له أَهْلٌ فيمنعه الأهْلُ

(الزمخشري ، أساس البلاغة، ص 55).

البَوْرَق: وأما الطبيعة التي تُعين طبيعة أخرى فمثل البَوْرَق الذي يعين النار

على سبك الأحجار المعدنية الذائبة. (الإمتاع والمؤانسة، ج 2، ص 110).

لم نجد هذا اللفظ في المعجمات القديمة التي بين أيدينا إلّا ما جاء في تكملة إصلاح ما تغلط به العامة للجواليقي . قال: وهو البَوْرق الذي يُلقى في العجين (الجواليقي ، تكملة إصلاح ما تغلط به العامة، ص 51).

مج (ك) البَوْرق: ملح رمزه الكيماوي ص2 ب4 أ7 (يد أ) يذوب بسهولة في الماء الدافىء وبصعوبة في الماء البارد. (مرعشلي ، الصحاح في اللغة والعلوم، ج 1، ص 124، والمعجم الوسيط، ج 1، ص 76).

والبَوْرق: النطرون أو نترات البوطاس. يحصل على صخور كلسية وعلى جدران الأقباء والأبنية الرطبة ويستعمل في صنع البارود. (مسعود جبران ، الرائد، ص 343، ومرعشلي، الصحاح في اللغة والعلوم، ج 2، ص 577).

البيمارِسْتان:... فذكر أنك مُراعٍ لأمر البيمارِسْتان . (الإمتاع والمؤانسة، ج 1، ص 19).

البيمارستان: فارسي مركب من (بيمار) ومعناه المريض أو العليل أو المصاب، و(ستان) ومعناه مكان أو دار. والبيمارستان: دار المرضى التي نستدل عليها اليوم بلفظة المشفى. اختصر في الاستخدام فصار مارستان. وكانت وظيفته معالجة جميع الأمراض والعلل من باطنية وجراحية وعقلية. واقتصرت الوظيفة نتيجة الكوارث على معالجة المجانين؛ فصارت كلمة مارستان لا تنصرف إلّا إلى مأوى المجانين. (الجواليقي ، المعرّب، ص 313. و أدي شير ، الألفاظ الفارسية المعرّبة، ص 33. و خير اللـه ، الطب العربي، ص 4).

قلت: واللفظ ممات في عصرنا.

فصل التاء

التاجر: وأما التّجار فكسب الدوانيق سدّ بينهم وبين كل مروءة. (الصداقة والصديق، ص 33).

تَجَر يَتْجُر تجْراً وتِجارة، باع وشرى. وكذلك اتّجر وهو افتعل، ولقد غلب على الخمّار؛ قال الأعشى : (مجزوء الكامل).

ولقد شهدت التاجر الأمّان موروداً شرابُهْ.

الجوهري: والعرب تسمي بائع الخمر تاجراً، قال الأسود بن يعفر النهشلي: (الكامل)

ولقد أروح على التِّجَار مَرَّجلاً بَذِلاً بمالي، ليّنا أجيادي

أي مائلاً عنقي من السُّكر. ورجل تاجر والجمع تجّار. والتاجر؛ الحاذق الماهر، وناقة تاجرة: نافقة (ابن منظور، لسان العرب، ج 4 ص 89).

وتطوّر معنى الكلمة لينصرف على من يبيع ويشتري، وأطلقت كلمة تجارة في القرآن على المال الذي يتجر فيه، { إِلَّا أَنْ تَكُونَ تِجَارَةً حَاضِرَةً تُدِيرُونَهَا بَيْنَكُمْ} (البقرة/ 282). وعلى المبادلة بالبيع والشراء { إِلَّا أَنْ تَكُونَ تِجَارَةً عَنْ تَرَاضٍ مِنْكُمْ} (النساء/ 29).
التاريخ:... لا خلاف بين الرُواة وأصحاب التاريخ... (الإمتاع والمؤانسة، ج 2، ص 73).

التأْريخ: تعريف الوقت. والتوريخ مثله. (الجوهري، الصحاح، ج 1ع، ص 418).

الهمزة: والراء والخاء كلمة واحدة عربية، وهي الإراخ لبقر الوحش. وأما تأريخ الكتاب فقد سمع، وليس عربياً ولا سمع من فصيح. (ابن فارس ، المقاييس، ج 1، ص 94).

التأْريخ تعريف الوقت، والتوريخ مثله... وقيل: إن التأريخ الذي يؤرخه الناس ليس بعربي محض، وإن المسلمين أخذوه عن أهل الكتاب ، وتأْريخ المسلمين أرّخ من زمن هجرة سيدنا رسول اللـه ، صلى اللـه عليه وسلم، كتب في خلافة عمر ، رضي اللـه عنه، فصار تاريخاً الى اليوم.

والأَرْخ والإرْخ والأرخي البقر (عن الليث)... وقيل إن التأريخ مأخوذ منه كأنه شيء حدث كما يحدث الوَلْد، وقيل التاريخ مأخوذ منه لأنه حديث. (ابن منظور ، لسان العرب، ج 3، ص 4). وزاد الزَّبيدي : تاريخ كل شيء غايته ووقته الذي ينتهي إليه، ومنه قيل: فلان تاريخ قومه، أي إليه ينتهي شرفهم ورياستهم. (عن الصولي)... قال مصعب بن عبد اللـه الزُّبَيْري : الأَرْخ ولد البقرة الصغير. وأنشد الباهلي لرجل مدني كان بالبصرة (الخفيف)

ليت لي في الخمسين خمسين عاماً

كلّها حول مسجد الأشياخِ

مسجد لا تزال تهوي إليه

أمّ أَرْخ قناعها متراخي

وقيل: إن التاريخ مأخوذ منه، كأنه شيء حدث كما يحدث الوَلْد. (الزبيدي ، تاج العروس، ج 7، ص 226).

مج (فل) تاريخ: (History (E) Histoire (F) . جملة الأحوال والأحداث التي يمر بها كائن ما، وتصدق على الفرد والمجتمع، كما تصدق على الظواهر الطبيعية والإنسانية. والتأريخ تسجيل هذه الأحوال. (مرعشلي ، الصحاح في اللغة والعلوم، ج 1، ص 18. والمعجم الوسيط، ج 1، ص 13).

التاسومة: ... وإنما ركنت إليه لمُرَقَّعته وتاسُومتِه ... (الإمتاع والمؤانسة، ج 1، ص 51).

التاسومة: ضرب من الأحذية تعريب تاسِم ومعناها الضفيرة والقِدّة والسير وفرعة الحذاء. (أدّي شير، الألفاظ الفارسية المعرّبة، ص 33).

التيسومة: حذاء يلبس داخل البيت. (فريحة، معجم الألفاظ العامية، ص 24 عن دوزي ثياب، ص 104).

ولا يزال هذا اللفظ يطلق عند بعض المسنّين في جنوب لبنان وشماله وفي بعض مناطق مصر على الحذاء الذي يُنتَعَل داخل البيت.

تبغدد : وأما أبو الوفاء فهو... إلا أن لفظه خرساني... والبغدادي إذا تخرسن كان أحلى وأظرف من الخرساني إذا تبغدد... (الصداقة والصديق ص 77)

تبغدد: أهمله الجوهري ، وقال ابن منظور : تبغدد فلان: مولّد (ابن منظور ، لسان العرب، ج 3 ص 94).

الزبيدي: تبغدد الرجل: انتسب الى بغداد أو تشبّه بأهلها، على قياس تمعدد وتمضّر وتقيّس وتنزّر وتعرّب. (الزبيدي ، تاج العروس، ج 7، ص 442). وتستخدم في لغة العامّة في زماننا للدلالة على المترَف البَطِر. وربما كان ذلك من باب المجاز، لكون البغداديين كانوا مترفين، والتشبُّه بهم يعني تقليدهم في الترَف.

التحرير: ... على أني عملت رسالة في أخلاقه وأخلاق ابن العميد أَوْدَعْتُها نَفَسي الغزير، ولفظي الطويل والقصير، وهي في المسَوّدة ولا جسارة لي على تحريرها . (الإمتاع والمؤانسة، ج 1، ص 54).

تحرير الكتاب وغيره: تقويمه. وتحرير الرقبة: عِتْقُها. وتحرير الولد. أن تُفْرِدَه لطاعة اللـه وخدمة المسجد (الجوهري، الصحاح، ج 2، ص 629).

ومن المجاز: تحرير الكتاب وغيره: تقويمه وتخليصه بإقامة حروفه، وتحسينه

بإصلاح سقطة. وتحرير الحساب: إثباته مستوياً لا غلث فيه، ولا سقط، ولا محو.

والتحرير للرقبة: إعتاقها. (الزَّبيدي، تاج العروس، ج 10، ص 588).

مج (اج) تحرير Emanicipation (E) . // ـ (ط) ـ الرئة داخل الجنبة Pneunolysis, Intrapleural عملية فصل الجنبة. الحشوية من جدار الصدر. // ـ القلب Cardiolysis عملية يزال فيها جزء من جدار الصدر أمام القلب.

شم (زر): تحرير، تعداد Recensement (F) عد الحيوانات وتصنيفها لكي يتمكن الجيش من مصادرتها في الحروب. (مرعشلي، الصحاح في اللغة والعلوم، ج 1، ص 250).

استخدم أبو حيّان لفظ التحرير بمعنى الكتابة.

تخرسن. والبغدادي إذا تخرسَن كان أحلى وأظرف من الخرسانيّ إذا تبغدد (الصداقة والصديق) ص77.

تخرسن: أهمله الجوهري و ابن منظور و الفيروز أبادي ، و الزبيدي ... واستخدمه أبو حيان للدلالة على الانتساب الى خراسان أو التشبه بأهلها قياساً على تمَعْدَدَ وتمضّر (نسبة الى معد و مُضر). وهو من مستجدات الحضارة.

التدبير: ... وإني أرى حديثه آنف من المنى، إذا أُدرِكت، ومن الدنيا إذا مُلكَتْ، وإنْ تمازجنا بالعقل، والروح، والرأي و التدبير ، والنظر، والإرادة، والاختيار، والعادة ليزيد على حال توأمين تراكضا في رحم، وتراضعا من ثدي، ونوغيا في مهد.. (الصداقة والصديق)، ص 79).

التدبير : النظر في خواتيم الأمور، قال الجوهري : «التدبير في الأمر؛ أن تنظر ما يؤول اليه عاقبته. والتدبير التفكّر فيه. والتدبير: عِتْق العبد عن دُبُر، وهو أن يُعتق بعد موت صاحبه. (الجوهري، الصحاح، ج 2، ص 655 مادة دَبَر).

ووردت كلمة المدبرات في القرآن { فَالْمُدَبِّرَاتِ أَمْرًا } (النازعات/5).

وفسر الراغب الأصفهاني المدبّرات بملائكة موكلة بتدبير أمور. (الأصفهاني: الراغب، معجم مفردات ألفاظ القرآن، ص 161).

ووردت لفظة يتدبّرون بمعنى يتأملون، في قوله تعالى { أَفَلَا يَتَدَبَّرُونَ الْقُرْآنَ} (النساء/ 82) .
والواضح من هذا أنَّ التدبير لم يكن نظراً في الأمور بعد حدوثها وحسب، بل هو أيضاً تفكُّر في هذه الأمور وعواقبها، قبل حدوثها، الأمر الذي هيأ الكلمة لأن تنتقل الى معنى الاجراءات والقرارات التنفيذية التي تتخذها الدولة أو الفرد في مواجهة أمر ما، سواء أكان ذلك قبل حدوثه أم بعده. ونرجح أن معنى التدبير عند أبي حيّان هو النظر في الأمور والتفكُّر فيها قبل حدوثها.

الترجمة: أما ابن زرعه فهو حسن الترجمة ، صحيح النقل... (الإمتاع والمؤانسة، ج 1، ص 33).

الترجمة: هي إعادة كتابة موضوع معيّن بلغة غير اللغة التي كتب بها أصلاً. (معجم المصطلحات العربية في اللغة والأدب، ص 93).

ويقال: قد ترجم كلامه، إذا فسره بلسان آخر، ومنه التَّرجمان، والجمع التَّراجم... ويقال تَرْجُمان. ولك أن تضم التاء لضمة الجيم فتقول تُرْجُمان. (الجوهري ، الصحاح، ج 5، ص 1928، مادة رجم).

التُرْجُمان والتَرْجَمان: المُفَسِّر للسان. وفي حديث هرقل : قال لتُرْجُمانه، الترجمان، بالضم والفتح، هو الذي يترجم الكلام أي ينقله من لغة إلى لغة أخرى، والجمع التَّراجم، والتاء والنون زائدتان، وقد ترجمه وترجم عنه، وتَرْجُمان هو من المُثُل التي لم يذكرها سيبويه (ابن منظور، لسان العرب، ج 12، ص 66). وقال ابن جنّي: أما تَرْجُمان فقد حُكِيَت فيه تُرْجُمان بضم أوله، كعُتْرُفان ودُحْمُسان، وكذلك التاء أيضاً في من فتحها أصلية، وإن لم يكن

في الكلام مثال جَعْفَر، لأنه قد يجوز مع الألف والنون من الأمثلة ما لولاهما لم يجز. من ذلك عنفوان. (ابن جنّي ، الخصائص، ج 3، ص 193).

مج (لغ): الترجمة Translation (E) Traduction (F) النقل من لغة الى لغة أخرى. // ـ حرفية To Loan Ward = Calque النقل من لغة الى لغة أخرى. نقلاً حرفياً مع التزام الصورة اللفظية للكلمة أو ترتيب العبارة. (الصحاح في اللغة والعلوم، ج 1، ص 139).

والترجمة والنقل: حركة نشطت في العصر العباسي نتيجة اختلاط العرب بالشعوب الأخرى إثر توسع رقعة الدولة، لسد حاجة المجتمع العباسي من العلوم. وتم لذلك نقل معظم التراث اليوناني والفارسي، كما نتج منها إغناء العربية بكثير من الألفاظ المعرّبة والدخيلة، ومن المصطلحات الدخيلة.

التَّرَنْجُبين: وقالوا: من الجواهر المعدنية ما هو... نباتي... كـ التَّرَنْجُبِين الذي هو طَلّ يقع على ضرب من الشوك. (الإمتاع والمؤانسة، ج 2، ص 108).

المن شيء حلو كالطَّرَنْجبين، (الجوهري، الصحاح، ح 6، ص 2207).

الترنجبين: طَلّ أكثر ما يسقط بخراسان و ما وراء النهر وأكثر وقوعه على أَلْحَاح ويجمع كالمن وأجوده الأبيض تعريب تُرُنْ'بين. قال في البرهان القاطع: «(تُرُنْ'بين) من أنواع المن يسقط مثل الطل على الحسك وهو حلو. ويقال له بالعربية المن وبالتركية «بال صره» و«بصره بالى» ولنوع منه «آيلغين بالي». والتَرَنْجُبين معرّب عنه. واعلم أن الناس يطلقون اسم المن على نوعين منه. فمنه أبيض ويسمّيه العرب ترنجبينا وهو معرّب ترن'بين وأصله طل يسقط على العاقول والقتاد والحسك، أو منّاً إفرنجياً لأن الإفرنج يربونه فيجعلونه مثل الجبن الأبيض المصنوع من السكر. ومنه يضرب إلى الخضرة وأصلة من ولاية هرات في خراسان يقع ثمة على شجر الخلاف يدعونه شيرخشكا وهو معرّب

عن شيركش وتسميه العامة شيرخشت. ويقول له الأتراك «كزبي» و«أوغلان آشي». وطلنجبين لغة في ترنجبين. (أدي شير ، الألفاظ الفارسية المعرّبة، ص 35).

المن كالطَّرَنْجَبين (عن الجوهري)... وقال الزجّاج : جملة المن في اللغة ما يمنّ الـلـه عزّ وجلّ به مما لا تعب فيه ولا نصَب. قال: وأهل التفسير يقولون إن المن شيء كان يسقط على الشجر حلو يشرب، ويقال: إنه التَّرَنْجُبِين. (ابن منظور ، لسان العرب، ج 13، ص 418).

شم (زر): منّ، ترنجبين Manne (F) الثانية من الفارسية بمعنى عسل الندى. مادة سكرية تفرزها بعض النباتات كالندى المنعقِد إما طبيعياً وإما بتأثير قملة المن. ومن هذه النباتات ضرب من الطرفاء النيلية Tamarix nilotica (S) ومنها الشيح ومنها في ايران والأفغان أنواع من العاقول Alhagi ومنها أنواع من الأسطراغالس. (مرعشلي ، الصحاح في اللغة والعلوم، ج 2، ص 516).

التِّلفاق:... وتِلْفاق، وهو ثوبان يُلفَقان... (الإمتاع والمؤانسة، ج 2، ص 3).

التلفاق: ثوبان يخاط أحدهما بالآخر وهو اللِّفاق. نقول لفَقْتُ الشيء إذا لأَمتُه مثل الثوبين يخاطان ويُلأَم بينهما. ومنها تَلافَقَ القوم إذا تلاءمت أمورهم. ومنها أحاديث ملفّقة أي أكاذيب مزخرفة. واللّفّاق: الذي لا يُدرك ما يطلب، نقول لَفَق فلان ولفّق أي طلب أمراً فلم يدركه. (أنظر: ابن منظور ، لسان العرب، ج 10، ص 330. و الزمخشري ، أساس البلاغة، ص 570).

ولفظ «التِّلفاق» نادر الاستعمال في عصرنا.

التِّمثال: قال شيخنا أبو سعيد السيرافي ... المصادر كلها على تَفعال بفتح التاء. وإنما تجيء تِفعال في الأسماء... منها: تِجفاف و تِمثال ... (الإمتاع والمؤانسة، ج 2، ص 3).

التمثال: الصورة (الجوهري ، الصحاح، ج 5، ص 1816). والتمثال: الصورة، والجمع التماثيل... والتمثال اسم للشيء المصنوع مشبهاً بخلق من خلق الـلـه. (ابن منظور ، لسان العرب، ج 11، ص 613).

مج (وسيط): التمثال (ج) تماثيل (Statue (E.F.) ما نُحت من حجر أو صُنع من نحاس ونحوه يُحاكى به خلق من الطبيعة، أو يُمثّل به معنى يكون رمزاً له. // (تا) تماثيل مجاوبة (Ushabtis (E) كلمة مصرية قديمة أطلقها المصريون على طائفة من التماثيل قد يبلغ عددها عدد أيام السنة أحياناً وضعوها في قبور موتاهم وظنوا أنها تقوم عن الميت بالخدمة في أعمال الزراعة والفلاحة في العالم الآخر.

شي (ث) تمثال (بإزاء) (Statue (F . // ـ بدائي Xoanon . // ـ راجل Statue Pédestr عكس التمثال الفارسي، // ـ صغير Statuette . // ـ فارس، فَرَسي Statue équestre // ـ مرصّع بالذهب أو العاج Chryséléphantine . // ـ مُغمد S. Engainée // ـ ناعِط Ihyphallique تمثال عارٍ عضوه التناسلي ناعط. // ـ (أس) (Ame (F قالب التمثال الخشبي المُجَلّل بألواح معدنية. // ـ (زافرة) Ame قطعة من حديد يستند إليها التمثال المصنوع من الجص أو الطين. (مرعشلي ، الصحاح في اللغة والعلوم، ج 2، ص 476).

فصل الثاء

الثوب الدَّبِيقيّ: هات يا غلام ذلك الثوب الدبيقي وذلك البُرْد الشَّطَوي. (الإمتاع والمؤانسة، ج 2، ص 179).

الثوب الدبيقي: ثوب من الكتان ينسب إلى قرية دَبِيق المصرية، وكان يُصنع فيها ويُوزع إلى مختلف الأنحاء. (ياقوت ، معجم البلدان، ج 2، ص 438، و ابن حوقل ، صورة الأرض، ص 143).

فصل الجيم

الجاثَليق: وشتم آخر فقال: أيا رأس الأفعى، ويا عصا المكاري، ويا بُرْنُس الجاثليق . (الإمتاع والمؤانسة، ج 2، ص 59).

(مج) الجاثليق: عند بعض الطوائف المسيحية الشرقية : مقدّم الأساقفة . (ج) جثالقة (المعجم الوسيط، ج 1، ص 107).

وكانت مهمة الجاثليق الحكم بين الناس. ومن عادتهم أن يختاروا لهذه المهمة من هو مديدُ القامة، جهيرُ الصوتِ، جيِّدُ الحلْقِ، وافرُ اللحيةِ عظيمها، وزاهدٌ في الرياسة. (الجاحظ ، البيان والتبيين، ج 1، ص 125، وج 2، ص 346).

ويقال له القاثليق (الصابي ، الوزراء، ص 356).

قلت: وربما يكون هذا الإبدال نتيجة وجود حرف بين القاف والجيم، أو ما يشبه الجيم المصرية، لذلك أثبته أبو حيان بالجيم، وأثبته الصابي بالقاف.

الجادة: ... إن النظام معي على جادة واحدة لا ينحرف أحدنا عن الآخر. (الإمتاع والمؤانسة، ج 2، ص 90).

الجادة: لفظ كان يعني الطريق إلى الماء. ثم صار يطلق على كل طريق، ثم أطلق على الطريق الأعظم الذي يجمع الطرق.

ومن المجاز: أنا وفلان على جادة واحدة، أي متفقان في الرأي، وفلان على جادة الصواب. أي أنه يعمل عملاً صحيحاً، أو يتخذ موقفاً صحيحاً. (ابن منظور ، لسان العرب، مادة جَدَد).

وقد استخدم أبو حيّان اللفظ مجازياً بمعنى الطريق المستقيم.

الجارودي :... وصار الناس أحزاباً في النِّحَل والأديان، فهذا نُصيري ، وهذا أشجعي ، وهذا جارودي ... (الإمتاع والمؤانسة، ج 2، ص 77).

الجارودي: أحد المنتمين إلى الجارودية . والجارودية إحدى فِرق الشيعة الزيدية . وهم أصحاب أبي الجارود زياد بن أبي زياد الذي عاصر محمد الباقر. (را.) زيدية .

الجُبّائية: وصار الناس أحزاباً في النّحل والأديان، فهذا نُصَيري ، وهذا أشجعي ، وهذا جارودي ، وهذا قطعي ، وهذا جُبّائي . (الإمتاع والمؤانسة، ج 2، ص 77).

الجُبّائي : المنتسب إلى الفرقة الجبائية.

والجبائية: فرقة من المعتزِلة (را. معتزلة)، ينتسب أصحابها إلى أبي علي الجُبّائي وهو من معتزِلة البصرة انفرد عن أصحابه بمسائل منها إثبات إرادات حادثة لا في محل، يكون الباري تعالى موصوفاً بها، مريداً. وتعظيماً لا في محل إذا أراد أن يعظم ذاته، وفناء لا في محل إن أراد أن يُفنيَ العالم، وإثبات موجودات هي أعراض، أو في حكم الأعراض لا محل لها، وذلك قريب من مذهب الفلاسفة حيث أثبتوا عقلاً هو جوهر لا في محل ولا في مكان.

وحَكَمَ الجُبّائي بِكَوْن اللـه تعالى متكلماً بكلام يخلقه في محل.

وقال بإثبات الفعل للعبد خلقاً وإبداعاً، وإضافة الخير والشر والطاعة والمعصية إليه استقلالاً واستبداداً، وأن الاستطاعة قبل الفعل، وهي قدرة زائدة على سلامة البنية وصحة الجوارح.

وَافَقَ الجبائي أهل السنّة في الإمامة، غير أنه أنكر الكرامات أصلاً للأولياء من الصحابة وغيرهم، وبالغ في عِصمة الأنبياء عن الذنوب كبائرها وصغائرها. خرج من هذه الفرقة أبو الحسن الأشعري مؤسس علم الكلام الأشعري.

(الشهرستاني ، المِلَل والنِّحَل، ج 1، ص 78، والبغدادي ، الفَرْق بين الفِرَق، ص 167).

الجبرية : وصار الناس أحزاباً في النِّحَل والأديان، فهذا نُصيري، وهذا أشجعي... وهذا جبري... (الإمتاع والمؤانسة، ج 2، ص 78).

الجبري : المنتسب إلى الجبرية . والجبرية: مذهب من يرى أن كل ما يحدث للإنسان قد قدّر عليه أزلاً، فهو مُسَيَّر لا مُخَيَّر. وتطلق على معتنقي هذا المذهب الذي نشأ منذ بدايات انتشار الإسلام، وكان في أكثر الأحيان لسان حال السلطة الحاكمة.

و الجبرية أصناف:

ـ الجبرية الخالصة : هي التي لا تثبت للعبد فِعلاً ولا قدرة على الفعل أصلاً.

ـ الجبرية المتوسطة : هي التي تثبت للإنسان قدرة غير مؤثّرة أصلاً. فأما من أثبت للقدرة الحادثة أثراً ما في الفعل، وسمى ذلك كسباً فليس بجبري.

ومن الجبرية: الجهميّة و النجاريّة و الضَرَاريّة . وصنفت الأشعرية تارة من الجبرية وتارة من الحَشَويَّة وتارة من الصِّفَاتيّة .

ـ الجَهْمِيَّة : أصحاب جهم بن صفوان (ت124هـ)، وهو من الجبرية الخالصة، نفى الصفات الأزلية عن الـلـه. وأثبت كَوْنَه قادراً فاعلاً خالقاً. وقال إن الإنسان لا يقدر على شيء ولا يوصف بالاستطاعة، وإنما هو مجبور في أفعاله، لا قدرة له ولا إرادة ولا اختيار، وإنما يخلق الـلـه الأفعال فيه على حسب ما يخلق في سائر الجمادات، وتنسب إليه الأفعال مجازاً كما تنسب في سائر الجمادات.

ـ النجَّارية : أصحاب الحسين بن محمد النجّار (ت نحو 230هـ) وهم برغوثية و زعفرانية و مستدرِكة .

وافقوا المعتزلة في نفي الصفات، من العلم والقدرة والإرادة والحياة والسمع

والبصر. ووافقوا الصفاتية في خلق الأعمال. قال النجار : الباري تعالى مُريد لنفسه كما هو عالِم لنفسه. وقال هو مُريدٌ الخيرَ والشرَّ، والنفْعَ والضرَّ، وقال: هو خالِق أعمال العباد، خيرَها وشرَّها، حسنَها وقبيحَها، والعبدُ مكتسِبٌ لها.

ـ الضرارية : أصحاب ضرار بن عمرو و حفص الفرد ، قالا: أفعال الإنسان مخلوقة للباري، والعبد مكتسبها حقيقة. وقالا بوجوب الإجماع فقط. وقالا إن الإمامة تصلح في غير قريش ، حتى إذا اجتمع قرشي ونبطي قدّمنا النبطي إذ هو أقل عدداً، وأضعف وسيلة فيمكننا خلعه إذا خالف الشريعة. (البغدادي ، الفَرْق بين الفِرَق، ص 195 ـ 202. و الشهرستاني . المِلَل والنِّحَل، ج 1، ص 85).

الجَرْدَقَة: وقال آخر: (الرمل)

أَطْعَمَني بيضةً وناوَلَني — من بَعْدِ ما ذُقْتُ فَقْدَه قَدَحا

وقال أيَّ الأصوات تسألني؟ — يزيد، إني أراك مُقْتَرِحا

فقلت صوت المِقْلى و جِرْدَقَة — إن خاب ذا الاقتراح أو صَلحا

(الإمتاع والمؤانسة، ج 3، ص 41).

الجَرْدَقَة والجَرْدَق والجَرْذَق: فارسية معرّبة، أصلها كَهْرده وتعني الغليظ من الخبز. (الجواليقي ، المعرّب، ص 95، و أدي شير ، الألفاظ الفارسية المعرّبة، ص 39).

الجَرْدَقَة: الرغيف. (الجوهري ، الصحاح، ج 5، ص 1454).

الجَرْدَقَة: معروفة الرغيف، فارسية معرّبة، قال أبو النجم :

كان بعيراً بالرغيف الجَرْدَقِ

والجرذق، بالذال المعجمة: لغة في الجردق، كلاهما معرّب، ويقال للرغيف جردق، وهذه الحروف كلها معرّبة لا أصول لها في كلام العرب. ذكره الأزهري . (ابن منظور ، لسان العرب، ج 10، ص 35).

وهذا اللفظ نادر الاستعمال في لغتنا اليوم.

الجِسْر : وشتم آخر فقال: يا رأس الأفعى... ويا جسرا بلا نهر. (الإمتاع والمؤانسة، ج 2، ص 59).

(الجسر) واحد الجسور التي يُعبَر عليها (الجوهري ، الصحاح، ج 2، ص 613).

الجيم والسين والراء يدل على قوة وجرأة... والجَسْر معروف. قال ابن دريد: هو بفتح الجيم الذي يسميه العامة جِسراً، وهو القنطرة. (ابن فارس، المقاييس، ج 1، ص 457).

الجَسْر والجِسر: لغتان وهو القنطرة ونحوه مما يُعبَر عليه. (ابن منظور، لسان العرب، ج 4، ص 136)، وزاد الزَّبيدي: ويطلق أيضاً على سفن يُشد بعضها ببعض، وتُربط إلى أوتاد في الشط تكون على الأنهار. (الزَّبيدي ، تاج العروس، ج 10، ص 425).

ومن المجاز قالوا: رحم الله امرأً جعل طاعته جسراً إلى نجاته. وجَسَرَت الرِّكَاب المفازة واجتسرتها عبرتها عبور الجَسْر والجِسْر، قال ذو الرُّمّة : (الطويل).

فلا وَصْل إلّا أن تقارِب بيننا

قلائص يجسرْن الفلاة بنا جَسْرا

واجتسرت السفينة البحر: عَبَرَتْه، قال أمية بن أبي الصلت في وصف سفينة نوح عليه السلام: (الخفيف)

فهي تجري فيه وتجتسر البحـ

ـر بأقلاعها كقِدْح المُغالي

ومن المجاز أيضاً: الموت جسر يوصل الحبيب الى الحبيب.

شي (ث) الجسر بإزاء (Pont (F . // ـ دوّار P. Tournant . // ـ عائم Ponton // ـ قوارب P. de bateau جسر مركّب على طوافات أو قوارب صغيرة. // ـ متحرك P. levis يُرفع ويُخْفَض لضرورة الأعمال الحربية. // ـ مُحَصَّن P. fortifié .

جع (سر) جسر معلّق P. Suspendu . // ـ المناقلة P. transbordeur مسطحة معلقة للعبور والنقل. // ـ جسر Penceau جسر صغير ذو حنية واحدة. // ـ ثابت. // ـ متحرك.

كوش (فل) جسر الحمير Bridge (E) Pont aus anes شكل منطقي تخطيطي من وضع برتوس طرطارتوس (Pertus Tartaretus) في نهاية القرن الخامس عشر يلخّص الصِّيَغ التي تساعد على استكشاف الحد الأوسط. وسمي كذلك لأن صعوبة هذا الكشف تعادل صعوبة إقناع الحمير باجتياز جسر ما. ويُطلق اليوم للتعبير عن أية قضية مشهورة (مرعشلي ، الصحاح في اللغة والعلوم، ج 1، ص 190).

استخدم أبو حيّان اللفظ في معناه المجازي، فشبه الإنسان المطيع بالجسر الذي يعبر عليه الناس، وهو يقصد تَدَنّي مرتبته، واستخدام طاعته من أجل نجاته.

الجِص: ووجدوا آجرّاً وجِصّاً فَبَنوا... (الإمتاع والمؤانسة، ج 2، ص 78).

الجِص: معرَّب، والعرب تسميه القَصَّة. (ابن فارس ، مقاييس اللغة، ج 1، ص 415).

الجِصّ والجَصّ: ما يُبنى به، وهو معرّب، (الجوهري ، الصحاح، ج 3، ص 1032).

الجِصّ والجَصّ: معروف، الذي يطلى به، وهو معرّب، قال ابن دريد : هو الجِصّ ولم يقل الجَصّ، وليس الجصّ بعربي وهو من كلام العجم.

وجصّص الحائط وغيره: طلاه بالجِصّ. (ابن منظور ، لسان العرب، ج 7، ص 10).

قيل: فارسيةُ الجصِّ (كج) بالكاف العربية والجيم، وقيل بالكاف الفارسية.

وقال الليث: لغة أهل الحجاز في الجَصّ: القَصّ. (الزَّبِيدي ، تاج العروس، ج 17، ص 505).

الجّص بالكسر والفتح تعريب (كج) ومنه جَصَصَ البِنَاء طلى به. (المطرّزي ، المغرِّب في ترتيب المعرّب، ص 84).

شم (زر) الجص من الفارسية، كبريتات كلس مائي طبيعي بلون الصدف. (مرعشلي ، الصحاح في اللغة والعلوم، ج 1، ص 193).

وسيط: الجِص: من مواد البناء. (مع). (المعجم الوسيط، ج 1، ص 124).

الجَعْبة (فقلت لأبي سليمان: كيف يصح هذا، وأنت مطالبك في الفلسفة، وصوَرُك مأخوذة من الحكمة، وجعبتك من الحقائق: (الصداقة والصديق، ص 31).

الجَعبة: كِنانةُ النُّشَّاب، والجمع جعاب، وفي الحديث فانتزع طلقاً من جَعبته، وهو متكّرر في الحديث...)

ابن منظور ، لسان العرب، جـ 1 ص 267. الزَّبَيْدي : قال شيخنا: وقد تطلق الجعبة على أكبر أواني الشرب (الزبيدي ، تاج العروس، ج 2 ص 163). استخدم أبو حيان الكلمة في معناها المجازي للدلالة على العقل.

الجَهْبَذ: إنَّ مالَ الفيء لا يصح في بيت المال إلّا بين مستخرِج و جَهْبَذ . والكتّاب جَهَابِذَة الكلام، والعلماء مستخرِجوه. (الإمتاع والمؤانسة، ج 1، ص 133).

الجَهْبَذ والجِهباذ الناقد العارف بتمييز الجيِّد من الرديء تعريب ُهْبُد وهو تخفيف ُعوه بود ومعناه المقيم في الجبل ويطلق على النساك وعلى الناقد العارف والدلّال. (أدي شير، الألفاظ الفارسية المعرّبة، ص 46).

مج (تا) جَهْبَذ (ج) جهابذة كاتب مختص بتحصيل الأموال وكتابة الإيصالات

بها وتدوينها في السجلات وإثبات ما يُنْفَق منها. (مرعشلي، الصحاح في اللغة والعلوم، ج 1، ص 216).

مج (وسيط) الجِهْبذ والجِهباذ (ج) جهابذة: النَّقّاد الخبير بغوامض الأمور. (المعجم الوسيط، ج 1، ص 141).

ويُطلق اللفظ على كل نقّاد خبير بغوامض الأمور. ويطلق على البارع في العلم استعارة، كما أطلقوه على الخبير في الجمال.

قال أبو الفرج: «أكثر البصراء بجواهر النساء الذين هم جهابذة النقد، يقدمون المجدولة التي تكون بين السمينة والممشوقة، ولا بد أن تكون كاسية العظام» إلخ. (أمين أحمد ظهر الإسلام، ج 1، ص 128 عن الأغاني).

استخدم أبو حيّان اللفظ بمعنيَيْه الحقيقي والمجازي. فجاء اللفظ في الأولى بمعنى الناقد جيِّدَ الدراهم من رديئها، وجاء في الثانية بمعنى ناقد الكلام على سبيل المجاز.

الجوالي : كما يلزم كاتب الحساب أن يعرف وجوه الأموال... ومن تلك الوجوه: الفَيْء... وإلى غير ذلك من الأمور المحتاجة إلى المكاتبات البالغة على الرسوم المعتادة والعادات الجارية، كعهد ينشأ في إصلاح البريد وتقسيط الشرب، وكتاب في العمارة... وفي الجوالي ... إلى غير ذلك من كتب المحاسبين. (الإمتاع والمؤانسة، ج 1، ص 99).

الجوالي : جمع جائل وهو الزائل عن مكانه. (الجوهري ، الصحاح، و ابن منظور ، اللسان ـ مادة جَوَل).

مال الجوالي جمع جالية وهم الذين جلوا عن أوطانهم ويسمى في بعض البلدان مال الجماجم وهي جمع جمجمة وهي الرأس. (الخوارزمي ، مفاتيح العلوم، ص 59).

ويريد أبو حيّان بالجوالي: مال الجوالي، وهو الجزية المضروبة على أهل الذمة.

الجُوذابة:... حدثني مطهر بن أحمد الكاتب عن ابن قرارة العطار قال: اجتمع ذات يوم عندي على المائدة أبو علي بن مقلة وأبو أبو عبد الـلـه اليزيدي ، وكان ابن مقلة يُفضِّل الهريسة، وكان اليزيدي يفضل الجُوذابة . (الإمتاع والمؤانسة، ج 3، ص 75).

الجواذبة: فارسية معرّبة أصلها بالفارسية جوزاب. والجوزاب الطعام الذي يُتَخذ من اللحم والأرز والسكر والبندق. (فقه اللغة للثعالبي ، ص 198، والإمتاع والمؤانسة، ج 3، ص 75 ـ حاشية).

الجَوْرب: ومن لبس جَوْرَباً من جلودها... (الإمتاع والمؤانسة، ج 1، ص 175).

الجَوْرب أعجمي معرّب. وهو بالفارسية «كورب». والجَوْرب: لَفَافَة الرِجْل، وقد شاع هذا اللفظ في لغتنا حتى صار كالعربي. فقيل: جَوْرَبْتُه فتَجَوْرب أي أَلْبسْتُه الجَوْرَب. وقال ابن السكِّيت يصِف مقتنِص الظباء: «وقد تجورب جوربين» يعني لبسهما. (الجواليقي ، المعرّب، ص 101، و أدي شير ، الألفاظ الفارسية المعرّبة، ص 48).

الجَوْز: وقالت العلماء: إن هذا الاعتبار واصِلٌ في الحقيقة إلى جنس النبات، فإن النخل والمَوْز لا ينبتان إلّا في البلدان الدفِئة والأرض اللينة التربة، و الجوز والفستق وأمثالهما لا ينبتان إلّا في البلدان الباردة والأرض الجبلية. (الإمتاع والمؤانسة، ج 2، ص 107).

الجوز المأكول: فارسيّ معرّب. وقد تكلّمَتْ به العرب قديماً. ومن أمثالهما: «لأشقحنَّك شَقْح الجوز بالجندل». و«الشقْح» «الكسر». (الجواليقي ، المعرّب، ص 99).

(الجوز) الثمر المعروف معرّب 'وْز. (أدي شير ، الألفاظ الفارسية المعرّبة، ص 48).

الجوز فارسي معرّب، الواحدة جَوْزة والجمع جَوْزات. (الجوهري ، الصحاح، ج 3، ص 870).

الجوزة ضرب من العنب ليس بكبير، ولكنه يَصْفَرّ جداً اذا أيْنع. والجوز: الذي يُؤْكَل فارسيّ معرّب، واحدته جَوْزَة والجمع جَوْزات وأرض مُجازة: فيها أشجار الجَوْز. قال أبو حنيفة: شجر الجَوْز فارسي وقد جرى في كلام العرب وأشعارها وخشبه معروف عندهم بالصلابة والقوة. قال الجعدي يصف سفينة نوح : (المنسرح)

يَرْفَعُ بالقارِ والحديدِ من الـ

جَوْزِ طوالا جُذُوعُها عُمُما

(ابن منظور ، لسان العرب، ج 5، ص 330).

شم (زر) الجوز: (Noyer (F) (Juglans) (S لفظ الجوز معرّب قديماً من الفارسية. جنس شجر مثمر من الفصيلة الجَوْزِيَّة. // ـ أرمد N. Cendré . // ـ جندم، شحمة الأرض. ضبطها ابن البيطار بجيم مضمومة وراء مهملة. وهي من الفارسية كوز كندم بمعنى جوز الحنطة. شجر من الفصيلة الكلوذية له ثمرة تؤكل. // ـ الطيب، ـ بوى، بسباسة Muscadier aromatique وتطلق البسباس على نبات آخر. وجوز بوى من الفارسية ومعناها جوز الطيب. وهي في المفردات وشرح أسماء العقار بالألف أي جوز بوّا، شجرة من فصيلة جوز الطيب لها بزور وأغْلِفَةٌ بزورٍ عطرية منبِّهة.

مع (حض): الجوز (Walnut (Juzlan regia) (E خشب جميل المظهر ليّن يشيع استعماله في الأثاث. // ـ (ن) ـ الأكي Akee nut وهو ثمرة نبات «بليجيا سابيدا» (Blighia sapida) تنبت في الأماكن الاستوائية .

شم (زر): جوزة (Noix (E الجوزة ثمرة الجوز. وتطلق على ثمار أخرى.

// ـ الكولة، ثمرة الكولة N. de Kola . // ـ الهند ، ـ النارجيل، نارجيلة Noix de Coco (مرعشلي ، الصحاح في اللغة والعلوم، ج 1، ص 222).

الجَوْزِيَّات: وعجّل لنا يا غلام ما أدرك عند الطبّاخ، من الدجاج والفراخ، والبوارد و الجَوْزِيَّات . (الإمتاع والمؤانسة، ج 2، ص 180).

شم (زر) الجوزيات: فصيلة الجوز من ذوات الفلقتين عديدة التويجات. (الصحاح في اللغة والعلوم، ج 1، ص 222).

الجوزيات: أنواع من الأطعمة تطبخ من الجوز ومن مواد أخرى. والمعنى الأخير للجوزيات هو المقصود في «الإمتاع والمؤانسة».

الجَوْهَر: وقلت: إن هؤلاء القوم ـ أعني الطائفة الأولى ـ متّفقون في الاعتراف بأنها (النفس) جوهر باقٍ خالد. (الإمتاع والمؤانسة، ج 1، ص 38).

قالوا: وهكذا أيضاً وصف الجواهر المعدنية.

وقالوا: من الجواهر المعدنية ما هو صلب لا يذوب إلّا بالنار الشديدة. (الإمتاع والمؤانسة، ج 2، ص 108).

ويقال: إن الجواهر المعدنية ثلاثة أنواع.. (الإمتاع والمؤانسة، ج 2، ص 112).

الجوهر: كل حجر يُستخرجَ منه شيء ويُنتفَع به، وجوهر كل شيء: ما خُلقَتْ عليه جِبِلّته (الفراهيدي ، الخليل بن أحمد ، كتاب العين، ج1، ص360 مادة جهر). وأضاف ابن سيده : وقيل الجوهر فارسيّ معرّب (عن الخليل) (ابن سيده ، المخصص، م 3، ج 12، ص 22).

و«جوهر» الشيء: أصله، فارسي معرّب، وكذلك الذي يخرج من البحر وما يجري مجراه في النفاسة. مثل الياقوت والزبرجد.

قال المعرّي : ولو حمل على أنه من كلام العرب لكان الاشتقاق دالاً عليه،

فإنهم يقولون: فلان «جهير» أي حسن الوجه والظاهر، فيكون «الجوهر» من «الجَهَارة» التي يُراد بها الحُسن.

وقد تكلمت به العرب. قال أبو دَهْبَل الجُمَحِيّ ، أو أبو عبد الرحمن بن حسان : (الخفيف)

وهي زهراء مثل لؤلؤة الغوْ

واص مِيزَت من جوهرٍ مكنونِ

-م-

(الجواليقي، المعرّب، ص 98).

الجوهر معرّب، الواحدة جوهرة. (الجوهري، الصحاح، ج 2، ص 619).

والجوهر: معروف، الواحدة، جوهرة. ولاجوهر كل حجر يُسْتَخْرَج منه شيء يُنْتَفَع به. وجوهر كل شيء ما خُلِقَت عليه جِبِلّته. قال ابن سيده : وله تحديد لا يليق بهذا الكتاب. وقيل الجوهر فارسيّ معرّب. (ابن منظور ، لسان العرب، ج 4، ص 152).

مج (وسيط): (الجوهر) جوهر الشيء: حقيقته وذاته. // من الأحجار: كل ما يستخرج منه شيء يُنتفع به. // ـ النفيس الذي تتخذ منه الفصوص ونحوها. // ـ (في الفلسفة): ما قام بنفسه. ويقابله العَرَض، وهو ما يقوم بغيره. واحدته جوهرة. (ج) جواهر. (المعجم الوسيط، ج 1، ص 149).

مج (فل): جوهر (ج) جواهر Essence (E.F.) (أ) ميتافيزيقا: الجوهر هو حقيقة الوجود ومقوِّماته ويقابل العَرَض عند الكلام عن الـلـه عزّ وجلّ يقال: الذات الإلهية (E. divine) . (ب) منطقياً: الماهية وهي الخصائص الذاتية لموضوع معيّن وتقابل الموجود. تطلق الماهية غالباً على الأمر المُتعقّل مثل المُتعقَّل من الإنسان وهو الحيوان الناطق مع قطع النظر عن الوجود الخارجي. // ـ جوهري: Essential (E) Essencil (F) نسبة إلى الجوهر، ويقال على كل ما هو أساس للشيء ومقوِّم له.

كوش (فل): جوهر 1 Substance (E) (F) (S) هذا الاسم عند المتفلسفين

منقول من الجوهر عند الجمهور. وهي الحجارة التي يُغالون في أثمانها، ووجه الشبه بين هذين الاسمين أن هذه لما كانت إنما سُمِّيَت جواهر بالإضافة إلى سائر المُقْتَنَيات لِشَرَفها ونفاستها عندهم، وكانت أيضاً مقولة الجوهر أشرف المقولات فسمِّيَت جوهرا. (2) اسم مشترك (أ) «ويقال أولاً على المشار إليه والذي ليس هو في موضوع قائم بذاته متقوّم في ذاته، معيّن تعييناً أوليّاً بماهية باقية ما بقي هو» وهذا المعنى من أشهر معاني الجوهر إذ كان هو المُقر به عند جميع المتفلسفين أنه جوهر. وهذا التعريف للجوهر يستند إليه سبنوزا في تأسيس الأحادية (ب) «ويقال ثانياً على كل محمول كلي عرف ماهية المشار إليه من جنس أو نوع أو فصل» وهو جوهر بالتشكيك لأن المعنى الكلي لا يتقوّم بذاته. (ج) «ويقال ثالثاً على كل ما عرف ماهية شيء ما أيّ شيء كان من المقولات العشر. ولذلك يقولون إن الحدود تعرف ماهيات الأشياء. وهذا إنما يسمى جوهراً بالإضافة لا بإطلاق» (3) «هو السبب في وجود سائر المقولات» (4) الهيولى هي جوهر من حيث هي موضوعة للصورة، والصورة جوهر من حيث هي مقومة للموضوع، والمركب منهما جوهر من قبل أنه مركب منهما (5) مبادىء الجواهر جواهر ضرورة (6) المتكلمون يخصصون اسم الجوهر بالجوهر الفرد المتحيِّز الذي لا ينقسم ويسمون المنقسم جسماً لا جوهراً، وبحكم ذلك يمتنعون عن إطلاق اسم الجوهر على المبدأ الأول (7) عند المدرسيّين يُطلق اسم الجوهر بالتشكيك على اللـه والمخلوقات (8) عند كانط الجوهر معنى قبلي تحصل عليه من الحكم الحَمْلي لأن هذا الحكم هو الذي يعبر عن العلاقة بين الجوهر والعَرَض. والجوهر هو المقولة الأولى بين مقولات الإضافة الثلاث. ولما كان لكل مقولة رسم تخطيطي Schème فإن رسم الجوهر هو بقاء تصور البقاء في الزمان. // ـ فرد (بإزاء Atome (F Atom (E)) .

شم (زر) جوهر (ج) جواهر، حجر كريم (Pierre précieuse (F) الجواهر هي

حجارة صلاب مختلفة التركيب تجلى وتستعمل في صنع الحِلِيّ والمصنوعات الفنية. (مرعشلي ، الصحاح في اللغة والعلوم، ج 1، ص 217).

استخدم أبو حيّان اللفظ بمعنى الماهية في الفقرة الأولى، ثم استخدمه بمعنى الحجارة الكريمة في الجملتين الثانية والثالثة.

الجيش:... فمرّة يتحصَّن بفناء ابن العميد ، ومرة يلجأ إلى صاحب الجيش بنيسابور ، (الإمتاع والمؤانسة، ج 2، ص 15).

الجيش: الجند// جماعة الناس في الحرب. سُمَّوا بذلك لأنهم يجيشون. وأصل المعنى الثَّوَران والغليان. (الصحاح، لسان العرب، تاج العروس، المقاييس: مادة جيش).

فصل الحاء

الحاجِب: الكِبَر مَعرِض يستوي فيها النبيه ذِكْراً، والخامل قَدْراً، ليس أمامه حاجِب يمنعه، ولا دونه حاجز يَحْظُره. (الإمتاع والمؤانسة، ج 1، ص 63).

(الحِجَاب): الستر. وحجبه أي منعه عن الدخول. وحاجب العين جمعه حواجب، وحاجب الأمير جمعه حُجّاب. وحواجب الشمس: نواحيها. (الجوهري، الصحاح، ج 1، ص 107).

وحِجاب الجوف: ما يُحجَب به الفؤاد وسائر الجوف. والحاجِبان العظمان فوق العينين بالشعر واللحم. وهذا على التشبيه، كأنهما تحجبان شيئاً يصل إلى العينين. وكذلك حاجب الشمس، إنما هو مشبه بحاجب الإنسان. (ابن فارس، مقاييس اللغة، ج 2، ص 143).

(الحاجب): البواب، صفة غالبة، وجمعه حجبة وحجّاب وخطته الحِجابة.

وحاجب كل شيء حَرْفه.

وقال الأزهري في ترجمة عتب: العتبة في الباب هي الأعلى، والخشبة التي فوق الأعلى: الحاجب. (ابن منظور، لسان العرب، ج 1، ص 298).

وزاد الزَّبيدي: وفلان يحجب للأمير أي حاجبه، وإليه الخَاتَم والحِجابة. (تاج العروس، ج 2، ص 239). وَوَرَد ذلك عند الزمخشري: (الزمخشري، أساس البلاغة، ص 113).

الحارثية : وصار الناس أحزاباً في النِّحَل والأديان، فهذا نصيري ... وهذا حارثي ...

(الإمتاع والمؤانسة، ج 2، ص 78).

الحارثي: أحد المنتسبين الى الفرقة الحارثية ، وهي إحدى فِرَق الأباضية . (الأباضية إحدى فرق الخوارج). سُمّوا بالحارثية نسبة إلى الحارث الأباضِيّ . خالفوا الأباضية في القول بالقَدَر على مذهب المعتزلة ، وفي الاستطاعة قبل الفعل، وفي إثبات طاعة لا يُراد بها الـلـه تعالى. (البغدادي ، الفرق بين الفرق، ص 84، و الشهرستاني ، المِلَل والنِّحَل، ج 1، ص 136).

الحبة: أما ابن السمح ، فلا ينزل بفنائهم، ولا يسقى من إنائهم، لأنه دونهم في الحفظ والنقل والنظر والجدل... والذي يحطه عن مراتبهم فهو بلادة فهمه، والآخر حرصه على كسبه، فهو... يأخذ الدانق والقيراط و الحبة والطسوج والفلس بالصرف والوزن والتطفيف. (الإمتاع والمؤانسة، ج 1، ص 34).

الحَبَّة: واحدة الحَبّ. ومن الشيء جزؤه. ومن الأوزان: قدر شعيرتين وسَطَيْن. (الصحاح، لسان العرب، تاج العروس، مادة حبب).

استخدم أبو حيّان اللفظ بمعناه الدالّ على الوزن.

الحبق: من أراد أن يقتل النمل فليدق الكبريت و الحبق ويذرهما في حجرته. (الإمتاع والمؤانسة، ج 1، ص 193).

الحَبَق دواء من أدوية الصيادلة، والحبق الفُوذَنْج، (عن الأزهري). والحبق: نبات طيّب الريح مربع السوق وورقه نحو ورق الخِلاف منه سهلي ومنه جبلي وليس بمرعى. (عن أبي حنيفة) والحبق الباذَروج. (عن ابن خالويه) (ابن منظور ، لسان العرب، ج 10، ص 38) سُمِّي الحبق حبقاً لرائحته لأن أصل الحبق، بكسر الباء وفتحها، والحُباقِ: وقيل ضراط الماعز.

الحديد: ... ادفع الشرَّ ولو بالشرّ، و الحديدُ بالحديدِ يُفلَح. (الإمتاع والمؤانسة، ج 1، ص 46).

... فأما الطبيعة التي تألف طبيعة أخرى فمثل... طبيعة المغناطيس في الحديد، فإن هذين الحجرين يابسان صلبان، وبين طبيعتهما إلفة، فإذا قرب الحديد من هذا الحجر حتى يشمّ رائحته ذهب اليه والتصق به وجذب الحديد الى نفسه وأمسكه كما يفعل العاشق بالمعشوق... (الإمتاع والمؤانسة، ج 2، ص 109).

ومن الجواهر المعدنية... ما يكون في وسط الحجر وكهوف الجبال وخلل الرمل فلا يتم نضجه إلّا في السنين، كالذهب والفضة والنحاس والحديد ... (الإمتاع والمؤانسة ج 2، ص 112).

الحديد معروف، لأنه منيع: (الجوهري ، الصحاح، ج 2، ص 463).

سمي الحديد حديداً لامتناعه وصلابته وشدته. (ابن فارس ، المقاييس، ج 2، ص 4).

والحديد هذا الجوهر المعروف لأنه منيع. (ابن منظور ، لسان العرب، ج 3، ص 141). وكرّر الزبيدي ما جاء في اللسان (الزّبيدي ، تاج العروس، ج 8، ص 8).

مج (ك): حديد (Iron E) عنصر وزنه الذري 55.85 وعدده الذري 26 وكثافته 7.85 ودرجة انصهاره 1530م 8 ويغلي عند 3200م 8 ، (مرعشلي، الصحاح في اللغة والعلوم، ج 1، ص 242).

استخدم أبو حيّان اللفظ مجازياً في الجملة الأولى، فجاء قوله: والحديد بالحديد يُفلَح تفسيراً للجملة الأولى.

وأما في النصَّيْن الثاني والثالث فقد استخدمه في معناه الحقيقي، ووصف تكوّنه ومعدنه وعلاقته بالمغناطيس.

الحِكْمة:... وهو شديد التعصب على أهل الحِكْمة والناظرين في أجزائها

كالهندسة والطب والتنجيم والموسيقى والمنطق والعدد. (الإمتاع والمؤانسة، ج 1 ص 54).

فقلت لأبي سليمان : كيف يصح هذا، وأنت مطالبك في الفلسفة، وصوَرك مأخوذة من الخاتمة. (الصداقة والصديق 31).

الحكمة: معرفة أفضل الأشياء بأفضل العلوم. (لسان العرب، ج 12، ص 140، والمعجم الوسيط، ج 1، ص 190).

الحاء والكاف والميم أصل واحد، وهو المنع، وأول ذلك الحُكْم، وهو المنع من الظلم. وسمِّيت حَكَمة الدابة لأنها تمنعها...

قال جرير : (الكامل):

أبَني حنيفة أحكموا سفهاءكم

إني أخاف عليكمُ أن أغضبا

والحِكْمة هذا قياسها لأنها تمنع من الجهل. (ابن فارس ، مقاييس اللغة، ج 2، ص 91). والبيت مذكور في اللسان، مادة حكم، وفي ديوان جرير ، ص 50).

وورد اللفظ في القرآن بمعنى العلم والديانة والإصابة في القول: { وَلَقَدْ آتَيْنَا لُقْمَانَ الْحِكْمَةَ } (12/ لقمان) (تفسير الجلالين، ص 544). وأصبحت الحكمة في عصر أبي حيّان تطلق على الفلسفة والطب والهندسة والموسيقى والتنجيم والمنطق والرياضيات لأن الفيلسوف كان يجمع، إلى جانب الفلسفة، معرفة العلوم الأخرى. وكذلك الطبيب والمهندس. ومع الاستخدام شاع اللفظ بين العامة بمعنى الطبيب، ولا تزال العامة في بعض الدول العربية تطلق على الطبيب لفظ الحكيم.

الحَلْقَة: إذا حضرت حَلْقَة القَوْم استفدت، ليس هذا مكان التدريس. (الإمتاع والمؤانسة، ج 1، ص 119).

الحاء واللام والقاف أصول ثلاثة: فالأوّل تنحية الشَّعر عن الرأس، ثم يُحمل عليه غيره. والثاني يدل على شيء من الآلات مستدير. والثالث يدل على

العلو. فالأول حلقت رأسي أَحْلِقُهُ حَلْقاً... إلخ. والأصل الثاني الحَلْقة حَلْقة الحديد. فأما السلاح كله فإنما يسمى الحَلَقة. والحِلَق: خاتم الملك وهو لأنه مستدير... إلخ. والأصل الثالث حالق: مكان مشرف... إلخ. (المقاييس، ج 2، ص 98 ـ 99). الحلقة بالتسكين: الدروع. وكذلك حَلْقَة الباب وحَلْقَة القوم... (الجوهري ، الصحاح، ج 4، ص 1462).

الحَلْقَة: كل شيء استدار كحَلْقَة الحديد والفضة والذهب، وكذلك هو في الناس. (ابن منظور ، لسان العرب، ج 10، ص 61). واستخدموا حَلَقة بالتحريك. وقال ثعلب : كلهم يُجيزه على ضعفه (الصحاح، ولسان العرب، مادة حلق).

ومن المجاز: هم كالحَلْقة المفرغة لا يدري أيها طرفها، يضرب مثلاً للقوم إذا كانوا مجتمعين مؤتلفين كلمتهم وأيديهم واحدة لا يطمع عدوهم فيهم ولا ينال منهم. (ذكرها ابن منظور في اللسان، مادة حلق، عن ابن الأعرابي). ونقول حلقة مفرغة لأية قضية صعبة الحل أو لأي نقاش بلا طائل.

أطلق أبو حيّان «حَلْقة القوم» على مكان التدريس لأن الدارسين كانوا يتحلقون حول معلمهم.

الحلواني:... وكذلك الإنسان وإن استطاب الحلو فلن يسمى حلوانياً إلّا إذا عرف بسائطه وأسطقسّاته. (الإمتاع والمؤانسة، ج 2، ص 85).

الحلواني: صانع الحلوى وبائعها (الصحاح، واللسان، مادة حَلَوَ).

الحمّام : دخل أعرابي الحمام فزلق فانشجّ، فأنشأ يقول: (الطويل)

وقالوا تطهَّرْ إنّه يوم جمعةٍ   فرحت من الحمّام غير مطهّرِ

وما يحسِنُ الأعرابُ في السوقِ مشيةٍ   فكيف ببيت من رخام و مرمرِ

(الإمتاع والمؤانسة، ج 1، ص 226).

الحمّام: واحد من الحمّامات المبنيَّة يُستخدّم للاستحمام، مُشْتَق من الحميم،

وهو الماء البارد والحار (الحميم من الأضداد). ومن أدوات الحمّام التي كانت تستخدم: النّشفة: الحجر الذي تُدلك به الأقدام في الحمّام. سُمِّيَ بذلك لانتشافه الوسخ في الحمّامات. (ابن منظور ، لسان العرب، مادة حمم، ومادة نشف).

ويفيدنا قول الأعرابي أن الحمَّام كان يبنى من الرخام والمرمر.

الحنبليون : ... فأناظِرهم فيك وبسببك، لا مناظرة الحنبليين مع الطبريّين .. (الإمتاع والمؤانسة، ج 2، ص 188).

الحنبليون هم أصحاب أحمد بن حنبل (164 ـ 241هـ/ 780 ـ 855م) ولد في بغداد وتوفي فيها. محدّث، فقيه، متكلّم. كان أحد الأئمة السنيّين الأربعة. قاوم المعتزلة ، واتَّصف بشدة تمسُّكه بالنزعة السلفية، ومخالفته «للرأي» فهو من المتمسكين بظاهر النص.

ولعب الحنابلة دوراً قوياً في القرن الرابع الهجري، وعظم شأنهم حتى إنهم كانوا ينازعون الشيعة و المتكلمين أينما وُجدوا. (متز ، الحضارة الإسلامية في القرن الرابع الهجري، ج 1، ص 394).

ويطلق لفظ الحنبلي مجازاً على كل من يتمسك بموقفه ولا يحيد عنه.

فصل الخاء

الخاتم:... وهذا يَطَّرِد في الشمع وفي الفضة وغيرها اذا قبل صورة نقش في الخاتَم . (الإمتاع والمؤانسة، ج 1، ص 202).

... فكان في إصبعه خاتَم من فضّة... (الإمتاع والمؤانسة، ج 2، ص 38).

الخاتَم ما يوضع على الطينة ويُطبع به.

والخاتَم والخاتِم والخاتام والخيتام: نوع من الحِليّ يُلبس في الأصابع من اليد والرجل، وهو على شكل حلقة فيها فَصّ.

والخاتَم من خَتَم الشيء يختمه ختماً. بَلَغ نهايته. ومن ذلك ختم الكتاب، أي طبع عليه استيثاقاً وصوناً له. ومع الاستخدام أصبح الخاتم يُطلق على ما يُطبَع به. (اللسان والصحاح: مادة ختم. وانظر: ابن خلدون المقدمة، ص 264).

وكان الخاتم الذي يطبع به يلبس في الإصبع فانتقل اللفظ من معنى الطابع الى كل خاتم وإن أُعِدّ لغير الطبع.

ومن المجاز: { خَتَمَ اللَّهُ عَلَى قُلُوبِهِمْ وَعَلَى سَمْعِهِمْ وَعَلَى أَبْصَارِهِمْ غِشَاوَةٌ }. (7/ البقرة) أي جعلهم لا يفهمون شيئاً. وعقول بخواتم ربها: كناية عن أن أصحابها بسطاء لا يفهمون شيئاً.

وخِتامه مسك: أي عاقبته ريح المسك.

وفلان خَتَم عليه بابه: أي أعرض عن الآخرين.

وزُفّت إليه بخاتم ربّها: أي لا تزال بكرا.

ويقال للنحل إذا ملأ شورته عسلاً: قد ختم.

والأمور بخواتيمها إي بنهاياتها.

ومن ذلك: ديوان الخاتم (را. ديوان).

الخازِن:... ويتقدم إلى الخازن بأن يخرج إليه رسائله مع الورق. (الإمتاع والمؤانسة، ج 1، ص 56).

الخازن: هو الذي يخزن المال ونحوه، ويستره.

وخازن الإنسان: لسانه. (الصحاح ولسان العرب: مادة خزن).

وخازن الدار: حافظه. (معجم ألفاظ القرآن الكريم، ص 172).

مج (تا) الخازن: كاتب يتولى تسلم الغلات وخزنها وإخراجها وإثبات مقاديرها، وما يحتمل أن يكون فيها من نَقْص.

شي (ث): خازن المال (في البلاط البيزنطي) (بإزاء) (Logothète (F) (مرعشلي، الصحاح في اللغة والعلوم، ج 1، ص 343).

استخدم أبو حيّان اللفظ بمعنى الكاتب حسب تعريف مجمع اللغة العربية.

خاقان : وكل خاقان كان بالترك . (الإمتاع والمؤانسة، ج 1، ص 79).

الخاقان : اسم لكل ملك من ملوك الترك . وخقّنوه على أنفسهم: رأّسوه. الليث : خاقان اسم يُسمى به من يُخَقّنُهُ الترك على أنفسهم. قال أبو منصور [الجواليقي] ليس من العربية في شيء. (ابن منظور ، لسان العرب، ج 13، ص 142). وقال أدي شير : اللفظ فارسي. (الألفاظ الفارسية المعرّبة، ص 56). وأما الأب اليسوعي فيرى أن اللفظ تركي، وهو الملك.

(اليسوعي، غرائب اللغة العربية، ص 273).

الخُرَّمية : يزعم أنه ينصر السنّة ويفحم المعتزلة ويَنْشُر الرواية، وهو في

أضعاف ذلك على مذهب الخُرَّمية ، وطرائق الملحِدة (الإمتاع والمؤانسة، ج 1، ص 143).

الخُرَّميَّة فرقة دينية متطورة عن المزدكية ، تؤمن بصراع الخير (اله النور) مع الشر (اله الظلمة)، ذات برامج اجتماعية محدودة تدعو إلى توزيع الأراضي على الفلاحين وتعميم الإفادة من المنافع العامة على الجميع، وتحرير مركز المرأة من المكانة المتدنية التي وصلت إليها، وتدعو إلى مقاومة الظلم والاستغلال بالامتناع عن إطاعة الإقطاعيين والسلطة، ورفض الضرائب.

وقد برزت فصائل الخُرّميَّة في أواخر العهد الأموي (118هـ/ 737م) أيام الدعوة العباسية. في عهد المسؤول عن الدعوة في خراسان ـ عمّار بن يزيد الذي سمى نفسه خداش . وازداد نشاط الخرمية وتوسعت فعاليتها في العصر العباسي الأول. وأصبحت تعاليم الخُرَّمِيَّة الغطاء الايديولوجي للثورات الشعبية. ولقد اختلط الأمر على الباحثين في أصل تسمية الخُرَّمية وفي الجماعات المنضمة إليها. فالمسعودي لا يضبط أسماء الجماعات الخُرَّمِيّة حتى في مؤلفاته المختلفة، ففي التنبيه والأشراف يسميهم (الكَوْذَكِيَّة منهم الكُوذشاهية) (أنظر: عزيز، حسين قاسم ، البابكية، ص 130)، وفي المروج كتب: وأكثر الخُرَمِيَّة في هذا الوقت. وهو سنة اثنتين وثلاثين وثلاثمئة ـ الكَرْدَكِيّة و اللودشاهية (المسعودي ، مروج الذهب، ج 3، ص 35). وأما ابن النديم ، الفهرست، ص 479)، فقد شابه البغدادي في تعريفه الخرمية رأيَ ابن النديم حيث اعتبر المزدكية خُرَّمِيّةً سابقة للإسلام و المازيارية خُرُمِيَّةَ العهد الإسلامي . (البغدادي ، الفَرْق بين الفِرَق، ص 351).

ومهما يكن أمر الخُرَّمية فقد قامت هذه الفرقة أو الفِرَق المُنْضَوِيَة تحت لوائها بانتفاضات متعددة هزت أركان الخلافتين الأموية والعباسية. ولعل أهم هذه الانتفاضات هي انتفاضة بابك الخرَّمي ، وكان خروجه بين عامي 204هـ

و223هـ وانتهت هذه الانتفاضة بإعدام بابك بأمر من الخليفة المعتصم . (أنظر: المسعودي ، مروج الذهب، ج 4، ص 29 و55).

الخِزانة:... و اللـه لأنظرنّ لها وللفقراء بمال أُطلِقه من الخِزانة... (الإمتاع والمؤانسة، ج 2، ص 26).

الخِزانة ما يُحرز فيه الشيء ويُحفَظ، وخُصت بما يُخزن فيه نقاش الأموال، وَرَد اللفظ في القرآن. { قُلْ لَا أَقُولُ لَكُمْ عِندِي خَزَائِنُ اللَّهِ وَلَا أَعْلَمُ الْغَيْبَ وَلَا أَقُولُ لَكُمْ إِنِّي مَلَكٌ }، 50/ الأنعام) واللفظ في 31/ هود و 55/ يوسف و100/ الإسراء و 9/ ص و 37/ الطور و 7/ المنافقون . وخزائن اللـه مقدوراته التي لا يُظهرها لسواه ولا يصل إليها علم الناس. (معجم ألفاظ القرآن الكريم، ص 173).

والخزائن: الغيوب، سميت كذلك لغموضها على الناس واستتارها عنهم. وخزانة الإنسان: قلبه.

والخزانة: مهنة الخازن. (الصحاح، ولسان العرب، مادة خازن).

والخزانة: الخزينة (بيت المال) وهو المعنى المقصود عند أبي حيّان.

خزانة الكتب:... ومع هذا كان إليه خدمة صاحبه في خِزانة كتبه ، ج 1، ص 35.

خزانة الكتب: وظيفة خازن الكتب. // المكان الذي تخزن فيه الكتب وتُعرَف اليوم بالمكتبة وهي بإزاء (F Bibiotheque) .

والمعنى الأول هو المقصود عند أبي حيّان .

الخوخة : الفِرْكِسة: الخَوْخة المقدَّدة. و الخوخة القميص الأخضر المُبَطَّن (الإمتاع والمؤانسة، ج 3، ص 85).

الخَوْخة واحدة الخَوْخ. والخَوْخة: كُوَّة في البيت تؤدي إليه الضوء.

والخوخة: مخترَق ما بين كل دارين لم يُنْصَب عليها باب، بلغة أهل الحجاز .

والخوخة الدُّبُر. والخوخة ثمرة معروفة وجمعها خَوْخ. والخَوْخة ضرب من الثياب الخضر، قال الأزهري: وضرب من الثياب

أخضر يسميه أهل مكة الخوخة. (ابن منظور ، لسان العرب، ج 3، ص 14).

استخدم أبو حيّان لفظ الخوخة بمعنى الثمرة المعروفة في الجملة الأولى، وبمعنى ضرب من الثياب في الثانية.

الخيّاط: لكن بقي أن تفهم أنك محتاج إلى الأساكفة أكثر مما تحتاج إلى العطّارين، ولا يدلّ هذا على أن الإسكاف أشرف

من العطّار، والعطّار دون الإسكاف، والأطبّاء أقل من الخياطين... (الإمتاع والمؤانسة، ج 1، ص 102).

الخيط: فارسي منسي وعربيته محكية. (فقه اللغة للثعالبي ، ص 197).

الخيّاط: الذي يخيط الثوب، ومهنته الخِياطة.

فصل الدال

الدار: عرف البهرج الذي ضرب خارج الدار والجيِّد الذي ضُرب داخل الدار . (الإمتاع والمؤانسة، ج 1، ص 64).

الدار: المحل يجمع البِنَاء والعَرْصة. وكل موضع حل به قوم فهو دارهم. (الصحاح ولسان العرب: مادة دور).

ودار الضرب: المكان الذي تضرب فيه العملة، فتجعل من صنف واحد خوفاً من التزييف والبهرجة. وكان الحَجَّاج أول من أنشأ داراً للضرب على طريقة الفُرْس، فجمع الطبَّاعين وختم أيديهم، وأذِن للتجَّار أن تُضرب لهم الأوراق. (البلاذري، فتوح البلدان، ص 451، وابن خلدون، المقدمة، ص 262).

وأُخِذ من لفظ الدار: دار الكتاب ودار الصحة ودار المعلمين ودار النشر. واستَخْدَم أبو حيّان لفظ الدار بمعنى دار الضرب، وإن دل ذلك على شيء فإنما يدل على أن الكلمة كانت تطلق على تلك المؤسسة المالية دون غيرها.

الداري. الدار : علم لموضع بين البصرة و البحرين . وميل بالبحرين معروف. واليه يُنسب الداري العطار. (البغدادي، صفي الدين عبد المؤمن بن عبد الحق (ت739هـ) (مراصد الاطّلاع. تحقيق محمد علي البجاوي (3 مجلدات) دار المعرفة. بيروت ، ط 1، 1954م. م 2 ص 506). والداري يُنسب أيضاً الى دارين : وهي فُرضة بالبحرين يُجْلَب اليها المسك من الهند ، فينسب اليها (م. ن، ص 509).

الدانق:... يأخذ الدانق والقيراط والحبّة والطَّسُوج والفلس بالصرف والوزن والتطفيف. (الإمتاع والمؤانسة، ج 1، ص 34).

وأما التجّار فكسب الدوانيق سد بينهم وبين كل مروءة... (الصداقة والصديق، ص 33).

الدانق: المهزول الساقط.

الدانِق والدانَق: من الأوزان، وربما قيل: داناق كما قالوا للدرهم درهام، وهو سدس الدرهم والدينار. (لسان العرب، ج 10، ص 105).

وصار الدانق يساوي، في القرن الرابع الهجري، اثني عشر قيراطاً. (الصالح، صبحي، النظم الإسلامية، ص 428).

استخدم أبو حيّان اللفظ بمعناه الدالّ على الوزن.

الدُّر: ومن الجواهر المعدنية ما هو... حيواني كالدر ... ومنها طل منعقد كالعنبر والبادزهر... وكذلك الدر فانه طَلٌّ يرسخ في أصداف نوع من الحيوان البحري، ثم يغلظ ويجمد وينعقد فيه. (الإمتاع والمؤانسة، ج 2، ص 108).

الدرّة: اللؤلؤة (الصحاح) والدرة اللؤلؤة العظيمة. وهو ما عظم من اللؤلؤ (عن ابن دريد) (أنظر: ابن منظور، لسان العرب: مادة لألأ).

الدرهم:... رأيت جحظة قد دعا بنّاء ليبنيَ له حائطاً، فحضر، فلمّا أمسى اقتضى البنّاء الأجرة، فتماسكا وذلك أنَّ الرجل طلب عشرين درهما... (الإمتاع والمؤانسة، ج 1، ص 28). يُدخل أحدُكم يده في كمّ صاحبه فيأخذ حاجته من الدراهم والدنانير (الصداقة والصديق 44).

الدِّرْهَم والدِّرْهِم: لغتان، وَحْدة نقد استخدِمت في الدولة الإسلامية . يوناني، عرّبته العرب عن الفارسية. أصله في اليونانية دراخمي (Spaxmh) . قالته العرب في الجاهلية، وورد في القرآن {وَشَرَوْهُ بِثَمَنٍ بَخْسٍ دَرَاهِمَ} (20/ يوسف) واشتقت العرب منه فعل درهم، فقالوا درهمت الخُبّازي أي استدارت كالدرهم،

وفلان مدرِهم كثير الدراهم. (ابن منظور ، لسان العرب، ج 20، ص 199، و أدي شير ، الألفاظ الفارسية المعرّبة، ص 62، و اليسوعي ، غرائب اللغة العربية، ص 258).

وكان الدرهم يساوي سبعة أعشار الدينار أي خمسين حبة وخُمسا حَبّة. ويقال إن عبد الملك بن مروان أمر سنة أربع وسبعين أو خمس وسبعين هجرية ضرب الدراهم وتمييز المغشوش من الخالص، فكتب الحَجّاج عليها اسمه ونشرها سنة ست وسبعين هجرية في جميع البلاد. وتابع الخلفاء الأمويون و العباسيون ضرب الدراهم، فكانوا يكتبون اسم اللـه على أحد الوجهين، وصلاة على النبي وآله، وفي الوجه الثاني التأريخ واسم الخليفة. (أنظر: البلاذري، فتوح البلدان، ص 451، ومقدمة ابن خلدون، المقدمة، ص 262). ولا يزال الدرهم يُستخدم باعتباره وحدة نقود في دولة الإمارات العربية المتحدة .

الدَّسْتَجَة:... و دستجة من نبيذ لنتغذى على ذكرِك. (الإمتاع والمؤانسة، ج 3، ص 8).

الدستجة فارسية معرّبة. فارسيتها دستة.

والدستجة: الحَزْمة تجمع اثني عشر فرداً.

والدستجة: إناء كبير يحوّل باليد ويُنقل. وهو المقصود في تعبير أبي حيّان . (ابن منظور، لسان العرب، مادة دستج، وأدي شير، الألفاظ الفارسية المعرّبة، ص 63).

الدَّسْتَنْبان: إن الإنسان وإن التذ بالدّستنبان فلن يعد موسيقاراً إلّا إذا تحقق بمبادئه الأُوّل التي هي الطَّنَيْنات وأنصاف الطَّنَيْنَات. (الإمتاع والمؤانسة، ج 2، ص 85).

الدّستنبان: الضارب بالدَّسّتَان، ويقال أيضاً دَسْتاوان، وهو معرّب الأول.

والدّستان من اصطلاحات أصحاب الموسيقى ومعناه النغمة بالفارسية. (أدي شير ، الألفاظ الفارسية المعرّبة، ص 64).

والدّستنبان عند أبي حيّان هو النغم نفسه أو علم النغم، ولا يمكن بحال من الأحوال أن يكون عنده الضارب بالدّستان، لأن الطنينات وأنصاف الطنينات ليست من مبادىء الضارب بالدّستان وإنما هي مبادىء لعلم النغم.

الدّفتر:... حتى يستعين بي لأبيع الدفاتر . (الامتاع والمؤانسة، ج 3، ص 228).

... إنك لتهب الدرهم والدينار... حتى الكتب و الدفاتر ... (الإمتاع والمؤانسة، ج 3، ص 223).

أهمله ابن فارس .

الدّفتر واحد الدفاتر وهي الكراريس. (الجوهري ، الصحاح، ج 2، ص 659).

الدَّفْتَر والدِّفتر، كل ذلك عن اللحياني حكاه عن كُراع: يعني جماعة الصحف المضمومة. (ابن منظور ، لسان العرب، ج 4، ص 289). وزاد الزَّبيدي : وحُكي كسر الدال عن الفرّاء أيضاً، وهو عربي، كما في المصباح: جماعة الصحف المضمومة. قال ابن دريد: ولا يُعرف له اشتقاق، وبعض العرب يقول تفتر، بالتاء، على البدل. وقيل: الدّفتر: جريدة الحساب.

وفي شفاء الغليل: الدفتر عربي صحيح وإن لم يعرف اشتقاقه. (الزبيدي ، تاج العروس، ج 11، ص 305 و الخفاجي ، شفاء الغليل، ص 82).

الدِّفلى: إن وضُع في حجر الجرذ البري ورق الدِّفلى ماتت الجرذان. (الإمتاع والمؤانسة، ج 1، ص 192).

الدّفلى: شجر مُرّ أخضر حَسَن المنظر يكون في الأودية. قال الأزهري : هي

شجرة مُرَّة وهي من السموم. وفي الصِّحاح: نبت مُرٌّ. (ابن منظور ، لسان العرب، ج 11، ص 246).

الدِّفلى: جنينة حمراء الزهر، مرة الطعم، وهي برية ونهرية، وورق البرية رقيق، وقضبانها طوال منبسطة على الأرض. وعند الورق شوك. والنهرية تنبت في الشام، ولا سيَّما حول الأنهار في البقاع الغربية، وشوكها خفي، وورقها كورق الخِلاف وورق اللوز، وزهرها كله كالورد الأحمر، وحَمْلها يشبه الخرنوب. (مرعشلي، الصحاح في اللغة والعلوم، ج 1، ص 408)، والمعجم الوسيط، ج 1، ص 290)ع.

الدُّكّان: البدن للنفس بمنزلة الدُّكّان للصانع. (الإمتاع والمؤانسة، ج 2، ص 90).

الدّكّان: واحد الحوانيت، فارسي معرّب.

والدّكّان: الدّكة المبنية للجلوس عليها. (عن أبي هريرة)، (لسان العرب، ج 13، ص 157).

الدكان: قيل فارسي معرّب والأرجح أنه يوناني Soxeiov . (عن فرانكل ، ص 188)، (أدي شير ، الألفاظ الفارسية المعرّبة، ص 65).

الدِّهقان: وقال المدائني : قبض كسرى أرضاً لرجل من الدّهاقين ... (الإمتاع والمؤاسة، ج 3، ص 175).

الدِّهقان والدَّهقان: التاجر، فارسي معرّب، وهم الدهاقنة والدهاقين.

والدُّهقان والدِّهقان: القوي على التصرّف مع حِدّة، والأنثى دِهقانة. (ابن منظور ، لسان العرب، ج 3، ص 163).

قلت: دخل هذا اللفظ بمعنى التاجر ثم اطلق على القوي التصرف لأن التاجر يتصف بهذه الصفة. وأما أبو حيّان فقد قصد المعنى الأول.

الدواة: وأخذ القلم واستمد من الدواة ... (الإمتاع والمؤانسة، ج 2، ص 33).

الدواة: ما يكتب منه معروفة. (ابن منظور ، لسان العرب، ج 14، ص 39، و الجوهري ، الصحاح، ج 6، ص 2343).

الدواة: المحبرة. // قشرة الحنظلة والعنبة والبطيخة. (المعجم الوسيط، ج 1، ص 306)

استخدم أبو حيّان اللفظ بمعنى المحبرة.

دودة القز: الدودة الهندية هي دودة القز . لها في رأسها قرنان. ثم تتحول بيضة ثم تتصور في هيئة أخرى ذات جناحين عريضين منتصبين صناعتها دِمقس الحرير. (الإمتاع والمؤانسة، ج 1، ص 193).

القَزّ: من الثياب والابريسم، أعجمي معرّب، وجمعه قزوز، قال الأزهري : هو الذي يسوى منه الإِبْرَيْسَم. (ابن منظور ، لسان العرب، ج 5، ص 395).

ويعتبر الريف الشمالي من الصين هو المصدر الأول لدودة الحرير، ففي عام 1926م اكتشفت في جنوبي شانسي (Chan-si) قطعة حريرية مقطوعة صناعياً تعود إلى عهد أسرة شانغ بين القرنين السابع عشر والحادي عشر قبل الميلاد. وأُثبِت ذلك مما تركته بقايا الحرير على قطع البرونز.

ثم انتشرت مراكز إنتاج الحرير من الشمال إلى الوسط في الجنوب الصيني ، وبدأت أسرار هذه الصناعة تنتشر تدريجياً في الهند و إيران في القرون الأولى بعد المسيح . وفي القرن الرابع الميلادي انتقلت صناعة الحرير إلى سوريا و مصر عن طريق الفُرْس .

(أنظر: Encyclopedia Universalis, V. 16, p. 124 et 133).

شم (زر) دودة القزّ قزيّة، دودة الحرير (vers à soie (F) (Bombyx) (S جنس

حشرات من رتبة حرشفيات الأجنحة وفصيلة القزيات. (مرعشلي ، الصحاح في اللغة والعلوم، ج 1، ص 422).

وأما تسمية أبي حيّان «دودة القز» بالدودة الهندية فسببها اعتقاده أن أصلها من الهند .

الدولة:... وهذا الوزير العظيم الذي افتقرت الدولة إلى أمره ونهيه... (الإمتاع والمؤانسة، ج 1، ص 5).

... كيف كان نشاط الوزير في شأنه، وكيف كان تقبّله لرسالتي إليه، وتلطفي له، وخدمتي لدولته ؟ (الإمتاع والمؤانسة، ج 2، ص 115).

كان سبب إنشاء هذه الرسالة في الصداقة والصديق أني ذكرت شيئاً منها لزيد بن رفاعة أبي الخير ، فنما الى ابن سعدان الوزير أبي عبد الـلـه [العارض] سنة إحدى وسبعين وثلاثمئة قبل تحمله أعباء الدولة، (الصداقة والصديق ص 35). هؤلاء أهل المجلس. سوى الطارئين من أهل الدولة... (الصداقة والصديق ص 75).

الدَّوْلة والدُّولة: العُقْبَة في المال والحرب سواء. وقيل الدُّولة بالضم في المال، والدَّوْلة، بالفتح في الحرب. (ابن منظور ، لسان العرب، مادة دَوَلَ).

الدَّوْلة، بالفتح في الحرب أن تدال إحدى الفئتين على الأخرى، يقال: كانت لنا عليهم الدَّوْلة، والجمع: الدُّوَل. والدُّولة، بالضم، في المال، يقال: صار الفيء دُولة بينهم يتداولونه مرة لهذا ومرة لهذا، (الجوهري، الصحاح، مادة دَوَل).

الدال والواو واللام أصلان: أحدهما يدل على تحوّل شيء من مكان إلى مكان، والآخر يدل على استرخاء.

فأما الأول فقال أهل اللغة: اندال القوم، إذا تحولوا من مكان إلى مكان. ومن هذا الباب تداول القوم الشيء بينهم: إذا صار من بعضهم إلى بعض،

والدَّوْلة والدُّولة لغتان. ويقال بل الدُّولة في المال والدَّولة في الحرب، وإنما سمّيا بذلك من قياس الباب، لأنه أمر يتداولونه،

فتحوّل من هذا إلى ذاك ومن ذاك إلى هذا. (ابن فارس ، مقاييس اللغة، ج 2، ص 314).

ووَرَدَ اللفظ في القرآن { كَيْ لَا يَكُونَ دُولَةً بَيْنَ الْأَغْنِيَاءِ مِنكُمْ} (7/ الحشر) أي كي لا يكون الفَيْءُ شيئاً يتداوله الأغنياء

ويتعاورونه فلا يناله أحد من الفقراء. (معجم ألفاظ القرآن الكريم، ص 213، وتفسير الجلالين، ص 725).

مج (ق) دولة (F tat) «هي جمع من الناس مستقرون في اقليم معيّن الحدود ويستقلون بحكم أنفسهم وفق نظام خاص».

(مرعشلي ، الصحاح في اللغة والعلوم، ج 1، ص 427).

اكتسبت (الدولة) هذا المعنى الجديد من السيطرة في الحرب والمال. ومن هذا المعنى اكتسب الوزير لقب الدولة أو

صاحب الدولة بسبب ما صار يتمتع به من سلطة نسبية.

وقد استخدم أبو حيّان لفظ الدولة بالمعنى الذي نفهمه اليوم في الشاهد الأول، وفي الشاهد الثاني استخدمه للإشارة إلى

الوزير نفسه. وفي «الصداقة والصديق» فقد استخدمه بمعنى السلطة.

الدِّيباج:... وهو حسن الديباجة رقيق حواشي اللفظ. (الإمتاع والمؤانسة، ج 1، ص 68).

الديباج: ضَرْب من الثياب سُداه ولحمته من الحرير. فارسي معرّب. وأصله دِبّاج، قلبت الباء تاء استثقالاً لتضعيف الباء

والجمع دبابيج وديابيج. (الجوهري ، الصحاح، ج 1، ص 312، و ابن منظور ، لسان العرب، ج 2، ص 262، و ابن خالوية

، ليس في كلام العرب، ص 110).

وأصل الدِيباج في الفارسية دْيَابوف أي نَسَاجة الجن. (الجواليقي ، المعرّب، ص 140).

والدِيبَاج: النقش والتزيين.

ومن المجاز: فلان يصون دِيباجته ويبذل ديباجته وهما خَدّاه. ولهذه القصيدة دِيباجة حسنة. وما أحسن ديباجات البحتري . (الزمخشري، أساس البلاغة، ص 182).

مج (موّ): ديباجة Preamble (E) Préambule الديباجة هي مقدمة للمعاهدة تتضمن ذكر البواعث التي دفعت إلى عقدها والأغراض التي ترمي المعاهدة إلى تحقيقها. // ـ ميثاق الأمم المتحدة P. de la charte des Nations Unies وهي تتولى التعريف بالميثاق والإبانة عن النّيات المشتركة للأمم المتحدة والمثل العليا التي عملت هذه الأمم بوَحْيِها. // (ق) ـ (ج. ديباجات) ntitule de Jugement (F) ديباجة الحكم هي ما يصدر به الحكم من ذكر المحكمة التي أصدرته وتاريخ إصداره ومكانه وأسماء القضاة الذين اشتركوا في الحكم. (مرعشلي، الصحاح في اللغة والعلوم، ج 1، ص 385).

استخدم أبو حيّان اللفظ في معناه المجازي.

الدينار: و اللـه إني لأشتري المحادثة من عبيد اللـه بن عبد اللـه بن عُتْبَة بن مسعود بألف دينار من بيت مال المسلمين. (الإمتاع والمؤانسة، ج 1، ص 26).

أيُدخل أحدَكم يده في كُمّ صاحبه فيأخذ حاجته من الدراهم والدنانير (الصداقة والصديق، ص 44).

الدينار: فارسي معرّب «أصله في الفارسية دنّار. وقد كرهت العرب التشديد فقلبت إحدى النونين ياء بدليل أنه يُجمع على دنانير. (ابن خالويه، ليس في

كلام العرب، ص 110، والجوهري، الصحاح، ج 2، ص 659، وابن منظور، لسان العرب، ج 4، ص 292).

الدينار: فارسي معرّب. وأصله دنّار وهو إن كان معرّباً فليس تعرف له العرب اسماً غير الدينار فقد صار كالعربي.

(الجواليقي، المعرّب، ص 139).

وقد ورد اللفظ في القرآن { وَمِنْهُمْ مَنْ إِنْ تَأْمَنْهُ بِدِينَارٍ لَا يُؤَدِّهِ إِلَيْكَ إِلَّا مَا دُمْتَ عَلَيْهِ قَائِمًا}75/ آل عمران).
وأول من ضرب الدينار العربي المنقوش هو عبد الملك بن مروان . (البلاذري ، فتوح البلدان، ص 451).

(مج) الدينار معرّب، قيل: أصله دنّار فأبدل من إحدى النونين ياء. ووزنه في المشهور أربعة وعشرون قيراطاً، والقيراط ثلاث حبات من وسط الشعير، فوَزْنه اثنتان وسبعون حبّة. وفي المصباح: وزَانَ إحدى وسبعين شعيرة ونصف شعيرة تقريباً بناء على أن الدانق ثماني حبّات وخُمسا حبّة، وإنْ قيل ثماني حبّات، فالدينار ثمانٍ وستون وأربعة أسباع حبّة.

والدينار هو المثقال وقيل إن أصله رومي ديناريوس أي ذو العشرة. (معجم ألفاظ القرآن الكريم، ص 211).

مج (وسيط) الدينار: نَقْد ذَهَب كانت قيمته في الدولة الإسلامية حَوْل ما يعادل الآن خمسين (قرشاً) وهو اليوم عملة في بعض الدول العربية ويساوي جنيهاً استرلينياً. (المعجم الوسيط، ج 1، ص 298).

ومن المجاز ثوب مدنّر: وَشْيُه كالدينار، وبِرْذَوْن مدنّر اللون: أشهب مفلّس بسواد، وكَلَّمْتُه فدنَّر وجهه إذا أشرق. وقال ابن المفرِّغ : (الخفيف):

وبُرود مُدَنَّراتٌ وقزٌّ ومُلاء من أعتق الكتَّانِ

(الزمخشري ، أساس البلاغة، ص 196).

الديوان:... لقد كنت أفلي ديوانك فأتمنى لقاءك. (الإمتاع والمؤانسة، ج 1، ص 138).

... ألا تعلم أن أعمال الدواوين التي ينفرد أصحابها بعمل الحساب فقيرة إلى إنشاء الكتب في فنون ما يصفونه... وهذه الدواوين معروفة... فمنها ديوان الجيش و ديوان بيت المال ، و ديوان التوقيع و الدار ، و ديوان الخاتَم ، و ديوان الفَض ، و ديوان النقد و العيار و ديوان الضَّرْب ، و ديوان المظالم و ديوان الشُرطة و الأحداث . (الإمتاع والمؤانسة، ج 1، ص 98).

فلما مرَّت الأيام... وولي ابراهيم ديوان الرسائل... (الصداقة والصديق ص 92).

الديوان: فارسي معرّب، أصله دِوّان. قُلبَت إحدى الواوين ياء استثقالاً كما في دينار وديباج. (الجواليقي ، المعرَّب، ص 139، و ابن خالوية ، ليس في كلام العرب، ص 110، و الجوهري ، الصحاح، و ابن منظور ، لسان العرب، مادة دَوَن)، وهو الدفتر يكتب فيه أسماء الجيش وأهل العطاء. وأول من دوّن الديوان عمر . (ابن منظور ، لسان العرب، مادة دون، عن ابن الأثير). ويقال إن أصل التسمية أن كسرى نظر يوماً إلى كتّاب ديوانه وهم يحبسون على أنفسهم كأنهم يحادثون بعضهم. فقال «ديوانَهْ» أي مجانين بلغة الفُرْس، فسُمِّيَ موضعهم بذلك وحذفت الهاء لكثرة الاستعمال تخفيفاً فقيل ديوان ثم نقل هذا الاسم إلى كُتَّاب هذه الأعمال. وقيل إنه اسم للشياطين بالفارسية سمي الكُتَّاب بذلك لسرعة نفوذهم في فهم الأمور ووقوفهم على الجَليِّ منها والخَفِيّ، وجمعِهم لِمَا شَذَّ وتفرّق ثم نُقِل إلى مكان جلوسهم لتلك الأعمال (ابن خلدون، المقدمة، ص 243).

ومن العربية انتقل اللفظ إلى اللغات الأوروبية. فكلمة دْوان (Douane) الفرنسية وتعني ديوان الجمرك مأخوذة من العربية. (لار. ص 331).

ويبدو من خلال الشاهد الثاني أن الدواوين توسعت في القرن الرابع الهجري، وبلغ تقسيم العمل مستوى أرفع نسبياً، فتحددت مهمات كل ديوان بالتفصيل:

ديوان الجيش : وله مجلسان: أحدهما مجلس التقرير، والثاني مجلس المقابلة، ويجري في الأول أمر استحقاقات الرجال، ومعرفة أوقات أُعْطِيَاتِهِم، وتقدير أرزاقهم. وأما الثاني فيختص بالنظر في السِّجلّات وتصفُّح الأسماء.

ديوان بيت المال : يشرف على ما يرِد على بيت المال من الأموال وما يخرج من ذلك من وجوه النفقات والإطلاقات. ويجب أن تمرّ به الكتب التي فيها حُمل مَال قبل انتهائها إلى دواوينها.

ديوان التوقيع والدار : تنتهي إليه رقاع من يسأل شيئاً عند الخليفة. وترسل مع إجابتها بالتسلسل الذي وصلت إليه بعد استطلاع رأي الخليفة بالأمر. وكان هذا الديوان في زمان الهلال الصابي يجمع الدواوين. (الصابي، الهلال بن المحسّن ، الوزراء، ص 91).

ديوان الخاتم : وتمرّ فيه وتثبت الكتب التي يُحتاج إلى ختمها بخاتم الخليفة، وذلك بعد أن يمرّ الكِتَاب على دواوين أخرى.

ديوان الفض : ويشبه قلم الوزارات في عصرنا. ففيه يكون ابتداء الكتب وخروجها منه إلى الدواوين بعد فضّها وأخذ جوامعها ليقرأها الخليفة ويُوَقِّع فيها بما يراه.

ديوان النقد والعيار ودور الضرب : وكان يسمى ديوان الجهبذة، وكان ينظر في أمور أموال الكسور والكِفاية والوِقاية. أما دور الضرب فكانت تُشرِف على ضرب النقود. (أنظر: دار).

ديوان المظالم : وهو ديوان التوقيع نفسه لأن مهمته هي النظر في أمور العامة، وبحث مظالمهم.

ديوان الشرطة : ويجري فيه أمر استحقاقات الشرطة وأعطياتِهم، والنظر في سجلّاتهم.

ديوان الأحداث : ويجري فيه أمر النفقات الحادِثة. (أي غير العادية). وكان يوجد إلى جانب هذه الدواوين دواوين أخرى من مثل ديوان البريد : وتأتي لصاحبه الكتب من جميع النواحي، وهو ينفذها إلى مواضعها، ويتولى عرض كتب أصحاب البريد، والأخبار في جميع النواحي على الخليفة. وكانت هذه المهمة في بعض الأحيان من مهمات ديوان الفض. (أنظر: متز ، الحضارة الإسلامية في القرن الرابع الهجري، ج 1، ص 148).

ديوان الرسائل : وظيفة الترسل في الدولة، يقوم بها عادة من له ملكة في الكتابة والبلاغة، ضمن شروط خاصة، ويتولى مراسلات الخليفة.. ويختمها بختمه.

فصل الذال

الذرَّة: لا يغرنّك طول القامة، مع قِصَر الاستقامة، فإن الذرّة مع صِغرها، أنفع من الصخرة على كبرها. (الإمتاع والمؤانسة، ج 2، ص 62).

الذرّ: صغار النمل، واحدته ذرّة، قال ثعلب : إن مائة منها وزن حبّة من شعير فكأنها جزء من مائة، وقيل: الذرّة ليس لها وزن، ويراد بها ما يرى في شعاع الشمس الداخل في النافذة. والذرُّ: أَخْذُ الشيء بأطراف الأصابع.

والذرّ: النمل الأحمر الصغير. (ابن منظور ، لسان العرب، ج 4، ص 304).

مج (فل): ذرّة (Atom (E) Atome (F قديماً (ديموقريطس مثلاً): أصغر جزء لا يتجزأ من المادة، أو بعبارة أخرى ما لا ينقسم. وسمّاها المتكلمون : «الجزء الذي لا يتجزأ، أو الجزء، أو الجَوْهر الفَرْد، أو الجَوْهر». قال الأشعري : زعموا أن الجزء الذي لا يتجزأ جسم يحتمل الأَعراض. وعن النظّام: أن الجزء لا يجوز عليه الحركة والسكون (مقالات الإسلاميين «جزء 2»). وحديثاً. هي أصغر جزء من مادة عنصرية يدخل في التفاعلات الكيميائية. // (ألك). شبه مستقرة (Metastable Atome (E ذرّة يكون منسوبها الطاقي أعلى قليلاً من المنسوب المعتاد في حالة الاستقرار. // ـ مُرْتَدَّة Recoil A. ذرّة المادة الراديوية عند ارتدادها على أثر قذفها لجسيمات ألْفَا. // ـ موسومة Tagged A. يقال لذرّة النظير المشع الذي يستعمل في أغراض الاقتفاء. // (ك) ـ

كربون لا تماثليّة Asymetric Carbon A. ذرّة كربون كلٌّ من وصلاتها التكافئية متَّحدة بذرّة أو مجموعات مختلفة.

كوش (فل): ذرّة (Atome (F في العصر الحاضر يطلق هذا اللفظ على الألكترونيات والكُمُوم Quanta . (مرعشلي ، الصحاح في اللغة والعلوم، ج 1، ص 438).

استخدم أبو حيّان اللفظ بمعنى صغار النمل، ولعل الاستخدام الحديث للذرة جاء تشبيهاً لها بصغار النمل.

الذّريرة: قال رجل لأبي هُرَيْرَة: أنت أبو هريرة؟ قال نعم. قال سارق الذريرة . (الإمتاع والمؤانسة، ج 2، ص 129).

الذّريرة: ما أنْتُجِت من قصب الطّيب. // فتات من قصب الطيب الذي يجاء به من بلد الهند يشبه قصب النشّاب. (ابن منظور ، لسان العرب، ج 4، ص 303).

الذمّة (الصداقة والصديق ص 76). (را. أهل الذمة).

الذهب: ... ومثال ما يقدّم بالزمان الذهب والياقوت وما شابههما من الجواهر التي بَعُدَ العهد بمبادئها، وسيمتد العهد جِدّاً إلى نهاياتها. (الإمتاع والمؤانسة، ج 1، ص 24).

... فأما أبو اسحق (إبراهيم بن هلال الصابي) ... إنما هو ذهب إبريز كيفما سُبك فهو واحد. (الإمتاع والمؤانسة، ج 1، ص 68).

قالوا: وهكذا أيضاً وَصْف الجواهر المعدنية، كالذهب ، فإنه لا يكون إلّا في الأرض الرملية والجبال والأحجار الرخوة... (الإمتاع والمؤانسة، ج 2، ص 107).

فأما الطبيعة التي تَأْلف طبيعة فمثل الماس فإنه إذا قرب من الذهب لزق به

وأمسكه، ويقال: لا يوجد الماس إلّا في معدن الذهب في بلد من ناحية المشرق. (الإمتاع والمؤانسة، ج 2، ص 109).

ويقال: إن لون الياقوت الأصفر والذهب الإبريز، ولون الزعفران وما شاكلهما من الألوان المشرقة منسوبة إلى نور الشمس (الإمتاع والمؤانسة، ج 2، ص 111).

الذال الهاء والباء أُصَيْل يدل على حُسْنٍ ونضارة. من ذلك الذهب معروف. (ابن فارس ، المقاييس: ج 2، ص 362).

الذهب معروف... والذهب أيضاً: مِكيال لأهل اليمن معروف. (الجوهري ، الصحاح، ج 1، ص 129). وزاد ابن منظور: الذهب: التّبر. (ابن منظور، لسان العرب، ج 1، ص 394). وأما الزَّبيدي فقال:... والذي يظهر أن الذهب أعمّ من التّبر، فإن التّبر خصّوه بما في المعدن، أو بالذي لم يُضرب ولم يُصنع. (الزَّبيدي ، تاج العروس: ج 2، ص 451).

ووَرَدَ لفظ الذهب في القرآن: { يُحَلَّوْنَ فِيهَا مِنْ أَسَاوِرَ مِنْ ذَهَبٍ } (31/ الكهف، واللفظ في 23/ الحج، و33/ فاطر و53 و71/ الزخرف، و14 و91/ آل عمران، و34/ التوبة) .

مج (ك): ذهب Gold (E) Or (F) الذهب عنصر فلز أصفر اللون وزنه الذّري 197.2 وعدده الذرّي 79 وكثافته 19.4.

شي (ث): ذهب فسيفسائي (بإزاء) Massif (Or) (F) . // ـ كاذب Similor إشابة من قصدير أحمر وزنك. (مرعشلي، الصحاح في اللغة والعلوم، ج 1، ص 445).

فصل الراء

الرَّاتِب: ... وشدّة الصبر على فوارضها ورَوَاتِبها . (الإمتاع والمؤانسة، ج 1، ص 6).

الراتِب: الثابت. ورِزْقٌ راتب: ثابت ودائم، وأمر راتب: أي دارٌ ثابت. (ابن منظور ، لسان العرب، ج 2، ص 410، الزّبيدي ، تاج العروس، ج 2، ص 481).

الراتِب: يقال: رِزْق راتِب: ثابت دائم. ومنه الراتب الذي يأخذه المستخدم أجراً على عمله. (محدثة) (المعجم الوسيط، ج 1، ص 326).

مج (ق): راتب (بإزاء) 11 . Rente (F) Rent (E) (تأ) ـ عائلي Rente familiale مُرتَّب دَوْري يُدفع إلى أسرة المُؤَمّن عليه عند تحقُّق الخطر. // ـ عمري R. Viagere مُرتَّب دَوْري يُدْفع إلى المستفيد طوال حياته. // ـ ثُنائي R.v. sur deux R. Viagere مُرتَّب دَوْري يدفع في حالة التأمين على شخصين بنفس الوثيقة للباقي منهما على قيد الحياة عند حلول الأجل المتفق عليه. // ـ فَوْري R.V. Immédiate مُرتَّب دَوْري يدفع للمستفيد طوال حياته بمجرد تحقق الخطر أو حلول الأجل المتفق عليه وذلك في مقابل قسط أو أقساط مدفوعة. // ـ للباقي R.V. du dernier Survivant مُرتَّب دَوْري يدفع في حالة التأمين على شخصين للباقي منهما على قيد الحياة عند حلول الأجل المتفق عليه. // ـ مُؤَجّل R.V. différée مُرتَّب مدى الحياة يبدأ المؤمّن دفعه للمستفيد عند حلول

أجل محدد في وثيقة التأمين. // ـ مضمون الحد الأدنى R.V. à durée minimum garantie مرتب دَوْري يدفع للمستفيد طول حياته مع ضمان استمرار الوفاء به إلى ورثته مدة محدودة إذا توفي المستفيد قبل انتهائها وذلك في مقابل قسط من أقساط مدفوعة. // ـ قابل للنقل R. reversible مُرَتَّب دَوْري يشترط في وثيقة التأمين انتقاله لشخص يُعيَّن في حالة وفاة المستفيد الأصلي. // ـ محدود المدّة R. à durée fixe مُرَتَّب دَوْري يُدفع للمستفيد خلال مدة مُعَيَّنة وذلك في مقابل قسط أو أقساط مدفوعة. // (ق) ـ البقيا R. de survie // ال ـ العمري R. Viagère . // ـ عُمْريّ مُؤَجّل R.V. différée . // ـ ناجز R.V. Immédiate // ـ ال ـ المُؤَقّت الناجز R. Temporaire I . (مرعشلي، الصحاح في اللغة والعلوم، ج 1، ص 463).

والراتب في شاهد أبي حيّان يعني الناتج والحاصل.

رأس مال: ... ودَعْ لي ألف درهم فإني أتّخذ رأس مال ، وأشارك بقّال المحلّة. (الإمتاع والمؤانسة، ج 3، ص 228). أهمله الخليل والجوهري والزمخشري وابن منظور والفيروزأبادي، والزَّبيدي.

مج (اق) رأس مال (رسمال) (Capital (E.F.) يستخدم في معان كثيرة منها معنى مرادف لمعنى «الثروة»، وقد يشمل أيضاً قوة العمل الإنساني، أي «رأس المال البشري» وقد يستخدم للإشارة إلى أحد عوامل الإنتاج «رأس المال المُنْتِج» فيُشير إلى السِّلَع الناتجة من تضافر العمل والطبيعة التي تستخدم لإشباع الحاجات الإنسانية عن طريق غير مباشر، كالآلات ومباني المصانع والسلع غير تامة الصنع والمواد الأولية التي تدخل في تشكيلها. ويستخدم أحياناً بمعنى ثالث، ويسمى في هذه الحالة «رأس المال الجاري» فيشير إلى المبالغ النقدية التي تستخدم في إنتاج سلعة أو خدمة (مرعشلي، الصحاح في اللغة والعلوم، ج 1، ص 451).

استخدم أبو حيّان اللفظ بمعنى «رأس المال الجاري».

قلت: واللفظ مركّب تركيباً إضافياً من كلمتي رأس ومال، وهو من مستجدات الحضارة، والعامة تقول: رسمال. ويدل على مبلغ من المال يخصص باعتباره أساساً للتجارة، يحسب الربح انطلاقاً منه.

الراوندية :... وصار الناس أحزاباً في النِّحَل والأديان، فهذا نُصَيْري ... وهذا راوندي ... (الإمتاع والمؤانسة، ج 2، ص 78).

الراوندية أصحاب القاسم بن راوند، وهم إحدى فرق الشيعة. (الخوارمي ، مفاتيح العلوم، ص 30).

الرَّحى: وشتم آخر فقال:... يا رحى على رحى . (الإمتاع والمؤانسة، ج 2، ص 59).

الرحى: الدائرة. وتفرعت منها المعاني الأخرى.

الرحى: الدائرة، ثم يتفرّع منها ما يقابلها في المعنى: (ابن فارس ، المقاييس، ج 2، ص 498).

ومن المجاز: رحت الحيّة: استدارت. ودارت رحى الحرب: أي حَوْمتها. ورحى الموت، ورحى السحاب: مُسْتَداره. ورحى القوم: سيِّدهُم. وسُمِّيَ بذلك لأن مَدَارَهم عليه. والرحى ما يُطحن بها. سميت بذلك لأنها مستديرة، أو لأن حركتها دائرية. ومن الرحى: الأضراس لأنها تطحن الطعام. (أنظر الصحاح، ولسان العرب، وتاج العروس، مادة رَحَيَ).

مج (ط) الرحى: البوقيّة Tubal (E) Mole (F) وتتكون في الحمل البوقي من البويضة والجلطة المحيطة بها. (الصحاح في اللغة والعلوم، ج 1، ص472).

والمعنى المقصود في شاهد أبي حيّان كناية هو المُشَبّه كثير الأكل، أو كأنه عَبْدٌ لا يفارق سيِّده على سبيل تشبيهه بالرحى العليا التي تدور فوق السفلى لطحن ما يلزم.

الرُّخام: (الطويل)

وما يحسن الأعراب في السوق مِشيةً

فكيف بِبَيْتٍ من رُخام و مرمر

(الإمتاع والمؤانسة، ج 1، ص 226).

الرخم: الرِّقَّة والإشفاق.

والرخيم: الحَسَن الكلام، والرَّخَامة: لِين في المنطق حَسَن في النساء.

ومن المجاز قالوا: ألقى عليه رَخْمَتَه إذا أشفق عليه. ورَخَمت الدجاجة بيضها حضَنَتْه.

ومنها الرُّخام: وهو حجر أبيض سهل ورخو. والرُّخام: المرمر. سمي بذلك لسهولته ولِينه. (الصحاح، لسان العرب ـ أساس البلاغة ـ تاج العروس: مادة رخم).

مج (ك): الرُّخام، المرمر (Marble (E) Marbre (F) الرخام وهو كربونات الكلسيوم الموجودة في الطبيعة والتي يمكن صقل سطحها بسهولة وهو يوجد على أشكال. // (جي) ـ (المرمر) M. صخر جيري متحوّل يتركّب من بلورات الكلسيت.

(مرعشلي، الصحاح في اللغة والعلوم: مادة رخم ومادة مرمر). ومن اللفظ العربي (مرمر) أخذ اللفظ اللاتيني (Marmor) ومنه الفرنسي Marbre . إذ أبدلت الميم الثانية باء لأن لهما مخرجاً صوتياً واحداً. (أنظر: Petit Larousse Illustré: Marbre).

الرسم:... وأنا أُعيده ههنا بالقلم، و أَرْسمه بالخط، وأقيّده باللفظ. (الإمتاع والمؤانسة، ج 1، ص 3).

... وكذلك اذا قَبِل نقشاً أو مِثَالاً فهذا حاله، وإن بقي فيه مِن رَسْم الصورة الأولى شيء لا يقبل الصورة الأخرى... (الإمتاع والمؤانسة، ج 1، ص 202).

... وكان قد خُصَّ بالرسم الذي وصل إليه... (الإمتاع والمؤانسة، ج 1، ص 30).

... و أرسم بيع الخبز ثمانية بدرهم. (الإمتاع والمؤانسة، ج 1، ص 26).

الرَّسْم: الأثر، وقيل بقيَّة الأثر. والرسم ضَرْبٌ من السَّيْر. ورَسْم الدار ما كان من آثارها لاصقاً بالأرض.

ورَسَم على كذا ورَشَم إذا كَتَب، ومن ذلك اشتُقَّ الرسم بمعنى الخط.

ورسم له فارتسمه اذا امتثله، ومن ذلك اشتُقَّ معنى المرسوم أو القرار. (الصحاح، ولسان العرب، ومقاييس اللغة، وتاج العروس، مادة رسم).

مج (اق) الرسم الجمركي: ضريبة تفرضها الدولة بمناسبة عبور سلعة لحدودها الوطنية، سواء أكانت السلعة مستوردة أم مصدّرة. ومن الوجهة القانونية يُعتبر ضريبة وإن سُمِّيَ رسماً في كثير من الأحيان.

مج (فن): الرسم الإعدادي: رسم يُعدُّه الرسَّام للصورة المطلوبة. // ـ الإيجازي: كانت هذه الكلمة تُطْلَق على الرسم المجمل الذي يُعمل على ورق مقوّى، وتُطْلق الآن على نوع من الرسم التقريبي مختصراً في خطوطه وربما كان هزلياً أو سخرياً. // ـ دراسيّ: صورة تؤخذ لجسم أو منظر لدراسته من حيث الوضع والهيئة واللون وما إلى ذلك من أحكام التصوير وأصوله. (مرعشلي ، الصحاح في اللغة والعلوم، ج 1، ص 482).

استخدم أبو حيّان اللفظ في معان مختلفة، فجاء بمعنى الخط في الشاهد الأول، وبمعنى الأثر في الثاني، وبمعنى القرار في الشاهدين الأخيرين.

الرَّصاص: إن الجواهر المعدنية ثلاثة أنواع... منها ما يكون في وسط الحجر وكهوف الجبال وخَلَل الرمال فلا يتم نضجه إلا في السنين. كالذهب والفضة والنحاس والحديد و الرصاص وما شاكلها. (الإمتاع والمؤانسة، ج 2، ص 112).

الرَّصاص: من رصّ الشيء يرصّه رصاً: ألزق بعضه ببعض وضم. فهو مرصوص، ورصيص. ومنه قوله تعالى (كأنهم بنيان مرصوص، 4/ الصف) . وكل ما أُحكم وجُمع وضُمَّ بعضه إلى بعض فقد رُصَّ. والمرصوص لا يغادر منه شيء شيئاً (عن أبي عبيد). والرَّصاص ضربان: أَسْوَد هو الأُسرب والإبار، وأبيض، وهو القلعي والقصدير، وله خواص منها: إنْ طُرِح يسيرٌ منه في قِدر لا ينضج لحمها أبداً... وكان يقال: الشرب في آنية الرصاص أمان من القَوْلَنج. (الزَّبِيدي، تاج العروس، ج 17، ص 596).

الرَّصَص والرِّصاص والرَّصاص: معروف من المعدنيات مشتق من ذلك لتداخل أجزائه، والرَّصاص أكثر من الرِّصاص، والعامة تقوله بكسر الراء، وشاهد الرَّصاص بالفتح قول الراجز:

أنا ابن عمرو ذي السنا الوبّاصِ

وابن أبيه مُسْعِطِ الرَّصاصِ

(ابن منظور، لسان العرب، ج 7، ص 41).

الراء والصاد أصل واحد يدل على انضمام الشيء إلى الشيء بقوة وتداخل: تقول رصصت البنيان بعضه إلى بعض. قال الله تعالى { كَأَنَّهُمْ بُنْيَانٌ مَرْصُوصٌ} (4/الصف) . وهذا كأنه مشتق من الرصاص. والرصاص أصل الباب. (ابن فارس ، مقاييس اللغة، ج 2، ص 374).

ومن المجاز قالوا: إن فلاناً لرصاصة إذا كان بخيلاً يشبَّه بالحجر أو بهذا الجوهر كما قيل: رجل فِلز. (الزمخشري، أساس البلاغة، ص 234).

مج (ك) الرصاص عنصر فلز ليّن وزنه الذري (207.2 وعدده الذري 82 وكثافته 11.34 وينصهر عند 327م 8 . الصحاح في اللغة والعلوم، ج 1غ، ص 485).

(وسيط) الرصاص: البندق يرمى به من البندقية أو المُسَدَّس ونحوها. يقال أطلق عليه الرصاص (محدثة). وقلم الرصاص: أنبوبة دقيقة من الخشب في

داخلها مادة من الغرافيت يكتب بها من غير مداد. (محدثة). (المعجم الوسيط، ج 1، ص 348).

رَصَف: ... فَعِيل بمعنى فَعَل... يقال مكان رصيف و رَصَف . (الإمتاع والمؤاسة، ج 3، ص 303). الرَّصَف الحجارة التي يُرصف بعضها الى بعض في مسيل فيجتمع فيها المطر.

والرَّصَف: السد المبني للماء. وأصل المعنى مأخوذ من ضم الشيء إلى الشيء، والرَّصْف: ضم الشيء إلى الشيء، والحجارة نفسها رصَف. (ابن منظور ، لسان العرب، ج 9، ص 120).

رصيف: الرصيف: فعيل من رَصَف. ورَصَفَ الشيء ضم بعضه الى بعض، وعمل رصيف وجواب رصيف أي محكم. ويقال أجاب بجواب مترص حصين بيّن رصيف ليس بسخيف ولا خفيف. وفلان رصيف فلان أي لا يعارضه. (لسان العرب، ج 9، ص 120، و الزمخشري ، أساس البلاغة، ص 234).

مج (حض): الرصيف (كورنيش Corniche (F) الطريق المرصوف الذي يحف بالبحر أو النهر. // ـ التخريم Drilling Platform (E)) عوّامة أو رصيف يستعمل عند القيام بعمليات التخريم تحت سطح الماء. // ـ المحيط Oceanic Plattorm (Deepsea) رصيف المحيط هو ذلك الجزء من قاع المحيط الذي يصل بين منحدر القارَّة وأعماق المحيط وهو مُتَدَرِّج الانحِدار.

مع (سك) الرصيف (ج) رُصُف وأَرْصِفَة Trotoir (F) Foot Way (E) بمعنى المرصوف، ويُطلق على حاجز من البِناء يَمْتَدّ على جانبي الطريق. // ـ المَحَطَّة Platform Station (E) . (مرعشلي، الصحاح في اللغة والعلوم، ج 1، ص 486).

استخدم أبو حيّان الرَصَف والرصيف بمعنى واحد مع أن استخدام الرصيف

كان مجازياً عند غيره وأصبح في ما بعد حقيقة بدليل المعاني التي أحدثها مجمع مصر في مثال رصيف التخريم.

الرقيق : الرّقيق نقيض الغليظ والثخين. والرِّقَّة ضد الغِلَظ؛ رقّ يَرِق رقَّةً فهو رقيق ورُقَاق. وأرقّه ورقّقه والأنثى رقيقة ورُقاقة.

والرِّق، بالكسر: المِلك والعبوديَّة. ورقّ: صار في رِقّ. وعبد مرقوق ومُرَقّ ورقيق، وجمع الرقيق أرقّاء. وقال اللحياني، أمّة رَقيق ورَقيقة من إماء رقائق فقط، وقيل: الرقيق اسم للجمع.

واسترق المملوكَ فرَقّ: أدخله في الرّق، واسترقَّ مملوكه وأرقّه: وهو نقيض أعتقَه، والرقيق المملوك، واحد وجمع، فعيل بمعنى مفعول وقد يُطلق على الجماعة كالرَّفيق، تقول منه رقّ العبدَ وأرقّه واسترقّه. الليث : الرِّق العُبودة، والرقيق العبد...

أبو العباس : سمي العبيد رقيقاً لأنهم يرِقّون لمالكهم ويَذِلّون ويخضَعون، وسميت السوق سوقاً لأن الأشياء تساق اليها. (ابن منظور ، لسان العرب، ج 10، ص 123، مادة رقق، والزبيدي ، تاج العروس، ج 25 ص 356).

الرِّكاز: الفيء هو أرض العُنْوة وأرض الصلح والقطائع والصفايا والمقاسمة والوضائع وجزية رؤوس أهل الذمة وصدقات الإبل والبقر والغنم وأخماس الغنائم والمعادن و الرّكاز والمال المدفون... (الإمتاع والمؤانسة، ج 1، ص 99).

الرِّكاز: قِطَع ذهب وفضة تخرج من الأرض. سمِّيَ بذلك لأنه غُرِز في الأرض.

والرِّكاز هو كنوز الجاهلية المدفون، وقيل هو المال المدفون مما كنزه بنو آدم قبل الإسلام. (عن أهل الحجاز).

الرِّكاز ما أُخرِج من المعدن (عن ابن الأعرابي). (لسان العرب، ج 5، ص 356).

والرِّكاز: دفين الجاهلية. (الخوارزمي ، مفاتح العلوم، ص 59).

وجميع هذه الأقوال تحتملها اللغة لأن الأموال والمعادن تركز في الأرض وتثبت. وكان الإسلام يفرض على من يُرْكِز أن يدفع خُمْسَه إلى بيت المال.

استخدم أبو حيّان الرِّكاز بمعنى الذهب والفضة التي تخرج من الأرض، ولو كان يقصد المال المدفون لاكتفى بالرِّكاز دون أن يعطف المال المدفون عليه.

الرِّمَاح الرُّدَيْنِيَّة: يا بني سُلَيْم ، إني رأيت أمراً، وسيكون خيراً، رأيت بني عبد المطلب كأن قدودهم الرِّماح الرُّدَيْنِيَّة .

القناة الرُّدَيْنِيَّة والرمح الرُّدَيْنيّ: نسبة إلى امرأة من العرب تسمّى رُدَيْنَة ، وكانت تقوِّم الرماح مع زوجها السَّمْهَرِيّ .

والرَّدْن، بالفتح وسكون الدال: صوت وقع السلاح بعضه على بعض. (الجوهري ، الصحاح، ج 5، ص 2122، و ابن منظور ، لسان العرب، ج 13، ص 178).

وعندي أن الرَّدْن مأخوذ من الرماح الردينية لأن صوت وقعها كان مميزاً.

الرُّمّان: قال حَسْنون المجنون بالكوفة يوماً ـ وقد اجتمع اليه المُجّان يصف كل واحد منهم لذّات الدنيا ـ فقال؛ أما أنا فأصف ما جرّبته، فقالوا: هاتِ، فقال: الأمن والعافية، وصَفْع الصُّلْع الزُّرْق، وحكّ الجرب، وأَكْل الرُّمّان في الصيف... (الإمتاع والمؤانسة، ج 2، ص 50).

الرُّمّان: حَمْل شجرة معروفة من الفواكه، واحدته رمّانة. الجوهري : قال سيبويه سألته، يعني الخليل ، عن الرُّمّان إذا سمي به فقال: لا أصرفه في المعرفة وأحمله على الأكثر إذا لم يكن له معنى يعرف به أي لا يُدرى من أي

شيء اشتقاقه فيحمله على الأكثر، والأكثر زيادة الألف والنون. (ابن منظور ، لسان العرب، ج 13، ص 186).

شم (زر): رمّان Grenadier (F) Punica granatum (S) شجر مثمر من الفصيلة الآسيَّة، له ضروب وثمرته لوزة، يؤكل منها اللب المانع الشفَّاف المحيط بالبزور. (مرعشلي ، الصحاح في اللغة والعلوم، ج 1، ص 512).

والرمّانة ثمرة الرُّمّان. ورمّانة القبّان: ثقل من الحديد ونحوه على شكل الرمانة، تُحرَّك على قضيب الميزان حتى يعتدل فيقرأ رقم الوزن. ورُمّان الأنهار: نبات له زهر أصفر إلى الحُمْرة وحبّه شبيه بالسُّماق يُتداوى به غالباً لداء المفاصل وعرق النَّسا. (النَّسا: العصب الوركي، وهو عصب يمتد من الورك إلى الكعب) (المعجم الوسيط، ج 1، ص 374).

ولفظ الرُّمان قديم، استخدمه الجاهليون ، ووَرَد في القرآن: { فِيهِمَا فَاكِهَةٌ وَنَخْلٌ وَرُمَّانٌ} (68/ الرحمن) .

ومن المجاز شبهوا ثدي المرأة بالرمانة، فقالوا: من صدور المُرّان يقطف الرُّمّان، وقال النابغة : (الطويل)

يخطّطن بالعيدان في كل مجلس

ويَخْبَأْن رمّان الثُّديّ النواهدِ

(الزمخشري ، أساس البلاغة، ص 253، والبيت في ديوان النابغة ، ص 44).

استخدم أبو حيّان اللفظ بمعنى ثمر الرمان المعروف.

فصل الزاي

الزئبق: ومن الجواهر المعدنية ما هو مائي رطب ينفر من النار كالزئبق . (الإمتاع والمؤانسة، ج 2، ص 107).

فأما الطبيعية التي تألف طبيعة فمثل طبيعة الزئبق الطيّار الرطب القليل الصبر على حرارة النار. إذا طُلي به الأحجار المعدنية الصلبة مثل الذهب والفضة والنحاس والحديد أَوْهَنَها وأرخاها حتى يمكن أن تُكسَر بأَهْوَن سعي، وتتفتت قِطَعاً. (الإمتاع والمؤانسة، ج 2، ص 110).

الزّئبق: معروف. وهو معرّب، ويقال له أيضاً الزاووق. ودرهم «مزأبق» ولا تقل مزبّق. (الجواليقي ، المعرّب، ص 170).

مج (ك): زئبق (Mercury (E) Mercure (F) الزئبق عنصر فِلزي سائل في درجات الحرارة العادية يتجمّد عند درجة ـ 38.87 م 8 ويغلي عند درجة 356.9 م 8 وَزْنه الذري 200.61 وعدده الذري 80. (مرعشلي ، الصحاح في اللغة والعلوم، ج 1، ص 527).

ومن المجاز: فلان زئبقي المزاج: أي مضطرب المزاج، لا يستقر على موقف. وفلان زئبقي أو مزيبق أو مزأبق: يستطيع أن يفلت ويُخلّص نفسه في المواقف الصعبة.

الزاج: فأما الطبيعة التي تُعين طبيعة أخرى فمثل... الزاجات والشبوب التي تجلو النار وتُنيرها وتصبغها. (الإمتاع والمؤانسة، ج 2، ص 110).

... ومن الجواهر المعدنية... ما هو ترابي رخو لا يذوب، ولكن ينفرك، كالملح و الزاج والطلق. (الإمتاع والمؤانسة، ج 2، ص 107).

الزاج: يقال له الشب اليماني، وهو من الأدوية، وهو من أخلاط الحبر، فارسي معرّب. (عن الليث). (ابن منظور ، لسان العرب، ج 2، ص 293).

زاج (Vitriol (E) vitriol (F .

شم (زر): زاج (Vitriol (F) الزاج من الفارسية. كبريتات الحديد والنحاس وغيرهما. // ـ أبيض V. Blanc . // ـ أخضر V. Vert . // ـ أزرق V. Bleu .

مج (ك): زاج أبيض (White Vitriol (E) الاسم القديم لكبريتات الخارصين. // ـ أخضر Green V. بلورات كبريتات الحديدوز الخضراء رمزها الكيميائي كب أ 4 ح ـ 7 (يد2أ). // ـ أزرق Bleuvitreol هو التسميَةُ القديمة لكبريتات النحاس الزرقاء نح كب أ 4 ـ 5 (يد2أ). // ـ الكُوبَلت (Cobalt Vitriol (E- Bibérite (F) كبريتات الكُوبَلت، صيغتها الكيمياوية (كو كب أ 4). (مرعشلي ، الصحاح في اللغة والعلوم، ج 1، ص 527).

مج (وسيط) زيت الزاج: حمض الكبريتيك. (المعجم الوسيط، ج 1، ص 405).

ويتفق معنى الزاج عند أبي حيّان مع ما ورد عند الشهابي .

زَبْرَجَ: زَبْرَجْتُ كثيراً منها بناصع اللفظ. (الإمتاع والمؤانسة، ج 1، ص 2).

زَبْرَجَ الشيء: حسَّنَه، وكل شيء حسن: زبرج (عن ثعلب).

والزِّبْرَج: الزّينة من وشيٍ أو جوهر. والزِّبْرَج: الوشي، والزِّبْرَج: زينة السلاح. والزِّبرج: النقش. ومن المجاز زِبْرِج الدنيا: غرورها.

الزِّبْرِج: الذَهْب. وانشدوا: يغلي الدماغ بها كغلي الزِّبْرِجِ، والزِّبْرِج:

السَّحَاب الرقيق فيه حمرة. (ابن منظور ، لسان العرب؛ ج 2، ص 285. وأنظر: مرعشلي ، الصحاح في اللغة والعلوم، ج 1، ص 529).

والزِّبرج: السحاب الذي تسفره الريح، وهذا قول الأصمعي، وقال أبو بكر بن دريد رحمه اللـه: لا يقال زبرج إلا أن تكون فيه حُمْرَة (القالي، أبو علي، الأمالي، جزءان، دار الآفاق الجديدة، بيروت، 140 هـ/ 1980 م، ج 1، ص 98).

الزَّبَرْجَد: ويقال إن الجواهر المعدنية ثلاثة أنواع... ومنها ما لا يتم نضجه إلّا في عشرات السنين كالياقوت و الزَّبَرْجَد والعقيق. (الإمتاع والمؤانسة، ج 32، ص 112).

الزَّبَرْجَد والزَّبَرْدَج: الزُّمُرُّد. (لسان العرب، ج 3، ص 194).

قال ابن جني : إنما جاء الزَّبَرْدَج مقلوباً في ضرورة شعر، وذلك في القافية خاصة، وذلك لأن العرب لا تقلب الخماسي. (المصدر السابق، ج 2، ص 2875).

مج (جي): الزبرجد معدن من ضرب الأوليفين النقي لونه أخضر جميل، وهو حجر كريم تركيبه الكيميائي سلكيات المغنيسيوم والحديد. ويستعمل في الزينة.

شم (زر): الزبرجد (ج) زبارج (Peridot (F . فصيلة جواهر مؤلفة من صوانات قواعد مختلفة. (الصحاح في اللغة والعلوم، ج 3، ص 539). ويرى كل من الجواليقي و أدي شير أن الزبرجد فارسي معرّب (المعرّب، ص 175، الألفاظ الفارسية المعرّبة، ص 76).

وأرى أن الزبرجد منحوت من الزِّبْرِج بمعنى الزينة، ومن بُجْدَة التي تعني الداخل والباطن. فيكون معنى الزبرجد ما يُزَيِّن من داخله أي ما يُزَيِّن بنفسه.

الزخرفة:... والبلاغة زخرفة وحيلة وهي شبيهة بالسراب. (الإمتاع والمؤانسة، ج 1، ص 96).

... وأما قولك: هذه روحانية ـ تعني الفلسفة ـ وهذه جسمية ـ تعني الشريعة ـ فزخرفةٌ لا تستحق الجواب، ولمثل هذا فليعمل المزخرِفون. (الإمتاع والمؤانسة، ج 2، ص 13).

الزُّخْرُف: الذهب ثم يشبه به كل مُمَوَّه مُزَوَّر. والمُزَخْرَف المُزَيَّن. وزخارف الماء: طرائقه. والزُّخْرُف: كمال حُسْن الشيء. واستعير الزُّخْرُف لحِلْيَة الكلام وترقيشه. { يُوحِي بَعْضُهُمْ إِلَى بَعْضٍ زُخْرُفَ الْقَوْلِ غُرُورًا} (112/ الأنعام) . أي حسن القول بترقيش الكذب. { أَوْ يَكُونَ لَكَ بَيْتٌ مِنْ زُخْرُفٍ} (93/ الإسراء) أي من ذهب. { حَتَّى إِذَا أَخَذَتِ الْأَرْضُ زُخْرُفَهَا وَازَّيَّنَتْ} (24/ يونس) . أي كمال حسنها وبهائها. كما يبدو في ضوء هذه الآيات أن اللفظ وارد في القرآن في معناه المجازي الذي أصبح مع الاستعمال معنى حقيقياً.

المزخرَف: المزيَّن.

الزخرفة (المصدر) فن تزيين الأشياء بالنقش أو التطريز أو التطعيم أو غير ذلك. وقالوا: زَخْرَفَ في كلامه أي زيّنه. (أنظر: ابن منظور، لسان العرب، مادة زخرف).

مج (جي) الزخرفة (Ornamontation (E النماذج المختلفة من البروزات أو الانخفاضات أو الأشواك أو الخطوط التي تُحَلّي السطح الخارجي للصَّدَفَة. وهي على أشكال وطبائع متعددة ويستفاد من تنوعها في الدراسات التصنيفية. شي (ث) زخرفة (بإزاء) (Décor) (F) . (مرعشلي ، الصحاح في اللغة والعلوم، ج 1، ص 533).

الزرنيخ: ومن الجواهر المعدنية ما هو هوائي دهني تأكله النار، كالكبريت و الزرنيخ . (الإمتاع والمؤانسة، ج 2، ص 108).

أهمله الجوهري .

الزرنيخ أعجمي. (ابن منظور ، لسان العرب، ج 3، ص 21).

(الزرنيخ) حجر له ألوان كثيرة إذا جُمِع مع الكلس حلق الشَّعر، تعريب زَرْني. (أدي شير ، الألفاظ الفارسية المعرّبة، ص 79).

مج (ك) الزرنيخ (F (E) Arsenic) عنصر شبيه بالفلزات له بريق الصلب ولونه، وزنه الذري 74.91 وعدده الذري 33 ومركّباته سامة تستخدم في الطب وفي قتل الحشرات. (مرعشلي ، الصحاح في اللغة والعلوم، ج 1، ص 536).

الزعفران: قال حمدان : قلت لجارية أردت شراءها: ما كان غذاؤك عند مولاك؟ قالت: المُبَطَّن. قلت وما المُبَطَّن؟ قالت الأُرْز الريّان من اللبن، بالفالوذَج الريّان من العسل، والخبيصة الريّانة من الدهن والسكر و الزعفران . (الإمتاع والمؤانسة، ج 3، ص 77).

الزعفران: هذا الصبغ المعروف، وهو من الطيب. (ابن منظور ، لسان العرب، ج 4، ص 324).

شم (زر): زعفران، (جادي) (S (Crocus) (F) Safaran) الجادي كلمة معرّبة قديماً من الفارسية والاسم الفرنسي من كلمة Safranum اللاتينية وهذه من زعفران العربية. جنس نباتات بصلية معمرّة من الفصيلة السوسنية فيه أنواع برية ونوع زراعي صبغي طبي مشهور. // ـ دمشقي (S (Crocus Damascenus) (F) S. de Damas) . مرسنين في دمشق، حلوز في جبل الشيخ ، نوع بري ينبت في الجبال خاصة، يتقبله الفلاحون ويبيعونه لأكل كعوبه أي عقده الأرضية، وهي في حجم البندقة. ولعل كلمة حلوز من جِلوز تشبيهاً لكعوبه بثمر البندق.

// ـ زراعي، جساد، جسد، جادي (C. Officinalis) s. Cultuvé يزرع وتستعمل مدقّات زهره في الطب كما تستعمل تابلاً وصباغاً للطعام أصفر فاقعاً.

مج (ك): زعفران الحديد (Crocus Martis (E يطلق على أكسيد الحديد الأحمر المشوب الناتج من تسخين كبريتات الحديدوز ويستعمل في أعمال الصقل والصبغ. (الصحاح في اللغة والعلوم، ج 1، ص 537).

و Safran مأخوذ من العربية زعفران: جادي يزرع من أجل أزهاره. (لار، ص 917).

Safan من العربية زعفران (Walter, Henriette et Gérard, dictionnaire, des mots d'origine étrangère, France loisir, 2001, p.8, 195).

الزعفرانية: ... وصار الناس أحزاباً في النِّحَل والأديان، فهذا نصيري وهذا أشجعي، وهذا جارودي... وهذا زعفراني ... (الإمتاع والمؤانسة، ج 2، ص 78).

الزعفراني: المنسوب إلى الزعفرانيّة ، إحدى الفرق النجارية ، وهم أصحاب الزعفراني الذي كان بالرَّي . وذكر أنه أراد أن يشهر نفسه في الآفاق فاكترى رجلاً على أن يخرج ويسبه ويلعنه في مواسم مكة ليشتهر عند الحجيج (البغدادي عبد القاهر ، الفَرْق بين الفِرَق، ص 197). (را.) جبرية.

الزَّنْبَرِيَّة: كنت قائماً عشية على زنبرية الجسر في الجانب الشرقي... (الإمتاع والمؤانسة، ج 1، ص 41).

الزنبرية: ضرب من السفن الضخمة، سميت كذلك لضخامتها.

وسفينة زَنْبَرِيَّة: ضخمة. وقيل الزنبرية ضرب من السفن الضخمة، والزنبرّ، الثقيل من الرجال والسفن. (ابن منظور، لسان العرب، ج 4، ص 330).

واللفظ نادر الاستعمال في زماننا.

الزَّنْج: قال أعرابي: (البسيط)

ما زال أخذهُمُ في النحو يعجمني   حتى سمعت كلام الزَّنْج و الرُّوم

(الإمتاع والمؤانسة، ج 2، ص 139).

الزَّنْج والزِّنْج، لغتان: جيل من السودان وهم الزنوج ، واحدهم زنجيّ.

والزَّنَج: شِدَّة العَطَش. (ابن منظور، لسان العرب، ج 2، ص 291).

(وسيط (الزِنْج): جيل من السودان يتميز بالجلد الأسود، والشعر الجَعدِ، والشفة الغليظة، والأنف الأفطس، يسكن خط الاستواء ، وتمتد بلادهم من المغرب إلى الحبشة ، وبعض بلادهم على نيل مصر . // ـ يطلق الآن على بعض السلالات المنحدرة من القبائل الأفريقية التي استوطنت. (المعجم الوسيط، ج 1، ص 402).

الزَّيْديّة: ... ويتشيَّع لمذهب أبي حنيفة ومقالة الزيدية . (الإمتاع والمؤانسة، ج 1، ص 55).

... ومنهم أبو زيد البلخي ، فإنه ادّعى أن الفلسفة مقاودة للشريعة، والشريعة مشاكلة للفلسفة، وإن أحداهما أمّ والأخرى ظِئْر، وأظهر مذهب الزيدية ... (الإمتاع والمؤانسة، ج 2، ص 15).

... وأجادل من أجلك، لا جدل الزيديين مع الإماميين . (الإمتاع والمؤانسة، ج 2، ص 188).

الزيدية : أتباع زيد بن علي بن الحسين بن علي بن أبي طالب (رض). ساقوا الإمامة في أولاد فاطمة (رض) ولم يسوقوها في غيرهم. تأثروا بالمعتزلة لأن إمامهم تلمذ في الأصول لواصل بن عطاء ، رأس المعتزلة ورئيسهم.

وتقوم مقالتهم على إجازة إمامة المفضول مع قيام الأفضل. وهذا ما يفسّر قبولهم بصحة إمامة أبي بكر وعمر (رض).

وخرج شيعة الكوفة لذلك عن الزيدية وسموا بالرافضة .

و الزيدية ثلاثة أصناف: الجارودية و السليمانية ، و البترِية ومنهم الصالحية .

ـ الجارودية : أتباع أبي الجارود زياد بن أبي زياد . قالوا بإمامة علي وكفّروا الناس لمبايعتهم أبا بكر ، فخالفوا زيد بن علي في هذا الاعتقاد.

وكان الجارود أعمى البصر. وكان يسمى سرحوب ، سماه ذلك محمد الباقر (رض) وقال: سرحوب : شيطان أعمى يسكن البحر.

ـ السليمانية : أصحاب سليمان بن جزير . وكان يقول إن الإمامة شُورى بين الخلق، ويصح أن تنعقد بعقد رجلين من خيار المسلمين، وإنها تصح في المفضول مع وجود الأفضل.

وأثبت سليمان إمامة أبي بكر و عمر (رض)، غير أنه طعن في خلافة عثمان (رض). وأكفر عائشة و الزبير و طلحة (رض) بإقدامهم على قتال علي (رض).

ـ الصالحية و البترية : الصالحية : أصحاب الحسن بن صالح بن حي . و البترية : أصحاب كثير النوى الأبتر ، وهما متفقان في المذهب.

وافقوا السليمانية في الإمامة وخالفوهم في أمر عثمان . ورضوا عما جرى لعلي من أمر الإمامة لأنه كان راضياً بذلك. (البغدادي عبد القاهر ، الفَرْق بين الفِرَق ، ص 22، و الشهرستاني ، المِلَل والنِّحَل، ج 1، ص 154).

ويستقر الشيعة الزيدية في زماننا في اليمن وبعض مناطق الهند و الباكستان .

فصل السين

السائس: إنَّ «في» لا يعرف النحويون مواقعها، وإنما يقولون: هي «للوعاء» كما يقولون: إن «الباء» للإلصاق، وإن «في» تقال على وجوه: يقال «الشيء في الإناء» و«الإناء في المكان» و« السائس في السياسة» و«السياسة في السائس ». (الإمتاع والمؤانسة، ج 1، ص 117).

وهذا كلّه منوط بالتوفيق والتأييد اللذين إذا نزلا من السماء واتصلا بمفرق السائس تضامّت أحواله على الصلاح. (الإمتاع والمؤانسة، ج 2، ص 117).

السائس: فا. من ساس سياسة، وهو الذي يقوم على الشيء بما يصلحه.

وسائس القوم: الوالي. وسائس الدواب الذي يقوم عليها ويروضها. (أنظر: الجوهري ، الصحاح، ج 3، ص 938، و ابن منظور ، لسان العرب، ج 6، ص 108).

وسيط: السائس، رائض الدواب ومدرّبها. (ج) ساسة وسوّاس. (المعجم الوسيط، ج 1، ص 462).

وهذا اللفظ شائع في عصرنا بمعنى رائض الدواب ومدرّبها، وأما من يقوم بأمر الرعية فاللفظ الشائع بمعناه هو رجل السياسة.

استخدم أبو حيّان اللفظ في الشاهد الأول بمعناه العام، وفي الشاهد الثاني بمعنى الوالي.

سِكباجة: قال الشاعر: (مجزوء الكامل)

لهْفي على سِكْباجةٍ تَشْفي القلوب من السَّقامِ

(الإمتاع والمؤانسة، ج 2، ص 51).

وعشق رجل جارية رومية كانت لقوم ذوي يسار، فكتب إليها يوماً: جُعِلت فداكِ، عندي اليوم أصحابي، وقد اشتهيت اليوم سكباجة بَقَرِيَّة... (الإمتاع والمؤانسة، ج 3، ص 8).

قال أبو الحسن : أخبرني الفرّاء قال: العرب تسمي السِّكباجة الصَّعفْصَة. (الإمتاع والمؤانسة، ج 3، ص 13).

أهمله الجوهري و ابن منظور . وقال ابن منظور في باب صعفص: الصَّعْفَصَة السِّكباج. (عن الأزهري). وحكي عن الفرّاء : أهل اليمن يسمون السِّكباجة صَعْفَصَة. (لسان العرب، ج 7، ص 51).

السّكباج من الألفاظ التي تفرّدت بها الفرس دون العرب . وهو من ألوان الطبيخ. (الثعالبي ، فقه اللغة وأسرار العربية، ص 198).

السكباج: مرق يعمل من اللحم والخل معرّب سكبا وهو مركّب من سك أي خل ومن با أي طعام. (أدي شير ، الألفاظ الفارسية المعرّبة، ص 92).

وسيط: السِّكْباج طعام يعمل من اللحم والخل مع توابل وأفاوية. القطعة منه سِكباجة. (مع) (المعجم الوسيط، ج 1، ص 438).

السلاح: إن الناس قد جلوا عن أوطانهم وفُتِنوا في أديانهم، وضعفوا عن حقيقة إيمانهم، للرعب الذي أذهلهم، والخوف الذي وهلهم، وإنما هم بين أطفال صغار، ونساء ضعاف، شيوخٌ قد أخذ الزمان منهم فهم أرض لكل واطىء ونَهْبٌ لكل يد، وشباب لا يقفون لعدوّهم لقِلّة سلاحهم ... (الإمتاع والمؤانسة، ج 3، ص 155).

... كما ترى لا نقلّب مَخصَّرَة بِكَفّ، ولا نرمي دحروجةً بِيَدٍ، ولا نعرف سلاحاً إلّا بالاسم. (الإمتاع والمؤانسة، ج 3، ص 156).

السلاح ما يُقاتَل به. وكان أبو عبيدة يفرّق بين السلاح والجِنَّة، فيقول: السلاح ما قوتل به، والجِنَّة ما اتُّقِيَ به، ويحتج بقوله: (البسيط).

وحيث تَرى الخيل بالأبطال عابسة

ينهض بالهُنْدَوانيات و الجُنَنِ

فجعل الجُنَن غير السيوف. (ابن فارس ، مقاييس اللغة، ج 3، ص 94).

والسلاح اسم جامع لآلة الحرب، وخَصّ بعضهم به ما كان من الحديد، يُذَكّر ويؤنَّث، والتذكير أعلى لأنه يجمع على أسلحة. وربما خص به السيف، قال الأزهري : والسيف وحده يسمى سلاحاً، قال الأعشى : (الطويل)

ثلاثا وشهرا، ثم صارت رَذِيّة

طليحِ سِفارٍ، كالسِّلاحِ المُفَرَّدِ

يعني السيف وحده، والعصا تسمى سلاحاً، ومنه قول ابن أحمر : (الوافر)

ولسْتُ بِعِزْنَةٍ عرِكٍ، سلاحي

عصا منقوبة، تَقِصُ الحمارا

وقول الطرماح يذكر ثوراً يهز قرنه للكلاب ليطعنها به: (الطويل)

يهزُّ سلاحا لم يرثها كَلالَةً،

يَشُكُّ بها منها أصول المغابِنِ

إنما عنى رَوْقَيْه، سماها سلاحاً لأنه يذبّ بهما عن نفسه، والجمع أسلحة وسُلُح وسُلْحان. (ابن منظور ، لسان العرب، ج 2، ص 486، وبيت الأعشى من الديوان، ص 189 وجاء في نهايته كالسلاح المُفَرَّد).

السِّلاح بالكسر والسِّلَح كعِنَب، وضَبَطه الفيّومي في المصباح كحَمَل، والسُّلحان بالضم: آلة الحرب، وفي المصباح ما يُقاتَل به في الحرب ويُدافَع، أو حديدتها، أي ما كان من الحديد، كذا خصه بعضهم. وربما خُص به السيف. قال الأزهري : والسيف وحده يسمى سلاحاً.

والسلاح القوس بلا وتر. والعصا تسمى سلاحاً. (الزَّبيدي ، تاج العروس، ج 6، ص 478).

ومن المجاز: أخذت إليّ الإبل سلاحها، وتسلحت بأسلحتها إذا سمنت في عينك وحَسُنت، (الزمخشري ، أساس البلاغة، ص 304).

قلت: من الطبيعي أن تكون العصا هي السلاح الأقدم ثم تطوّر اللفظ في زمان الأعشى إلى كل ما يقاتَل به، ومنه الى معنى السيف، حتى أصبح شائعاً بمعنى السيف وحده لأنه كان السلاح الأكثر شيوعاً، وانتقل معنى اللفظ في زماننا إلى كل ما يقاتَل به حتى صار يشمل كل آلة الحرب، ولا سيّما الأسلحة النارية. وأما السيف والسكين وما يشبههما فيُطلَق عليها اسم السلاح الأبيض.

وأمّا أبو حيّان فقد استخدم اللفظ بمعناه العام في الشاهد الأول، وبمعنى السيف في الشاهد الثاني بدليل أنه ميّز بين المَخْصَرة (العصا) والسلاح.

السلطان: كل من أصبح على وجه الأرض من أهل النار إلّا أمتنا هذه، و السلطان ومن يطيف به هلكى إلّا قليلاً، فإذا قطعت هذه الطبقة حتى تبلغ الشأم فأكله ربا وباغية... (الإمتاع والمؤانسة، ج 2، ص 195).

السلطان من كل شيء شِدَّته وحِدَّته وسَطْوَته، والسلطان الحِجَّة والبرهان كما جاء في القرآن { سَنُلْقِي فِي قُلُوبِ الَّذِينَ كَفَرُوا الرُّعْبَ بِمَا أَشْرَكُوا بِاللَّهِ مَا لَمْ يُنَزِّلْ بِهِ سُلْطَانًا وَمَأْوَاهُمُ النَّارُ } (151/ آل عمران) . والسلطان القهر والغلبة { وَمَا كَانَ لِيَ عَلَيْكُمْ مِنْ سُلْطَانٍ إِلَّا أَنْ دَعَوْتُكُمْ فَاسْتَجَبْتُمْ لِي} (22/ إبراهيم) . ومن ذلك سَلَّطه بمعنى مَكَّنَهُ، والسلطة بمعنى القوة والغلبة. وأصبح لفظ السلطان، مع الاستخدام، يعني الوالي لأن الوالي يسيطر بغلبة المال أو بغلبة القوة. والعلاقة بين اللفظين هي أن لفظ السلطان يعني قدرة الوالي وقوّته. (معجم ألفاظ القرآن الكريم، ص 304، وأنظر: لسان العرب، مادة: سلط

استخدم أبو حيّان اللفظ بمعنى الحاكم أو الوالي كما يفهم من الشاهد.

السُّنْبَاذَج: وأما الطبيعة التي تقهر طبيعة أخرى فمثل طبيعة السنباذج الذي يأكل الأحجار عند الحك أكلا ويُلِينها ويجعلها ملساء. (الإمتاع والمؤانسة، ج 2، ص 109).

أهمله الجوهري و ابن فارس و الثعالبي و الجواليقي و ابن منظور .

السُّنْبَاذَج، بالضم فسكون النون وفتح الذال المعجمة: حجر يجلو به الصيقل السيوف وتُجلى به الأسنان والجواهر. (الزبيدي ، تاج العروس، ج 6، ص 49).

السنباذج تعريب سنباده وهو حجر مُسنَّن. (أدي شير ، الألفاظ الفارسية المعرّبة، ص 94).

سنباذج Emery (E) Emeri (F)

شم (زر) سنباذج (Emeri) (F) فارسية معرّبة، ويرى الأب أنستاس ماري الكرملي في شرحه لكتاب نخب الذخائر في أحوال الجواهر أن السامور والشمور هما السنباذج لا الماس. ضرب من الياقوت مركب من حُبَيْبات ومحتوٍ على وسخ من أكسيد الحديد وسحيقه يستعمل في صقل المعادن والحجارة والبلّور. (مرعشلي ، الصحاح في اللغة والعلوم، ج 1، ص 616).

ويبدو من خلال شاهد الإمتاع والمؤانسة أن أبا حيّان يتفق مع ما ذكره الزَّبيدي والأمير مصطفى الشهابي في شرح معنى اللفظ.

السِّنْدان:... وذلك أن الماس لا يقهره شيء من الأحجار، وهو قاهر لها كلها، ولو تُرِك على السِّنْدان وطُرِق بالمطرقة لدخل في أحدهما ولم ينكسر. (الإمتاع والمؤانسة، ج 2، ص 110).

أهمله الجوهري .

السَّنْدان: الصَّلاءَة. (ابن منظور ، لسان العرب، ج 3، ص 223).

والصَّلايَة والصَّلاءَة: مُدُقّ الطِّيب، والصَّلاية كل حجر عريض يُدق فيه عطر أو هَبيد (حنظل). (ابن منظور، لسان العرب، ج 14، ص 468).

(سَنْدان الحداد، بالفتح) معروف.

السَّنْدان (بالكسر): العظيم الشديد من الرجال ومن الذئاب. يقال: رجل سِندان، وذئب سِنْدان أي عظيم شديد. عن الصغاني . (الزَّبيدي ، تاج العروس، ج 8، ص 221).

مج (اح): سَنْدان Incus (E) السندان عُظَيْم في الأُذُن المتوسطة في الثدييَّات يتصل بالمِطْرَقة من ناحية وبالرِّكَاب من الناحية الأخرى وينشأ من العظم المَرْبَعي. // (حض) السَّنْدان: Anvil كتلة من الحديد سطحها العلوي مستوٍ لها قرن من ناحية وبالناحية الأخرى استدقاق ويَسْنُد الحداد قِطَع الحديد على السندان.

شي (ث): سندان Enclume (F) أداة يطرق عليها الحديد. // ـ الصائغ Nigorne (مرعشلي ، الصحاح في اللغة والعلوم، ج 1، ص 617).

استخدم أبو حيّان لفظ السِّندان بمعنى سِندان الحداد، وسُمِّيَ كذلك لأنه يحمل معنى القوَّة.

السَّهم:... أحدهما يُدْفَع كما يُدْفَع السهم ويطلق عن القوس. (الإمتاع والمؤانسة، ج 1، ص 200).

السهم في الأصل واحد السهام التي يُضرَب بها في الميْسر وهي القِداح ثم سُمِّيَ به ما يفوز به الفالج سهمه، ثم كثر حتى سُمِّيَ كل نصيب سهماً.

والسهم مقدار ست أذرع في معاملات الناس ومساحاتهم.

والسهم واحد النَّبْل، وهو مَرْكَب النصل، قال ابن شُميل: السهم نفس النصل، وقال: لو التقطْتُ نصلا لقلتَ ما هذا السهم معك، ولو التقطْتُ قدحاً لم تقل ما هذا السهم معك، والنصل السهم العريض الطويل يكون قريباً من فِتْر. والسهم حجر يُجعَل على باب البيت الذي يبنى للأسد ليصاد فيه. (ابن منظور ، لسان العرب، ج 12، ص 308).

مج (اق) السهم: صك يمثل جزءاً من رأس مال الشركة يزيد وينقص تَبْع رواجها، // وثيقة به مطبوعة على شكل خاص.

وسيط: السهم: خط على شكل سهم القوس يشار به إلى الشيء (محدثة). // الخشبة المعترضة بين الحائطين. (المعجم الوسيط، ج 1، ص 459).

استخدم أبو حيّان اللفظ بمعنى السهم الذي يُرمى به عن القوس.

(السوق): اللهم نفّق سوق الوفاء فقد كسدت (الصداقة والصديق ص 30).

السُّوق: يُذَكَّر ويُؤَنَّث، قال الشاعر (الطويل):

بسوقٍ كثيرٍ ريحُهُ وأعاصِرُهْ ([301])

وسُوق الحرب: حَوْمَةُ القتال.

وسوّق القوم: إذا باعوا واشتروا. (الجوهري ، الصحاح، ج 4 ص 1499، مادة سَوَق).

والسُّوق (بالضم) (م) معروفة... قال ابن سيده: هي التي يُتعامل فيها [تذكّر وتؤنث]. وقال ابن دريد : السوق معروفة. تذكر وتؤنَّث. وأصل اشتقاقها من سِوق الناس بضائعَهم اليها، مؤنثة وتذكّر.

والجمع أسواق.. وسوق الحرب؛ حَوْمَةُ القتال.

(الزبيدي ، تاج العروس، ج 25، ص 476، مادة سَوَق).

الجوهري : ونَفَق البيع: نَفَاقاً (بالفتح): راجَ.

ونفِقت الدراهم (بالكسر): فنيت. ونفق الزاد يَنْفَقُ نَفَقاً: أي نَفِد.

(الجوهري ، الصحاح، ج 4، ص 1560).

الزبيدي : نَفَق البيْع: ينفُق (نفاقاً، كسَحاب: راج)، وكذلك السُّلعة تنفُق: إذا غَلَت ورُغِب فيها، ونفق الدِّرهم نَفاقاً كذلك، وهذه عن اللحياني، كأنّه قلّ

---

[301] وصدره: [ألم يعظِ الفتيانَ ما صار لِمّتي].

فرغِب فيه. ومن المجاز: نفقت السوق، أي؛ قامت وراجت. (الزبيدي ، تاج العروس، ج 26، ص 430).

كسَد المتاع وغيره (كنصَر وكرُم) اللغة الأولى هي المتداولة المشهورة، والفعل يَكْسُد (كسَاداً) بالفتح، و(كسوداً) بالضم (لم يُنفَقْ). وفي التهذيب أصل معنى الكَساد هو الفَساد، ثم استعملوه في عدم نَفَاق السِّلَع والأسواق، فهو كاسِد وكَسِيد، وسِلْعةٌ كاسِدَة، وكَسَدَت السُّوق تكسُد كَساداً، وسوق كاسِد، بلا هاءٍ، وكأنهم قصدوا النّسَب، أي ذات كساد... وأكسد القوم: كَسَدَت سُوقُهم، كذا في اللسان. (الزبيدي ، تاج العروس، ج 9 ص 108).

وقد استخدم أبو حيان الدعاء في معنى مجازي، اذ استعار النّفاق والكساد للدعاء.

وسوق الرقيق: (الصداقة والصديق ص 180).

المكان الذي تساق اليه الرقيق بهدف التجارة. (را. رقيق).

السياسة: ... يُجري الأمور بسنن الدين ما استجابت، فان عصت أخذ بأحكام السياسة التي هي الدنيا. (الإمتاع والمؤانسة، ج 2، ص 116).

السياسة: القيام على الشيء بما يُصلحه. والسياسة فعل السائس. (ابن منظور ، لسان العرب، ج 6، ص 108).

مج (تا): سياسة (Policy (E) Politique (F . // ـ ائتلافية خارجية (Bipartisan Foreign P. (E سياسة تتفق عليها هيئة الحكم والمعارضة إزاء المسائل الخارجية. // ـ الإدماج: Assimilation P. = P. d'a خطة سياسية اعلنتها فرنسا في مستعمراتها في افريقيا و آسيا مؤدّاها أن يصبح الوطني فيها مواطناً فرنسياً بشروط معينة من حيث اللغة والثقافة والعادات الاجتماعية. // ـ الفعّالة: سياسة عملية يتبع أصحابها التخطيط بالتنفيذ ولا يقفون عند البرامج

النظرية. // ـ المسالمة Appeasement Policy مَسْلَك سياسي يهدف إلى استتباب السلام بين دولتين أو أكثر. // ـ المشاركة Association P. = P. d'a سياسة أعلنتها فرنسا بعد الحرب العالمية الثانية لتطبيقها في بعض مستعمراتها في آسيا و أفريقيا ومؤداها أن يشارك مندوبو بعض المستعمرات في توجيه سياسة «الاتحاد الفرنسي» Union Française من باريس . // (اق). (Policy (E) Politique (F . // ـ اقتصادية Economic p. = p. Economique مجموع الوسائل التي تحاول بها الحكومة، أو سلطة عامة، تنظيم سير الاقتصاد القومي، أو فرع من فروعه، والأهداف التي ترمي إلى تحقيقها من وراء ذلك. // ـ تجارية Commercial P. = P. Commerciale ما تتخذه السلطات العامة في دولة ما من وسائل لتحقيق أهداف معينة تتعلق بعلاقاتها التجارية مع العالم الخارجي. وقد يستخدم اللفظ للإشارة الى هذه الأهداف أيضاً. // ـ السوق الحر Open market P. = P. du marché libre تعبير يستخدم للدلالة على سياسة البنوك المركزية في بيع الأوراق النقدية وشرائها لزيادة أو نقص المتداول من النقود. // ـ مالية Fiscal P. = P. fiscale قيام الحكومة بالتأثير في النشاط الاقتصادي بتدخلها في حجم النفقات والإيرادات الحكومية ونوعها. // ـ نقدية Monetary P. = Monétaire قيام الحكومة بالتأشير في النشاط الاقتصادي بتدخلها في كميَّة النقود المتداولة وسعر الفائدة // (اج) علم السياسة Politics (E) La politique . شم (رج): سياسة (بازاء) Policy (E) Politique (F)) . حراجية Forest p. = P. Forestière (أ) خطة إرشادية توضع في الحراجة أي علم الحراج، على مقتضى الأغراض الاجتماعية والاقتصادية التي يراد بلوغها. وفي جملة هذه الأغراض توزيع الأرض فيكون بعضها على شكل حرجة وبعضها على أشكال الانتفاع الأخرى بتلك الأرض. (ب) المبادىء العامة المتخذة في إيجاد الحراج وحفظها والانتفاع بها.

مد: السياسة الاقتصادية Economic Policy . (مرعشلي ، الصحاح في اللغة والعلوم، ج 1، ص 628).

نستنتج من هذه الدلالات أن لفظ السياسة انتقل، مع الاستخدام، من معنى القيام بالأمر إلى طريقة القيام بالأمر أو إلى خطة القيام بالأمر لإصلاحه. واستخدمه أبو حيّان بهذا المعنى.

فصل الشين

الشارع: ... ولو جرت الأمور على موضوع الرأي وقضية العقل، لكان معلّماً في مصطبة على شارع ، أو في دار. (الإمتاع والمؤانسة، ج 1، ص 70).

الشارع: الطريق الأعظم. (الجوهري ، الصحاح، ج 3، ص 1236. و ابن منظور ، لسان العرب، ج 8، ص 176) سمي بذلك لامتداده. ويقال أشرعت طريقاً، إذا أنفذته وفتحته. (أنظر؛ مقاييس اللغة، ج 3، ص 262).

شي (ث) الشارع (بإزاء) Avenue (F // ـ (مصطبة السور): Boulevard (مرعشلي ، الصحاح في اللغة والعلوم، ج 1، ص 660).

استخدم أبو حيّان اللفظ بالمعنى المعروف عند أصحاب المعجمات.

الشبوب: (الشّب):... وأما الطبيعة التي تعين طبيعة أخرى فمثل الزاجات والشبوب التي تجلو النار وتنيرها وتصبغها. (الإمتاع والمؤانسة، ج 2، ص 110).

الشّب: شيء يشبه الزاج. والشَّبوب بالفتح ما توقد به النار. (الجوهري، الصحاح، ج 1، ص 151).

والشّب: حجارة يُتَّخذ منها الزاج وما أشبهه، وأجودُه ما جلب من اليمن وهو شب أبيض، له بصيص شديد. (لسان العرب، ج 1، ص 483).

مج (وسيط) الشب: ملح متبلّر اسمه الكيمياوي: كبريتات الألمنيوم والبوتاسيوم، ويطلق على أشباه هذا الملح.

والشّبوب ما توقد به النار. (المعجم الوسيط، ج 1، ص 470).

الشبكة: وإن أخذ منها صياد بشبكة واحداً وثبتت كلها حتى تدخل الشبكة آبية فراق بعضها بعضاً. (الإمتاع والمؤانسة، ج 1، ص 175).

الشَّبَكَة: شَرَكَةُ الصائد التي يصيد بها في البر والماء. سُمِّيَت بذلك لتداخل خيوطها لأن أصل الشَّبْك التداخل والخلط. (أنظر: ابن فارس ، مقاييس اللغة، ج 3، ص 242. و الجوهري ، الصحاح، ج 4، ص 1593).

الشّبكة: الرأس وجمعها شَبَكٌ، والشَبَكَة المِصْيَدَة في الماء وغيره. والشَّبَكَة شَرَكَةُ الصائد التي يصيد بها في البر والماء، وغيره. والشبكة: الآبار المتقاربة، وقيل: هي الأرض الكثيرة الآبار (ابن منظور ، لسان العرب، ج 10، ص 447).

مج (كم) شَبَكَة (Grid (E // ـ الكهربائية Network electric عدة مواصلات متشابكة تُكوِّن في ما بينها مجموعة من الدوائر الكهربائية المترابطة ومن أمثلتها الشبكة الكهربائية المستعملة في توزيع القوى الكهربائية. // (سلك) ـ موازنة Balancing N. خط توصيل يمثل خواص خط أصلي في شبكة خدمة تلفونية. // (ط) ـ الإندوبلازم Endoplasmic Reticulum (E) R. (Endoplasmique (F شبكة تُرى بالمجهر الالكتروني في داخل سيتوبلازم الخليّة، وتتكون من أغشية مزدوجة. // ـ الخصية (E.F.) Rette testis قنيّات متشابكة في المنصَّف الخصيي (Mediastinum) . // ـ الشعرية تحت الحلمية R. Sub-Papillare شبكة الشعيرات الدموية في حُلَيّمات الأدمة. // ـ الشعرية الجلدية R. Cutaneum شبكة الشعيرات الدموية في الجلد. // ـ (اح) عصبية Nerve Net هي شبكة من خلايا عصبية ونتوءاتها تصل الخلايا الحسية بالعناصر العضلية في الجوف معويات شم (زر): شبكة (Réseau (F تُطلق في علم النبات على أنساج مختلفة

كالآتية. // ـ جذريّة R. Radicifère . // ـ صبغيّة R. Chromatique // ـ يخضورية R. Chlorophyllien .

مع (تب): شبكة (بإزاء) Le filet (F) . (مرعشلي ، الصحاح في اللغة والعلوم، ج 1، ص 643).

استخدم أبو حيّان اللفظ بمعنى شَرَكَة الصياد.

الشَّبَه: فمن لك بمعرفة الموزون أيّما هو حديد أو ذهب أو شَبَه أو رصاص. (الإمتاع والمؤانسة، ج 1، ص 110).

الشّبه: ضَرْبٌ من النحاس. وقيل هو النحاس يُصْبَغ فيصفرّ. سُمي بذلك لأنه يُشبَّه بالذهب (والأخير عن ابن سيده).

والشَبَه: ضَرْب من النحاس يُلقى عليه دواء فيصفرّ (عن الأزهري). (ابن منظور ، لسان العرب، ج 13، ص 505).

مج (جي): أشباه (م. شبه) الفلسبارات Felspathoids (E) مجموعة من المعادن قريبة الشبه بمجموعة الفلسبارات ولكنها غير مشبعة بالسليكا ويغلب وجودها في الصخور القلوية ومن أمثلتها اللوسيت والنفيلين. // ـ المعادن Mineraloides (F) Mineraloids (E) وهي مواد لا بلّوريّة تُشْبِه المعادن. (مرعشلي ، الصحاح في اللغة والعلوم، ج 1، ص 645).

شراب صريفين :... وعجل لنا يا غلام ما أدرك عند الطبّاخ، من الدجاج والفراخ و... ولو كنا نشرب لقلنا: و شراب صريفين . (الإمتاع والمؤانسة، ج 2، ص 180).

شراب صريفين نوع من الخمر كان يصنع في قرية صريفين . وهي اسم لعدة قرى، واحدة بالقرب من بغداد ، وأخرى بالقرب من واسط ، وثالثة بالقرب من الكوفة . وإلى هذا الموضع ينسب الخمر: وفيه يقول الأعشى : (المتقارب)

صَرِيفِيَّةٌ طيّبٌ طعمُها   لها زَبَدٌ بين كوزٍ و دَنِّ

(معجم البلدان، ج 2، ص 403، وورد بيت الأعشى في ديوانه هكذا:

صليفيّةً طيّباً طعمها　　　لها زُبَد بين كوبٍ و دنِّ

(الأعشى، الديوان، ص 17). وقد أبدلت الراء لاماً لقرب المخرج وصفة الذلاقة.

الشُّرطة: «فلمّا خرج وجّه إلى صاحب الشرطة ، فأخذ القيّم وحبسه. (الإمتاع والمؤانسة، ج 2، ص 52).

أبو عَمْرَة : صاحب شرطة المختار بن عبيد ، كان لا ينزل بقوم إلّا اجتاحهم... (الإمتاع والمؤانسة، ج 2، ص 53).

الشرطة: (ج) شُرَط: العلامة. والشرطي منسوب إلى الشرطة.

وشُرَط السلطان: نُخْبَة أصحابِه الذين يقدمهم على غيرهم من جنده. وقيل الشُرَط هم أول كتيبة تشهد الحرب وتتهيأ للموت.

وتعود التسمية إلى أن الشُّرَط أعلموا أنفسهم بعلامات يُعرفون بها، أو لأنهم كانوا يتقدمون الجيش. والتفسيران مقبولان لأن علامة الشيء أوله. (أنظر: الجوهري ، الصحاح، ج 3، ص 1136، و ابن فارس ، مقاييس اللغة، ج 3، ص 260، و ابن منظور ، لسان العرب، ج 7، ص 330).

وانتقل لفظ «صاحب الشرطة» مع الاستخدام من هذه المعاني ليطلق في الدولة العباسية عن من يُقيم أحكام الجرائم في حال استبدائها أولاً ثم الحدود بعد استيفائها. وسمي في أفريقيا : الحاكم، وفي دولة الأندلس : صاحب المدينة، وفي دولة الترك : الوالي. (ابن خلدون ، المقدمة، ص 251). ثم أطلق اللفظ في عصرنا على تلك الفئة التي تحفظ الأمن. ومن ذلك شرطة السير: يطلق على الذين يقومون بتنظيم السير. وشرطة البلدية. وشرطة مجلس النواب، والشرطة القضائية، والشرطة العسكرية.

الشِّطرنج :... يقال: فلان خفيف الروح، وفلان حَسَن الوجْه، وفلان

ظريف الجملة، حُلْوُ الشمائل، قوي الدست في الشِّطْرَنج ... (الإمتاع والمؤانسة، ج 1، ص 18).

الشّطرنج: لعبة مشهورة والسين لغة فيه. قيل هو معرَّب شُدْرَنْك أي من اشتغل به ذهب عناؤه باطلاً (الخفاجي ، شفاء الغليل، ص 114) وقيل هو معرّب شَتْرَنْك أي ستة ألوان لأن له ستة أصناف من القطع التي يلعب بها وهي الشاه والفِرْزان والرّخ والفَرَس والفيل والبَيْذَق. (البستاني ، محيط المحيط، ص 466). والكسر في شين الشّطرنج أجود ليكون من باب جِرْدَحْل إذ ليس في كلام العرب أصل فَعْلَل بفتح الفاء (ابن منظور ، لسان العرب، ج 2، ص 308، و الجواليقي ، المعرّب، ص 209).

والشطرنج لعبة قديمة قيل إن أصلها هندي صُنعت في أيام ملكهم بلهيت الذي قضى بِلَعِبها على النّرد، وبيّن الظفر الذي يناله الحازم، والبَلِيَّة التي تلحق الجاهل، وحسب حسابها، ورتّب لذلك كتاباً للهند يعرف بطُرُق جَنْكا يتداولونه بينهم، ولَعِب بالشطرنج مع حكمائه. وجعلها مُصوَّرة تماثيل مشكلة على صُوَر الناطقين وغيرهم من الحيوان مما ليس بناطق، وجعلهم درجات ومراتب، ومثّل الشاه بالمدبِّر الرئيس وكذلك ما يليه من القطع، وأقام ذلك مثالاً للأجساد العلوية التي هي الأجسام السماوية من السبعة والاثني عشر، وأفرد كل قطعة منها بكوكب وجعلها ضابطة للمملكة. (المسعودي ، مروج الذهب، ج 1، ص 80).

ويذكر المسعودي أن جميع آلات الشطرنج على اختلاف هيئاتها ست صور لم يظهر في اللعب وغيرها، فأوّلها الآلة المربّعة المشهورة، وهي ثمانية أبيات في مثلها، ونُسِبَت الى قدماء الهند ، ثم الآلة المستطيلة، وأبياتها أربعة عشر في ستة عشر، والأمثلة تُنْصَب فيها في أول وهلة في أربعة صفوف من كلا الوجهين، حتى تكون الدواب منها في صفّين، والبيادق أيضاً أمامها في صفّين،

ومَسيرها كَمَسير أمثلة الصورة الأولى، والآلة المربعة ـ وهي عشرة في مثلها ـ والزيادة في أمثلتها قطعتان تسميان الدبابتين، ومسيرهما كمسير الشاه إلّا أنهما يأخذان ويؤخذان، ثم الآلة المدوّرة المنسوبة إلى الروم، ثم الآلة المدورة النجوميّة التي تسمى الفلكية، وأبياتها اثنا عشر على عدد بروج الفلك، مقسومة نصفين، وينقل فيها سبعة أمثلة مختلفة الألوان على عدد الخمسة الأنجم والنيرين وعلى ألوانهما. (المسعودي ، مروج الذهب، ج 4، ص 325).

وقد قيل في الشطرنج وألعابها أشعار كثيرة ذكر بعضها المسعودي ونسبها إلى اللاعبين. من ذلك (السريع).

نوادرُ الشطرنجِ في وقتها — أحَرُّ من ملتهَبِ الجَمْرِ
كم من ضعيفِ اللعْبِ كانت له — عَوْناً على مستحسَن القَمْرِ

ومن ذلك (البسيط):

أرضٌ مربعةٌ حمراءُ من آدمٍ — ما بين إلْفَيْن موصوفيْن بالكَرَمِ
تذاكرا الحرب فاحتالا لها شَبَها — من غير أن يسعيا فيها بسفكِ دمِ
هذا يَغيرُ على هذا، وذاك على — هذا يغير، وعين الحربِ لم تَنَمِ
فانظر الى الخيل قد جاشت بمعرفة — في عسكرين بلا طبلٍ ولا عَلَمِ

وقال أبو الحسن بن أبي البغل الكاتب، وكان من جلّة الكتّاب، وكبار العمال ومن اشتهر بمعرفة الشطرنج واللعب بها (الطويل):

فتى نَصَبَ الشطرنج كيما يرى بها — عواقبَ لا تسمو لها عَيْنُ جاهِلِ
وأبصرَ أعطابَ الأحاديثِ في غدٍ — بعينَيّ مُجِدٍّ في مَخِيلة هازلِ
فأجدَى على السلطان في ذاك أنه — أراه بها كيف اتقاءُ الغوائلِ
وتصريفُ ما فيها إذا ما اعتبرتَه — شبيهٌ بتصريف القنا و القنابلِ

(المسعودي ، مروج الذهب، ج 4، ص 326 ـ 327).

شطرنج (Chees (E) Echecs (F) .

وسع (حض) الشطرنج لعبة قديمة يلعبها شخصان على رقعة مربعة بها 64 مربعاً، ذات لونين مختلفين أحدهما فاتح والآخر غامق، وتوضع الرقعة بشكل يجعل اللون الفاتح على يمين اللاعب، ولكل لاعب 16 قطعة يلعب بها، ثمانٍ صغيرة تسمى بَيَادق (عساكر). تصفّ في الصف الثاني من ناحية كل لاعب والثماني الأخرى مختلفة وهي الشاه (الملك) والوزير ورخّان (طابيّتان) وفرسان وفيلان. وتصفّ هذه في الصف الأول من جهة اللاعب، وتحرّك هذه جميعها وفق القواعد المقررة لكل منها، وتخرج من اللعب حين يأتي حجر الخصم حسب حركته المقررة ليحل محلها في المربع الذي تحتله.
والقصد من اللعب هو حصر أو إخراج شاه الخصم من اللعب. وقد استولى الشطرنج على أَلْبَاب البشر منذ أقدم القرون. ومن المعتقد أن أصل اللعبة هندي ثم انتقلت إلى فارس ومنها إلى بلاد الشرق جميعاً، وأغلب الظن أن العرب نقولها إلى الأندلس ومنها انتقلت إلى أوروبا وقد بدأت مباريات الشطرنج العالمية في لندن 1851 ومنذ ذلك الوقت تقام المباريات الدولية كل عام. (مرعشلي ، الصحاح في اللغة والعلوم، ج 1، ص 667).

الشعيبي: ... وصار الناس أحزاباً في النّحل والأديان، فهذا نصيري ... وهذا شعيبي ... إلخ. (الإمتاع والمؤانسة، ج 2، ص 77).

الشعيبي: المنتمي الى الشُّعَيْبِيَّة ، وهم أصحاب شُعَيْب بن محمد أحمد شيوخ العَجَارِدة ، إحدى فرق الخوارج ، وقد برىء منهم حين أظهروا القَدَر.

ويعتقد شعيب أن اللـه خالق أعمال العباد، والعبد مكتسب لها قدرةً وإرادة، مسؤول عنها خيراً وشراً، مجازى عليها ثواباً وعقاباً. وفي ما عدا ذلك فهو يوافق العجاردة . (الشهرستاني ، الملل والنحل، ج 1، ص 131).

فصل الصاد

الصابئون: ولقد حدثنا أصحابنا الصابئون ... (الإمتاع والمؤانسة، ج 1، ص 128).

الصابئون قوم يعبدون الكواكب ويزعمون أنهم على ملّة نوح ، وقبلتهم مهب الشمال عند منتصف النهار. وسُموا بذلك لأنهم تركوا دينهم ودانوا بغيره. وكان الصابئون ينتشرون في بلاد فارس ولا سيّما حرّان. وقد لعبوا دوراً مهماً في الحياة الفكرية العربية الإسلامية لما لهم من آراء فلسفية، ولا سيما في الروحاينات. (الشهرستاني ، الملل والنحل، ج 2، ص 5، و الكفوي ، الكليات، ج 3، ص 128).

صاحب الشرطة : (را. شرطة).

الصادر : وإنك لتهَبُ الدرهم والدينار وكأنك غضبان عليهما، وتطعم الصادر والوارد كأنّ الـلـه قد استخلفك على رزقهما. (الإمتاع والمؤانسة، ج3. ص223).

الصادر: الراجع، والصَّدْر الرجوع.

قال ابن الأثير : الصَّدَر، بالتحريك: رجوع المسافر من مقصده والشاربة من الوِرْد.

وقال الليث: الصَّدَر: الانصراف عن الوِرْد. وقال أبو عبيد : صدرت عن البلاد، وعن الماء صدَرا.

والصادر: المنصرِف. (الزَّبِيدي ، تاج العروس، مادة صَدَرَ).

مج (اق) والصادرات (Exportation (E. F البضائع الوطنية التي تُرْسَل إلى دولة أخرى. (مرعشلي ، الصحاح في اللغة والعلوم، ج 1، ص 709).

ويُطْلَق الصادر في لغة الدواوين على كل ما يصدر عن الإدارة المعنيّة من معاملات وقرارات وبريد. تسجل في ديوان خاص يسمى ديوان الصادر.

استخدم أبو حيّان اللفظ بمعنى المنصرف من زيارتك.

صَبَهْبَذ: وكل صبهبذ كان من أَسْكَنَان وأَرْدَوَان... (الإمتاع والمؤانسة، ج 1، ص 79).

أهمله الجوهري . وأورده ابن منظور في مادة إصبهبذ بكسر الهمزة. إصبهبذ: اسم اعجمي، عن الأزهري . (ابن منظور ، لسان العرب، ج 3، ص 477).

قال الأزهري في الخماسي: وهو اسم أعجمي. وصادُه في الأصل سين. قلت: وقد وقع في شعر جرير وقال إنه معرّب، ومعناه الأمير، كذا ذكره غير واحد من الأئمة. (الزَّبيدي ، تاج العروس، ج 9، ص 435).

اسْپَهْبُد بالفارسية معناه قائد العسكر وهو أيضاً اسم و علم لملوك طبرستان . (أدي شير ، الألفاظ الفارسية المعرّبة، ص 107).

قلت: واللفظ ممات في زماننا.

الصَّدَف: من الجواهر المعدنية ما هو... طَلٌّ مُنْعَقِد... كالدُّر فانه طَلّ يرسخ في أصداف نوع من الحيوان البحريّ، ثم يغلظ ويجمد وينعقد فيه. (الإمتاع والمؤانسة، ج 2، ص 108).

الصّدَف: عَوَج في اليدين، والصّدف مَيْل في القدم (عن الأصمعي).

والصّدَف: كل شي مرتفع عظيم كالهدف والحائط والجبل. والصّدَف: الجانب والناحية. (عن الأصمعي). والصدف: جانب الجبل (عن ابن سيده).

والصَّدَف: المَحَار، واحدته صَدَفَة.

والصَّدَف غشاء خلق في البحر تضمه صدفتان مفروجتان عن لحم فيه روح يسمى المَحَارة، وفي مثله يكون اللؤلؤ. (عن الليث). وصدف الدُّرَّة غشاؤها. (عن الجوهري). والصّدف: غلاف اللؤلؤ وهو من حيوان البحر. (ابن منظور ، لسان العرب، ج 9، ص 187).

مج (جغ): الصّدف (ج) أصداف Bluff (E) Escarpement (F) الصدف مُرْتَفَع من الأرض ذو جانب شديد الانحدار حتى ليكاد يكون رأسياً، وكثيراً ما يكون نتيجة التعرية النهرية.

مج (جي): صَدَفَة (ج) صَدَف وأَصْدَاف Shell (E) Coquille (F) هي الهيكل الخارجي الكلسي للحيوانات اللافقارية في ما عدا المرجان والشَّوْك جلديات وقد تكون في هيئة حلزون من حجرة واحدة أو حجرات عديدة أو تكون في هيئة مصراعين. // ـ إسْفِنْجِيَّة: صدفة ذات ثقوب ودروب متشابكة تشبه الإسفنج. // ال ـ الجنين: أول جزء من الهيكل الصلب للمحارة يفرز حول الجنين ويكون خالياً من أية زخرفة. ويندر أن تظل الصدفة النامية أو الصدفة في الحالة الحفرية محتفظة بالصدفة الجنين. (مرعشلي ، الصحاح في اللغة والعلوم، ج 1، ص 711).

والصدف عند أبي حيّان هو غشاء الدرّ كما يتبيّن من الشاهد.

الصفصاف: إن النخل والموز لا ينبتان إلّا في البلدان الدافئة والأرض اللينة التربة، والجوز والفستق وأمثالهما لا ينبتان إلّا في البلدان الباردة والأرض الجبليّة. والدلب وأم غيلان في الصحاري والقفار، والقصب والصفصاف على شطوط الأنهار. (الإمتاع والمؤانسة، ج 2، ص 107).

الصفصاف: شجر الخلاف. (الجوهري ، الصحاح، ج 4، ص 1387). وزاد ابن منظور : واحدته صفصافة، وقيل: شجر الخلاف شاميّة. (ابن منظور ، لسان العرب، ج 9، ص 196).

شم (زر): الصفصاف (Osier (F تطلق الكلمة الفرنسية على عدة أنواع من الصفصاف تستعمل أغصانها الغضة السهلة اللّيّ في صناعة السّلال وغيرها ومن هذه الأنواع صفصاف السّلّالين والصفصاف الفرفيري. (مرعشلي ، الصحاح في اللغة والعلوم، ج 1، ص 723).

الصناعة: ... ولكل طائفة من الناس في صناعتها وحلّها وعقدها كمال وتقصير. (الإمتاع والمؤانسة، ج 1، ص 73).

... صناعة الحساب. (الإمتاع والمؤانسة، ج 1، ص 97).

الصّناعة: حرفة الصانع، وعمله الصنعة. (الصحاح، ج 3، ص 1245، ولسان العرب، ج 8، ص 209).

الصِّناعة: كل عِلْم مارسه الرجل سواء كان استدلالياً أم غيره حتى صار كالحرفة له فإنه يسمى صناعة.

وقيل: كل عمل لا يسمى صناعة حتى يُتمكن فيه ويُتدرب وينسب إليه.

وقيل: الصَّنْعة (بالفتح) العمل، والصِّناعة قد تطلق على ملكة يقتدر بها على استعمال المصنوعات على وجه البصيرة لتحصيل غرض من الأغراض بحسب الإمكان.

والصّناعة (بالفتح): تستعمل في المحسوسات، وبالكسر في المعاني، وقيل: بالكسر حِرفة الصانع. وقيل هي أخص من الحِرفة، لأنها تحتاج في حصولها إلى المزاولة. (الكفوي، الكليات، ج 3، ص 90).

مج (حض): الصّناعة (Industry (E) Industrie (F الصناعة هي مجال العمل والأداء في الإنتاج الصناعي على وزن «فِعالة» مصدر يخصص لنوع الأداء (المهنة) (الصحاح في اللغة والعلوم، ج 1 ص 737).

استخدم أبو حيّان اللفظ بمعنى المهنة في المرة الأولى، وأما في الثانية فقصد منها علم الحساب.

الصوفيّة : أتظنّن بغرارتك وغمارتك، وذهابك في فسولتك التي اكتسبتها بمخالطة الصوفيّة والغرباء والمجتدين الأدنياء الأردياء، أنك تقدر على مثل هذه الحال. (الإمتاع والمؤانسة، ج 1، ص 7).

وسيط: الصوفية : التصوّف وعلم التصوّف: مجموعة المبادىء التي يعتقدها المتصوّفة والآداب التي يتأدبون بها في مجتمعاتهم وخلواتهم. (المعجم الوسيط، ج 1، ص 529).

مج (فل): تصوّف 1) Mysticism (E) Mysticisme (F) سيكولوجيا: حال نفسية يشعر فيها المرء بأنه على اتصال بمبدأ أسمى. (2) فلسفياً: نزعة تعَوِّل على الخَيَال والعاطفة أكثر مما تُعَوِّل على العقل والتجربة الحسيّة. (3) دينياً: علم القلوب الذي يبحث في أحوال النفس الباطنية ويسعى إلى تصفية القلوب والطهر والتجرُّد ويؤدي إلى الاتصال بالعالم العلوي: التصوُّف تصفية القلب عن موافقة البرية، وفارقة الأخلاق الطبيعية، وأخماد صفات البشرية، ومجانبة الدعاوى النفسانيّة، ومنازلة الصفات الروحانية، والتعلق بعلوم الحقيقة « الجرجاني، علي بن محمد الشريف : تعريفات، ص 61». (مرعشلي ، الصحاح في اللغة والعلوم، ج 1، ص 747).

وقد أُطلق اللفظ على هذه الفئة نسبة إلى صوفة أبو حي من مضر وهو الغوث بن مرّ ابن أُدّ بن طنجة بن إلياس بن مضر ، كانوا يخدمون الكعبة في الجاهلية ويجيزون الحج أي يفيضون بهم. وقيل إنهم من تميم .

قال ابن بري : وكانت الإجازة بالحج إليهم في الجاهلية، وكانت العرب إذا حجّت وحضرت عَرَفَة لا تدفع منها حتى يدفع بها صوفة، وكذلك لا ينفرون من مِنى حتى تنفر صوفة. (أنظر: ابن منظور ، لسان العرب، ج 9، ص 200). وأضاف الزمخشري: ولعل الصوفية نسبوا إليهم تشبيهاً بهم في الشّك والتعبُّد أو

إلى أهل الصُّفَّة. فقيل مكان الصُّفّيَّة الصوفيَّة بقلب إحدى الفاءين واواً للتخفيف، أو إلى الصوف الذي هو لباس العباد وأهل الصوامع. (الزمخشري ، أساس البلاغة، ص364). ويعيد بعض المؤرخين نسبة الصوفية إلى الصوف الذي كان لباس العبّاد وأهل الصوامع. (معجم المصطلحات العربية في اللغة والأدب، ص 228).

الصَيْرَفِيّ: ... فالناس أنقد لأديانهم وأحرص على الظفر ببغيتهم من الصيارفة لدنانيرهم ودراهمهم (الإمتاع والمؤانسة، ج 2، ص 16).

صارفهم عن المودة إنّهم قوم صيارف. (الصداقة والصديق، ص 41).

الصرف: فضل الدّرهم في القيمة، وجودة الفضَّة، وبيع الذهب بالفضة، ومنه الصيرفي لتصريفه أحدهما بالآخر والتصريف اشتقاق بعض من بعض.

وصيْرفيّات الأمور: متصرفاتها التي تتقلّب بالناس. وتصريف الرياح: تصرّفها من وجهٍ إلى وجه، وحالٍ إلى حال. كذلك تصريف الخيول والسيول والأمور. (الفراهيدي ، الخليل بن أحمد، كتاب العين، ج4، ص24).

الصيرفي: المحتال المتصرف في الأمور. قال سويد بن أبي كاهل اليشكري : (الرمل)

ولسانا صيرفيا صارما كحسام السيف ما مسّ قَطَعْ

والصَّيْرَفِيّ: الصَّرَّاف، من المصارفة، وقوم صيارفة (الصحاح، ج 4، ص 1386). ويزيد ابن منظور: الصيرفي والصّراف والصَّيْرَف: النَّقَّاد، من المصارفة وهو من التصرف، والجمع صيارف وصيارفة. (الجوهري ، الصحاح، ج 9، ص 190).

الصاد والراء والفاء معظم بابه يدل على رجع الشيء. من ذلك صرفت القوم صرفا وانصرفوا، إذا رجَّعتهم فرَجعوا... قال الخليل: الصرف فضل الدرهم

على الدرهم في القيمة، ومعنى الصرف عندنا أنه شيء صرف إلى شيء. كأن الدينار صرف إلى الدراهم، أي رجع إليها، إذا أخذت بدله. قال الخليل: ومنه اشتق اسم الصيرفي، لتصريفه أحدهما إلى الآخر. (ابن فارس ، مقاييس اللغة، ج 3، ص 343).

فصل الضاد

الضرب: ... وسأل مرّة عن الطرب على الغناء و الضرب . (الإمتاع والمؤانسة، ج 1، ص 215).

الضرب: فن التلحين. والأصل مأخوذ من ضربت ضرباً إذا أوقعت بغيرك ضرباً. (أنظر: ابن فارس ، مقاييس اللغة، ج 3، ص 397). ثم استعير للدلالة على الضرب على آلات الموسيقى. وتوسع المعنى للدلالة على الضرب على أية آلة كالآلة الكاتبة والآلة الحاسبة. واستخدمه أبو حيّان بمعنى الضرب على آلات الموسيقى.

الضريبة: وكانوا يرجعون إلى نقائب ميمونة، وإلى ضرائب مأمونة. (الإمتاع والمؤانسة ج 1، ص 17).

يقال: للسَّجِيَّة والطبيعةِ الضريبةَ، كأن الإنسان قد ضُرِب عليها ضَرْباً وصِيغ صيغة. والضريبة ما يُضرب على الإنسان من جزية وغيرها. والقياس واحد، كأنه قد ضُرب به ضرباً. (ابن فارس، مقاييس اللغة، ج 3، ص 398).

الضريبة: الطبيعة والسجيّة، تقول: فلان كريم الضريبة، ولئيم الضريبة. وكذلك تقول في النحيّة، والسليقة...

والضريبة: واحدة الضرائب التي تؤخذ في الأرصاد والجزية ونحوها، ومنه ضريبة العبد، وهي غلّته.

والضريبة: المضروب بالسيف، وإنما دخلته الهاء وإنْ كان بمعنى مفعول لأنه صار في عداد الأسماء، كالنطيحة والأكيلة.

الضريبة: الصوف أو الشعر يُنْفَش ثم يُدْرَج ويُشَدّ بخيط ثم يغزل، والجمع الضرائب. (الجوهري ، الصحاح، ج 1، ص 170).

ابن سيده : وربما سمي السيف نفسه ضريبة. (ابن منظور ، لسان العرب، ج 1، ص 544).

استخدم أبو حيّان اللفظ بمعنى السجية والطبيعة.

فصل الطاء

الطب: ... وهو شديد التعصب على أهل الحكمة والناظرين في أجزائها كالهندسة والطّب والتنجيم والموسيقى والمنطق والعدد. (الإمتاع والمؤانسة، ج 1، ص 54).

الطِّب: العلم بالشيء. يقال رجب طَب وطبيب أي عالِم حاذِق.

والطِّب: السّحر، يقال: مطبوب أي مسحور، (ابن فارس ، مقاييس اللغة، ج 3، ص 407).

الطِّب: علاج الجسم والنفس... والطَّبّ والطُّبّ: لغتان في الطّب.

والمطبوب: المسحور. قال أبو عبيدة : إنما سمي السحر طُبّاً على التفاؤل بالبرء. قال ابن سيده : والذي عندي أنه الحذق.

والطِّب: الطِّويَّة والشَّهْوَة والإرادة، قال: (الخفيف)

إن يكن طِبُّكِ الفراق، فان البـ

ين أن تعطفي صدور الجِمالِ

(ابن منظور، لسان العرب، ج 1، ص 554).

مج (ط) الطب (بإزاء) (Medicine (E) Médicine (F) // ـ الإشعاعي، (الراديولوجيا) Radiology = Radiologie الطب الاشعاعي فرع من الطب يُعنى فيه بالمواد المشعة وأشعة رونتجن وغيرها من الإشعاعات المؤينة من حيث يستفاد بها في التشخيص. والعلاج. // ـ Pediatrics = pediatrie . // ـ الطبيعي/ العلاج بالطبيعة) Naturo pathy = Naturopathie طريقة للعلاج لا

تستعمل فيها عقاقير بل القوى الطبيعية كالهواء والشمس والماء والحرارة والتدليك. // ـ الطيران (Aviation M. (E هو الذي يعالج الشؤون الصحيّة للذين يزاولون مهنة الطيران الحربي والمدني.

شم (زر): طب بيطري، (طب الحيوان) (Médecine Vétérinaire (F طب الحيوانات الدواجن خاصة، والطبيب يسمى طبيب الحيوان. // ـ الخيل، بيطرة الخيل Hippiatrie علم يبحث في أمراض الخيل ومداواتها.

كوش (فل): الطب العقلي (Psychiatry (E) Psychiatrie (F فرع من الطب يتناول دراسة جميع الاضطرابات العقلية والنفسية وعلاجها وتوضيح وسائل الوقاية والصحة العقلية. وهو يستند من جهة إلى علم النفس المَرَضي ومن جهة أخرى إلى الطب العام. (يوسف مراد) (مرعشلي ، الصحاح في اللغة والعلوم، ج 2، ص 25).

ويستفاد من شاهد أبي حيّان أن الطب في القرن الرابع الهجري كان ممزوجاً بالحكمة فاعتبره أبو حيّان جزءاً منها، ثم أخذ يتطور حتى أصبح علماً مستقلاً بذاته. وأما الطب بمعنى السحر فيدلنا على أن العلاج كان يتم بواسطة السحر والشعوذة.

الطبريّون: ... فأناظِرهُم فيك وبسببك، لا مناظرة الحنبليين مع الطبريّين ... إلخ، (الإمتاع والمؤانسة، ج 1، ص 188).

الطبريون: أصحاب أبي جعفر محمد بن جرير الطبري (ت 310 هـ/923 م). وكان مؤرخاً وموسوعياً ومفسراً ومقرئاً ومحدِّثاً، على مذهب الشافعية. ثم استقلَّ عنهم وأسَّسَ لنفسه مذهباً خاصاً. وكان أصحابه شديدي الخصومة مع الحنابلة لأن الطبري اعترف بابن حنبل محدِّثاً ولم يعترف به فَقيهاً. ولما تُوُفِيَ الطبريُّ مَنَع الحنابِلَةُ الناسَ من دَفْنِه نهارا، فدُفِن في داره ليلاً. (متز ، الحضارة الإسلامية في القرن الرابع الهجري، ج 1، ص 388).

الطبيب : لكن بقي أن تفهم أنك مُحتاج إلى الأساكفة أكثر مما تحتاج إلى العطّارين، ولا يدل هذا على أن الإسكاف أشرف من العطار، والعطار دون الإسكاف، و الأطباء أقل من الخيَّاطين، ونحن إليهم أحْوَج، ولا يدل على أن الطبيب دون الخياط. (الإمتاع والمؤانسة، ج 1، ص 102).

يقال رجل طبّ وطبيب أي عالم حاذق. قال (علقمة الفحل) (الطويل):

فإن تسألوني بالنساء فإنني بصير بأدواء النساء طبيب

(ابن فارس، مقاييس اللغة، ج 3، ص 407 والبيت في ديوان علقمة، ص 131).

الطبيب: العالم بالطب. والمتطبّب: الذي يتعاطى عِلْم الطب. وكل حاذق طبيب عند العرب. قال المرّار بن سعيد الفقعسي (الطويل)

يدين لمزرورٍ إلى جَنْب حَلْقَةٍ من الشبهِ سوّاها بِرِفْقٍ طبيبُها

(الجوهري ، الصحاح، ج 1، ص 170). وزاد ابن منظور : الطَّب والطَّبيب: الحاذق من الرجال، الماهر بعلمه، أنشد ثعلب في صفة غراسة نخل (الرجز):

جاءت على غَرْسِ طبيبٍ ماهرِ

وقد قيل إن اشتقاق الطبيب منه، وليس بقوي وكل حاذق بعلمه: طبيب عند العرب . وفي حديث سلمان وأبي الدرداء : بلغني أنك جُعِلْتَ طبيباً، الطبيب في الأصل الحاذق بالأمور، العارف بها، وبه سمي الطبيب الذي يعالج المرضى، وكني به ههنا عن القضاء والحكم بين الخصوم، بمنزلة الطبيب من إصلاح البدن. (لسان العرب، ج 1، ص 553).

مج (ط) الطبيب (Medical Doctor (E) Médecin (F) مَنْ حِرْفَتُه الطب أو الطبابة وهو الذي يعالج المرضى ونحوهم. (مرعشلي ، الصحاح في اللغة والعلوم، ج 2، ص 25).

استخدم أبو حيّان لفظ الطبيب بمعناه الشائع في عصرنا.

ألفاظ الحضارة عند أبي حيّان التوحيدي

الطبيعيون: ... ينبغي أن تخطو على آثار المنطقيين و الطبيعيين والمهندسين... إلخ. (الإمتاع والمؤانسة، ج 1، ص 107).

الطبيعيون: لفظ أُطلق على عدد من الفلاسفة الذين فسروا الظواهر انطلاقاً من الطبيعة، وقالوا بوجود العالم بنفسه دون حاجة إلى علّة خارجيّة. (انظر: فلسفة).

الطِّراز: ... الفيء وهو أرض العُنْوَة وأرض الصُّلح... إلى غير ذلك من الأمور المحتاجة إلى المكاتبات البالغة على الرسوم المعتادة والعادات الجارية، كعهد ينشأ في إصلاح البريد... وكتاب في العمارة... وفي المساحة وفي الطراز ... إلخ. (الإمتاع والمؤانسة، ج 1، ص 99).

الطِّراز: عِلْم الثوب، فارسي معرّب. والطراز: الهيئة قال حسان بن ثابت (الكامل):

بيضُ الوجوه كريمةٌ أحسابُهم

شمُّ الأنوفِ من الطِرازِ الأوّلِ

أي من النَّمَط الأول. (الجوهري ، الصحاح، ج 3، ص 883. والبيت في ديوان حسان ، ص 310).

الطّرز: البَزّ والهيئة. والطَّرْز: بيت إلى الطول، فارسي، وقيل: هو البيت الصيفي. قال الأزهري : أراه معرّباً وأصله تِرْز.

والطِّراز: ما يُنسَج من الثياب للسلطان، فارسي أيضاً، والطِّرْز والطّراز: الجيد من كل شيء. الليث: الطِّراز معروف، هو الموضع الذي تُنسج فيه الثياب الجياد، وقيل: هو معرّب وأصله التقدير المستوي بالفارسية، جعلت التاء طاء. والطَّرْز والطِّرْز: الشكل. (والأخير عن ابن الأعرابي). (ابن منظور ، لسان العرب، ج 5، ص 368).

والطّراز: مقسم ماء النهر. (مفاتيح العلوم، ص 69)، وهو المعنى الذي استخدم أبو حيّان اللفظ فيه.

الطَّسوج: ... يأخذ الدانق والقيراط والحبّة والطَّسوج والفِلْس بالصَّرْف والوزن والتطفيف... إلخ. (الإمتاع والمؤانسة، ج 1، ص 34).

الطسوج: الناحية. والطَّسوج أيضاً: حبّتان. والدانق أربعة طساسج، وهما معرّبان (الجوهري ، الصحاح، ج 1، ص 327).

وكان الطسوج يساوي 1237 غراماً من الفضة. (الصالح صبحي ، النظم الإسلامية، ص 428).

الطَّلْق: ومن الجواهر المعدنية ما هو ترابيّ رَخْو لا يذوب ولكن ينفرك، كالملح والزاج، و الطَّلْق . (الإمتاع والمؤانسة، ج 2، ص 107).

أهمل الجوهري أنَّ الطَّلْق من الجواهر المعدنية. قال: والطِلْق بالكسر: الحلال. يقال: هو لك طِلْقا. وأنت طِلْقٌ من هذا الأمر، أي خارج منه. (الصحاح، ج 4، ص 1518).

الطَّلق دواء مُعرّب تَلْك. (أدي شير ، الألفاظ الفارسية المعرّبة، ص 113).

وأورده ابن منظور بفتح الطاء واللام. قال: الطَّلَق: ضرب من الأدوية، وقيل هو نَبْتٌ تستخرج عصارته فيتطلّى به الذين يدخلون النار. الأصمعي: يقال لضرب من الدواء أو نبت طَلَقٌ. (لسان العرب، ج 10، ص 231).

(وسيط). الطَّلق: نبت يستعمل في الأصباغ. // ـ حجر براق شفاف ذو أطباق يتشظى إذا دُقّ صفائح، ويُطحن فيكون مسحوقاً أبيض يُذَرّ على الجسد فيكسبه برداً ونعومة. (مع). (المعجم الوسيط، ج 2، ص 563).

مج (ك) طلق Talc (E.F.) هي سِلْكيّات المغنسيوم المائية وصيغتها الكيميائية (3 مغ أ 4س أ2 يد2 أ.) ويوجد في الطبيعة، ويطحن على شكل مسحوق أبيض يستخدم في تحضير المساحيق. (الصحاح في اللغة والعلوم، ج 2، ص 47).

والتعريف الأخير لمجمع اللغة قريب من تعريف أبي حيّان.

الطَّنينات وأنصاف الطَّنينات: ... أنّ الإنسان وإنّ التذَّ بالدستنبان فلن يعدَّ موسيقاراً إلا إذا تحقّق بمبادئه الأُوَل التي هي الطَّنينات وأنصاف الطَّنينات. (الإمتاع والمؤانسة، ج2، ص85). الطَنينات ج طَنين: والطَّنين صوت الأُذُن والطَّسْت، ونحوه. وطنّ الذباب: إذا طار وسمعت لطيرانه صَوْتاً. (الفراهيدي ، الخليل بن أحمد ، العين، ج4، ص132). والطنين: صوت الشيء الصلب.. وصوت القطع. (ابن منظور ، لسان العرب، ج13، ص269).

مج (مو): طنين (Tinnitus (E // (صو) ـ tone لفظ يطلق على: (1) النغمة النقيَّة ذات التردد المعيّن غير المصحوبة بنغمات أخرى ومثالها النغمة الصادرة من شوكة رنّانة (2) المسافة الموسيقية التي مقدارها {9\8 over} أو {10\9 over} . // الصغير Minor. T اسم يطلق في الموسيقى على المسافة {10\9 over} . // ـ الكبير Major. T اسم يطلق في الموسيقى على المسافة {9\8 over} . // ـ نصف-، بقيَّة Semi. T=Limana ويطلق على المسافة {16\15 over} . (مرعشلي ، الصحاح في اللغة والعلوم، ج2، ص50).

والملاحظ أن التوحيدي يستخدم الكلمتين بما تعنينانه في لغة الموسيقى، الأمر الذي يدل على أن مثل هذه الاصطلاحات شاعت في زمانه بفعل تطور الحضارة.

فصل الظاء

فصل العين

العارض: ... وقلتَ أنا أرعى حقَّك القديم... وأوصِلَك إلى الأستاذ أبي عبد الله العارض . (الإمتاع والمؤانسة، ج 1، ص 4).

العارض من يُعرِّف العسكر ويَحْفَظ أرزاقهم ويوصلها إليهم، ويعرِض العسكر على الملك إذا احتيج إلى ذلك. (السمعاني، الأنساب، ج 8، ص 312).

ويعود أصل التسمية إلى العَرْض الذي هو ضد الطول، فكأنما العارض يُمرّ الجند عليه، أو كأنه ينظر الى العارِض من حالهم، أو كأنه يرى عَرْضَهم. واشتُقّ من ذلك «العَرْض العسكري»، وأخذ من هذا الأخير معنى الجيش العظيم. (أنظر: ابن منظور ، لسان العرب، مادة عَرَضَ).

العاشر: الفيء وهو أرض العنوة وأرض الصلح... وما يخرج من البحر وما يؤخذ من التجار إذا مروا بالعاشر ... (الإمتاع والمؤانسة، ج 1، ص 99).

العاشِر: الذي يأخذ من التجار عُشْر ما معهم، وقد حُمِل المعنى على العدد. فقيل عَشَرْتُ القوم أَعْشُرهم إذا أخذت عُشْر أموالهم، ومنه أُخِذ العاشِر والعَشّار. ولم تكن هذه الوظيفة جديدة في القرن الرابع الهجري، بل جاءت امتداداً لتدبير جاهلي يقضي بأخذ العُشْر من أموال التجارات، ولما جاء

الإسلام أعفى التجار المسلمين من هذه الضريبة وبقيت تفرض على أهل الذِمَّة. (أنظر: ابن منظور، لسان العرب، ج 4، ص 568).

استخدم أبو حيّان اللفظ بمعنى الذي يأخذ العشر من أموال التجار.

العامل: ... ظلم العمال من ظُلمة الأعمال... (الإمتاع والمؤانسة، ج 2، ص 62).

العامل هو الذي يتولى أمور الرجل في ماله ومُلْكِه وعمله، ومنه قيل للذي يستخرج الزكاة: عامل.

والعامل في العربية: ما عمل عملاً ما فرفع أو نصب أو جرّ (ابن منظور ، لسان العرب، ج 11، ص 474).

مج (فل) العامل (Factor (E) Facteur (F) بوجه عام ما يؤدي إلى نتيجة أو حدث تاريخي.

شم (زر): عامل (ج) عمّال. (Ouvrier ،Tarvailleur (F . // ـ (رح) ـ مرطِّب (ج. عوامل مرطِّبة) (Produit humidifiant (F العامل المرطِّب هو حاصل كيمياوي إذا أضيف إلى الماء أو إلى مُذيب آخر، يقلل من توتره السطحي، ويحسّن بذلك حصول تماس مع المادة التي تعالَج.

كوش (فل): عامل (ج) عوامل 1) (Factor (E) Facteur (F) في الرياضيات: هو العدد الصحيح الذي يقسم عدداً صحيحاً آخر دون باق، فالأعداد 6 و2 و7 عوامل للعدد 168. (2) ما يُسهم في تحديد الأحداث التاريخية. // ـ عام General F. = F. Géneral هذا الاصطلاح من وضع شارلز سبيرمان للدلالة على العامل الثابت الذي يشترك في جميع العمليات العقلية. (مرعشلي ، الصحاح في اللغة والعلوم، ج 2، ص 159).

ويبدو في ضوء شاهد الإمتاع والمؤانسة أن أبا حيّان يقصد بالعامل مستخرجَ الزكاة.

العَجَلَة: والقسم الآخر من خارج، وهو قسمان: أحدهما يُدْفَع دفعاً كما يُدْفَع السهم ويُطْلَق عن القَوْس، والآخر يُجرّ جراً كما تُجَرُّ العَجَلَة والجيفة. (الإمتاع والمؤانسة، ج 1، ص 200).

العجلة بالتحريك: التي يجرها الثور. والعجلة: الدّولاب، وقيل الخشبة المعترِضة على نعامتي البِئْر والغَرَب مُعَلَّق بها. وهذه المعاني مأخوذة من الإسراع. (أنظر: ابن منظور ، لسان العرب، ج 11، ص 425. و ابن فارس ، مقاييس اللغة، ج 4، ص 237).

شم (زر): عجلة (ج. عَجَل وعِجال) (Charrette (F عربة للنقل ذات دولابين من أشكالها الطنبر المعروف بهذا الاسم في الشام . // ـ البستاني Jardinière عربة ذات دولابين أو أربعة دواليب يُستعمَل في نقل الخضر إلى الأسواق.

مج (هـ) العجلة (Acceleration (E.F.) معدل تغيّر السُّرْعة بالنسبة للزمن. // (هم) ـ (Whell (E - طوق أو قرص قابل للدَوَران حول نفسه.

جر (فر): عجلة (Pulleywhell (E) Réa (Rouet) (F بَكَرة.

شي (ث) عجلة (Coupé (F عربة تكون مُغْلقة. // ـ رومانية Quadrige عربة تجرها أربع أفراس. // ـ نقل، طنبر Tombereau . // ـ اليد (Brouette (F) Wheelbarrow (E عربة لنقل الحجارة أو الأتربة ولها دولاب واحد. (مرعشلي ، الصحاح في اللغة والعلوم، ج 2، ص 82).

استخدم أبو حيّان العَجَلة بمعنى عجلة الثور.

العجم: ثم حضرته ليلة أخرى فأول ما فاتح به المجلس أن قال: أتُفَضِّل العرب على العجم أم العجم على العرب؟

قلت: الأمم عند العلماء أربع: الروم، والعرب، وفارس والهند، وثلاث من هؤلاء عجم ،... قال إنما أريد بهذا الفرس . (الإمتاع والمؤانسة، ج 1، ص 70).

العُجْم والعَجَم خلاف العُرْب و العَرَب . وأصل المعنى الصمت والسكوت. ومنه انتقل المعنى إلى عدم الإفهام والإفصاح، فقيل رجل أعجم أي لا يُفصح، وامرأة عجماء بَيِّنَةُ العجمة. ومن هذا المعنى انتقل اللفظ إلى مدلول آخر وأصبح يعني من ليس بعربي لأنه لا يفصح عما يقول أو لأن العربي لا يَفْهَم لغته. ومن ذلك انتقل اللفظ إلى معنى أخص ليدل على الفُرْس دون سائر الأعاجم. وسبب ذلك هو العلاقة المميزة التي كانت تربط العرب بالفرس منذ ما قبل الاسلام. (أنظر: ابن منظور ، لسان العرب، مادة عجـم).

العدد: ... وهو شديد التعصب على أهل الحكمة والناظرين في أجزائها كالهندسة والطب والتنجيم والموسيقى والمنطق و العدد . (الإمتاع والمؤانسة، ج 1، ص 54).

العدد: الإحصاء. الجوهري : عَدَدْتُ الشيءَ إذا أَحْصَيْتُه، والاسم العدد والعديد، (الجوهري، الصحاح، ج 2، ص 505).

كوش (فل): عدد (Number (E) Nombre (F عند الفيثاغوريين العدد ليس مجموعاً حسابياً بل مقداراً وشكلاً ولم يكونوا يرمزون إليه بالأرقام بل كانوا يُصَوِّرونه بنقط على قدر ما فيه من آحاد ويرقبون هذه النقط في شكل هندسي. فالواحد النقطة والاثنان الخط، والثلاثة المثلث، والأربعة المربع، وهكذا. ثم يصفون الأعداد بالأشكال فيقولون الأعداد المثلثة والمربعة والمستطيلة. (ب) عند كانط كل مَقولة لها رسم خيالي (Schème (F يدل عليها والعدد هو رسم الكميّة. (ج) عند برتراند رسل: العدد هو فئة من فئات متشابهة ينطبق على كل عدد من سلسلة الأعداد بغير استثناء. فهو ينطبق على الصفر كما ينطبق على العدد «أ». (د) عدد نهائي (F) N. Infini يفرق كانتور بين الأعداد النهائية واللانهائية من حيث إنّ الثانية لا تخضع كما تخضع الأولى لما يُسمى بالاستقراء الرياضي الذي خلاصته أنه اذا كان «ن» عدداً نهائياً فالعدد الناتج من

اضافة «ا» إلى «ن» يكون نهائياً كذلك ويكون مختلفاً عن «ن». وبهذا يمكن أن نبدأ بالصفر ثم تكون سلسلة أعداد بإضافات متوالية. أما الأعداد اللانهائية فليست كذلك إذ إنّ العدد اللانهائي لا يتغيّر بإضافة «ا» إليه ولا تتكون من الأعداد اللانهائية سلسلة مثل هذه الإضافات المتوالية. ثم إنّ العدد اللانهائي على خلاف العدد النهائي يساوي جزأه. فالكل والجزء في هذه الحالة يكونان مؤلّفَيْن من حدود عددها في الكل مساوٍ لعددها في الجزء. (مرعشلي، الصحاح في اللغة والعلوم، ج 2، ص 86).

العَرَض: ... قضينا ها هنا شيئاً ليس بجسم ولا جزء من الجسم، ولا هو عَرَض. (الإمتاع والمؤانسة، ج 1، ص 202).

ويتضح أيضاً عن كثب أن النفس ليست بعَرَض لأن العَرَض لا يوجد إلّا في غيره... (الإمتاع والمؤانسة، ج 1، ص 203).

العَرَض: من أحداث الدهر من الموت والمرض ونحو ذلك، قال الأصمعي : العَرَض الأمر يعرِض للرجل يُبتلى به. قال الليحاني: والعَرَض ما عَرَض للإنسان من أمر يحبسه من مرض أو لصوص. والعرض: ما يعرِض للإنسان من الهموم والأشغال. والعَرَض في الفلسفة: ما يوجد في حامله ويزول عنه من غير فساد حامله، ومنه ما لا يزول عنه. فالزائل منه كأدمة الشحوب وصفرة اللون وحركة المتحرك، وغير الزائل كسواد القار والسبح والغراب. (لسان العرب، ج 7، ص 165).

مج (فل) عرض Accident ما قام بغيره ويقابل الجوهر والذات. // ـ مفارق أو عام (F Accident (Séparable) صفة عَرَضِيَّة تُطلق على أكثر من نوع مثل؛ ماشٍ، يقابل العرض غير المفارق (Ac. Inseparable) عند فرفوريوس

و مناطِقَه العرب من بعده. // ـ (اح) ـ Adventitious (E) اسم للعضو النباتي الذي لا ينشأ من منشئه الأصلي.

كوش (فل): عَرَض 1) Accident (E.F) اسم العَرَض منقول بما يدّل به عند الجمهور وهو الشيء السريع الزوال. وينقسم بالجملة إلى المقولات التسع التي هي الكمية والكيْفِيَّة والإضافة وأين ومتى والوضع وله أن يفعل وأن ينفعل. (ابن رشد). (2) العَرَض اسم مشترك يقال: (أ) لكل موجود في محل. (ب) لكل موجود في موضوع. (جـ) للمعنى المفرد الكلّي المحمول على كثيرين حملاً غير مُقَوِّم وهو العَرَضي. (د) لكل معنى موجود للشيء خارج عن طبعه. (هـ) لكل معنى يُحمل على الشيء لأجل وجوده في آخر يقارنه. (و) لكل معنى وجوده في أول الأمر لا يكون. فالصورة عَرَض بالمعنى الأول فقط، والأبيض أي الشيء ذو البياض الذي يحمل على الثلج ليس عرضاً بالوجه الأول والثاني وهو عرَض بالوجه الثالث وذلك لأن هذا الأبيض الذي هو محمول غير مقَوّم هو في جوهر ليس في موضوع ولا في محل... (ابن سينا). الأعراض على نوعين قارّ الذات وهو الذي تجتمع أجزاؤه في الوجود كالبياض والسواد وغير قارّ الذات وهو الذي لا تجتمع أجزاؤه في الوجود كالحركة والسكون. (جرجاني) (3) ما قام بغيره ويقابل الجوهر والذات. (مرعشلي ، الصحاح في اللغة والعلوم، ج 2، ص 102).

العروض: ... وهو حسن القيام بالعَروض والقوافي، ويقول الشعر، وليس بذاك... (الإمتاع والمؤانسة، ج 1، ص 55).

... وقد استدرك مولانا على الخليل في العَروض وعلى أبي عمرو بن العلاء في اللغة... (الإمتاع والمؤانسة، ج 1، ص 58).

العَروض: الناقة لم تُرَض. والعَروض: ميزان الشعر، لأنه يُعارِض بها. وهي مؤنثة، ولا تجمع لأنها اسم جنس. والعَروض أيضاً: اسم الجِزْء الذي فيه آخر

النصف الأول من البيت، ويُجمع على أعاريض على غير قياس، كأنهم جمعوا إغْريضاً، وإن شئت جمعته على أَعَارِض.

والعَروض: طريق في الجبل.

قال ابن السِّكيت : يقال عرفت ذلك في عَروض كلامه، أي في فحوى كلامه ومعناه.

والعَروض: الناحية. والعَروض: المكان الذي يُعَارِضك إذا سرت (الجوهري ، الصحاح، ج 3، ص 1088).

العَروض: عَروض الشعر وهي فواصل أنصاف الشعر وهو آخر النصف الأول من البيت... وسُمي عروضاً لأن الشعر يعرض عليه، فالنصف الأول عروض لأن الثاني يبنى على الأول والنصف الأخير الشطر قال: ومنهم من يجعل العروض طرائق الشعر وعموده مثل الطويل يقول هو عروض واحد، واختلاف قوافيه يسمى ضروباً، قال: ولكل مقال، قال أبو اسحق : وإنما سمي وسط البيت عروضاً لأن العروض وسط البيت من البناء، والبيت من الشعر مبني في اللفظ على بناء البيت المسكون للعرب ، فقوام البيت من الكلام عَروضه كما أن قِوام البيت من الخِرَق العارضة التي في وسطه، فهي أقوى ما في بيت الخِرَق، فلذلك يجب أن تكون العروض أقوى من الضرب. (ابن منظور ، لسان العرب، ج 7، ص 184).

قصد أبو حيّان بالعروض: التفعيلة الأخيرة من الشطر الأول، في الشاهد الأول. وقصد في الشاهد الثاني ميزان الشعر.

العصّار: فلا أرى إلى جنبي من يصلي معي، فإن اتفق فبقّال أو عصّار أو ندّاف (الصداقة والصديق، ص 34).

العصّار هو الذي يعصر العنب ونحوه مما له دُهْنٌ أو شراب أو عَسَل، أي يستخرج ما فيه. وقد أهمله الجوهري . و ابن منظور و الزمخشري و الزبيدي ،

وقال ابن منظور : العصّار الملَك المُلْجَأ، ولم ترد الكلمة عنده بغير هذا المعنى. (ابن منظور، لسان العرب، ج 4 مادة عَصَر) و الزبيدي ، تاج العروس، ج 13 مادة عَصَر.

العطّار: لكن بقي أن تفهم أنك محتاج إلى الأساكفة أكثر مما تحتاج إلى العطارين ، ولا يدلُّ هذا على أن الإسكاف أشرف من العطّار ، والعطّار دون الإسكاف... (الإمتاع والمؤانسة، ج 1، ص 102).

العطّار: بائع العطر، وحرفته العطارة. (لسان العرب، ج 4، ص 582).

والعطّار: صانع العِطْر. قال الزمخشري : العطر: اسم جامع للأشياء التي تعالج للطيب، وهو عطّار ماهر في العطارة. (أساس البلاغة، ص 425).

(وسيط): بائع العطر ويطلق على بائع الأفاوية. (المعجم الوسيط، ج 2، ص 608).

العقل: ... وأي معونة لهؤلاء من العقل ولا عقل لهم؟ قلت: ههنا عقل بالقوة وعقل بالفعل ... إلخ. (الإمتاع والمؤانسة، ج 1، ص 23).

العقل: الحِجْرُ والنُّهْي ضد الحَمْق. والعقل التثبت في الأمور. والعقل: القلب، والقلب: العقل، وسمي العقل عقلاً لأنه يعقل صاحبه عن التورّط في المهالك أي يحبسه، وقيل: العقل هو التمييز الذي به يتميّز الإنسان من سائر الحيوان. (ابن منظور، لسان العرب، ج 11، ص 458).

والعقل عند الشريف الجرجاني جوهر مجرّد عن المادة في ذاته مقارن لها في فعله وهي النفس الناطقة التي يشير إليها كل أحد بقوله أنا، وقيل العقل جوهر روحاني خلقه الله تعالى متعلقاً ببدن الإنسان. وقيل العقل نور في القلب يعرف الحق والباطل وقيل العقل جوهر مجرد عن المادة يتعلق بالبدن تعلُّق التدبير والتصرُّف. (الجرجاني علي بن محمد الشريف، التعريفات، ص 157).

كوش (فل): عقل Intellect (E.F.) (أ) قوة تجريد «وأما العقل فإن من شأنه

أن ينتزع الصور من الهيولى ويتصورها مُفْرَدة على كنهها وذلك من أمره بيّن وبذلك صح أن يعقل ماهيات الأشياء، وإلا لم تكن ها هنا معارف أصلاً»، (ب) العقل قوة في الإنسان تدرك طوائف من المعارف اللامادِيّة. يدرك العقل أولاً ماهيّات المادِّيّات أي كنهها لا ظاهرها ويدرك ثانياً معاني عامة كالوجود والجوهر والعرض والعِلِّيّة والغاية والوسيلة والخير والشر والفضيلة والرذيلة والحق والباطل. ويدرك ثالثاً علاقات أو نِسباً كثيرة. ويدرك العقل رابعاً مبادىء عامة في كل علم وفي العلوم إجمالاً. ويدرك خامساً وجود موجودات غير مادية. (مرعشلي ، الصحاح في اللغة والعلوم، ج 2، ص 141).

العقل بالفعل: (أنظر الشاهد السابق).

العقل بالفعل وهو أن يصيّر النظريات مخزونة عند قوة العاقلة بتكرار الاكتساب بحيث يحصل لها ملكة الاستحضار متى شاءت من غير تجشّم كسب جديدة لكنّها لا يشاهدها بالفعل (الجرجاني، علي بن محمد الشريف، التعريفات، ص 158).

كوش (فل) العقل بالفعل هو استكمال النفس في صورة ما أو صورة معقولة حتى متى شاء عَقَلَها وأحْضَرها بالفعل. (مرعشلي ، الصحاح في اللغة والعلوم، ج 2، ص 141).

والعقل بالفعل هو ملكة استنباط النظريات من الضروريات. (الكفوي ، الكليات ج 3، ص 219).

العقل بالقوة: (أنظر الشاهد السابق).

كوش (فل) عند أرسطو: «العقل بالقوة كاللوح لم يُكْتَب فيه شي بالفعل»... إلّا أنه سيتضح لنا أن العقل بالقوة إنما يخرج إلى الفعل بسبب عقل هو دائماً بالفعل. (مرعشلي ، الصحاح في اللغة والعلوم، ج 2، ص 141).

العقل بالقوة: استعداد في الإنسان لأن يوجد فيه العقل والتوجُّه نحو المُدْرَكات. (الكليّات، ج 3، ص 219).

العقيق: ومن الجواهر العدنية ما هو صلب لا يذوب إلّا بالنار الشديدة ولا يُكْسَر إلا بالفأس كالياقوت و العقيق .

(الإمتاع والمؤانسة، ج 2، ص 107).

العقيق: خرز أحمر يُتَّخذ منه الفصوص، الواحدة عقيقة. (لسان العرب، ج 10، ص 260).

وسمي العقيق عقيقاً لِلَمَعَانِه، فكأنه يَشُقّ الضوء. قال ابن فارس: العين والقاف أصل واحد يدل على الشق وإليه يرجع فروع الباب بلطف. وقال الأصمعي: العقائق ما تلوّحه الشمس على الحائط فتراه يلمع مثل ريق المرآة. (ابن فارس، مقاييس اللغة، ج 4، ص 3).

مج (جي): عقيق Agate (E.F.) معدن سُليكي دقيق التبلّر مجزع صلد (درجة صلادته 7) وهو اذا صقل كان سطحه ذا زخرف وألوان جذَّابة. ويستعمل في الزينة. (مرعشلي ، الصحاح في اللغة والعلوم، ج 2، ص 140).

العنبر :... ومن الجواهر المعدنية... ما هو طلّ منعقد، كالعنبر والبادزهر، وذلك أن العنبر إنما هو طَلٌّ يقع على سطح ماء البحر، ثم ينعقد في مواضع مخصوصة في زمان مقدّر. (الإمتاع والمؤانسة، ج 2، ص 108).

العنبر: من الطِيب. وفي حديث ابن عباس : أنه سئل عن زكاة العنبر فقال: إنما هو شيء دسره البحر، هذا هو الطيب المعروف... والعنبر: الزعفران وقيل الوَرَس، والعنبر: التُّرْس، وإنما سمي بذلك لأنه يُتَّخذ من جِلْد سمكة بحرية يقال لها العنبر. (ابن منظور ، لسان العرب، ج 4، ص 610).

شم (زر) عنبر Spermhwale (E) Cachalot (F) Physeter (S) جنس لبونات بحرية كبيرة من رتبة الحوتِيّات.

مج (ك): عنبر Amber (E) Ambre (F) العنبر مادة راتينجية صلبة.

(مرعشلي ، الصحاح في اللغة والعلوم، ج 2، ص 165)، واللفظ الفرنسي مأخوذ من عنبر العربية. (لار، ص 37).

العود (الخفيف):

طرقَتْ ظبْية الرُّصافة ليلا

فهي أحلى من جسّ عودا وغنّى

(الإمتاع والمؤانسة، ج 2، ص 171).

وقد حضر لعبدك ولدي خِتانٌ أنت أولى الناس فيه بالقيام والقعود، بين الناي والعود... (الصداقة والصديق، ص 85).

العود: كل خشبة دَقَّت، ويُقال بل كلُّ خشبةٍ عودٌ،. والعود الذي يُتَبَخَّر به (مقاييس اللغة، ج 4، ص 183).

والعود ذو الأوتار الأربعة: الذي يُضرب به... والعوّاد: مُتَّخِذ العيدان. (ابن منظور ، لسان العرب، ج 3، ص 319).

مج (فن): عود (ج) أعواد وعيدان (Lute (E) Luth (F) آلة موسيقيَّة وَتَرِيَّة يُضرب عليها بريشة ونحوها.

شي (ث): عود هاتور (Sistre (F) هو آلة موسيقية فرعونية. (مرعشلي ، الصحاح في اللغة والعلوم، ج 2، ص 174).

فصل الغين

الغوّاص: قال أفلاطون : من يصحب السلطان فلا يجزع من قسوته كما لا يجزع الغوّاص من ملوحة البحر. (الإمتاع والمؤانسة، ج 2، ص 47).

الغين والواو والصاد أصل صحيح يدل على هجوم على أمر مستفِل. من ذلك الغوص: الدخول تحت الماء. والهاجم على الشيء غائص. وغاص على العلم الغامض حتى استنبطه. (ابن فارس ، مقاييس اللغة، ج 4، ص 402).

والغوّاص: الذي يغوص في البحر على اللؤلؤ، والغاصة مستخرجوه، وفعله الغِياصة. الأزهري : يقال للذي يغوص على الأصداف في البحر فيستخرجها غائص وغوّاص. (ابن منظور ، لسان العرب، ج 7، ص 62).

مج (وسيط): الغوّاصة (Sub-Marine (E) Sous-Marin (F سفينة حربية مهيأة للغوص في الماء والمكث تحته. وعملها تقذف سفن العدو بالطربيد.

مج (اج): غواصيات (Colymiformes (E جماعة من الطيور المائية من بينها الغوّاص أو الغطّاس. (مرعشلي ، الصحاح في اللغة والعلوم، ج 2، ص 213).

فصل الفاء

الفالوذَج: ... وعجّل لنا يا غلام ما أدرك عند الطبّاخ، من الدجاج والفراخ،... وفالوذَج عُمَر. (الإمتاع والمؤانسة، ج 2، ص 180).

خرج ابن المبارك يوماً إلى أصحابه، فقال لهم: نزل بنا ضيف اليوم فقال: اتخذوا لي فالوذجا ، فسرَّنا ذلك منه. (الإمتاع والمؤانسة، ج 3، ص 4).

قال حمدان : قلت لجارية أردت شراءها ـ وكانت ناعمة البدن رَطْبَة شَطْبَة غضَّة بَضَّة ـ: ما كان غذاؤك عند مولاك؟ قالت: المبَطّن. قلت: ما المبطّن؟ قالت: الأرز الريّان من اللبن، بالفالوذج الريّان من العسل، والخبيصة الريّانة من الدهن والسكر والزعفران. (الإمتاع والمؤانسة، ج 3، ص 77).

الفالوذج: حلواء تُعمل من الدقيق والماء والعسل وهي أطيب الحلاوات عند العرب ومنه قوله بعضهم (الوافر):

أميرٌ يأكلُ الفالوذَ سرّاً ويُطعمُ ضيفَهُ خُبزَ الشعيرِ

(أدي شير ، الألفاظ الفارسية المعرّبة، ص 120).

الفالوذ: حلواء معروف، هو الذي يؤكل يسوّى من لب الحِنطة، فارسي معرّب، قال شيخنا: الحلواء لا بد أن تُخْتَم بالهاء، على أصل اللسان الفارسي، وإذا عُرِّبت أُبدلت الهاء جيماً فقالوا فالوذج، قلت والذي في الصحاح الفالوذ، والفالوذق معربّان، قال يعقوب [بن السكّيت]: ولا يقال الفالوذج. (الزبيدي ، تاج العروس، ج 9، ص 454).

وأصل الكلمة بالودهْ، (أدي شير ، الألفاظ الفارسية المعرّبة، ص 121)، قلبت الـ (باء) فاء لأن هذا الحرف غير موجود في لغتهم.

الفرّوج الرومي: ... هات يا غلام ذلك الثوب الدبيقي، وذلك البرد الشَّطَوي، وذلك الفروج الرومي . (الإمتاع والمؤانسة، ج 2، ث 179).

الفرّوج: القَباء، وقيل: الفرّوج قباء فيه شِقّ من خلفه. وفي الحديث: صلى بنا النبي (ص)، وعليه فرّوج من حرير. (لسان العرب، ج 2، ص 345).

وسُمّيَ الفرّوج بذلك للفُرْجَة التي فيه. قال ابن فارس : الفاء والراء والجيم أصل صحيح يدل على تفتح في الشيء. (مقاييس اللغة، ج 4، ص 498).

والفرّوج الرومي: منسوب إلى بلاد الروم .

الفُسْتُق: ... الجوز و الفُسْتُق وأمثالهما لا ينبتان إلّا في البلدان الباردة والأرض الجبليّة. (الإمتاع والمؤانسة، ج 2، ص 107).

الفستق: شجرة مثمرة من الفصيلة البطميّة من ذوات الفلقتين، لثمرها لب مائل إلى الخضرة لذيذ الطعم، يُتنقّل به، وتكثر زراعته في حلب (مج. وسيط). (مرعشلي ، الصحاح في اللغة والعلوم، ج 2، ص 241).

الفستق: معروف، قال الأزهري : الفُسْتُقَة فارسيّة معرّبة وهي ثمرة شجرة معروفة. قال أبو حنيفة: لم يبلغني أنه ينبت بأرض العرب. وقد ذكره أبو نُخَيْلة فقال ووصف امرأة: (الرجز):

دَسْتِيَّة لم تأكل المُرَقَّقا   ولم تذقْ من البقول الفُسْتُقا

سَمع بهِ فظنه من البقول. (ابن منظور ، لسان العرب، ج 10، ص 308).

واشتقوا من ذلك لفظة فستقيّ أي لون الفستق: وهو ذو خضرة تشبه لون الفستق.

الفِضّة: الفِضّة والنحاس والحديد لا تكون إلّا في الأرض النديّة والتراب الليّن والرطوبات الذهنية. (الإمتاع والمؤانسة، ج 2، ص 107).

إن بياض الفِضَّة والملح والبلّوْر والقطن وما شاكله من ألوان النبات منسوبة إلى نور القمر وبريق شعاعه. (الإمتاع والمؤانسة، ج 2، ص 111).

ومن الجواهر المعدنية ما يكون في وسط الحجر وكهوف الجبال وخلل الرّمال فلا يتم نضجه إلّا في السنين، كالذهب و الفضة والنحاس والحديد والرصاص وما شاكلها... (الإمتاع والمؤانسة، جـ 2، ص 112).

الفضة من الجواهر: معروفة. (ابن منظور، ج 7، ص 208). وأصل المعنى مأخوذ من التفريق والتجزئة، قال ابن فارس: الفاء والضاد أصل صحيح يدل على تفريق وتجزئة، من ذلك فضَّضْتُ الشيء، إذا فرّقته... وممكن أن يكون الفضة من هذا الباب، كأنها تفض، لما يُتَّخَذ منها من حلِيّ. (مقاييس اللغة، ج 4، ص 440).

مج (ك): الفضّة (ج) فِضَض (Silver (E) Argent (F) عنصر معدني ثمين وزنه الذري 107.880 وعدده الذري 47 كثافته 10.5 وينصهر عند درجة 961 م 8 . (مرعشلي ، الصحاح في اللغة والعلوم، ج 2، ص 247).

(وسيط) الفضة: عنصر أبيض قابل للسحب والطَّرْق والصَّقْل، من أكثر المواد توصيلاً للحرارة والكهرباء، وهو من الجواهر النفيسة التي تستخدم في سكّ النقود، كما تُستعمل أملاحها في التصوير. (المعجم الوسيط، ج 2، ص 693).

الفُقّاع : عجّل لنا يا غلام ما أدرك عند الطبّاخ من الدجاج والفراخ... و فُقاع زُرَيْق. (الإمتاع والمؤانسة، ج 2، ص 180).

الفقّاع: شراب يَتَّخذ من الشعير سمي به لما يعلوه من الزَّبَد. (ابن منظور ، لسان العرب، ج 8، ص 256). والتخريج للخليل ونقله ابن فارس . (أنظر: ابن فارس. مقاييس اللغة، ج 4، ص 445).

الفَلْس: ... يأخذ الدانق والقيراط والحبّة والطسوج والفَلْس بالصرف والوزن والتطفيف. (الإمتاع والمؤانسة، ج 1، ص 34). (الطويل)

تَرَدَّيْتُ منه شارياً شجّ مفرِقي بفَلْسَين إني بئس ما كان متجري

(الإمتاع والمؤانسة، ج 1، ص 226).

الفَلْس: أصغر وحدات النقود العربية. وكان يساوي فضة 0.03 من الغرام. (الصالح، النظم الإسلامية، ص 428).

ويقال في لغة زماننا: أفلس الرجل، أي لم يعد لأمواله قيمة، وكأنّ دنانيره ودراهمه باتت تساوي فلوساً.

الفلسفة: وأما ابن زرعة فهو... جيد الوفاء بكل ما جلّ من الفلسفة . (الإمتاع والمؤانسة، ج 1، ص 33)... وزعموا أنه متى انتظمت الفلسفة اليونانية والشريعة العربية فقد حصل الكمال. (الإمتاع والمؤانسة، ج 2، ص 5).

... على أي شريعة دلّت الفلسفة ؟ أعلى اليهودية، أم على النصرانية، أم على المجوسيّة، أم على الإسلام، أم ما عليه الصابئون؟ فإن ها هنا من يتفلسف وهو نصراني... (الإمتاع والمؤانسة، جـ 2، ص 14).

الفلسفة هي علم النجوم والأفلاك والمجسطي والمقادير وآثار الطبيعة. (الإمتاع والمؤانسة، ج 2، ص 6).

فقلت لأبي سليمان : كيف يصح هذا، وأنت مطالبك في الفلسفة وصورك مأخوذة من الحكمة، وجعبتك مجموعة من الحقائق (الصداقة والصديق، ص 31).

الفلسفة: أهمله الجوهري . ابن منظور : الفلسفة: الحكمة، أعجمي، وهو الفيلسوف وقد تفلسف (لسان العرب، ج 9، ص 273).

الفلسفة التشبه بالإله بحسب الطاقة البشرية لتحصيل السعادة الأبدية (الجرجاني ، التعريفات: 177).

والفلسفة: كلمة يونانية الأصل مركبة من جزأين: «فيلو» وتعني محبة .

و«سوفيا» وتعني الحكمة، فالكلمة تدل، من الناحية الاشتقاقية على محبة الحكمة وإيثارها. وقد نقلها العرب إلى لغتهم بهذا المعنى في عصر الترجمة.

وكانت الفلسفة عند أرسطو بمثابة معرفة عقلية تشمل كل علوم البشر على اختلاف أنواعها.

الفلسفة الإلهية: وموضوعها الموجودات المفارقة وغير المتحركة، وهي العلم الإلهي. وعند ابن سينا : موضوع الفلسفة (الموجود المطلق بما هو موجود مطلق، والفلسفة الالهية جزء منها).

الفلسفة الأخلاقية وهي التي يندرج تحتها كل علوم الأخلاق التي تعلّم الفضائل وكيفية اقتنائها لتزكو بها النفس.

والفلسفة الطبيعية أو الفلسفة الثانية وهي التي كان يقصدها المسلمون من لفظ فلسفة في القرن الثالث الهجري.

وكانت تشمل كل العلوم التي تفسّر الكون بما فيه الانسان، وأما الفلاسفة المسيحيون فقد اعتبروا الفلسفة بهذا المعنى منافية للدين الذي يستند باعتبارهم إلى الوحي لا إلى العقل أصلاً. (معجم المصطلحات العربية في اللغة والأدب، ص 277).

الفلسفة هي علم القوانين العامة للوجود والتفكير الإنساني وعملية المعرفة وهي شكل من أشكال الوعي الاجتماعي. والمشكلة الرئيسية فيها هي علاقة الفكر بالوجود والوعي بالمادة. وكان فيتاغورس أول من استخدم مصطلح «فلسفة» واعتبرت علماً خاصاً عند أفلاطون . ونشأت الفلسفة في المجتمع العبودي كعلم يضم المحصلة الكلية لمعرفة الإنسان بالعالم الموضوعي وبنفسه، وهو ما كان طبيعياً إذا ما اعتبرنا المستوى المنخفض للمعرفة في تلك المرحلة الأولى من التاريخ الإنساني. وعندما تطوّر الإنتاج الاجتماعي وتراكمت المعرفة العلمية تفرعت العلوم من الفلسفة، لكن الفلسفة تميزت كعلم مستقل. (م. روزنتال ، الموسوعة الفلسفية، ص 336).

ومن لفظ الفلسفة اشتقت العرب: فلسف يفلسف وتفلسف يتفلسف كما في شاهد أبي حيّان ، ج 2، ص 14.

الأفواه: وشتم آخر فقال:... يا مطبخاً بلا أفواه . (الإمتاع والمؤانسة، ج 2، ص 60).

أفواه الطيب: نوافِحه، واحدها فُوه. الجوهري : الأفواه ما يُعالَج به الطِّيب كما أنّ التوابل ما تُعالَج به الأطعمة:

أبو حنيفة : والأفواه ما أُعِد للطيب من الرياحين، وقد تكون الأفواه من البقول، قال جميل (الطويل)

بها قُضُب الرّيْحَان تندى وحَنْوَةٌ

ومن كل أفواه البقول بها بَقْلُ

(ابن منظور ، لسان العرب، ج 13، ص 530).

وسمي الفوه بهذا الاسم لأن رائحته لما فاحت فاه بها أي نطق. (أنظر: ابن فارس ، مقاييس اللغة، ج 4، ص 463).

الفيلسوف: النبي فوق الفيلسوف ، والفيلسوف دون النبي... (الإمتاع والمؤانسة، ج 2، ص 10).

الفيلسوف: العالم الباحث في فروع الفلسفة. (را. فلسفة).

فصل القاف

القاضي: حدّثنا أبو السائب القاضي عتبة بن عبيد... (الإمتاع والمؤانسة، ج 2، ص 100).

وذاك رجل في عِداد القضاة (الصداقة والصديق، ص 31).

قال أبو بكر (ابن الأنباري): قال أهل الحجاز القاضي معناه في اللغة القاطع للأمور، المحكم لها. واستُقْضِيَ فلان أي جُعل قاضياً يحكم بين الناس. (ابن منظور ، لسان العرب، ج 15، ص 186).

مج (ق): القاضي (ج) قضاة (Judge (E) Juge (F) من تُعَيِّنه الدولة للنظر في الخصومات والدعاوى وإصدار الأحكام التي يراها طبقاً للقانون، ومقرُّه الرسمي إحدى دور القضاء. // ـ الأمور المستعجَلة (J. de référés (F) . هو قاض، اختصاصه القضاء في المسائل المستعجَلَة التي يُخشى عليها من فوات الوقت والتي لا تؤثر في موضوع الحق ولا تتأثر به ويدخل في ذلك إشكالات التنفيذ. // ـ الوقتيّة J. de service القاضي الذي يتولّى أمر المسائل الولائية. // ـ التحضير J. de Préparatoire . رئيس الدائرة أو من يندبه من أعضائها في المحكمة الابتدائية أو في محكمة الاستئناف لإعداد القضية للمرافعة وذلك بتكليف الخصوم تقديم مستنداتهم وإبداء دفوعهم لتصفية هذه الدفوع. (مرعشلي ، الصحاح في اللغة والعلوم، ج 2، ص 317).

القَدَح: ... قوم هَمُّهم أن يأكلوا رغيفاً ويشربوا قدحاً ... إلخ. (الإمتاع والمؤانسة، ج 1، ص 49).

القَدَح: واحد الأقداح التي للشرب. (الجوهري ، الصحاح، ج 1، ص 394). وقيل: هو اسم يجمع صغارها وكبارها. (ابن منظور ، لسان العرب، ج 2، ص 554).

والقدح: يروي الاثنين والثلاثة. وهو من زجاج. (الثعالبي ، فقه اللغة وأسرار العربية، ص 168).

استخدم أبو حيّان اللفظ بمعناه المجازي فذكر القدح وقصد ما فيه، لأن القدح تطلق على الزجاجة الفارغة، فإذا كان فيها شراب سميت كأساً.

القَدَرية: ... وصار الناس أحزاباً في النِّحَل والأديان فهذا نصيري ... وهذا قَدَري ... إلخ. (الإمتاع والمؤانسة، ج 2، ص 78).

القدرية : فرقة إسلامية نفى أصحابها أن تكون الأشياء بَقَدَر الـلـه تعالى وقضائه، وغالوا في الدفاع عن حرّية الإنسان وإرادته، وقالوا بقدرة الإنسان على خلق أفعاله جميعها، خيرها وشرّها، دون أن يكون لله أي شأن في ذلك. لأن مسؤولية الإنسان عن جميع أفعاله في الآخرة تحتّم أن يكون حرّاً في اختياره، وإلّا انْتَفَت برأيهم العدالة الإلهية، ووجب تبعاً لذلك ارتفاع أو انتفاء الثواب والعقاب. (الشهرستاني ، المِلَل والنِحَل، ج 1، ص 43).

القرامطة : أمَا بَلَغَه أن ابن يوسف قال: تتشبّه بابن شاهَوَيْه لأنه قد أعدّه للهرب إلى القرامطة إنْ دهمه أمر. (الإمتاع والمؤانسة، ج 1، ص 48).

القرامطة فرقة من الشيعة الإسماعيلية ، نشأت في العراق واتّسع سلطانها في الحجاز . وأقامت دولتها في البحرين ، ومن أهم أغراضها طلب المساواة. وسمّيت القرامطة بهذا الاسم نسبة الى حمدان قُرمط أحد مؤسّسيها، وكان هذا يُقرمِط في مَشْيِه أي يقارب ما بين قدميه أثناء المشي. ومن القرامطة قالوا: تَقَرْمَط؛ اتّخذ مذهب القرامطة . (دي خويه ، القرامطة، ص 43. وأنظر: الزبيدي ، تاج العروس، مادة قرمط).

القرطاس: وقع عبد الحميد الكاتب على ظهر كتاب: يا هذا، لو جَعَلْتَ ما تحمله القراطيس من الكلام مالا حَوَيْت جمالاً وحُزْت كمالاً. (الإمتاع والمؤانسة، ج 2، ص 63).

القرطاس: الصحيفة من أي شيء كانت. ونُقِل المعنى إلى البرود المصرية لأنهم كانوا يصنعون القراطيس من هذه البرود.

وقد ورد اللفظ في القرآن: { وَلَوْ نَزَّلْنَا عَلَيْكَ كِتَابًا فِي قِرْطَاسٍ فَلَمَسُوهُ بِأَيْدِيهِمْ لَقَالَ الَّذِينَ كَفَرُوا إِنْ هَذَا إِلَّا سِحْرٌ مُبِينٌ}. (7/ الأنعام) .

وأطلق اللفظ على الجارية البيضاء المديدة القامة تشبيهاً لها ببياض القرطاس ورِقّته. وأطلق على الناقة الفتيّة. ويطلق اللفظ في عصرنا على الورق. وأما معانيه الأخرى فهي غير شائعة. ومن ذلك القرطاسية وتطلق على أدوات التلميذ المدرسية من دفتر وقلم وممحاة ومسطرة وغير ذلك. (أنظر، ابن منظور ، لسان العرب، ج 6، ص 172). والقرطاس عند أبي حيّان : الصحيفة.

القصّار: وشتم رجلٌ آخرَ، فقال: يا رأس الأفعى... يا كَوْدَن القصار ، (الإمتاع والمؤانسة، ج 2، ص 59).

قَصَر الثوب قِصارة، عن سيبويه ، وقصّره، كلاهما: حوّره ودقّه، ومنه سمي القصَّار، وقصّرت الثوب تقصيراً مثله. والقصّار والمقصّر: المحوّر للثياب لأنه يدقها بالقَصَرة التي هي القطعة من الخشب، وحرفته القِصارة. (ابن منظور ، لسان العرب، ج 5، ص 104).

القصر: ثم لما ملكوا الدور و القصور ... لم يقعدوا عن شأوِ مَن تقدم بآلاف السنين. (الإمتاع والمؤانسة، ج 1، ص 85).

وَرَد اللفظ في القرآن { وَيَجْعَلْ لَكَ قُصُورًا}. (10/ الفرقان).

والقَصْر: خلاف المدّ. والقَصْر: اختلاط الظلام. والقَصْر: الحبس. والقَصْر: من البناء، معروف. وقال اللحيائي: هو المنزل أو كل بيت من

حجر: قصر، قُرَشيّة. سمّي بذلك لأنه يُقصر فيه الحُرَم، أي يحبسن. (الزّبيدي ، تاج العروس، ج 13، ص 422).

ومن اللفظ العربي «القَصْر» أُخذ اللفظ الأسباني Alkazar ، ومن هذا الأخير أخذ اللفظ الفرنسي Alcazar . (أنظر: لار. ص 27).

استخدم أبو حيان لفظ القصر بمعنى البِناء.

القَطْعيَّة : وصار الناس أحزاباً في النّحل والأديان، فهذا نُصَيري، وهذا أشجعيّ، وهذا جارودي وهذا قطعي... إلخ. (الإمتاع والمؤانسة، ج 2، ص 77).

القطعيّة: الشيعة الإثنا عشرية . سمّوا القطعيّة لأنهم قطعوا بموت موسى الكاظم بن جعفر الصادق ، وقطعوا بموت من جاء بعده حتى وصلوا إلى الإمام الثاني عشر وهو محمد القائم المنتظر . وسموا الاثني عشرية لأن ترتيب المنتظر بين أئمة الشيعة الإمامية هو الثاني عشر؛ فبعد موسى بن جعفر قال قوم بإمامة أحمد بن موسى بن جعفر دون أخيه علي الرضا ، ومن قال بعليّ شك أولاً في محمد بن علي ، اذ مات أبوه وهو صغير غير مستحق للإمامة ولا علم عنده بمناهجها، وثبت قوم على إمامته، واختلفوا بعد موته أيضاً. فقال قوم بامامة موسى بن محمد ، وقال قوم آخرون بامامة علي بن محمد الهادي ، واختلفوا بعد موت علي بن محمد [الهادي] أيضاً، فقال قوم بإمامة جعفر بن علي ، وقال قوم بإمامة محمد بن علي ، وقال قوم بإمامة الحسن بن علي . والذين قالوا بإمامة الحسن اختلفوا بعد موته فمنهم من قال بإمامة جعفر أخيه، ومنهم من قال بإمامة محمد بن علي ، ومنهم من وقف عنده، ومنهم من تراجع عن إمامته، ومنهم من قال بإمامة محمد بن الحسن وهو الثاني عشر. ومنهم من عاد وقطع بإمامة الرضا . (البغدادي ، الفَرْق بين الفِرَق، ص 47).

القُطن: واذا كان ظهور القُطن بالطبيعة وظهور الثوب بالصناعة... (الإمتاع والمؤانسة، ج 2، ص 40).

القُطْن والقُطُن والقُطُنّ: معروف، واحدته قُطْنَه وقُطُنَه وقُطُنّه. وقال أبو حنيفة : القطن يعظم عندهم شجره حتى يكون مثل شجر المشمس، ويبقى عشرين سنة. (ابن منظور ، لسان العرب، ج 13، ص 344).

وتعود أصل تسمية القطن إلى الاستقرار والإقامة في المكان. نقول قَطَن بالمكان أقام فيه.

مج (ن) قُطْن وقُطُن وقُطُنّ وهو البِرْس والطُوط والكُرْسُف والعُطْب: أنواع مختلفة تتبع جنس (Gossypium (S من الفصيلة الخبازيّة Malvaceae وهي نباتات شجريّة معمرة تنبت في البلاد الحارّة والمعتدلة من العالم، سوْقها قائمة متفرّعة تسمو إلى مترين وقد تزيد. أوراقها متبادلة راحِيَّة مفصَّصة من ثلاثة الى تسعة فصوص، ونادراً ما تكون كاملة. وللورقة عنق وأُذَيْنات تسقط مبكِّرة. والزهرة كبيرة منفردة ذات خمس بَتَلات سائبة بيضاء أو صفراء أو حمراء داكنة أو فرفيريّة. والثمرة علبة تعرف باللوزة تنفتح انفتاحاً مسكنياً من ثلاثة إلى خمسة مصاريع. والبزور كمثريّة الشكل الى مستديرة تقريباً داكنة تغطيها شعيرات طويلة ناعمة الملمس هي ألياف القطن المعروفة تستعمل في النسيج ولأغراض طبِّيَّة، ويعتصر من البزور زيت يستعمل في الطعام ويسمى زيت بذرة القطن. وما يتبقى بعد العصر هو الكَسْب ويستعمل لتغذية الحيوان وسماداً ووقوداً، ويستعمل قشر الجذور في الطب على شكل خلاصة لقبض الرحم الحامل. وأهم أنواع القطن هي: قطن جزيرة البحر Gossypium Barbadense قطن عشبي أو آسيوي أو عربي G. Herbaceum . // قطن شجري G. arboreum . // (ك) ـ البارود (Gun Cotton (E أحد الإسترات الناتجة من تفاعل حمض النتريك على السيليلوز

ويحتوي على نسبة عالية من مجموعة النترات (ن أ3) وهو مادة مفرقعة صيغتها الكيماوية ك12يد14أ4(ن أ3) 6. (مرعشلي ، الصحاح في اللغة والعلوم، ج 2، ص 325).

ومن العربية أخذ اللفظ الفرنسي Cotton . (انظر: لار. ص 260). ولعله أخذ من طريق اللغة الإيطالية في القرن الثاني عشر الميلادي. (انظر Dictionnaire des mots d'origine étrangère, P.P.60).

القلادة: ... ما تقلّد امرؤ قِلادة أفضل من سَكِينة . (الإمتاع والمؤانسة، ج 1، ص 206).

القلادة ما جُعَل في العُنُق يكون للإنسان والفَرَس والكلب. وقلّده الأمر: ألزمه إياه. (ابن منظور ، لسان العرب، ج 3، ص 366). وأصل المعنى مأخوذ من تقليد الشيء على الشيء وليّه به. (ابن فارس ، مقاييس اللغة، ج 5، ص 19). وانتقل اللفظ مع الاستخدام، من المعنى العام إلى معنى خاص وأصبح يطلق على الوسام الذي تمنحه الدول والهيئات لمن تشاء. مج (حض): القلادة (ج) قلائد (Collier (F وسام يجعل في العنق تمنحه الدولة لمن تشاء تقديراً له. (مرعشلي ، الصحاح في اللغة والعلوم، ج 2، ص 334).

القلعة: ... ثم لمّا ملكوا الدور والقصور والجنان والأودية والأنهار والمعادن و القلاع ... إلخ. (الإمتاع والمؤانسة، ج 1، ص 85).

القَلْعَة: الحصن الممتنع في جبل. والقَلْعة: النخلة التي تُجْتَثّ من أصلها قَلْعاً أو قَطْعاً. (والأخير عن أبي حنيفة). وأصل المعنى مأخوذ من القُلّاع، واحدتها قُلّاعة. وهي الصخور العِظام، لأن القلعة تبنى عادة من الصخور. وأما أصل معنى القُلّاعة فمأخوذ من القَلْع وهو انتزاع الشيء من أصله، وكأن الصخرة قُلِعت من مكانها وانفردت فصعب

مرامها، فقيل: قَلَعة أي صخرة منفردة تتقلّع عن جبل فيصعب مرامها. وبها شُبِّهت السحابة العظيمة. (الجوهري ، الصحاح، ج 3، ص 1270 و ابن فارس ، مقاييس اللغة، ج 5، ص 21، و ابن منظور ، لسان العرب، ج 8، ص 290).

القَلْعي:... القلعي قريب من الفضة في لونه. (الإمتاع والمؤانسة، ج 2، ص 111).

أهمله الجوهري .

القلعي: الرصاص الجيّد وقيل: هو الشديد البياض، وقيل القلع: اسم المعدن الذي ينسب إليه الرصاص الجيد. (ابن منظور ، لسان العرب، ج 8، ص 293).

القلعة: اسم معدن ينسب إليه الرصاص الجيد، قيل هو جبل بالشام، قال مِسْعَر بن مهلهل الشاعر في خبر رحلته إلى الصين ... ثم رجعت إلى كَلَه وهي أول بلاد الهند من جهة الصين وإليها تنتهي المراكب ثم لا تتجاوزها وفيها قلعة عظيمة فيها معدن الرصاص القَلْعي لا يكون إلّا في قلعتها، وفي هذه القلعة تضرب السيوف القلعية وهي الهندية العتيقة... وقال: ليس في الدنيا معدن الرصاص القلعي إلّا في هذه القلعة. (ياقوت ، معجم البلدان، ج 4، ص 389).

القلم: وأخذ القلم ، واستمدّ من الدواة، وكتب في التَذْكِرة شيئاً. (الإمتاع والمؤانسة، ج 2، ص 73).

القلم: الذي يكتب به، سمي قلماً لأنه يُقْلَم مرة بعد مرة. أُطلق اللفظ على كل ما يُبرى ويُقَلَم، ومن ذلك السهم. (ابن منظور ، لسان العرب، ج 12، ص 490، و ابن فارس ، مقاييس اللغة، ج 5، ص 15). وورد اللفظ في القرآن بمعنى أداة الكتابة وبمعنى السهم: { ن وَالْقَلَمِ وَمَا يَسْطُرُونَ (1) مَا أَنْتَ بِنِعْمَةِ رَبِّكَ بِمَجْنُونٍ(2)}]القلم: 1-2[. و { اقْرَأْ وَرَبُّكَ الْأَكْرَمُ (3) الَّذِي عَلَّمَ بِالْقَلَمِ(4)}]

العلق: 3-4] . ﴿وَ ذَٰلِكَ مِنْ أَنْبَاءِ الْغَيْبِ نُوحِيهِ إِلَيْكَ وَمَا كُنْتَ لَدَيْهِمْ إِذْ يُلْقُونَ أَقْلَامَهُمْ أَيُّهُمْ يَكْفُلُ مَرْيَمَ﴾ (44/ آل عمران) . ويُصَحّ أن يراد بالأقلام في الآية 44 من سورة آل عمران، أقلامُ الكُتّاب من الأحبار التي كانوا يكتبون بها التوراة. ويُصح أن يكون المراد بالأقلام السِّهام. (معجم ألفاظ القرآن الكريم، ص 518).

مجـ (اح) القلم (Quill-Calamus (E) . // ـ سهم الريشة. C. . // ـ ال ـ (القلمان) (في الحيوان) (Stylus (Pl. Styles) زائدتان تتصلان بفص الشُّذْفة التاسعة في ذكور بعض الحشرات. // ـ داخلي 1. Endostyle ـ في النبات: القلم الذي يخرج من تخت الزهرة مباشرة وليس من قمة المبيض. 2 ـ في الحيوان: تركيب يختص بالاغتذاء الهدْبي، موجود في «الذيل حبليّات» أو ذيليات الحبل (Urochordata) واللافرنيومايت (اللاجمجميات)، ويرقانة الجلكي، ويتركب من شريط من خلايا غديّة وأخرى مهدَّبة تلتصق بإفرازاتها المواد الغذائية العالقة بالماء في أثناء مروره بالبلعوم ويتطور إلى الغدة الدرقية في الجلكي البالغ. // ـ قاعدي Gynobasic Style القلم عندما يخرج من قاعدة المبيض في النبات بدل خروجه من قمته. // (فن) ال ـ الأسحم (Sauce (E) Sauce (F) مُرَقِّم شديد السواد مُرَكَّب من مادة فحمية مُرَكَّبة مع غيرها. // ـ الفحمي Charcoal = Fusain . // ـ كُنْتِيه Conte Pencil = Crayon conté قلم كأقلام الرصاص أو قلم مصنوع من نوع من الفحم سمي باسم مبتكره. // ـ ال ـ المدمى Sanguine مرقم أو قلم من مادة حجرية بلون الدم. // (حض) ـ الحبر (Stylo (F) Stylographic (E) قلم مِداده مخزون فيه لا يسيل على سنّه إلّا وقت الكتابة به. // ـ الرصاص (Crayon (E.F.) هو قلم سنّه من الغرافيت لا مداد له. (مرعشلي ، الصحاح في اللغة والعلوم، ج 2، ص 338). ويقال

في لغة الدواوين: قلم الكتّاب وقلم المستخدمين... إلخ. ومن المجاز يقولون: فلان غزير القلم.

استخدم أبو حيّان اللفظ بمعنى أداة الكتابة.

القَلْي: وأما الطبيعة التي تُعين طبيعة أخرى فمثل المغنيسيا و القِلْي المعينَيْن على سبك الرمل وتصفِيَتِه حتى يكون منه زُجاج. (الإمتاع والمؤانسة، ج 2، ص 110).

القِلْي والقِلَى: حب يُشَبَّب به العَصْفَر. وقال أبو حنيفة : القِلْي يُتَّخذ من الحَمْض وأجوده ما اتُّخِذ من الحُرُض، ويُتَّخَذ من أطراف الرِّمْث وذلك إذا استحكم في آخر الصيف واصفرّ وأَوْرَس. الليث: يقال لهذا الذي يغسل به الثياب قِلْي، وهو رماد الغَضَى والرِّمْث يُحرق رطباً ويُرش بالماء فينعقد قِلْيا. الجوهري : والقِلْي الذي يتخذ من الأُشْنَان، ويقال فيه القِلَى أيضاً. (ابن منظور ، لسان العرب، ج 15، ص 199).

مج (بتر) القلى (Alkaly (E) Alcali (F) تطلق عادة على كربونات الصوديوم أو كربونات البوتاسيوم وبصفة عامة تطلق على كل ملح مُرّ المذاق على سطح الأرض أو قريباً منها. // (ك) القِلْي (Lye (E) صودا الغسيل. // ـ (ج. أقلاء)، قَلْي Alkalis مواد كاوية تذوب في الماء فترفع نسبة أيّونات الإيدروكسيد فيه فوق أيّونات الايدروجين كالصودا الكاوية.

شم (زر): قَلْي، قِلَى، قِلو (Alcali (F) مواد مركَّبة من معدن وأوكسجين كالصودا والبوطاسا والكلس والمغنيزيا. والكلمة الفرنسية من العربية.

مج (ن)؛ القِلْي، القِلَى، هو من الرماد المتبقى من حرق نباتات الحمض أهمها ما يتبع أجناس (Salsola (S) وخاصة S. Kali, S. Sali Cornia ، ولا سيّما S. herbacea, anabasis ويعرف القِلْي بشبّ العَصْفَر. وهو قَلَوي جداً. ولذا كان

يستعمله العرب في صناعة الصابون والزجاج والصباغة وتثبيت الألوان، ولا سيّما العصفر. (مرعشلي ، الصحاح في اللغة والعلوم، ج 2، ص 339).

قَنْطوريا: طبيعة الثعلب إن أصابه ضرر فأثّر فيه آثاراً وكَلّم فيه كلوماً أخذ من صمغ شجرة تدعى قنطوريا فأبرأها به. (الإمتاع والمؤانسة، ج 1، ص 179).

قنطاريون: يوناني معرّب (اليسوعي ، غرائب اللغة العربية، ص 266).

قنطوريون: Centaurée (F) Centaurea (S) .

شم (زر) جنس نبات من فصيلة المُرَكَّبات الأنبوبيةِ الزهرِ فيه أنواع تُزرع لزهرها وفيه أنواع بريَّة بعضها يؤكل ورقُه ويسمى المرار. وضبط ابن البيطار المرّار براء مشددة. (مرعشلي ، الصحاح في اللغة والعلوم، ج 2، ص 347).

والمُرَّة شجرة أو بقلة، وقال أبو حنيفة المُرَّة بقلة تنفرش على الأرض لها ورق مثل ورق الهندبا أو أعرض، ولها نورة صغيراء وأرومة بيضاء. التهذيب: وقيل هذه البقلة من أمرار البقول. والمرارة بقلة مرّة. (ابن منظور ، لسان العرب، ج 5، ص 167).

القيراط: ... لا يُغضي عن دانق، ولا يتغافل عن قيراط . (الإمتاع والمؤانسة، ج 1، ص 18).

القيراط: فارسي معرّب، أصله قِرّاط، وقلبت الراء الأولى ياء لأنهم كرهوا التشديد فيه وعندما جمعوا أعادوا الحرف إلى أصله فقالوا قراريط. (الجواليقي ، المعرّب، ص 256، و ابن خالوية ، ليس في كلام العرب، ص 110).

والقيراط من الوزن: جزء من أجزاء الدينار وهو نصف عُشرِه. وكان أهل الشام يجعلونه جزءاً من أربعة وعشرين. (أنظر: الصالح، صبحي ، النظم الإسلامية، ص 428).

(وسيط) القيراط: معيار في الوزن وفي القياس، اختلفت مقاديره باختلاف الأزمنة وهو اليوم في الوزن أربع قمحات، وفي وزن الذهب خاصة ثلاث

قمحات، وفي القياس جزء من أربعة وعشرين، وهو من الفدّان يساوي خمسة وسبعين ومائة متر، (المعجم الوسيط، ج 2، ص 727).

القيّم: كان محمد بن الحسن الجرجاني متقعراً في كلامه، فدخل الحمام يوماً، فقال للقيّم... (الإمتاع والمؤانسة، ج 2، ص 52).

قيِّم الأمر: مقيمه، وأمر قيِّم: مستقيم.

والقيِّم: السيِّد وسائس الأمر. وقيِّم القوم: الذي يقوِّمهم ويسوس أمرهم. وفي الحديث: ما أفلح قوم قيِّمَتُهم امرأة. وقيِّمُ المرأة: زَوْجُها. (ابن منظور ، لسان العرب، ج 12، ص 502).

مج (ق): القيّم، أمين العقار (Curateur (F) . // (فن) ـ المسرح (مدير المسرح) (Manger (E) Régisseur (F) . (مرعشلي ، الصحاح في اللغة والعلوم، ج 2، ص 357).

فصل الكاف

الكاتب: وكتب ابن عبيد الكاتب الى ابن الجمل الكاتب كاتب نصر الدولة ... (الصداقة والصديق، ص 84). (واللفظ وارد ص 133).

كاتب الحساب: يلزم كاتب الحساب أن يعرف وجوه الأموال حتى إذا جباها وحصّلها عمل الحساب أعماله فيها، فلا يمكنه أن يجبي إلّا بالكتب البليغة والحجج اللازمة واللطائف المستعملة... (الإمتاع والمؤانسة، ج 1، ص 98).

كاتب الحساب: العالم بالحساب. والكاتب: العالم، عن ابن الأعرابي . (أنظر: الصحاح ولسان العرب، مادة كتب). ووظيفة كاتب الحساب هي القيام على أعمال الجبايات وحفظ حقوق الدولة في الدخل والخرج وإحصاء العساكر بأسمائهم وتقدير أرزاقهم وصرف أعطياتهم في إبّاناتها والرجوع في ذلك إلى القوانين التي يرتبها قَوَمة تلك الأعمال. (ابن خلدون ، المقدمة، ص 243).

الكأس: ذكر لنا أبو سليمان المنطقي أن فيلسوفاً ورد مدينة فيها فيلسوف، فوجّه إليه المدني كأساً ملأى، يشير بها إلى أن الاستغناء عنه واقع عنده، فطرح القادم في الكأس إبرة، يعلمه أن معرفته تنفذ في معرفته. (الإمتاع والمؤانسة، ج 2، ص 35).

الكأس: زجاجة الشراب. والكأس: الشراب.

وَرَدَ اللفظ في القرآن في ستة مواضع بمعنى الإناء يشرب منه أهل الجنّة.

ورُوي عن ابن عباس و الأخفش أن كل كأس في القرآن الكريم فهي خمر. (معجم ألفاظ القرآن الكريم، ص 540).

الكأس: الزجاجة ما دام فيها شراب. والكأس الشراب بعينه، والأخير عن الأصمعي، نقله أبو حاتم . ابن سيده : الكأس الخمر نفسها اسم لها. (ابن منظور ، لسان العرب، ج 6، ص 188). ونقل الجوهري عن ابن الأعرابي : لا تسمى الكأس كأساً إلّا وفيها شراب. (الجوهري ، الصحاح، ج 3، ص 969).

ومن قال إن الكأس الخمرة نفسها استشهد بالآية: يُطَافُ عَلَيْهِمْ بِكَأْسٍ مِنْ مَعِينٍ (45) بَيْضَاءَ لَذَّةٍ لِلشَّارِبِينَ}]الصافات: 45-46[. واستشهد ببيت أمية بن أبي الصلت (الكامل):

من لم يَمُت عَبْطَةَ يمت هَرَما،

للموت كأس، والمرء ذائقُها

والبيت مذكور في (الصحاح، ج 3، ص 969، ولسان العرب، ج 6، ص 188).

وأصبح اللفظ، مع الاستخدام، يطلق على قدح الشراب سواء أكان مليئاً أم فارغاً.

مج (حض): كأس (ج) أكؤس وكؤوس (Coupe (F . // (اح) ـ (E) Calice (F) Calyx المحيط الخارجي من الزهرة وهو عادة أخضر اللون. // ـ جرثومية، كأس بوغية (Apothecium (E تستعمل في الفطريات والأشن وتطلق على المجموع الثمري الذي توجد فيه الجراثيم (الأبواغ). // ـ كؤوس جيميّة Gamma Cup, Cyathus وهي أعضاء كأسية الشكل على ثالوس بعض الحزازيات المنتظمة كالمركانتا، وتحوي في داخلها الجيمات وهي وحدات تكاثرية. // (ط) ـ الكِلْيَة (Calices du Rein (F (Calyces of Kidney (E كؤوس

يحيط كل منها بأحد أهرام الكِلْيَة وتتجمّع جميع الكؤوس لتكوّن حوض الكِلْيَة. (مرعشلي ، الصحاح في اللغة والعلوم، ج 2، ص 369).

واستعاروا الكأس في جميع ضروب المكاره. فقالوا: سقاه كأساً من الذل، وكأساً من الحُب والفِرْقَة والموت. وقالوا كؤوس المنايا، وكأس المرارة. واستخدم أبو حيّان اللفظ بمعنى زجاجة الشراب.

الكافور: فإنه اذا سمع هذا منها انقلبت حماليق عينيه، وسقط مغشياً عليه، وهات الكافور وماء الورد... إلخ. (الإمتاع والمؤانسة، ج 2، ص 167).

الكافور: مادة عطرية الرائحة، مُرّة الطعم، شفافة بلوريّة الشكل يميل لونها إلى البياض، تُتَّخذ من شجر كبير ينبت في الهند و الصين . (معجم ألفاظ القرآن الكريم، ص 563).

وَرَد اللفظ في القرآن: { إِنَّ الْأَبْرَارَ يَشْرَبُونَ مِنْ كَأْسٍ كَانَ مِزَاجُهَا كَافُورًا} 5/ الإنسان.

والكافور: الطَلْع. والفرّاء : مثله. وقال الأصمعي : هو وعاء طَلِع النخل. والكافور من الطّيب. وأما قول الراعي [النميري] (البسيط):

تكسو المفارقَ واللبّاتِ ذا أرجٍ

من قُصْبِ مُعْتَلِفِ الكافور درّاجِ

فإن الطبي الذي يكون منه المسك إنما يرعى سنبل الطيب فيجعله كافورا. (الجوهري ، الصحاح، ج 2، ص 808). وزاد ابن منظور : الكافور: كِمّ العنب قبل أن ينوّر والكافور وعاءٌ طلع النخل، وقيل: وعاء كل شيء كافوره والأخير عن الأزهري . والكافور: نبات له نور أبيض كنور الأقحوان، والكافور عين ماء في الجنة طيّب الريح، والكافور من أخلاط الطيب. عن الليث . وقال ابن دريد .. (لا أحسب الكافور عربياً، لأنهم ربّما قالوا القفور والقافور). (ابن منظور ، لسان العرب، ج 5، ص 149).

الكاف والفاء والراء أصل صحيح يدل على معنى واحد، وهو الستر

والتغطية. والكافور: كِمُّ العنب قبل أن ينوِّر. وسمي كافوراً لأنه كفر الوليع، أي غطّاه. (ابن فارس ، مقاييس اللغة، ج 5، ص 191).

الكبريت: من أراد أن يقتل النمل فليدق الكبريت والحبق ويذرّهما في حجرته. (الإمتاع والمؤانسة، ج 1، ص 193).

من الجواهر المعدنية ما هو دهني تأكله النار، كالكبريت والزرنيخ. (الإمتاع والمؤانسة، ج 2، ص 108).

فأما الطبيعة التي تألف طبيعة فمثل الكبريت المنتن الرائحة المسوّد للأحجار النيّرة البرّاقة، المذهِب لألوانها وأصباغها، يُمكِّن النار منها حتى تحترق في أسرع مدّة. والعلة في ذلك أن الكبريت رطوبة دهنية لزجة جامدة، فاذا أصابته حرارة النار ذاب والْتَزَقَ بأجساد الأحجار ومازجها، فاذا تمكنت النار منها احترق وأحرَق معه تلك الأجساد ياقوتاً كانت أو ذهباً أو غيرهما. (الإمتاع والمؤانسة، جـ 2، ص 110).

أهمله الجوهري في كبريت، وذكره في كبر؛ فقال: الكبريت معروف، وقولهم «أعز من الكبريت الأحمر» إنما هو كقولهم «أعز من بَيْض الأنْوَق». ويقال أيضاً: ذَهَبٌ كبريت: أي خالص (الجوهري ، الصحاح، ج 2، ص 802. مادة كبر).

والكبريت من الحجارة الموقد بها، قال ابن دريد : لا أحسبه عربياً صحيحاً. الليث : الكبريت عين تجري، فإذا جمد ماؤها صار كبريتاً أبيض واصفرّ وأكدر. التهذيب: والكبريت الأحمر يقال هو من الجواهر، ومعدنه خلف بلاد التبت . ويقال في كل شيء كبريت، وهو يبسه، ما خلا الذهب والفضة، فإنه لا ينكسر، فإذا صُعِّد أي أذيب، ذهب كبريته، والكبريت الياقوت الأحمر: والكبريت: الذهب الأحمر، قال رؤبة (المنسرح):

هل يعْصِمَنّي حِلْفٌ سِخْتيتُ　　　أو فِضَّةٌ أو ذَهَبٌ كَبريتُ

قال ابن الأعرابي : ظن رؤية أن الكبريت ذهب. (ابن منظور ، لسان العرب، ج 2، ص 76، مادة كبرت).

مج (ك): كبريت (E Sulphur (Sulfur) عنصر لافلزي صلب أصفر اللون وزنه الذري 32.06 وعدده الذري 16 ينصهر عند 114م 8 ويغلي عند 444.7 م 8 ويوجد على صُوَر مختلفة.

شم (زر): كبريت (F Soufre) جسم بسيط يوجد حول البراكين القديمة ويستعمل في الزراعة دواء لمرض الارمداد. (مرعشلي ، الصحاح في اللغة والعلوم، ج 2، ص 371).

الكتيبة: ... فإن أمير المؤمنين كتب إلى أبي بكر بن حزم أن يقسم فينا مالاً من الكتيبة . (الإمتاع والمؤانسة، جـ 2، ص 72).

الكتيبة ما جمع فلم ينتشر، وقيل: هي الجماعة المُسْتَحْيِزة من الخيل أي في حيّز على حِدة. وقيل: الكتيبة: جماعة الخيل اذا أغارت، من المائة إلى الألف. والكتيبة: الجيش. وفي حديث السقيفة: نحن أنصار الله وكتيبة الإسلام. الكتيبة: القطعة العظيمة من الجيش، والجمع الكتائب.

وسميت الكتيبة كتيبة لأنها تَكَتَّبت فاجتمعت. (عن شَمِر) (ابن منظور ، لسان العرب، ج 1، ص 701).

مج (وسيط): الكتيبة (ج) كتائب (F Army (E) Armée) . الجيش. // ـ (E) Batallion) الفرقة العظيمة من الجيش تشتمل على عدد من السرايا. (مرعشلي ، الصحاح في اللغة والعلوم، جـ 2، ص 374). والكتيبة عند أبي حيّان الجماعة المستحيزة من الخيل لأنه استخدم المال بمعناه العام. (أنظر: مال).

الكُرّ: قال ابن سلّام: كان يُخبز في مطبخ سليمان ـ عليه السلام ـ في كل يوم ستمائة كُرّ حنطة. (الإمتاع والمؤانسة، ج 3، ص 29).

ابن منظور: الكرّ: مكيال لأهل العراق . والكُرّ ستّة أوقار حمار، وهو عند

أهل العراق ستون قفيزاً. قال أبو منصور : الكُرُّ ستون قفيزاً، والقفيز ثمانية مكاكيك. والمكوك صاع ونصف، وهو ثلاث كيلجات، قال الأزهري : والكُرّ من هذا الحساب اثنا عشر وَسْقا كل وَسْقٍ ستون صاعا. والكُرّ أيضاً: الكساء، والكُرّ: نهر. (ابن منظور ، لسان العرب، ج 5، ص 137).

استخدم أبو حيّان اللفظ بمعنى واحد المكاييل.

كسدت السوق (را: سوق)

كلام: أن الرجل كثير المحفوظ حاضر الجواب فصيح اللسان... والغالب عليه كلام المتكلمين المعتزلة ... (الإمتاع والمؤانسة، ج 1، ص 54).

ثم أقبل أبو سعيد على متّى فقال: أما تعرف يا أبا بشر أن الكلام اسم واقع على أشياء قد ائتلفت بمراتب... (الامتاع والمؤانسة، ج 1، ص 121).

فقال ابن الفرات : ما رغبت في سماع كلامك ... (الامتاع والمؤانسة، ج 1، ص 120).

ولهذا كان لأصحاب الحديث أنصار الأثر، مزية على أصحاب الكلام و أهل النظر . (الإمتاع والمؤانسة، ج 1، ص 142).

وقد قيل: من طلب الدين بالكلام ألْحَدَ... (الإمتاع والمؤانسة، ج 1، ص 142).

ابن سيده : الكلام القول، معروف، وقيل الكلام ما كان مكتفياً بنفسه وهو الجملة. والقول ما لم يكن مكتفياً بنفسه وهو الجزء من الجملة.

قال سيبويه : اعلمْ أن (قلتُ) إنّما وقعت في الكلام على أن يحكى بها ما كان كلاماً لا قولاً، ومن أدل الدليل على الفرق بين الكلام والقول إجماع الناس على أن يقولوا القرآن كلام الله ولا يقولوا القرآن قول الله. والكلام: الجمل المتركّبة في الحقيقة (ابن منظور ، لسان العرب، ج 12، ص 522).

الجوهري : الكلام: اسم جنس يقع على القليل والكثير. والكَلِم لا يكون أقل من ثلاث كلمات، لأنه جمع كلمة.

كوش (فل): الكلام (علم) Dialectical (E) Théologie Dialectique (F) Theology هو الجدل في المسائل الاعتقادية، اللفظ الأجنبيّ ابتدعه دي بور في كتابه عن «تاريخ الفلسفة في الإسلام». وكان لفظ «المتكلمين» يطلق على كل من نظر في مسائل العقائد ثم أصبح يطلق على الذين يخالفون المعتزلة ويتبعون أهل السنّة. وبهذا المعنى نستطيع أن نقول عن المتكلمين إنهم «مفكرون مدرسيّون». نبّه الباحثون الأوروبيون منذ أكثر من قرن إلى أن المتكلمين فرقة من فلاسفة الإسلام. نجد هذا عند تيمان و ريتر . ويذهب ريتر إلى أن مذاهب المتكلمين هي الفلسفة العربية الحقيقية ويتابعه في هذا رينان . ولا يزال الباحثون المعاصرون يجعلون هذه المذاهب من أقسام الفلسفة في الإسلام. (مرعشلي ، الصحاح في اللغة والعلوم، ج 2، ص 4096).

وعلم الكلام هو علم يُقتدر به على إثبات العقائد الدينية بإيراد الحجج عليها ودفع الشبه عنها وموضوعه ذات الله سبحانه وتعالى وصفاته عند المتقدمين وقيل موضوعه الموجود من حيث هو موجود. وعند المتأخرين موضوعه المعلوم من حيث يتعلق به إثبات العقائد الدينية تعلُّقاً قريباً أو بعيداً. وأرادوا بالدينية المنسوبة إلى دين نبينا محمد (صلعم). (حاجي خليفة، كشف الظنون، ج 2، ص 1503).

استخدم أبو حيان اللفظ بمعنى علم الكلام في الشاهد الأول والشاهد الرابع والشاهد الخامس. وأما في الشواهد الأخرى فقد استخدمه بمعنى القول.

الكُلِّيَّات:... وكلِّيَّات الحس في هذا العالم في مقابلة موجودات العقل في ذلك العالم. (الإمتاع والمؤانسة، ج 1، ص 1).

هو الذي لا يمنع نفس تصوُّر معناه من وقوع الشَّرِكة فيه سواء استحال

وجوده في الخارج كاجتماع الضدين أم أمكن ولم يوجد كبحر من زئبق، وجبل من ياقوت، أم وُجد منه واحد مع إمكان غيره كالشمس، أو استحالته أم كان كثيراً متناهياً كالإنسان، أم غير متناهٍ كالعدد.

والكُلّي: طبيعي ومنطقي وعقلي، فالانسان مثلاً فيه حصة من الحيوانية، فإذا أطلقنا عليه أنه كلي فههنا ثلاثة اعتبارات: أحدهما أن يراد به الحصة التي شارك بها الانسان غيره، فهذا هو الكلي الطبيعي، وهو موجود في الخارج فإنه جزء الانسان الموجود، وجزء الموجود موجود.

والثاني: أن يراد به أنه غير مانع من الشَرَكة، فهذا هو الكلي المنطقي، وهذا لا وجود له لعدم تناهيه.

والثالث: أن يراد به الأمران معاً: الحصة التي يشارك بها الانسان غيره مع كونه غير مانع من الشركة، وهذا أيضاً لا وجود له لاشتماله على ما لا يتناهى، وذهب أفلاطون إلى وجوده.

والكليات الخمسة عند أرباب المنطق هي: الجنس والنوع والفصل والخاصة والعَرَض العام. فالجنس كالحيوانية، والنوع كالإنسانية، والفصل كالناطقية ولا يريدون بالناطقية النطق بالكلام، وإنما يريدون بها القوة المفكِّرة. والخاصّة كالكتابة لأنها تُخَص ببعض النوع. والعَرَض العام كالضاحكية لأنها عامة بجميع النوع. (الكَفَوي ، الكليات، ج 4، ص 80).

كوش (فل): كلي (Universal (E.F.) الكلّيّ، في الفلسفة، اسم مشترك يطلق على معنيين بأحدهما موجود في الأعيان وبالمعنى الثاني موجود في الأذهان. وأما الأول فهو للشيء المأخوذ على الإطلاق، فإن الإنسان مثلاً معقول بأنه حقيقة ما. والمعنى الثاني هو الإنسانية مثلاً مقولة على كثير. ومعنى كُلِّيتها التماثل دون الاتحاد في الإنسانية الموجودة لزيد والإنسانية الموجودة لعمرو.

ويذهب المذهب الحسي إلى إنكار المعنى الكليّ بحجة أنه تصوّر متناقض إذ إن الكلّية تمنع عن المعنى التعيين بينما كل تصوّر فهو معيّن حقاً.

كوش (فل) كليات Universalis (E) Universaux . الكليات عند المدرسيين هي المعاني المجرّدة: الجنس والنوع والفصل والخاصة والعَرَض العام، والمصطلح العربي متداوَل في كتب المنطق العربية إلى يومنا هذا. وأما كتب المنطق الغربية فلا تزال تحتفظ بالاسم الذي وضعه لها أرسطو وهو «المحمولات» Prédicabies وحصرها في أربعة لأن الموضوع نوع والمحمول على الموضوع إما أن يكون جنساً أو عَرَضاً عاماً أو خاصة. وأما الفصل فإن أرسطو يضعه مع الجنس. وقد أضاف إخوان الصفا إلى الكُلّيّات الخمسة لفظاً سادساً هو «الشخص». ومن الألفاظ الستة ثلاثة تدل عندهم على الأعيان: الجنس والنوع والشخص، وثلاثة تدل على المعاني: الفصل والخاصة والعَرَض. (مرعشلي ، الصحاح في اللغة والعلوم: ج 2، ص 405).

الكَوْدن... فليس الكَوْدن من العتيق في شيء. (الإمتاع والمؤانسة، ج 1، ص 10).

الكَوْدن اسم للفَرَس التركي، ذكورها وإناثها. ويقال للثقيل أيضاً كودن. (الكفوي ، الكليات، ج 2، ص 337).

الكَوْدَن البِرذون الثقيل، والكَوْدنة البطء في المشيء. والبِرذون هو التركي من الخَيْل وجمعها براذين وخلافها العِراب والأُنثى بِرذونة. وربما كان البِرذَوْن اسماً لغير العربي (المطرّزي ، المغرِّب، ص 42 و402).

قال الجوهري : الكَوْدن يوصف ويشبّه به البليد. (ابن منظور ، لسان العرب، ج 13، ص 357).

الكيمياء: وأما مسكوية... فكان مشغولاً بطلب الكيمياء مع أبي الطيِّب الكيميائي الرازي ... (الإمتاع والمؤانسة، ج 1، ص 35).

... وما أرى ذلك مع كلفه بالكيمياء . (الإمتاع والمؤانسة، ج 1، ص 36).

الكيمياء عربي واشتقاقه من كمي يكمي إذا ستر وأخفى ويقال كمى الشهادة يكميها إذا كتمها والمحقِّقون لهذه الصناعة يسمونها الحكمة على الإطلاق، وبعضهم يسميها الصنعة. (الخوارزمي ، مفاتيح العلوم، ص 256).

الكيمياء معروفة مثل السيمياء. اسم صنعة قال الجوهري : هو عربي، وقال ابن سيده أحسبها أعجمية ولا أدري أهي فِعْلَياء أم فِيعَلاء. (ابن منظور ، لسان العرب، ج 15، ص 231، مادة: كمي. وأنظر؛ ج 12، ص 530، مادة كوم).

الكيمياء: علم ينظر في المادة التي يتم بها كون الذهب والفضة بالصناعة ويشرح العمل الذي يوصِل الى ذلك. (ابن خلدون ، المقدمة، ص 504).

الكيمياء لغة مولَّدة من اليونانية وأصل معناها الحيلة والحذق. (الخفاجي ، شفاء الغليل، ص 167).

الكيمياء علم يعرف به طُرُق سلب الخواص من الجواهر المعدنية وجلب خاصيَّة جديدة اليها. قال الصفدي في شرح لاميَّة العجم وهذه اللفظة معرّبة من اللفظ العبراني وأصله «كيم يه» معناه أنه من الـلـه. (حاجي خليفة ، كشف الظنون، ج 2، ص 1526).

شم (زر) الكيمياء علم يبحث في الأجسام البسيطة وفي أعمالها المتقابلة وفي التركيبات الناتجة من ذلك. (مرعشلي ، الصحاح في اللغة والعلوم، ج 2، ص 424).

والكيمياء بإزاء (Chimie (F) . واللفظ الفرنسي مأخوذ من اللفظ اللاتيني Alchimie الذي أُخِذ بدوره من اللفظ العربي الكيمياء. (أنظر لار: ص 27 و203).

قلت: اختلف القدامى في تحديد أصل اللفظ، أهو عربي أم عبري أم يوناني؟ حتى إن ابن منظور مثلاً ذكره مرّة في مادة (ك م ي) ومرة في مادة (ك وم). والقاسم المشترك بين معاني اللفظ هو علاقة الستر والخفاء. ويظهر ذلك من خلال شرح مدلوله ووظيفته، الأمر الذي يجعل الباحث لا يحسم أمره في تحديد أصل اللفظ فيكتفي باعتبار هذه التعريفات ناتجة من ضعف معرفة القدامى بعلم الكيمياء.

فصل اللام

اللؤلؤ : وقال الرّقاشي في مواعظه: خذوا الذهب من الحجر، و اللؤلؤ من المزبلة. (الإمتاع والمؤانسة، ج 2، ص 123).

اللؤلؤة: الدرّة. سمي به لضوئه ولمعانه. والجمع لآلىء ولؤلؤ. وبائعه لآء، ولآآل، ولألاء. (ابن منظور ، لسان العرب، ج 1، ص 150. و الزَّبيدي ، تاج العروس، ج 1، ص 411).

شم (زر): لؤلؤة: جمانة، تومة (Perle (F ولها في كتاب الجماهير في معرفة الجواهر للبيروني أسماء أخرى كثيرة. رواسب أو جوامد قاسية لمّاعة مستديرة تحصل في بعض حيوانات دنيا من الرخويات ولا سيما صفيحيّات الخياشيم أي ذوات المصراعين أو الصدفتين Bivalves واللؤلؤ أشكال. // ـ المثقوبة P. Percée . // ـ المدحرجة أو الفأرة P. ronde . // ـ اللؤلؤ الغلامي P. en forme de Poire .

مج (ك): لؤلؤة (Pearl (E حبّة صغيرة أو محفظة صغيرة كُرَوِيّة أو بيضيَّة كلؤلؤة الأتير.

شي (ث): لؤلؤ (بإزاء) Perles // ـ مضرس Perles Baroques . (مرعشلي الصحاح في اللغة والعلوم، ج 2، ص 427).

اللّكّ: ... ومن الجواهر المعدنية ما هو طلّ منعقد كا للّكّ فإنه يقع على نبات مخصوص ينعقد عليه. (الإمتاع والمؤانسة، ج 2، ص 108).

الجوهري : اللّك: شيء أحمر يُصبغ به جلود المعِز وغيره. واللُّك بالضم. ثُفله، يُرَكَّب بالنصل في النصاب.

شم (زر) لَك Laque, Gomme-Laque الكلمة الفرنسية Laque من لاتينيةِ القرون الوسطى وهذه اقتبستها من العربية، والعربية من الفارسية والفارسية من الهندية. الأشجار التي تفرز اللّك كثيرة كالأثاب أي تين البنغال // ـ Rhusvernicifera (S) شجر يُغرَس في اليابان لاستخراج اللّك منه. واللّك يُستخرج أيضاً من بضعة أنواع منسوبة إلى جنس R. ومن أشجار أخرى. مج (فن) لُك Lake (E) Laque (F) صبغ أحمر. // ـ أرجواني Purple L. = L. Pourpre . كلمتا Laque Lake حشرات تتجمّع حول شجرة توجد بالهند ويصنع منها الصمغ المسمى بالعربية «لُك» ويضاف إليه قليل من الأزرق ليكون قرنفلياً. // ـ قرمزي Crimson L. = L. Carminée صبغ مصنوع من لُك مضاف إليه قليل من الألومينا وسلفات الباريوم وأُكْسيد الرصاص. (مرعشلي ، الصحاح في اللغة والعلوم، ج 2، ص 453).

اللواء: يا فتح، يا نصر، خذ اللواء . (الإمتاع والمؤانسة، ج 2، ص 164).

اللواء: لِواء الأمير. واللواء: العَلَم، واللواء: الراية ولا يمسكها إلّا صاحب الجيش، قال الشاعر (الوافر):

غداة تسايلت من كلّ أَوْبٍ كتائب عاقدين لهم لِوَايا

قال: وهي لغة لبعض العرب ، تقول احتميت احتماياً.

واللواء: العلامة، وفي الحديث: لكل غادر لواء يوم القيامة أي علامة يُشهر بها في الناس، لأن موضوع اللواء شهرة مكان الرئيس. وأَلْوَى اللواء: عمله أو رفعه، عن ابن الأعرابي . وأَلْوَى: خاط لواء الأمير. (ابن منظور ، لسان العرب، ج 15، ص 226).

وتحوَّل اللفظ مع الاستخدام من معنى العَلَم والعلامة إلى الوحدة العسكرية المعروفة باللواء والى الضابط الذي يقود هذه الوحدة لأن العَلَم يعرف في مكان قيادته. ويقال: لواء وقائد لواء. واللواء كما في شاهد أبي حيّان هو العلم أو الراية.

لون: وكان سليمان بن ثوابة ضخم الخوان، كثير الطعام، وافر الرغيف، وكان معجباً بإجادة الألوان ، واتخاذ البدائع والطرائف على مائدته. (الإمتاع والمؤانسة، ج 3، ص 7).

اللون: هيئة كالسواد والحمرة. ولون كل شيء ما فصل بينه وبين غيره، والجمع ألوان، والألوان: الضروب، واللون: النوع. وفلان متلوّن إذا كان لا يثبت على خلق واحد. (ابن منظور ، لسان العرب، ج 13، ص 393).

استخدم أبو حيّان اللفظ بمعنى صنف من أصناف الطعام.

فصل الميم

ماء الورد: ... فإنه إذا سمع هذا انقلبت حماليق عينيه، وسقط مغشيّاً عليه، وهات الكافور و ماء الورد ، ومن يقرأ في أذنه آية الكرسي... (الإمتاع والمؤانسة، ج 2، ص 167).

أهمله الجوهري و ابن منظور و الزَّبيدي .

(وسيط) ماء الزهر: محلول مائي يُحضَّر بالتقطير البخاري للزهور الناضرة. ولهذا المحلول رائحة الزهور المقطّرة. ومثله ماء الورد. (المعجم الوسيط، ج 2، ص 892).

مج (ن) ومن زهر الورد الدمشقي أو البلدي يُستقطَر ماء الورد والدهن المسمى عطر الورد. (مرعشلي ، الصحاح في اللغة والعلوم، ج 2، ص 678). والعامَّة تسمي ماء الورد: ماورد.

وقال ابن حوقل : فأما ما يجلب من فارس إلى سائر الأرض وهو أفضل أجناسه في سائر البلدان فماء الورد الذي بكُوَار و جُور ، يُنقل إلى سائر الأرض... ويَفْضُل كلَّ ماءِ وَرْدٍ سواه. (ابن حوقل ، صورة الأرض، ص 260).

الماس: فأما الطبيعة التي تألف طبيعة أخرى فمثل الماس فإنه إذا قرب من الذهب لزق به وأمسكه. ويقال لا يوجد الماس إلّا في معدن الذهب في بلد من ناحية الشرق. (الإمتاع والمؤانسة، ج 2، ص 109).

فأما الطبيعة التي تقهر طبيعة أخرى فمثل طبيعة الأسرب الوسخ في الماس القاهر لسائر الأحجار الصلبة، وذلك أن الماس لا يقهره شيء من الأحجار، وهو قاهر لها كلها، ولو ترك على السندان وطرق بالمِطْرقة لدخل في أحدهما ولم ينكسر.

(الإمتاع والمؤانسة، ج 2، ص 110).

الماس: أهمله الجوهري و ابن فارس و ابن منظور .

والماس عند الفيروز أبادي و الزَّبيدي : حجر متقوِّم، أي ذو قيمة، وهو يُعَدُّ من الجواهر، كالزمرّد والياقوت، ومن خواصه أنه يكسر جميع الأجساد الحجرية، وإمساكه في الفم يكسر الأسنان، ولا تعمل فيه النار ولا الحديد، إنما يكسره الرصاص ويسحقه، فيؤخذ على المثاقب ويثقب به الدر وغيره. (أنظر: القاموس المحيط، وتاج العروس، مادة مَوَس).

ويبدو أن القدامى اختلفوا في أصل الكلمة، فابن الأثير ، على سبيل المثال، اعتبر الألف واللام من أصل الكلمة وقاس اللفظ على إلياس. ومنهم من اعتبرها للتعريف، وحمل اللفظ على معنى القطع. لأن المَوْسَ حَلْقُ الشعر. والموسى آلة الحديد التي يحلق بها، و الصغّاني و الزَّبيدي من هذا الفريق. (أنظر: الزَّبيدي ، تاج العروس، مادة مَوَس). ولا يزال الاختلاف قائماً حتى يومنا. فيقال: ماسَ وأَلْمَاسٌ، حتى إن بعض العامة قلبوا السين زايا، وقالوا ألماز بتفخيم الأصوات، واشتقوا منه فعل أَلْمَزَ، وقالوا أَلْمَزَ الشيء فهو مُؤَلْمَز.

مج (بلر) ألماس (Diamond (E) Diamant (F معدن شفاف يتركب من الكربون المتبلْوِر من فصيلة المكعّب، ويكون على صورة ثماني الأوجه أو ذي الاثني عشر وجهاً، ذو بريق أخاذ. وأثمن أنواعه ذو اللون الضارب إلى الزرقة، وهو أصلد المعادن جميعاً فلا يخدشه معدن آخر، وهو أعلى الأحجار الكريمة منزلة، ويعزى ذلك إلى ندرته وصلادته المتناهية وعلو معامل انكسار الضوء

فيه، والألوان التي تشع منه نتيجة لتحليل الضوء داخله وانعكاسه خارجاً من أسطحه البلوْرِيَّة. (مرعشلي ، الصحاح في اللغة والعلوم، ج 1، ص 42).

المال: فلان خفيف الروح، وفلان حسن الوجه، وفلان ظريف الجملة، حلو الشمائل، ظاهر الكيس، مدبّر للأموال . (الإمتاع والمؤانسة، ج 1، ص 18).

... الفيء وهو أرض العنوة... والمعادن والرّكاز و المال المدفون. (الإمتاع والمؤانسة، ج 1، ص 99).

المال في الأصل ما يملك من الأعيان، من مثل الذهب والفضة والحيوان والدار والشجر، وأكثر ما يراد بالمال عند أهل البادية الإبل، وورد اللفظ في القرآن (177/ البقرة و247/ البقرة أيضاً و 152/ الأنعام و34/ الإسراء و46/ الكهف و55/ المؤمنون و33/ النور و88/ الشعراء و36/ النمل و14/ القلم و20 الفجر). وأصبح لفظ المال يُطْلَق، مع تطور التبادل التجاري، على النقد في أكثر الأحيان. ولا يبدو أن أبا حيّان استخدم اللفظ بهذا المعنى الخاص، بل استخدمه بمعناه العام وإن كان يقصد به الذهب والفضة في الشاهد الثاني. (أنظر: الأصفهاني، الراغب معجم ألفاظ القرآن الكريم، ص 638، وابن منظور لسان العرب، ج 11، ص 635).

(وسيط) المال؛ كل ما يملكه الفرد أو تملكه الجماعة من متاع أو عروض تجارة، أو عقار أو نقود، أو حيوان، (ج) أموال. وقد أطلق في الجاهلية على الإبل. (المعجم الوسيط، ج 2، ص 892).

المِثْقال: قال سلمة بن المُحَبِّق : شهدت فتح الأُبُلّة، فوقع في سهمي قِدْر نُحاس، فنظرت فإذا هي ذهب فيها ثمانون ألف مثقال . (الإمتاع والمؤانسة، ج 2، ص 64).

مِثْقال الشيء: ما آذن وزنه فثقل ثِقْلُه. التهذيب: المثقال وزن معلوم قَدْرُه. والمِثْقَال في الأصل مِقْدار من الوزن أيّ شيء كان من قليل أو كثير، فمعنى

«مثقال ذرة» وزن ذرّة، والناس يطلقونه في العرف على الدينار خاصة وليس كذلك، وزِنَة المثقال هذا المتعامل به الآن: درهم واحد وثلاثة أسباع درهم على التحرير يوزن به ما اختير وزنه به، وهو بالنسبة إلى رطل مصر الذي يوزن به عُشْرُ عُشْرِ رَطْل.

والمثقال: واحد مثاقيل الذهب. ومثقال الشيء: ميزانه من مثله. (ابن منظور ، لسان العرب، ج 11، ص 85).

وكان وزن المثقال من الذهب اثنتين وسبعين حبّة من الشعير. (ابن خلدون ، المقدمة، ص 263). وقد عَثَر علماء الآثار على نقود عديدة تبيّن من وزنها أن الدينار ـ بِوَزْن عبد الملك ـ هو 4.25 غرامات، وهو وزن المثقال. (الصالح، صبحي ، النظم الإسلامية، ص 427).

مجْلِس الشراب: ... فأن أصحابنا كانوا في مجلس الشراب. (الإمتاع والمؤانسة، ج 2، ص 3). ومجالس الشراب تتجافى عن هؤلاء، وهؤلاء يجلّون عن مجالس الشراب (الصداقة والصديق، ص 76).

المَجْلِس: موضع الجلوس، والمَجْلِس الجماعة من الجلوس، والأخير عن ثعلب ، نقله كلّ من ابن منظور و الزَّبيدي عن ابن سيده عن اللحياني . (لسان العرب، وتاج العروس، مادة جلس).

ومجلس الشراب هو الجماعة يجتمعون للشراب، أو هو مكان اجتماع الناس لتناول الخمر أو المشروبات، وهو المعنى المقصود عند أبي حيّان .

ومجلس الشراب: حانوت الخمار. // ـ الخمّارة.

مخلّط خراسان :... وعجّل لنا يا غلام ما أَدْرَكَ عند الطبّاخ، من الدجاج والفراخ، والبوارد و مخلّط خراسان ... (الإمتاع والمؤانسة، ج 2، ص 180).

لم نجـد في المعجمات التي بين أيدينا أن المخلّط نوع من الطعام كما ذكر محقّقا الإمتاع والمؤانسة، ولكن واقع الأمر يدل على ذلك، فأبو حيّان يذكره

بين أصناف الطعام، الأمر الذي يوحي أنه نوع من الطعام مصنوع من أنواع شتى شُهِرَتْ به خراسان فَنُسِب إليها.

المُدام: شَرِب المُدام (الصداقة والصديق، ص 143).

دام الشيء يَدُوم كقال يقول. إذا طال زمانه. ومنه الماء الدائم، والظل الدائم. والدِّيمة، بالكسر: مطر يدوم أي يطول زمانه في سكون. ونقل الجوهري عند أبي زيد : هو المطر بلا رعدٍ وبَرْق، وزاد خالد بن جَنْبة: يدوم يومُه، (أو يدوم خمسة أيّام أو ستّة أو سبعة أيام أو يوماً وليلةً أو أكثر... قال لبيد (الكامل):

باتت وأسبَل واكِفٌ من ديمةٍ

يروي الخَمائِلَ دائماً تَسْجامُها

والمُدام (بالضم) المطر الدائم، عن ابن جني وأيضاً الخمر، كالمُدامة، سمّيت بذلك لأنه ليس شرابٌ يُستطاع إدامةُ شربِهِ إلا هي. وفي الأساس: «لأن شربها يدام أياماً دون سائر الأشربة» وفي المحكم: وقيل: لإدامتها في الدن زماناً حتى سكنت بعدما فارت، وقيل سميت مُدامة إذا كانت لا تنزف من كثرتها، وقيل لعتقها. (الزبيدي ، تاج العروس، ج 32، ص 178 مادة دَوَم). (وتسجامها: صبُّها).

وقد شاع ذكر الكلمة في العصر العباسي بفضل التوسّع في العيش، وانتشار مجالس اللهو والخمرة.

المرآة: قال ديوجانس ينبغي للإنسان أن ينظر في المِرآة ، فإن كان وجهه حسناً... إلخ. (الإمتاع والمؤانسة، ج 2، ص 47).

المِرآة بكسر الميم: التي يُنظر فيها. وثلاث مَرَاء، والكثير مَرَايا. (الجوهري ، الصحاح، ج 6، ص 2349).

المرآة: ما تراءيت فيه... وجاء في الحديث: لا يتمرأى أحدكم في الماء أي لا ينظر وجهه فيه، وزنه يتمفعل من الرؤية كما حكاه سيبويه من قول

العرب: تمسكن من المَسْكَنة، وتمَدْرَع من المَدْرَعَة، وكما حكاه أبو عبيد من قولهم؛ تمندلْتُ بالمنديل. والمرآة: بكسر الميم: التي يُنظر فيها، وجمعها المَرائي والكثير المرايا. وقيل من حوّل الهمزة قال المرايا. (ابن منظور ، لسان العرب، ج 14، ص 296).

والمرآة مِفْعَلَة من رأى، وأَصْلها مِرْأَية، حذفت الياء وبقيت حركتها ونقلت إلى الهمزة فأصبحت مرآة. والعامة تحذف الهمزة وتُبْقي على حركتها، وتنقل هذه الحركة إلى الراء، فتمدها وتقول مِرَايَة.

وفي الجاهلية استخدموا الكلمة الرومية «السّجَنْجَل» بدلاً من المرآة. قال امرؤ القيس (الطويل)

مُهَفْهَفَةٌ بيضاء غيرُ مُفاضةٍ

ترائبُها مصقولةٌ كالسَّجَنْجَلِ

(أنظر: الزوزني ، شرح المُعَلّقات السبع، ص 27).

مج (ضو): مرآة (بإزاء) (Mirror (E // ـ ثنائية Bumirror مرآة من سطحين مستويَيْن يحصران بينهما زاوية تكاد تساوي قائمتين تستعمل في تجارب التداخل. // ـ ال ـ المحرِقة Burnung mirror مصطلح قديم أُطلق على المرآة الكروية المقعّرة وأشباهها التي تعمل على تركيز أشعة الشمس في نقطة أو منطقة ذات حيّز صغير. (مرعشلي ، الصحاح في اللغة والعلوم، ج 1، ص 454).

المرجان: ومن الجواهر المعدنية ما هو نباتي كالمرجان . (الإمتاع والمؤانسة، ج 2، ص 108).

ومن الجواهر المعدنية ما يكون في قعر البحار ولا يتم نضجه إلّا في السنة أو أكثر، كالدر و المرجان . (الإمتاع والمؤانسة، ج 2، ص 112).

المرجان صغار اللؤلؤ. (الجوهري ، الصحاح مادة مرج). وزاد ابن منظور : واللؤلؤ اسم جامع للحَبّ الذي يخرج من الصَّدَفَة. قال أبو الهيثم : هو جوهر

أحمر يقال إن الجن تلقيه في البحر. (ابن منظور ، لسان العرب، ج 13، ص 406).

شم (زر): مرجان: بسْذ، حجر شجري Corallium (s (F) Corail) جنس حيوانات بحرية ثوابت من طائفة المرجانيات تفرز هيكلاً كلسياً متشعباً أحمر وقليلاً ما يكون وردياً أو أبيض. يُعَدُّ من الحجارة الكريمة ويُستعمل حِلِيًا.

مج (ك): مرجان Coral (E) الحيوان أو هيكل الحيوان المائي «قورل بوليبس» ويتكوّن أساساً من كربونات الكلسيوم. //

(جي) Corallum - الهيكل الكامل لحيوان المرجان سواء أكان لمستعمرة بأسرها أم لحيوان مرجاني وحيد مستقل. (مرعشلي ، الصحاح في اللغة والعلوم، ج 2، ص 486).

المركب: سمعت بباب الطاق قَوْماً يقولون: اجتمع الناس اليوم على الشط، فلمّا نزل الوزير ليركب المركب صاحوا وضجوا وذكروا غلاء القوت وعَوَز الطعام... (الإمتاع، والمؤانسة، ج 2، ص 26).

المَرْكَب الدابة، نقول هذا مركبي، والجمع المراكب، والمَرْكَب المصدر، تقول ركبت مَرْكَباً أي ركوباً. والمَرْكَب: المَوْضِع.

والمَرْكَب: واحد مَرَاكِب البر والبحر. (ابن منظور ، لسان العرب، ج 1، ص 428).

مج (قب) مركب (ج) مراكب Bateau (F) منشأة تخصص للقيام بالملاحة الداخلية.

شي (ث) مركب (ج) مراكب، عَجَلَة، عَرَبَة (بإزاء) Véhicule (F) .

جر (فر) مركبة، واسطة النقل (بإزاء) Véhicule (F) Vehicle (E) (مرعشلي ، الصحاح في اللغة والعلوم، ج 1، ص 502).

ومركبة فضائية: اسم يُطلق في عصرنا على وسيلة النقل المستخدمة في نقل العاملين في الفضاء الخارجي، من الأرض وإليها.

وأصل استخدام المركب هو للدابة لأنها كانت وسيلة تنقلهم ثم اطلق اللفظ

على كل وسيلة نقل. واستخدم أبو حيّان اللفظ للدلالة على وسيلة النقل البحرية.

المرمر: (الطويل)

وما يحسنُ الأعراب في السوق مشيةً

فكيف ببَيْتٍ من رخامٍ و مرمرِ

(الإمتاع والمؤانسة، ج 1، ص 226).

المرمر: الرخام (را.) رخام.

مستخرج الأموال: إن مال الفيء لا يصح في بيت المال إلّا بين مستخرِج وجهبذ. والكُتّاب جهابذة الكلام، والعلماء مستخرجوه. (الإمتاع والمؤانسة، ج 1، ص 133).

مستخرج الأموال هو القائم على أعمال الجبايات وحفظ حقوق الدولة في الدخل والخرج وإحصاء العساكر بأسمائهم وتقدير أرزاقهم وصرف أعطياتهم في إبّاناتها والرجوع في ذلك إلى القوانين التي يرتِّبها قَوَمَةُ تلك الأعمال وقَهَارمة الدولة. (ابن خلدون ، المقدمة، ص 243).

المستدركِيّ : وصار الناسُ أحزاباً في النّحل والأديان، فهذا نصيْري، وهذا أشجعيّ... وهذا مستدركِيّ . (الإمتاع والمؤانسة، ج 2، ص 78).

المستدرِكِيّ المنتسب الى الفرقة المستدرِكية وهي من فرق النجارية . زعم أصحابها أنهم استدركوا ما خفي على أصحابهم. (را. جبريّة). (البغدادي ، الفرق بين الفرق، ص 198).

المستعرِب: ماذا لقيت من المستعربين ومن تأسيس نحوهم هذا الذي ابتدعوا (الإمتاع والمؤانسة، ج 2، ص 140).

العرب المستعربة هم الذين ليسوا بخلّص، وكذلك المتعرّبة . (الجوهري ، الصحاح، ج 1، ص 179).

قال الليث : العرب المستعربة هم الذين دخلوا في العرب، فتكلموا بلسانهم،

وحكوا هيئاتهم، وليسوا بصرحاء فيهم. (ابن منظور ، لسان العرب، ج 1، ص 586).

شي (ث) مستعرب (Mozarabe (F نصارى الأندلس الذين خضعوا لحكم العرب. (مرعشلي ، الصحاح في اللغة والعلوم، ج 2، ص 95). ويُطلَق اللفظ على كل أجنبي يُتقن علوم العرب.

المعتزلة : يزعم أنه ينصر السنّة ويفحم المعتزلة وينشر الرواية. (الإمتاع والمؤانسة، ج 1، ص 143).

أُطْلق هذا المصطلح أول مرة على نفر من الصحابة اتَّخذوا موقفَ الحياد من حرب الجمل، ثم اتخذوا موقف الحياد نفسه من حرب صفّين . فقيل يومئذ عن هؤلاء المحايدين إنهم «اعتزلوا» عن عليّ . فرفضوا محاربته ومحاربة خصومه معاً. ثم أطلق على فئة من جماعة الحسن بن علي «اعتزلت» الحسن و معاوية وانصرفت عن معارك الصراع كلّهَا إلى العبادة وقراءة القرآن.

وأطلق اللفظ أيضاً على أصحاب واصل بن عطاء تلميذ الحسن البصري لأن واصلاً اعتزل حلقة الحسن البصري عندما سئل عن مصير مرتكب الكبيرة. فقال الحسن البصري اعتزل عنا واصل . ويرى أحمد أمين أن التسمية ناتجة من اتخاذ واصل موقفاً وَسَطاً في مسألة مرتكب الكبيرة بين الخوارج و المرجئة . ففي حين حكم الخوارج على مرتكب الكبيرة بأنه كافر، وحكمت المرجئة بأنه مؤمن، قال واصل إن مرتكب الكبيرة في «منزلة بين المنزلتين» أي أنه في مرتبة وسط بين المؤمن والكافر.

ويقوم مذهب واصل على أربع قواعد:

القاعدة الأولى: القول بنفْيه صفات الـلـه من العلم والقدرة والإرادة والحياة.

القاعدة الثانية: القول بالقدر. فالله عادل حكيم، لا يجوز أن يضاف إليه شرٌّ

ولا ظُلْمٌ، ولا يجوز أن يُريدَ من العباد خلافَ ما يأمر. فالعبد هو الفاعل للخير والشر. والإيمان والكفر، والطاعة والمعصية، وهو المجازي على فعله.

القاعدة الثالثة: القول بالمنزلة بين المنزلتين.

القاعدة الرابعة: قوله في الفريقين من أصحاب الجمل، وأصحاب صفين إن أحدهما مخطىء لا بعْينه، وكذلك قوله في عثمان وقاتليه وخاذليه. قال: إن أحد الفريقين فاسق لا محالة، كما أن أحد المتلاعنين فاسق لا محالة، لكن لا بعْينه. فلا يجوز قول شهادة علي ، و طلحة ، و الزبير على باقة بقْل. وجوّز أن يكون عثمان و علي على خطأ.

وقد انقسم المعتزلة فرقاً متعددة فكان منها: الهُذَيْلِيَّة (أصحاب أبي الهُذَيْل العلّاف)، النّظّامِيَّة (أصحاب ابراهيم بن سَيَّار بن هانىء النظّام)، الخابطية و الحدثية (أصحاب أحمد بن خابط و الفضل الحدثيّ)، البِشْرِيّة (أصحاب بِشْر بن المعتمر)، المعمرية (أصحاب معمر بن عباد السّلمي)، المردارية (أصحاب عيسى بن صبيح الملقب بالمردار)، الثّمامية (أصحاب ثمامة بن أشرس النميري)، الهشامية (أصحاب هشام بن عمر الغوطي)، الجاحظية (أصحاب عمرو بن بحر أبي عثمان الجاحظ)، الخياطية و الكعبية (أصحاب أبي الحسن بن أبي عمرو الخياط و أبي القاسم بن محمد الكعبي)، الجبائية و البهشميّة (الشهرستاني ، الملل والنحل، ج 1، ص 43، و البغدادي ، الفَرْق بين الفِرَق، ص100، و ابن منظور ، لسان العرب، مادة عزل).

المعدن: ثم لما ملكوا الدور والقصور... و المعادن والقلاع... لم يقعدوا عن شأو من تقدّم بآلاف السنين. (الإمتاع والمؤانسة، ج 1، ص 85).

المعدن: منبت الجواهر من الذهب والفضّة والحديد ونحو ذلك من فلز الأرض. ومعدن كل شيء أصله ومبدؤه. وإنما سمِّيَ معدناً لأن أهله يقيمون صيفاً شتاءً.

وأصل المعدن مكان إقامة الإبل: عدنت الابل بمكان كذا: لزمته فلم تبرح. ومنه (جنات عدْن) أي جنات إقامة. ومنه سمِّيَ المعدن. وانتقل اللفظ مع الاستخدام من معنى المكان إلى معنى الفلز نفسه. (أنظر: ابن منظور ، لسان العرب، ج 13، ص 279. و ابن سيده ، المخصص، م 3، ج 12، ص 22).

مع (جي) معدن (Mineral (E) مادة غير عضوية متجانسة التركيب ولها صفات طبيعية متجانسة وتركيب كيميائي ثابت وقد توجد المعادن في الطبيعة متبلورة أو غير متبلورة وتكون وحدات تركيب الصخور. // الى ـ M. كل ما يستخرج من بطن الأرض (من المناجم) فيقال الماء المعدني وصناعة التعدين (مرعشلي ، الصحاح في اللغة والعلوم، ج 2، ص 90).

استخدم أبو حيّان اللفظ بمعنى منبت الجواهر، والدليل هو استخدامه «الجواهر المعدنية» للدلالة على الذهب والفضة وغيرها. (أنظر الليلة الرابعة والعشرين من كتاب «الإمتاع والمؤانسة»، ج 2، ص 104، وما بعدها).

المغناطيس: فأما الطبيعة التي تألف طبيعة فمثل طبيعة المغناطيس في الحديد، فإن هذين الحجرين يابسان صلبان، وبينهما طبيعة إلفة، فإذا قرب الحديد من هذا الحجر حتى يشم رائحته ذهب إليه والتصق به وجذب الحديد إلى نفسه كما يفعل العاشق بالمعشوق. (الإمتاع والمؤانسة، ج 2، ص 109).

المغناطيس والمغنطيس والمغنّطيس حجر يجذب الحديد لخاصة فيه. ذكره الجوهري و ابن منظور في مادة «غطس». ورأى الزّبيدي أن يذكر في مادة «مغطس» ووافقه مجمع مصر على ذلك. واعتبر الجميع أنه معرّب. ويسميه بعض العامة «مغطنيس». (الصحاح، ج 3، ص 956، ولسان العرب، ج 6، ص 155 وتاج العروس، ج 16، ص 308 والمعجم الوسيط، ج 2، ص 879).

مج (ك) مغناطيس (Magnet (E) . // ـ متوازٍ Paramagnetic المواد

المغناطيسية اذا وضعت في مجال مغناطيسي أخذت وضعاً موازياً لخطوط القوى المغناطيسيّة.

// ـ هاب الكبير Haab's giant magnet يُستعمل لاستخراج شظايا الحديد من داخل العين. // (هك) ـ حديدي Ferro magnetic

(E) Ferromagnétique (F) صفة للمواد المغناطيسيّة مثل الحديد التي نفاذيتها عالية ومتغيّرة ويقال للمغناطيسية التي من هذا النوع المغناطيسيّة الحديدية.

جر (فر): مغناطيس (بازاء) (Magnet (E) Aimant (F . // ـ حَذَوي (بشكل نعل الفرس) Magnet = A. en fer à cheval . // ـ حَلَقِيّ Annular M. = A. annulaire // ـ دائم Permanente M. = A. Permanent // ـ ذو مجالين Double field M. = A. à double champs . // ـ صناعي Artifical M. = artificiel (مرعشلي ، الصحاح في اللغة والعلوم، ج 2، ص 505).

مغنيسياً: وأما الطبيعة التي تعين طبيعة أخرى فمثل المغنيسيا والقِلْي المُعِينَيْن على سبْك الرمل وتصنيفه حتى يكون منه زُجاج. (الإمتاع والمؤانسة، ج 2، ص 110).

أهمله الجوهري و ابن سيده و الجواليقي و ابن منظور و الزَّبيدي .

المغنيسيا: أوكسيد المغنزيوم وهو نوع معدن أبيض، maghniciya واللفظ يوناني. (اليسوعي ، غرائب اللغة العربية، ص 270).

مغنسيوم (Magnesium (E) Magnesium (F .

مج (ك) عنصر فِلْز أبيض فضي كثافته 1.74 وينصهر في 651 م 8 ، وزنه الذري 24.32 وعدده الذري 12 يشتعل بوهج شديد. (مرعشلي ، الصحاح في اللغة والعلوم، ج 2، ص 505).

المُفَضَّليّون: ... فأناظرهم لا مناظرة الحنبليّين مع الطبريّين ، وأتعصب لك لا تعصب المفضليين و البرغوثيين . (الإمتاع والمؤانسة، ج 2، ص 188).

المفضليّون : أتباع المفضَّل بن عمر ، من الشيعة الإمامية ، ويسمون بالقطعيّة لأنهم قطعوا على إمامة موسى بن جعفر بن محمد . (الخوارزمي ، مفاتيح العلوم، ص 33).

المَقامة : كتبت اليه أشياء كنت أسمعها من أفواه أهل العلم والأدب على مَرّ الأيام في السفر والحضر، وفيها قرع للحس، وتنبيه للعقل، وإمتاع للروح، ومعونة على استفادة اليقظة، وانتفاع في المَقامات المختلفة. (الإمتاع والمؤانسة، ج 2، ص 61).

المُقامة: الموضع الذي تقيم فيه، والمُقامة، بالضم: الإقامة. والمَقامة، بالفتح: المجلس والجماعة من الناس. ومقامات الناس: مجالسهم. ويقال للجماعة يجتمعون في مجلس: مَقَامة، والجمع مقامات. والمَقَامة والمَقام: الموضع الذي تقوم فيه. (ابن منظور ، لسان العرب، ج 12، ص 496).

وفي هذه المجالس كانت تحكى القصص التي سميت في ما بعد باسم المقامات. والمقامة في الأدب العربي قصة قصيرة مسجوعة تتضمن عِظة أو مُلْحة أو نادرة، كان الأدباء يتبارون في كتابتها إظهاراً لما يمتازون به من براعة لغوية وأدبية، وأصل معناها «المجلس» و«الجماعة من الناس».

وأشهر كتَّاب المقامات بديع الزمان الهمذاني (ت 393 هـ) و الحريري (ت 510 هـ) (معجم المصطلحات العربية في اللغة والأدب، ص 379).

وأما المعنى المقصود عند أبي حيّان فهو المجلس.

المكُّوك: ... ثم جعنا حتى اشترينا مكُّوك بُرّ بمكُّوك دُرّ. (الإمتاع والمؤانسة، ج 2، ص 63).

المكُّوك: اسم للمكيال يختلف مقداره باختلاف اصطلاح الناس عليه في البلاد. والجمع مكاكيك ومكاكي على البَدَل كراهية التضعيف.

وقيل هو صاع ونصف، وهو ثلاث كيلجات، والكيلجة منٌّ وسبعة أثمان

منّ، والمنُّ رطلان، والرطل اثنتا عشرة أوقيّة، والأوقية إستار وثلثا إستار. والإستار أربعةُ مثاقيل ونصف (را. مثقال). (ابن منظور ، لسان العرب، ج 10، ص 491).

الملّاح: الأعنُز البريّة تألف حيتاناً بحرية، وتدع الجبال وتسلك طريقاً بعيداً حتى تأتي البحر لمكان تلك الحيتان، فلما عرف ذلك الملّاحون، سلخوا جلود تلك الأعنز، ودنوا بها من شاطىء البحر على ظهورهم... (الإمتاع والمؤانسة، ج 1، ص 172).

المَلّاح، ككَتّان: بائع الملح أو هو صاحبه، حكاه ابن الأعرابي . وأنشد (الكامل):

حتى ترى الحجرات كلَّ عشيّةٍ

ما حولها كمُعَرَّسِ الملّاحِ

والملّاح: النوتيّ. وفي التهذيب صاحب السفينة، لملازمته الماء المِلح. وهو أيضاً متعهد النهر، وفي بعض النسخ البحر، ليصلح فوّهته، وأصله من ذلك. وقيل سمي السفّان لمعالجته الماء الملح بإجراء السفن فيه. وأنشد الأزهري للأعشى (المتقارب):

تكافأ ملّاحها وَسْطَها   من الخوف، كَوْثَلَها يلتزمْ

(الزَّبيدي، تاج العروس، ج 7، ص 143).

مج (ق): ملّاح (ج) ملّاحون (بإزاء) Marin (F) . // الملّاحون Matelots (f) الملّاحون طائفة من رجال الطاقم الذين يقومون بتسيير السفينة. (مرعشلي ، الصحاح في اللغة والعلوم، ج 2، ص 510).

المِلْح: ومن الجواهر المعدنية ما هو ترابي رخو لا يذوب ولكن ينفرك كالملح والزاج والطلق. (الإمتاع والمؤانسة، ج 2، ص 107).

الملح بالكسر معروف، وهو ما يطيَّب به الطعام. وقد يُذَكّر، والتأنيث فيه أكثر، كذا في العُبَاب.

والملح: العِلْم. والمِلْح أيضاً العلماء، هكذا في اللسان.

والملح أيضاً السِّمن القليل. والملح الحرمة والذِّمَام، كالمِلحة، ويقال: بين فلان وفلان مِلْح ومِلْحة، اذا كان بينهما حُرْمة. قال أبو العباس: العرب تعظّم أمر المِلْح والنار والرّماد.

والملح: ضد العذب من الماء كالمليح. يقال ماء ملح. ولا يقال مالح إلّا في لغة رديئة، فإذا كان عذباً ثم مَلُح يقال أملح. وحكى ابن الأعرابي : ماء مالح كمِلْح. ومن المجاز: المِلْح: الرّضاع وقد روي فيه الفتح أيضاً، كذا في المحكَم، ونقله في اللسان، وقد ملحت فلانة لفلان، إذا أرضعت.

ومن المجاز أيضاً: المِلْح: الحُسْن، من المِلاحة، وقد ملُح يَمْلُح مُلُوحة ومَلَاحة ومِلْحاً، أي حَسُن. (الزَّبيدي ، تاج العروس، ج 7، ص 137).

شم (زر): ملح Sel ،Chlorure de Sodium هو ملح الطعام المعروف. كيمياوياً: كلورور الصوديوم. الملح في الكيمياء مركب يحصل من حلول معدن مكان الهيدروجين في أحد الحوامض. // ـ أندراني أو ذرآني S. gemme خلافاً للملح البحري S. marin وكلاهما كلورور الصوديوم. // ـ البارود، نطرون Salpetre نترات البوطاس. // ـ شيلي، نطرون شيلي Salpêtre de Chili نترات الصود أو السماد المشهور. // ـ أملاح ديازونيوم Diazonium salts اسم عام يُطلق على المُرَكَّبات الديازيَّة. // ـ الصفراء Bile S. أملاح قَلَوِيَّة (صوديوم أو باتاسيوم) توجد في سائل المرارة. // ـ الكروموز (Chromous salts (E) Sels Chromeux (F) أملاح يكون فيها فِلز الكروم ثنائي التكافؤ مثال ذلك كلوريد الكروموز (كركل3) (Cr. Cl2) . (مرعشلي ، الصحاح في اللغة والعلوم، ج 2، ص 510).

المنطِق: ... وهو شديد التعصب على أهل الحكمة والناظرين في أجزائها

كالهندسة والطب والتنجيم والموسيقى والمنطق والعدد. (الإمتاع والمؤانسة، ج 1، ص 54).

المنطق: الكلام. وكلام كل شيء: منطقه، ومنه قوله تعالى: { عُلِّمْنَا مَنطِقَ الطَّيْرِ } (16/ النمل) . قال ابن سيده : وقد يستعمل المنطق في غير الإنسان كقوله تعالى: علّمنا منطق الطير . وأنشد سيبويه (البسيط):

لم يَمْنَعِ الشُّرْبَ منها، غير أن نَطَقَتْ

حمامة في غصونٍ ذاتِ أَوْقالِ

(ابن منظور، لسان العرب، ج 10، ص 344). ومن المجاز: نطق الكتاب بكذا: أوضحه وبيّنه ودل عليه.

المنطق علم يعصم الذهن من الخطأ في الفكر. ويقال فلان منطقي عالم بالمنطق أو يفكر تفكيراً مستقيماً. (المعجم الوسيط، مادة نطق).

مج (فل) منطق (علم) (Logic (E) Logique (F // ـ الرياضي (Logisti (E gistique (F) منطق يعتمد على طائفة من الرموز والإشارات لأداء المعاني والأحكام بدلاً من الألفاظ والعبارات اتقاء لغموضها والتِباسها ويخضع لقوانين معيَّنة وهو صوري كالمنطق القديم تتم فيه البرهنة من طريق تأليفات معيَّنة، ورياضي لأنه يمزج بين المنطق والرياضة ويسمى أيضاً المنطق الرمزي (Logique symbolique (F) لأنه يعتمد على الرموز، والمنطق المعاصر (L. Contemporelle (F) في مقابل المنطق التقليدي (Logique Classique (F) .

كوش (فل): منطق (علم) (Logic (E) Logique (F) المنطق (اصطلاحاً: (1) لم يَرد لفظ «لوجيكا» في كتب أرسطو كاسم لهذا العلم، ثم ورد في عصر شيشرون بمعنى الجدل إلى أن استعمله الإسكندر الأفروديسي بمعنى المنطق. ويقول أرسطو بهذا المعنى «العلم التحليلي» أي العلم الذي يُحلّل العِلْم إلى مبادئه وأصوله. وإن كانت التحليلات تدل بالذات على تحليل القياس إلى أشكاله فلا مانع من إطلاق الاسم بحيث يشمل تحليل القياس إلى قضايا،

والقضية إلى ألفاظ. (2) المنطق عند العرب يقع في المقام الأول فهو المدخل إلى الفلسفة وعلم الكلام. ويُطلق عليه أحياناً «معيار العلوم». و للغزّالي كتاب في المنطق يحمل هذا الاسم. يقول الجرجاني : المنطق آلة قانونية تعصم مراعاتها الذهن عن الخطأ في الفكر فهو عملي آلي، كما أن الحكمة علم نظري غير آلي. (3) يعرّف مِلّ المنطق فيقول إنه علم البرهان. (4) ويعرّفه كينز فيقول إنه العلم الذي يبحث في تحديد الشروط التي تسمح لنا بالانتقال من أحكام فرضت صحتها إلى أحكام أخرى تلزم عنها. (5) يعرض ديوي في كتابه «المنطق» أربعة آراء في طبيعة المنطق. يقول: «يقال إنه علم القوانين الضرورية للفكر، أو إنه نظرية العلاقات المنظمة، أعني العلاقات التي تستقلّ بوجودها عن الفكر، وهنالك على الأقل ثلاث وجهات للنظر بالنسبة إلى طبيعة هذه العلاقات: (1) فوجهة للنظر تقول إنها تكوّن عالماً قوامه الإمكان الخالصة، ومعنى «الخالصة» هنا أنّ تلك الإمكانات لا تعتمد في وجودها على الوجود بالفعل. (2) وأخرى تقول إنها الثوابت الأولية التي تقيم «نظام الطبيعة» (3) وثالثة تقول إنها قِوام البِنَاء العقلي للكون. فإذا أخذنا المنطق بهذا المعنى الثاني الذي يجعله دراسة للعلاقات مستقلة عن الفكر، فإنها، على الرغم من استقلالها هذا عن الفكر الإنساني، تجسّد البناء العقلي للكون، كما يزعمون، وهو بناء تتمثل صورته إلى حد محدود في عقل الإنسان، وهنالك أيضاً وجهة النظر القائلة بأن المنطق مختص بعمليات الاستدلال التي هي وسيلتنا إلى بلوغ المعرفة، والمعرفة العلميّة على وجه الخصوص. (6) منطق صُوَرِي (F L. formelle) هو البحث في التصورات والأحكام والبراهين بعد تفريغها من مادتها. (7) منطق مادي L. materielle وهو البحث في العمليات العقليّة التي تؤدي إلى الخطأ والصواب، وكذلك البحث في العمليات الاستقرائية والفروض ومناهج البحث العلمي. (8) منطق رمزي L. symbolioque وهو البحث في القواعد

العامة التي يجري عليها الاستدلال، وهو يتكوّن من ثلاثة أقسام: الحساب التحليلي للقضايا، والحساب التحليلي للفصول، والحساب التحليلي للعلاقات. (مرعشلي ، الصحاح في اللغة والعلوم، ج 2، ص 578).

المهندس: ولا فيها حديث المهندس الباحث عن مقادير الأشياء ونُقَطها وخطوطها وسطوحها وأجسامها وأضلاعها وزواياها ومقاطعها، وما الكُرَة، وما الدائرة؟ وما المستقيم؟ وما المُنْحَني؟ (الإمتاع والمؤانسة، ج 2، ص 7). (را.) هندسة.

المَوْز: النَخْل و المَوْز لا ينبتان إلّا في البلدان الدفئة والأرض الليّنة التربة. (الإمتاع والمؤانسة، ج 2، ص 107).

الموز: ثمر معروف، والواحدة بِهاء، مليّن مدرّ محرّك للُباءة، يزيد في النُّطْفَة والبلغم والصفراء، وأكثاره مثقل جداً، لأنه بطيء الهضم، وقِنوه يحمل من الثلاثين إلى خمسمائة موزة، نقله المؤرخون. قلت: هو مشاهد في مَقْدَشُوه . قال أبو حنيفة : الموزة تنبت نبات البردي، ولها ورقة طويلة عريضة تكون ثلاثة أذرع في ذراعين، وترتفع قامة، ولا تزال فراخها تنبت حولها، كل واحد منها أصغر من صاحبه، فاذا أجْرَت قُطعت الأم من أصلها، وطلع فرخها الذي كان لحق بها، فيصير أُمّاً، وتبقى البواقي فراخاً، فلا تزال هكذا، ولذلك قال أشعب لابنه ـ في ما رواه الأصمعي ـ: لِمَ لا تكون مِثْلي؟ فقال مَثَلي كمَثَل الموزة لا تصلح حتى تموت أمها. (الزَّبيدي ، تاج العروس، ج 15، ص 339).

شم (زر): موز Bananier (F) Musa (S) اسم للجنس العلمي من موز العربية، جنس نبات من وحيدات الفلقة والفصيلة الموزية. وهو نباتياً عشبة عظيمة تُزرع لثمارها السكرية النشويّة. وفيه أيضاً أنواع للتزيين. ونوع يفتلون من ليفه حبالاً // ـ الجنّة. B. de Paradis (M. paradisciaca) سمي بهذا الاسم

لاعتقاد بعض القبائل أنه هو الثمرة التي حُرّم أكلها على آدم و حواء . // ـ العقلاء يجلسون في ظله ويأكلون ثمره. (المرعشلي ، الصحاح في اللغة والعلوم، ج 2، ص 520).

الموسيقار: إن الإنسان وإن التذّ بالدّستنبان فلن يُعَدَّ موسيقاراً إلّا إذا تحقق بمبادئه الأُوَل التي هي الطَّنينات وأَنْصَاف الطَّنينات. (الإمتاع والمؤانسة، ج 2، ص 85).

الموسيقار: المطرب ومؤلف الألحان. (الخوارزمي ، مفاتيح العلوم، ص 236).

موسيقار، (موسيقي) Musician (E.F.) .

مج (فن) الموسيقار هو من حرفته الموسيقى. (مرعشلي ، الصحاح في اللغة والعلوم، ج 2، ص 520).

الموسيقى: ... وهو شديد التعصب على أهل الحكمة والناظرين في أجزائها كالهندسة والطب والتنجيم و الموسيقى والمنطق والعدد. (الإمتاع والمؤانسة، ج 1، ص 54).

... فلمّا أبرزت الطبيعة الموسيقى في عرض الصناعة بالآلات المهيأة، وتحركت بالمناسبات التامة والأشكال المتفقة أيضاً، حدث الاعتدال الذي يُشعِر بالعقل وطلوعه وانجلائه. (الإمتاع والمؤانسة، ج 2، ص 82).

و الموسيقى هي معرفة النغم والإيقاعات والنقرات والأوزان. (الإمتاع والمؤانسة، ج 2، ص 6).

الموسيقى معناه تأليف الألحان، واللفظة يونانية وسمي المطرب ومؤلف الألحان الموسيقور والموسيقار (الخوارزمي ، مفاتيح العلوم، ص 236).

موسيقى Music (E) Musique (F) .

مج (فن) لفظ يوناني يطلق على فنون العزف على آلات الطرب. وعِلْم

الموسيقى عِلْمٌ يُبحث فيه عن أصول النغم من حيث تأتلف أو تتنافر. وأحوال الأزمنة المتخللة بينها، ليُعلَم كيف يُؤَلَّف اللحن. // ـ آلية Instrumental Music (E) . // ـ غنائية Vocal M. . (مرعشلي ، الصحاح في اللغة والعلوم، ج 2، ث 520).

ويبدو أن تعريف أبي حيّان للموسيقى يتوافق مع ما جاء به الخوارزمي ومجمع اللغة العربية في القاهرة . وقد اشتقت العامة منه ألفاظاً متعددة نقترح إدخال بعضها في معجماتنا الحديثة من مثل: موْسق أي عَزَف على آلة الموسيقى أو نَظَم اللَّحْن، وتَمَوْسق أي طرِب لسماع الموسيقى. فالكلمة لم تعد يونانية بعد أن انتظمت في لغات العالم الحيّة التي تُعَدُّ لغتنا إحداها.

المولَّدون: ويقال في الوصف: كأنه محراك نار... وإذا وصفوه بالقِصَر قالوا: كأنه عقدة رِشا وأُبْنَه عصا. وإذا كان ضعيفاً قالوا: كأنه قطعة زُبْد. و المولَّدون يقولون: كأنه أُسْكُرُّجة . (الإمتاع والمؤانسة، ج 2، ص 67).

المُوَلَّدَة: الجارية المَوْلودة بين العرب كالوليدة. وعربيّة مُوَلَّدة ورجل مُوَلَّد، إذا كان عربياً غير محض. وقال ابن شميل : المُوَلَّدة: التي ولدت بأرض وليس لها إلّا أبوها أو أمها.

وجارية مُوَلَّدة: تولد بين العرب وتنشأ مع أولادهم ويغذونها غذاء الولد ويعلِّمونها من الأدب مثل ما يعلّمون أولادهم، وكذلك المُوَلَّد من العبيد. والوليدة: المولودة بين العرب .

والمولّدة: المُحْدَثَة من كل شيء ومنه المولَّدون من الشعراء، وإنما سُمّوا بذلك لحدوثهم وقُرْب زمانهم، وهو مجاز.

ويقال: هذه بَيِّنَة مُوَلّدة اذا كانت غير مُحقَّقة، وكذلك قولهم: كتاب مولّد: أي مُفْتَعَل، وهو مجاز، وكذا قولهم: كلام مُوَلَّد، وحديث مُوَلَّد، أي ليس له من أصل في لغتهم، وفي اللسان إذا استخدموه ولم يكن من كلامهم في ما

مضى. ومن المجاز تولّدت العصبية بينهم. (الزَّبيدي ، تاج العروس، ج 9، ص 321، وأنظر: ابن منظور ، لسان العرب، ج 3، ص 467).

وقصد أبو حيّان باللفظ معنى من كان عربياً غير محض.

المولى (الصداقة والصديق، ص 21).

في أسماء الـلـه تعالى: الوليّ هو الناصر، وقيل بالمتولي لأمور العالم والخلائق القائم بها، ومن أسمائه عز وجلّ: الوالي، وهو مالك الأشياء المتصرّف فيها. قال ابن الأثير، وكأنّ الولاية تشعر بالتدبير والقدرة والفِعل، وما لم يجتمع ذلك فيها لم ينطلق عليه اسم الوالي. ابن سيده : وَلِيَ الشيء وَوَلِيَ عليه وِلَايَةً وولايةً. وقيل الوِلاية الخطة كالإمارة، والوَلاية المصدر.

المولى: قال الفرّاء : المولى وَرثة الرجُل وبنو عمّه. قال والوليّ والمولى واحد في كلام العرب.

وروى ابن سلّام عن يونس ، قال: الموالي له مواضع في كلام العرب. منها المولى في الدين، وهو الوليّ وذلك قوله تعالى: { ذَلِكَ بِأَنَّ اللَّهَ مَوْلَى الَّذِينَ آمَنُوا وَأَنَّ الْكَافِرِينَ لَا مَوْلَى لَهُمْ } (محمد/ 11) أي لا وليّ لهم... قال: (والمولى: العَصَبة، ومن ذلك قوله تعالى: { وَإِنِّي خِفْتُ الْمَوَالِيَ مِنْ وَرَائِي } (5/مريم) وقال اللهبيّ يخاطب بني أميّة : (البسيط):

مهلاً بني عمّنا، مهلا موالينا،

امشوا رويداً كما كنتم تكونونا

قال ابن الأعرابيّ: والموالى: الحليف، وهو من انضمّ اليك فَعزّ بعزّك وامتنع بمنعتك. قال عامر الخصَفيّ من بني خَصَفَة : (الوافر):

همُ المولى، وإنْ جَنَفوا علينا

وإنّا من لقائِهم لَزُورُ

قال أبو عبيدة : يعني الموالي أي بني العم. والمولى المُعتق انتسب بنسبك، ولهذا قيل للمعتقين الموالي.

قال الجعدّي : (الطويل)

موالِيَ حِلْفٍ لا موالي قرابةٍ

ولكن قطيناً يسألون الأتاويا

يقول هم حلفاء لا أبناء عمّ. (ابن منظور ، لسان العرب، ج 15، ص 406 مادة ولي، و الزبيدي ، تاج العروس، ج 40، ص 241، مادة ولي).

والموالي فئة اجتماعية أدّت دوراً كبيراً في الدولتين الأموية والعباسية، نظراً إلى كون أفرادها من العبيد الذين اعتقوا بدخولهم الإسلام، غير أنهم ظلّوا يعاملون باعتبارهم فئة أدنى مرتبة من العرب، رغم الحديث الشريف بعدم تفضيل مسلم على مسلم إلا بالتقوى.

فصل النون

الناقوس: وشتم آخر فقال: يا ناقوس النصارى . (الإمتاع والمؤانسة، ج 2، ص 59).

الناقوس: الذي تضرب به النصارى لأوقات الصلاة. قال جرير (البسيط)

لما تذكّرت بالدَّيْريْن أرّقَني

صوتُ الدجاجِ وضَرْبٌ بالنواقيسِ

(الجوهري ، الصحاح، ج 3، ص 985 والبيت في ديوان جرير ، ص 321).

والنّقس: العيب والسخرية وكذلك اللّقْس والنَّقْز والقذْل، قاله الفرّاء : وهو أن يعيب القوم ويسخر منهم، ويلقبهم الألقاب. وقال ابن القطّاع : نَقَس الإنسان: طَعَن عليه. وقال الأصمعي : النّقْس: الجرب، كالوَقْس. (الزَّبيدي ، تاج العروس، ج 16، ص 575. وأنظر: ابن منظور ، لسان العرب، ج 6، ص 240).

ومن معنى النَّقْس أخذ معنى الناقوس وكأنه يعيب أصحابهم أو يلطخهم بشيء قبيح، وأصل ذلك نَقْس المِداد. قال ابن فارس : النون والقاف والسين: أُصَيْل يدل على لطخ شيء بشيء غير حسن. ونَقَسْتُه: عبته، كأنك لطخته بشيء قبيح. وأصله نَقْس المِداد. (ابن فارس ، مقاييس اللغة، ج 5، ص 470).

ومن المجاز نقول: دقّ ناقوس الخطر تنبيهاً بخطر ما.

مج (تا) الناقوس (ج) نواقيس (Cloche (F)، Glas، Knell (E) هو مِضراب النصارى الذي يضربونه إيذاناً بحلول وقت الصلاة.

// ـ الخطر

(Bancloque (F لتنبيه سكان المدينة عند اقتراب العدو. (مرعشلي ، الصحاح في اللغة والعلوم، ج 2، ص 601).

استخدم أبو حيّان اللفظ استخداماً مجازياً على سبيل الاستعارة، وهو يقصد وجه الشؤم والخطر. ويقال اليوم: دُقَّ ناقوسُ الخطر، للدلالة على التحذير مطلقاً.

الناي وقد حضر لعبدك ولدي خِنانٌ أنت أولى فيه بالقيام والعقود، بين الناي والعود... (الصداقة والصديق ص85).

الناي: أهمله الجوهري ، وابن منظور ، والفيروز أبادي ، و الزبيدي ، وكذلك أهمله المعجم الوسيط. الناي: آلة طرب ينفخ فيها، الجمع نايات. (مسعود، جبران ، الرائد، في اللغة والأعلام، ص 876).

النبيذ: وقال بعض القُصَّاص: في النبيذ شيء من الجنَّة (الحمد لله الذي أذهب عنا الحزن) والنبيذ يُذْهِب الحزن. (الإمتاع والمؤانسة، ج 2، ص 55).

النبيد: واحد الأنبذة، وهو ما نبذ من عصير ونحوه. وقد نَبَذَ النبيذ وأَنْبَذَه وانتبذه ونبَّذه ونَبَذت نبيذاً إذا اتخذته، والعامة تقول أنبذت. وفي الحديث؛ نبّذوا وانتبذوا. وحكى اللحياني : نَبَذ تَمْراً جعله نبيذاً، وحكى أيضاً: أنبذ فلان تمراً، قال: وهي قليلة وإنما سميّ نبيذاً لأن الذي يتخذه يأخذ تمراً أو زبيباً فينبذه في وعاء أو سقاء عليه الماء ويتركه حتى يفور فيصير مُسْكِراً. وقد تَكَرَّر في الحديث ذِكْرُ النبيذ، وهو ما يُعمل من الأشربة من التمر والزبيب والعسل والحنطة والشعير وغير ذلك.

يقال: نبذت التمر والعنب اذا تركتَ عليه الماء ليصير نبيذاً، فصرف من مفعول إلى فعيل. وانتبذته: اتخذته نبيذاً وسواء كان مسكراً أم غير مسكر فإنه يقال له نبيذ، ويقال للخمر المعتصرَة من العنب: نبيذ، كما يقال للنبيذ: خمر.

(ابن منظور ، لسان العرب، ج 3، ص 511، وأنظر: الجوهري ، الصحاح، ج 2، ص 571، و ابن فارس ، مقاييس اللغة، ج 5، ص 381).

ومن المجاز: فلان ينبذ عليّ أي يغلي كالنبيذ وينفث عليّ. (الزمخشري ، أساس البلاغة، ص 613).

النجّاريَّة : وصار الناس أحزاباً في النّحل والأديان، فهذا نصيري، وهذا أشجعي، وهذا نجّاريّ ... إلخ. (الإمتاع والمؤانسة، ج 2، ص 78).

النجّاريّ، المنتسب إلى فرقة النجّاريَّة . و النجّاريَّة : أتباع الحسين بن محمد النجّار ، من الجبرية . (را.). جبرية .

النُّحَاس: الفضة و النحاس والحديد لا تكون إلّا في الأرض الندية والتراب الليّن والرطوبات الدهنية. (الإمتاع والمؤانسة، ج 2، ص 107).

ويقال: من أدمن الأكل والشرب في أواني النحاس أفسدت مزاجه، وعرض له أمراض صعبة، وإن أدنيت أواني النحاس من السمك شَمَمْتَ لها رائحة كريهة، وإن كُبَّت آنية النحاس على سمك مشوي أو مطبوخ بحرارته حدث منه سمّ قاتل. (الإمتاع والمؤانسة، ج 2، ص 111).

النحاس: معروف، والنحاس أيضاً: دخان لا لهب فيه. قال نابغة بني جعدة (المتقارب):

يُضيء كضوءِ سِراجِ السَّليـ ... طِ لم يَجْعَلِ اللـه فيه نُحاسا

(الجوهري ، الصحاح، ج 3، ص 981).

النون والحاء والسين أصل واحد يدل على خلاف السّعد. ونحس هو فهو منحوس. والنّحاس: الدخان لا لهب فيه. قال: (الطويل)

شياطين يُرمى بالنحاس رجيمُها

والنحاس من هذه الجواهر كأنه لما خالف الجواهر الشريفة كالذهب والفضة

سمّي نُحاساً. هذا على وجه الاحتمال. ويحتمل أن النحاس الأصل، على ما ذكره بعضهم، ولمّا كان أصلاً لكثير من الجواهر قيل لمبلغ أصل الشيء، نُحاس. (ابن فارس : مقاييس اللغة، ج 5، ص 401).

مج (ك): نحاس: Copper (Cu) (E) عنصر فلزي يوصف عادة بالأحمر لقرب لونه من الحمرة، عدده الذّري 29 ووزنه الذرّي 63.57 وكثافته 8.95 غ/ سم3 وينصهر عند 1084 م 8 . (مرعشلي ، الصحاح في اللغة والعلوم، ج 2، ص 547).

النَّحْوُ: المنطق يبحث عن المعنى، و النحو يبحث عن اللفظ. (الإمتاع والمؤانسة، ج 1، ص 114).

النحو منطق ولكنه مسلوخ من العربية، والمنطق نَحْوٌ ، لكنه مفهوم باللغة. (الإمتاع والمؤانسة، ج 1، ص 115).

الأزهري : ثبت عن أهل يونان ، في ما يذكر المترجمون العارفون بلسانهم ولغتهم، أنهم يسمّون علم الألفاظ والعناية بالبحث عنه نَحْواً، ويقولون كان فلان من النحْويّين . والنحو إعراب الكلام العربي. والنحو: القَصْد والطريق. يكون ظَرْفاً ويكون اسماً، نحاه ينحوه وينحاه نحواً وانتحاه، ونحو العربيّة منه، إنّما هو انتحاء سَمْت كلام العرب في تصرُّفه من إعراب وغيره كالتثنية والجمع والتحقير والتكبير والإضافة والنسب وغير ذلك، ليلحق من ليس من أهل اللغة العربية بأهلها من الفصاحة فينطق بها وإن لم يكن منهم، أو إن شذّ بعضهم عنها ردّ به إليها، وهو في الأصل مصدر شائع أي نحوت نحواً كقولك قصدت قصداً. ثم خصّ به انتحاء هذا القبيل من العلم.

الجوهري : يقال نحوْتُ نحوك أي قصدْت قصدك. التهذيب: وبَلَغَنا أن أبا الأسود الدْؤَليّ وضع وجوه العربية وقال للناس انحوا نحوه فسميّ نحواً، ابن

السكّيت : نحا نحوه اذا قصده، ونحا الشيء ينحاه وينحوه إذا حرّفه، ومنه سمّي النحوي لأنه يحرّف الكلام إلى وجوه الإعراب.

الليث : النحو القصد نَحْوَ الشيء. وأَنْحى عليه وانتحى عليه إذا اعتمد عليه. (ابن منظور ، لسان العرب، ج 15، ص 309).

وللنحو العربي مدارس أشهرها مدرسة البصريين و مدرسة الكوفيين ، وأما البصريون فقد سبقوا الكوفيّين إلى وضع قواعد النحو ومصطلحاته وصبغوها بالصبغة العلمية. وأول نحاتهم عبد اللـه بن إسحق الحضرمي (ت 117 هـ). و عيسى بن عمر الثقفي (ت 149 هـ)، وللثاني منهما كتابان هما «الإكمال» و«الجامع»، ويقال: إن الجامع هو الأصل الذي بنى سيبويه (ت 180 هـ) عليه كتابه بعد أن زاد فيه وحشّاه. وأما واضِع النحو في صورته النهائية فهو الخليل بن أحمد (100 ـ 174 هـ). وأما سيبويه : فهو تلميذ الخليل ، وقد نهج منهجه، ويعتبر كتابه أول كتاب جامع في النحو، وعن سيبويه أخذ الأخفش الأوسط (ت 215 هـ).

وأقدم نحاة الكوفة أبو جعفر الرُؤاسي ، تلميذ عيسى بن عمر (ت 149 هـ). وأهمهم في العصر العباسي الأول الفرّاء (ت 207 هـ).

وموضوع الخِلاف بين المدرستين القياس وهو الذي يقول به البصريون ، والسماع وهو الذي يتمسك به الكوفيّون . وأما الكوفيون فقد استمسكوا بكل ما نقل عن العرب مهما ندر وشذ عن القاعدة. (مجدي وهبة و كامل المهندس ، معجم المصطلحات العربية في اللغة والأدب، ص 258).

الندّاف: ... فلا أرى إلى جنبي من يصلّي معي، فإن اتفق فبقّال أو عصار أو ندّاف. (الصداقة والصديق، ص 34).

النَّدْف: طَرْقَ القُطْن بالمِندَف. نَدَف القُطن يَنْدِفُه نَدْفاً: ضربه بالمِندَف، فهو نديف... والنديف القطن المندوف. والمِندَف والمِندفة: ما نُدِف به. والنَّدّاف :

نادِف القطن عربية صحيحة. (ابن منظور ، لسان العرب، ج 9، ص 325 مادة نَدَفَ) قلت: يبدو أن النداف كان صاحب مهنة ندْف القطن في زمان أبي حيان .

النَّرْد: يقول: فلان خفيف الروح، وفلان حَسَن الوجه، وفلان ظريف الجملة، حلو الشَّمائِل، حَسَن اللعب في النرد... (الإمتاع والمؤانسة، ج 1، ص 18).

النَّرْد لعبة ذات صندوق وحجارة وفَصَّين، تعتمد على الحظ، تنتقل فيها الحجارة على حسب ما يأتي به الفص (الزهر)، وتعرف عند العامة بـ (الطاولة) وفي بعض المناطق (طاولة الزهر) أو (الزهر): ولألعابها في زماننا أسماء مختلفة كالمغربية واليهودية والمحبوسة والإفرنجية والهابياك... إلخ.

واللفظ فارسي معرّب، إذ ليس في كلام العرب نون بعدها راء. وقيل إن أردشير بن بابك هو الذي وضع اللعبة أو وضعت في أيامه فسميت باسمه نردشير ، وعرّبتها العرب (نرد). وقد جعل النرد مثالاً للمكاسب وأنها لا تُنال بالكَيْس، وأن الدنيا تنقلب بأهلها كما يتقلب الفص. فجعلوا لذلك بيوتها اثني عشر بيتاً بعدد الشهور، وكلابها (حجارتها) ثلاثين كلباً بعدد أيام الشهر، وجعلوا الفصين مثالاً للقدر وتقلّبه بأهل الدنيا. (المسعودي ، مروج الذهب، ج 1، ص 80، وج 4، ص 328، و الجواليقي ، المعرّب، ص 11 و331، والمعجم الوسيط، ج 2، ص 912).

وقد قيل في لعب النرد ووصفها وأحكام الفَصَّيْن وقضائهما على لُعّابِها أشعارٌ كثيرةٌ بالغوا القول فيها، وأغرقوا في استيعاب معانيها. من ذلك قول بعضهم (البسيط):

لا خَيْرَ في النَّرْد لا يغني مُمارِسَها ... حُسْنُ الذكاء، إذا ما كان محروما
تُريك أفعالَ فَصَّيْها بحكمهما ... ضِدَّيْن في الحال ميموناً و مشؤوما
فما تكادُ ترى فيها أخا أدبٍ ... يفوته القَمْر إلّا كان مظلوما

وقال كشاجم (الخفيف):

أيها المعجب المفاخر بالنر د ليُزْهى بها على الإخوانِ

قد لعمري حرصت جهدا على قَمْـ رِك لو لم تواتك الفَصَّانِ

غير أن الأريب يُكْذِبُه الظَّنُّ ويَبكي لشدة الحرمانِ

وإذا ما القضاء جاءت بحكْمٍ لم يحد عن قضائها الخصمانِ

ولعمري ما كنت أولَ إنسا ن تمنّى فأخلفتْهُ الأماني

وأنشد كشاجم هذه الأبيات لأبي نؤاس (الطويل):

ومأمورةٍ بالأمر تأتي بغيره ولم تَتَّبع في ذاك غيّا ولا رُشْدا

إذا قُلْتُ لم تفعل، وليست مُطيعةً وأفعلُ ما قالت، فصرتُ لها عَبْدا

النسيج: ونَسج الكلام بالرِّقَّة. (الإمتاع والمؤانسة، ج 1، ص 10).

النسيج: ضم الشيء إلى الشيء، هذا هو الأصل. ونسجتِ الريح التراب تنسجه نسجاً: سحبت بعضه إلى بعض. والنَّسْج معروف، ونَسَج الحائك الثوب يَنْسُجُه وَينْسِجُه نَسْجاً، من ذلك لأنه ضم السُّدى إلى اللُّحْمَة، وهو النسَّاج وحِرفته النِّساجة.

وقالوا في الرجل الكريم: هو نسيج وَحْدِه، ومعناه أن الثوب إذا كان كريماً نفيساً دقيقاً عُمل على منواله سُدى عدّة أثواب، وقال ثعلب: نسيج وحدِه الذي لا يعمل على مِثاله مِثْلُه، يُضْرَب مثلاً لكل من بُولِغَ في مَدْحِه، وهو كقولك: فلان واحد عصره وقريع قومه، فنسيج وَحْدِه أي لا نظيرَ له في عِلْم أو غيره، وأصله في الثوب لأن الثوب الرفيع لا يُنسج على منواله. ونسج الكذّاب الزُّور لفَّقَه. ونَسَجَ الشاعر الشِّعْر: نظمه، ونسج العَيْثُ النَّبَاتَ، كلّه على المَثَل. (ابن منظور ، لسان العرب، ج 2، ص 376). واستخدم أبو حيّان ، اللفظ في هذا الباب.

النصيرية :... وأصبح الناس أحزاباً في النّحل والأديان، فهذا نُصيري ، وهذا أشجعّي، وهذا جارودي... إلخ (الإمتاع والمؤانسة، ج 2، ص 77).

النصيرية: فرقة من غلاة الشيعة تنتسب إلى محمد بن نُصَيْر النميري (ت 223 هـ/ 873 م). قالوا بألُوهيَّة علي بن أبي طالب . وادّعى صاحبهم أنه نبّي بعثه أبو الحسن العسكري . وكان يقول بالتناسخ والعلوّ في أبي الحسن ، ويقول فيه بالربوبية. وكان الحسين الخصيبي يُعتبر أكبر متكلّمي هذه الفرقة في القرن الرابع الهجري. (المِلَل والنِّحَل، ج 1، ص 188).

النوشادر: وأما الطبيعة التي ترسب في طبيعة أخرى وتُنيرها فمثل النوشادر الذي يغوص في قعر الأشياء ويغسلها من الوسخ. (الإمتاع والمؤانسة، ج 2، ص 110).

أهمله الجوهري و ابن منظور و الجواليقي و الزَّبيدي .

النشادر: مادة صلبة ذات طعم حامض حاد تعرف بكبريت الدخان وملح النار. تعريب نوشادر. قال في البرهان القاطع: «النوشادِر ضربان معدني ومصنوع. فالمعدني يُحْصَل عليه في جبل من جبال سمرقند وفي مغارة على قمة جبل بقرب دمندان في كرمان، إذ يخرج من تلك المغارة بخار نظير الدخان فيجمد في أطراف المغارة مثل الملح وهو نادر عزيز الوجود. والمصنوع يُعمل من سواد الدخان المجتمع في أتون الحمّام وهو نافع من بياض العين ومن الدمعة الباردة». وهو أيضاً بشادِر بالتركيّة والكردية، و(نشاتير) بالروسية. (أدي شير ، الألفاظ الفارسيّة المعرّبة، ص 153).

وقال ابن حوقل :... ولم أعلم في شيء من بلد الإسلام النوشاذر إلّا في ما وراء النهر حتى رأيت منه شيئاً بصقليه ، وليس كنوشاذرهم في القوة. (ابن حوقل ، صورة الأرض، ص 385).

(أمونيا) (نوشادر) (Ammonia (E) Ammoniac (F) .

مج (ك) هو غاز عديم اللون نَفاذ الرائحة يذوب بشدة في الماء مكوِّناً محلولاً قَلَوِيّاً. ويتكوّن من الآزوت والإيدروجين. صيغته الكيميائية ن يد3. (مرعشلي ، الصحاح في اللغة والعلوم، ج 1، ص 50).

ونظراً إلى أنّ معدن النوشادر هو بلاد ما وراء النهر فقد سمي النوشادر في بعض اللغات الأوروبية بالملح التتري. (متز ، الحضارة الإسلامية في القرن الرابع الهجري، ج 2، ص 317).

فصل الهاء

الهند : الأمم عند العرب أربع: الرُّوم ، و العرَب ، و فارس ، و الهند ، وثلاث من هؤلاء عجم . (الإمتاع والمؤانسة، ج 1، ص 70).

الهند، جيل من الناس كانوا يعرفون باسم إندوسكوتس (Indo-Sycthes) . عاشوا في إيران الشرقية ، واحتلوا، في القرن الأول قبل الميلاد، تلك البلاد المعروفة اليوم باسم شبه القارة الهندية ، فسمّيت باسمهم. (أنظر: Petit larousse Illusgtré: p. 1427).

و الهند : الفرقة التي فيها الصلاح والحكمة. (المسعودي ، مروج الذهب، ج 1، ص 76).

واشتقت العرب من اسم بلاد الهند ألفاظاً متعددة. فقالوا هند للمئتين من الإبل، وهُنيدة بالتصغير للمئة. قلتُ: وربّما يعود سبب تلك التسمية إلى أن رحلاتهم التجارية إلى تلك البلاد كانت لا تقل عن المئة أو المئتين من الإبل، نظراً الى بُعْد المسافة وإلى كثرة ما يمكن أن يجلبوه من تلك البلاد.

ونسبوا إلى الهند فقالوا هِنْدِيّ وهِندِكِيّ (ج) هنود وهَنادك.

والهندي أيضاً العود الطيّب الذي من بلاد الهند ، ويجمع على أهاند. قال رؤبة : (مجزوء المديد)

رُبَّ سيفٍ بُثُّ أرمُقُها   تَقْضِم الهندي والغارا

والسيف الهندواني منسوبة إليهم.

والمهنّد: المطبوع من حديد الهند. وفي التهذيب: الأصل في التهنيد عمل الهند، يقال سيف مهنّد وهندي وهندواني، إذا عمل ببلاد الهند .

واشتقوا من المهنَّد فعل هنّد. ابن الأعرابي : هنّد تهنيداً إذا قصّر في الأمر وهَنَد وهَنَّد اذا صاح صياح البُومة. وعن أبي عَمْرو وعنه أيضاً: هنّد الرجل إذا شتم إنساناً قبيحاً.

وهنّد السيف شحذه، والتهنيد التشحيذ. قال: (الرجز)

كل حسامٍ مُحْكَم التهنيدِ

يَقْضِب عند الهزّ و التجريدِ

سالِفَةَ الهامةِ و اللّدِيدِ

(اللَّديد: ظاهر الرقبة).

وقالوا: هنَّدتني فلانة أي تيَّمتني بالمغازلة.

وقيل: حمل عليه فما هنّد أي ما كذّب. أو: هنّد عن شتمي: ما كذّب ولا تَأَخّر.

قلت: يجوز الزعم أن هذه الألفاظ استخدمت استخداماً مجازياً، ثم أصبحت، مع الزمن، حقيقة. (أنظر: ابن منظور ، لسان العرب، ج 3، ص 437). والبيت في تاج العروس:

رُبَّ نارٍ بتُّ أرمُقُها   تقضم الهنديّ والغارا

وهو منسوب إلى عدي بن الرَّقاع (الزبيدي، تاج العروس، ج8، ص349 مادة هند).

الهندسة: ... وهو شديد التعصب على أهل الحكمة والناظرين في أجزائها كالهنْدَسة والطب والتنجيم والموسيقى والمنطق والعدد. (الإمتاع والمؤانسة، ج 1، ص 54).

الهندس من الرجال المجرَّب الجَيِّد بالنظر، وقال الصاغاني : هو الهِنْدِوْس

كِفِرْدَوْس. ويقال: رجل هُنْدُوس هذا الأمر، بالضم، أي العالِم به، وضبطه الصّاغاني كِفِرْدَوْس ، (ج) هنادسة، ويقال هم هنادسة هذا الأمر، أي العلماء به.

والمهندس مقدِّر مجاري الماء والقنيّ واحتفارها حيث تحفر، والاسم الهَنْدَسة، وهو مشتق من الهِنداز، فارسيّ معرّب آب أَنْدَاز، فأُبدلت الزاي سينا، لأنه ليس لهم دال بعده زاي، وهو حاصل كلام الجوهري ، وأنداز: التقدير، وآب: هو الماء. (الزَّبيدي ، تاج العروس، ج 17، ص 44. وانظر: الجوهري ، الصحاح، ج 3، ص 992، وفي اللسان أصل الهِنْدَاز: أو أَنْدَاز. انظر: ابن منظور ، لسان العرب، ج 6، ص 252).

والهندسة: علم تُعرف به أحوال المقادير ولواحِقُها، وأوضاعُ بعضها عند بعض ونِسَبُها وخواصُّ أشكالها، والطرق إلى عمل ما سبيله أن يعمل بها، واستخراج ما يحتاج إلى استخراجه بالبراهين اليقينية. (التهانوي ، كشاف اصطلاحات الفنون، ج 1، ص 64)، والتعريف مأخوذ عن إرشاد القاصد للشيخ شمس الدين).

وعلم الهندسة هو النظر في المقادير إما المتصلة كالخط والسطح والجسم، وإما المنفصلة كالأعداد، وفي ما يَعْرِض لها من العَوَارِض الذاتيَّة مثل أن كل مثلث فزواياه مثل قائمتين. (ابن خلدون ، المقدمة، ص 485).

الهيولى: ... وقالوا له أيضاً: ما نسبة الحركة إلى الصورة الهيولانية ...؟ إلخ. (الإمتاع والمؤانسة، ج 1، ص 127). النفس ليست بهيولى . (الإمتاع والمؤانسة، ج 1، ص 199).

الهيول: الهباء المُنْبَثُّ وهو ما تراه في البيت من ضوء الشمس يدخل في الكوّة. عبرانية أو رومية معرّبة، والهالة: دارة القمر. قال: (الرجز)

في هالة هلالها كالاكليلْ

قال ابن سيده : وإنما قضينا على عينها أنها ياء لأن فيه معنى الهيول الذي هو ضوء الشمس، فإن قلت إن الهيول روميّة والهالة عربية كانت الهاء أولى به لأن انقلاب الألف عن الواو وهي عين أكثر من انقلابها عن الياء، كما ذهب إليه سيبويه ، والجمع هالات. (ابن منظور ، لسان العرب، ج 11، ص 714).

في المزهر هي في كلامِ المتكلمين أَصْلُ الشيء فان يكن من كلام العرب فهو صحيح في الاشتقاق ووزنه فعولى وقيل هو مخفف هيئة أولى. والصواب إنه لفظ يوناني بمعنى الأصل والمادة، وفي الاصطلاح جوهر في الجسم قابل لما يعرض له من الاتصال والانفصال محل للصورتين النوعية والجسمية. (الخفاجي ، شفاء الغليل، ص 307).

هيولى (مادة أولى) (Prime Matter (E) Matière Première (F .

كوش (فل): الهيولى: (1) اللفظ يوناني بمعنى الأصل والمادة، والاصطلاح هي جوهر في الجسم قابل لما يُعرَض لذلك الجسم من الاتصال والانفصال محل للصورتين الجسميّة والنوعية. (2) «الهيولى المطلقة» Absolue هي جوهر. وليس له في ذاته صورة تخصه إلّا معنى القوة ومعنى القول لها هي جوهر هو أن وجودها حاصل لها بالفعل لذاتها.

مج (ط) هيولى (بإزاء) (Protoplasme (E) Protoplasme (F // ـ عقلية Sacroplasm = Sacroplasme . (مرعشلي ، الصحاح في اللغة والعلوم، ج 2، ص 658).

فصل الواو

الوارد: إنك لتهب الدرهم والدينار وكأنك غضبان عليهما، وتطعم الصادر و الوارد كأن الـلـه قد استخلفك على رزقهما. (الإمتاع والمؤانسة، ج 3، ص 223، ووَرَد اللفظ، ج 1، ص 60).

الوارد: (فا) من ورد. والجمع: واردة، وهم وُرَّاد الماء.

وَرَد فلان وُرُوداً: حضر. (ابن منظور ، لسان العرب مادة وَرَدَ).

مج (ط): الوارد Afferent (E) يطلق على ما تحمله الأوردة والقنوات اللمفيّة والأعصاب المتّجهة إلى المركز.

مج (اق): الواردات Importation (E.F.) البضائع الأجنبية التي تشتريها الدولة. (مرعشلي ، الصحاح في اللغة والعلوم، ج 3، ص 678).

وتُستخدم كلمة «وارد» في الإدارات بمعنى كل الرسائل التي ترد إلى الدائرة أو المُؤَسَّسة، وتُسَجَّل في سِجلٍّ خاص يُسمى سجلّ الوارد.

والوارد في نص أبي حيان بمعنى القادم إليك.

الورّاق: ... وصنّفوا خمسين رسالة في جميع أجزاء الفلسفة: علميّها وعمليها، وأفردوا لها فهرستا وسموها رسائل إخوان الصفاء وخلان الوفاء، وكتموا أسماءهم وبثّوها في الورّاقين... (الإمتاع والمؤانسة، ج 2، ص 5. ووردت كلمة «ورّق» ج 3، ص 150).

الورّاق: معروف، وحِرفته، الوِراقة، ورجل وَرَّاق. الجوهري : رجل ورّاق:

كثير الدراهم. والوَرَّاق: الكثير الوَرَق والمال. والأخير عن ابن الأعرابي . (ابن منظور ، لسان العرب، مادة ورق).

والوِراقة هي معاناة الكتب بالانتساخ والتجليد. (ابن خلدون ، المقدمة، ص 400).

والورّاق هو المُعَاني للانتساخ والتصحيح والتجليد وسائر الأمور الكتبيّة والدواوين (المصدر السابق، ص 421).

الوَرد: من أراد أن يقتل النمل فليدق الكبريت والحبق ويذرهما في حجرته ولا يولد من تزاوج... وإذا شمّت الورد مُوِّتت وأجنحتها مدمجة لاصقة بها. (الإمتاع والمؤانسة، ج 1، ص 193).

الوَرْد: خلاف الصَّدر. ويقال وَرَدَت الإبل الماء ترِده وِرْدا. والوِرْد: وِرْد الحُمّى إذا أخذت صاحبها لوقت.

والوَرْد، يقال فَرَس وَرْد، وأسد وَرْد، إذا كان لَوْنُه لون الوَرْد. (ابن فارس ، مقاييس اللغة، ج 6، ص 105).

ووَرْد كلِّ شجرةٍ: نورُها، وقد غلبت على نوع من الحَوْجم، قال أبو حنيفة نور كلِّ شجرةٍ وزهرُ كلِّ نبتةٍ، واحدتُه وَرْدَة. قال والوَرْد ببلادِ العربِ كثير، رِيفيَّةً وبَرِيّة وجبليّة.

الجوهري ؛ الوَرْد، بالفتح، الذي يُشَمّ، الواحدة وَرْدة، وبلونه قيل للأسد وَرْد، وللفَرَس وَرْد، وهو بين الكُمَيْت والأشقر. ابن سيده: الورد لون أحمر يضرب إلى صفرة حسنة في كل شيء. ووَرَدَ الماءَ وغيرَه وَرْداً ووُروداً ووَرَد عليه: أَشْرَف عليه، دَخَلَه أو لم يدخله. قال زهير : (الطويل)

فلما وَرَدْنَ الماءَ زُرْقاً جِمامُه وَضَعْن عِصِيّ الحاضر المتخيِّم

(ابن منظور ، لسان العرب، مادة وَرَد، والبيت في ديوان زهير ، ص 13).

قلت وأصل معنى الورد مأخوذ من الوُرود على الماء لأن الوَرْد ينبت على ضفاف الماء. ومن معنى الوَرْد تفرّعت المعاني الأخرى.

الوَرَق والوَرِق: ويتقدّم الى الخازن بأن يخرج إليه رسائله مع الوَرَق و الوَرِق .

(الإمتاع والمؤانسة، ج 1، ص 56).

الوَرَق: وَرَق الشّجر. والوَرَق: المال، من قياس وَرَق الشجر، لأن الشجرة اذا تَحَاتَّ وَرَقها انجردت كالرجل الفقير. قال العجّاج : (الرجز)

إليك أدعو فتقبّل مَلِقي

واغفر خطاياي وَثمِّرْ وَرَقي

(ابن فارس ، مقاييس اللغة، ج 6، ص 101، والبيت في ديوان العجاج ، ص 40).

والوَرَق: وَرَق الشجر والشوك. والوَرَق من أوراق الشجر والكتاب.

وقال أبو حنيفة: الوَرَق كل ما تبسّط تَبَسُّطاً وكان له عيْر في وسطه تنتشر عنه حاشيتاه، واحدته وَرَقة.

وفي الحديث أنه قال لِعَمَّار: أنت طيّب الوَرَق، أراد بالوَرَق نَسْلَه تشبيهاً بورق الشجر لخروجها منها. ووَرَقُ القَوْمِ: أَحْدَاثُهم.

والوَرَق: أُدُم رِقَاق، واحدتها وَرَقة، ومنها وَرَق المصحف، ووَرَق المصحف وأَوْرَاقه: صُحْفُه.

الجوهري : الوَرَق المال من دراهم وإبل وغير ذلك. وقال ابن سيده: الورق المال من الإبل والغنم.

والوَرَق من الدم: ما استدار منه على الأرض.

والوَرِق والوِرْق والوَرْق والرِّقَة: الدراهم. وفي الصِّحَاح: الوَرِق.

الدراهم المضروبة وكذلك الرِّقة، والهاء عِوَض من الواو.

قال ابن سيده: وربما سمّيت الفِضة ورقاً. يقال: أعطاه ألف درهم رِقة لا

يخالطها شيء من المال غيره. وقال أبو عبيدة: الوَرَق الفضة، كانت مضروبةً كدراهم أولاً. (ابن منظور ، لسان العرب، مادة وَرَق).

استخدم أبو حيّان أحد الورقين بمعنى الدراهم، والآخر بمعنى الورق المعروف.

الوزير:... هو الوزير العظيم الذي افتقرت الدولة إلى نظره وأمره ونَهْيه، وإلى أن يكون هو المُبْرِم والناقِض، والرافع والواضع... والراعي لرعِيّتها ودهمائها والناهض بأثقالها وأعبائها. (الإمتاع والمؤانسة، ج 1، ص 5).

... فنماه الى ابن سعدان الوزير أبي عبد اللـه ... قبل تحمله أعباء الدولة، وتدبيره أمر الوزارة.. (الصداقة والصديق، ص 35). ووردت الكلمة ص 75 و80.

وردت لفظة الوزير في القرآن { وَاجْعَلْ لِي وَزِيرًا مِنْ أَهْلِي} (29/ طه). بمعنى المُعين. (تفسير الجلالين، ص 414).

الوزير حَبَأ الملك الذي يحمل ثقله ويُعينه برأيه، وقد استوزره، وحالته الوِزارة، والوَزارة، والكسر أعلى.

قال أبو العباس : الوزير في اللغة اشتقاقه من الوَزَر، والوَزَر الجبل الذي يُعتصم به ليُنْجِيَ من الهلاك، وكذلك وزير الخليفة معناه الذي يعتمد على رأيه في أموره ويلتجىء اليه، وقيل: قيل لوزير السلطان وزير لأنه يزِر عن السلطان أَثْقال ما أَسْنَد اليه من تدبير المملكة أي يحمل ذلك.

الجوهري : الوزير المواِزر لأنه يحمل عنه وِزْرَه أي ثقله. (ابن منظور ، لسان العرب، مادة وزر).

الوزارة هي أهم الخطط السلطانية والرُّتب الملوكيّة لأن اسمها يدل على مطلق الإعانة، فإن الوزارة مأخوذة إما من المؤازرة وهي الإعانة أو من الوِزْر وهو الثقل.

وكانت مهمة الوزير في الدول الشرقيَّة القديمة هي النظر في الجند والسلاح وأمور الحِماية كافة. ثم تطورت إلى أمور الجِباية والإنفاق وضبْط ذلك في جميع وجوهه. وعندما جاء الإسلام كان العرب ممن عرفوا قيصر و كسرى و النجاشي يسمون أبا بكر وزيراً للنبي (صلعم). ولم يكن لفظ الوزير يعرف بين المسلمين لذهاب رُتْبَة المُلْكِ بسَذَاجَة الإسلام، وكذا عمر مع أبي بكِر و عليّ و عثمان مع عمر . وكان الخليفة يستشير وزيره في أمور الدين. وفي دولة بني أميّة كان النظر للوزير عاماً في أحوال التدبير والمفاوضات وسائر أمور الحمايات والمطالبات وما يتبعها من النظر في ديوان الجند وفرض العطاء بالأهلية. وفي دولة بني العباس صار للوزير شأن عظيم فتولى النيابة في إنفاذ الحل والعقد. وجعل اليه النظر في القلم والترسل لِصَوْن أسرار السلطان ولحفظ البلاغة، وصار اسم الوزير جامعاً لخُطَّتَيْ السيفِ والقَلَم. وانقسم عمل الوزير في دولة بني أمية في الأندلس بين مجموعة من الناس فصار لحسبان المال وزيراً وللترسيل وزيراً وللنظر في حوائج المتظللين وزيراً وللنظر في أحوال أهل الثغور وزيراً. (أنظر: ابن خلدون ، المقدمة، ص 236 وما بعدها).

الوَسْق: وكانت ديّة العربي مئة وَسْق ، ودِيَّة الهَجِين خمسين وَسْقاً ، ودِيَّةُ المَوْلى عشرة أَوْسُق . (الإمتاع والمؤانسة، ج 2، ص 27).

الوَسْق من المكاييل ستون صاعاً. قال الخليل : الوَسْق حِمْل البَعير فأما الوِقْر فحِمْل حمار. (الخوارزمي ، مفاتيح العلوم، ص 14).

الوَسْق والوِسْق. مِكْيَلة مَعْلومة، وقيل هو حِمْل بَعير وهو ستون صاعاً بصاع النبي (صلعم). وهو خمسة أرطال وثلث.

قال الزجّاج: خمسة أوسق هي خمسة عشر قفيزاً، وقال وهو قفيزنا الذي يسمى المُعَدَّل.

التهذيب: الوَسْق، بالفتح، ستون صاعاً وهو ثلاثمئة وعشرون رطلاً عند أهل الحجاز، وأربعمئة وثمانون رطلاً عند أهل العراق على اختلافهم في مقدار

الصاع والمُدّ، والأصل في الوَسْق الحَمْل. وقال الخليل، الوَسْق هو حِمل البعير، والوِقْر حِمْل البغل أو الحمار. قال ابن بَري: وفي الغريب المُصَنَّف في باب طلع النخل: حملت وَسْقاً أي وِقْراً. (ابن منظور ، لسان العرب، مادة وَسَق)، واللفظ نادر الاستعمال في عصرنا.

الولاية: فإذا كان النبي ـ صلى اللـه عليه وسلم ـ أسّس هذا الأساس، وأظهر أمرهم لجميع الناس، كيف لا يقوى ظنهم، ولا ينبسط رجاؤهم، ولا يمتدُّ في الوِلاية أَمَلُهم؟ (الإمتاع والمؤانسة، ج 2، ص 74).

ابن سيده : الوِلاية: الخُطّة كالإمارة، والوَلاية المصدر.

ابن السكّيت : الوِلاية بالكسر السلطان، والوِلاية النُّصْرة.

وقال سيبويه الوَلاية بالفتح المصدر، والوِلاية بالكسر، مثل الإمارة والنِّقابة، لأنه اسم لما توليتَه وقُمْتُ به فإذا أرادوا المَصْدر فتحوا. (ابن منظور ، لسان العرب، مادة وَلِي).

مج (اج): ولاية (Tutelle (F) . // (ق) ـ الجهة القضائية (Juridiction (F) اختصاص جهة قضائية بسلطة القضاء في أمور معيّنة دون جهات القضاء الأخرى. (مرعشلي ، الصحاح في اللغة والعلوم، ج 2، ص 715).

فصل الياء

الياقوت: وأمّا التعظيم والإجلال فهما لكلّ ما قدُم: إمّا بالزمان، وإما بالدهر، ومثال ما يَقْدُم بالزمان الذهب و الياقوت وما شابههما من الجواهر التي بَعُدَ العهد بمبادئها. (الإمتاع والمؤانسة، ج 1، ص 24).

ومن الجواهر المعدنية ما هو صُلْب لا يذوب إلّا بالنار الشديدة، ولا يُكْسَر إلّا بالفأس كالياقوت والعَقيق. (الإمتاع والمؤانسة، ج 2، ص 107).

الجوهري: الياقوت، يقال فارسي معرّب، وهو فاعول، الواحدة ياقوتة، والجمع اليواقيت. (ابن منظور ، لسان العرب، مادة يقت).

ياقوت F) Corindon (E) Corundum)

مج (ك) الياقوت (Corundum (E هو أكثر المعادن صلادة بين الألماس ويتركب من أكسيد الألمنيوم ويوجد كثيراً في لون شفاف مشرّب بالحُمْرة أو الزُّرقة أو الخُضْرة أو الصُّفرة فيستعمل للزينة وهو يعتبر من الأحجار الكريمة. وأما الأنواع غير الشفافة ذات الألوان الداكنة فيقتصر استعمالها على أعمال الصقل وذلك لشدّة صلادتها.

شم (زر): ياقوت (Corindon (F منه الأبيض C. blan والأزرق C. bleu والأصفر C. Jaune والوَرْدِيّ C. rose وغيرها. جوهر يُعدّ أصلب الجواهر بعد الماس. والعرب فصلت أنواع الياقوت بعضها عن بعض على حسب ألوانها. وأما الإفرنج فقد جعلوا لكثير منها أسماء مستقلة. // ـ أحمر Rubis . // ـ

أُرجواني R. oriental // ـ أصفر Topase جوهر صلب من الفليوسيليكات الألمينيوم الطبيعي. // ـ أنثى (Saphir femelle (F) . //

ـ بَنَفْسَجِيّ Améthyste oriental . // ـ بَهرماني Rubace ou rubicelle من أنواع الياقوت، بلون البَهرمان أي صبغ العصفر الخالص

// ـ ذَكَر، نيلي saphir mâle . // ـ رُمّاني Rubace spinelle . // ـ أكهب Hyacinthe جوهر أسمر الى حمرة هو صوانات الزرقونيوم

الطبيعي. (مرعشلي ، الصحاح، في اللغة والعلوم، ج 2، ص 719).

خاتمة

أما وقد انتهى كتاب «ألفاظ الحضارة عند أبي حيان التوحيدي»، فما الجديد الذي أضافه إلى اللغة العربية؟ وما الآفاق التي يفتحها في تطور مسيرة هذه اللغة؟

في الواقع، ليس هذا النوع من الكتب جديداً؛ فهو يسير في خط نهجتُه على طريق اللغة والحضارة، إذ سبقه في هذا المضمار كتابي الموسوم بــ«الدلالات الحضارية في لغة المقدمة عند ابن خلدون» الذي صدر عن دار الفارابي عام 2007 ([302])، ولقي رواجاً وتشجيعاً كانا من الدوافع إلى متابعة مثل هذه الأعمال، كما يضاف إلى كتب مشابهة تنجز في أكثر من بلد عربي، وتقوم بإحصاء معجم لغوي لألفاظ الشعر القديم، منها «النابغة الذبياني ومعجمه اللغوي» الصادر في تونس، و«أوس بن حجر ومعجمه اللغوي» و«امرؤ القيس ومعجمه اللغوي» و«الأعشى ومعجمه اللغوي» وغيرها من الكتب التي تعمل كلية الآداب في جامعة الكويت على إصدارها ([303]).

وإذا كانت تلك المعجمات قد اكتفت بإحصاء الألفاظ التي استخدمها الشعراء في مرحلة تاريخية محددة، هي العصر الجاهلي، مع الإشارة إلى

[302] اسماعيل، حسن ، الدلالات الحضارية في لغة المقدمة عند ابن خلدون، دار الفارابي، بيروت، ط1، 2007.

[303] الفريج، سهام عبد الوهاب ، الأعشى ومعجمه اللغوي، جامعة الكويت، 2001، ص7.

جذورها، ومعانيها، وقافية البيت وبحره، فإني أزعم أنّ أهمية كتابنا هذا تكمن في كونه يتناول ألفاظ الحضارة في عصر أكثر اتساعاً مما سبقه، بحيث تنتمي جذورها التاريخية إلى عصور متفاوتة، تتداخل فيها الدلالات والمعاني، وقد تتباعد وتفترق، لكنها توقفنا على مستوى حضاري لعلّه الأغنى والأرقى قياساً إلى العصور السابقة، والعصور التي جاورته من قبلُ ومن بعدُ، كما يوقفنا على طبقة من طبقات لغة العرب تساعد في دراسة التطور التاريخي لهذه اللغة، ويشكل مدماكاً في بناء كبير تؤسس له مؤسسات لغوية كثيرة في عالمنا العربي، وتهتمُّ بدراسة طبقات اللغة العربية عبر العصور، الأمر الذي يفسح المجال أمام دراسة القوانين التي تحكم مسار هذه اللغة، وتعاملها مع المستجدات الحضارية، فضلاً عن إنشاء معجم يحصي ما هو مهمل من ألفاظها، وما بُعث حياً بعد إهمال، وما دخل فيها من جديد.

وإذا كان الكمال في مثل هذه الأعمال مستحيلاً، فإني أرجو أن تغفر هفواتي وهناتي، آملاً أن أكون قد أتيت بما يخدم لغتنا لتبقى نابضة بالحياة.

فهارس عامة

1- فهرس ألفاظ الحضارة عند أبي حيان التوحيدي

2- فهرس الآيات القرآنية

3- فهرس القوافي

4- فهرس الأعلام

5- فهرس الشعوب والأمم والقبائل والفرق

6- فهرس الأمكنة والجبال والبلدان والأنهار

7- فهرس المصادر والمراجع

8- فهرس الموضوعات

9- فهرس الفهارس

فهرس ألفاظ الحضارة عند أبي حيان التوحيدي

فهرس الآيات القرآنية

{ خَتَمَ اللَّهُ عَلَى قُلُوبِهِمْ وَعَلَى سَمْعِهِمْ وَعَلَى أَبْصَارِهِمْ غِشَاوَةٌ }. (7/ البقرة) 169

{ وَعَلَّمَ آدَمَ الْأَسْمَاءَ كُلَّهَا } (البقرة 31/2) 78

(إِلَّا أَنْ تَكُونَ تِجَارَةً حَاضِرَةً تُدِيرُونَهَا بَيْنَكُمْ } (البقرة/ 282) 140

{ هُوَ الَّذِي أَنْزَلَ عَلَيْكَ الْكِتَابَ مِنْهُ آيَاتٌ مُحْكَمَاتٌ هُنَّ أُمُّ الْكِتَابِ وَأُخَرُ مُتَشَابِهَاتٌ فَأَمَّا الَّذِينَ فِي قُلُوبِهِمْ زَيْغٌ فَيَتَّبِعُونَ مَا تَشَابَهَ مِنْهُ ابْتِغَاءَ الْفِتْنَةِ وَابْتِغَاءَ تَأْوِيلِهِ وَمَا يَعْلَمُ تَأْوِيلَهُ إِلَّا اللَّهُ وَالرَّاسِخُونَ فِي الْعِلْمِ } (7/ آل عمران) 58

{ ذَلِكَ مِنْ أَنْبَاءِ الْغَيْبِ نُوحِيهِ إِلَيْكَ وَمَا كُنْتَ لَدَيْهِمْ إِذْ يُلْقُونَ أَقْلَامَهُمْ أَيُّهُمْ يَكْفُلُ مَرْيَمَ } (44/ آل عمران) . 264-265

{ وَمِنْهُمْ مَنْ إِنْ تَأْمَنْهُ بِدِينَارٍ لَا يُؤَدِّهِ إِلَيْكَ إِلَّا مَا دُمْتَ عَلَيْهِ قَائِمًا } (75/ آل عمران) 183

{ سَنُلْقِي فِي قُلُوبِ الَّذِينَ كَفَرُوا الرُّعْبَ بِمَا أَشْرَكُوا بِاللَّهِ مَا لَمْ يُنَزِّلْ بِهِ سُلْطَانًا وَمَأْوَاهُمُ النَّارُ } (151/ آل عمران) 211

{ يَا أَيُّهَا الَّذِينَ آمَنُوا أَطِيعُوا اللَّهَ وَأَطِيعُوا الرَّسُولَ وَأُولِي الْأَمْرِ مِنْكُمْ فَإِنْ تَنَازَعْتُمْ فِي شَيْءٍ فَرُدُّوهُ إِلَى اللَّهِ وَالرَّسُولِ إِنْ كُنْتُمْ تُؤْمِنُونَ بِاللَّهِ وَالْيَوْمِ الْآخِرِ ذَلِكَ خَيْرٌ وَأَحْسَنُ تَأْوِيلًا }. (59/ النساء). 58

{ أَفَلَا يَتَدَبَّرُونَ الْقُرْآنَ } (النساء/ 82) 144

{ إِلَّا أَنْ تَكُونَ تِجَارَةً عَنْ تَرَاضٍ مِنْكُمْ } (99/النساء) 140

337

{ وَلَوْ نَزَّلْنَا عَلَيْكَ كِتَابًا فِي قِرْطَاسٍ فَلَمَسُوهُ بِأَيْدِيهِمْ لَقَالَ الَّذِينَ كَفَرُوا إِنْ هَذَا إِلَّا سِحْرٌ مُبِينٌ }. (7/ الأنعام) . 260

{ قُلْ لَا أَقُولُ لَكُمْ عِنْدِي خَزَائِنُ اللَّهِ وَلَا أَعْلَمُ الْغَيْبَ وَلَا أَقُولُ لَكُمْ إِنِّي مَلَكٌ }، 50/ الأنعام) 172

{ يُوحِي بَعْضُهُمْ إِلَى بَعْضٍ زُخْرُفَ الْقَوْلِ غُرُورًا } (112/ الأنعام) 203

{ حَتَّى إِذَا أَخَذَتِ الْأَرْضُ زُخْرُفَهَا وَازَّيَّنَتْ } (24/ يونس) 203

{ وَشَرَوْهُ بِثَمَنٍ بَخْسٍ دَرَاهِمَ } (20/ يوسف) 175

{ وَمَا كَانَ لِي عَلَيْكُمْ مِنْ سُلْطَانٍ إِلَّا أَنْ دَعَوْتُكُمْ فَاسْتَجَبْتُمْ لِي } (22/ إبراهيم) 211

{ وَاخْفِض لَهُمَا جَنَاحَ الذُّلِّ } (24/ الإسراء) 81

{ أَوْ يَكُونَ لَكَ بَيْتٌ مِنْ زُخْرُفٍ } (93/الإسراء) 203

{ يُحَلَّوْنَ فِيهَا مِنْ أَسَاوِرَ مِنْ ذَهَبٍ } (31/ الكهف) 189

{ وَإِنِّي خِفْتُ الْمَوَالِيَ مِنْ وَرَائِي } (5/مريم) 303

{ وَاجْعَلْ لِي وَزِيرًا مِنْ أَهْلِي } (29/ طه) 321

{ وَلَا يُحِيطُونَ بِهِ عِلْمًا } «110/ طه» 57

{ وَيَجْعَلْ لَكَ قُصُورًا }. (10/ الفرقان). 260

{ عُلِّمْنَا مَنْطِقَ الطَّيْرِ } (16/ النمل) 298

{ وَلَقَدْ آتَيْنَا لُقْمَانَ الْحِكْمَةَ } (12/ لقمان) 166

{ يُطَافُ عَلَيْهِمْ بِكَأْسٍ مِنْ مَعِينٍ (45) بَيْضَاءَ لَذَّةٍ لِلشَّارِبِينَ }]الصافات: 45-46[270

{ ذَلِكَ بِأَنَّ اللَّهَ مَوْلَى الَّذِينَ آمَنُوا وَأَنَّ الْكَافِرِينَ لَا مَوْلَى لَهُمْ } (محمد/ 11) 303

{ فِيهِمَا فَاكِهَةٌ وَنَخْلٌ وَرُمَّانٌ } (68/ الرحمن) 199

{ كَيْ لَا يَكُونَ دُولَةً بَيْنَ الْأَغْنِيَاءِ مِنْكُمْ } (7/ الحشر) 181

{ كَأَنَّهُمْ بُنْيَانٌ مَرْصُوصٌ } (4/ الصف) 195

{ ن وَالْقَلَمِ وَمَا يَسْطُرُونَ (1) مَا أَنْتَ بِنِعْمَةِ رَبِّكَ بِمَجْنُونٍ }]القلم: 1-2[264-265

{ وُجُوهٌ يَوْمَئِذٍ نَاضِرَةٌ } (22/القيامة) 125

{ إِنَّ الْأَبْرَارَ يَشْرَبُونَ مِنْ كَأْسٍ كَانَ مِزَاجُهَا كَافُورًا } 5/ الإنسان. 271

{ فَالْمُدَبِّرَاتِ أَمْرًا } (5/النازعات) 144

{ اقْرَأْ وَرَبُّكَ الْأَكْرَمُ (3) الَّذِي عَلَّمَ بِالْقَلَمِ } [العلق: 3-4] 264

ألفاظ الحضارة عند أبي حيّان التوحيدي

فهرس المصادر والمراجع

1 ـ القرآن الكريم.

2 ـ ابن أبي أصيبعة، عيون الأنباء في طبقات الأطباء (3 أجزاء). دار الثقافة ـ بيروت، ط. ثالثة، 1981 م.

3 ـ ابن الأثير، أبو الحسن علي، الكامل في التاريخ (13 مجلداً)، دار صادر ـ بيروت، 1979 م.

4 ـ ابن الأثير، ضياء الدين نصر الله، المثل السائر في أدب الكاتب والشاعر (جزءان)، تحقيق محمد محيي الدين عبد الحميد، البابي الحلبي ـ مصر، 1358 هـ 1939 م.

5 ـ ابن البيطار، ضياء الدين عبد الله بن أحمد الأندلسي، الجامع لمفردات الأدوية والأغذية، 4 أجزاء، مكتبة المثنّى ـ بغداد، ب. ت.

6 ـ ابن جني، الخصائص (3 مجلدات) تحقيق محمد علي النجار، دار الهدى ـ بيروت، ط. ثانية، ب. ت.

7 ـ ابن الجوزي، المنتظم ، دار المعارف العثمانية حيدر آباد، ط. أولى، 1357 هـ.

8 ـ ابن حوقل، صورة الأرض ، مكتبة الحياة ـ بيروت، 1979 م.

9 ـ ابن خالوية، ليس في كلام العرب ، تحقيق أحمد عبد الغفور عطار ـ مكة، ط. ثالثة، 1399 هـ/ 1979 م.

10 ـ ابن خلدون، عبد الرحمن، المقدمة ، دار إحياء التراث العربي ـ بيروت، ب. ت.

11 ـ ابن خلكان، وفيات الأعيان ، تحقيق محمد محيي الدين عبد الحميد. القاهرة ـ 1948 م.

12 ـ ابن رشيق، العمدة (جزءان)، تحقيق محمد محيي الدين عبد الحميد، دار الجيل ـ بيروت، ط. رابعة، 1972 م.

13 ـ ابن سيده، المخصص (5 مجلدات، 17 جزءاً)، دار الآفاق الجديدة ـ بيروت، ب. ت.

14 ـ ابن فارس، الصاحبي في فقه اللغة وسنن العرب في كلامها ، تحقيق مصطفى الشويمي، مؤسسة بدران ـ بيروت، 1963 م.

ـ مقاييس اللغة (6 مجلدات)، تحقيق عبد السلام هارون، الدار الإسلامية ـ بيروت، ب. ت.

15 ـ ابن منظور، لسان العرب (15 مجلداً)، دار صادر ـ بيروت، ب. ت.

16 ـ ابن النديم، الفهرست ، دار المعرفة ـ بيروت ـ ب. ت.

17 ـ أبو حيّان التوحيدي، الإمتاع والمؤانسة ، تحقيق أحمد أمين وأحمد الزين، مكتبة الحياة ـ بيروت. ب. ت.

ـــ الصداقة والصديق، تحقيق ابراهيم الكيلاني، دار الفكر المعاصر، بيروت، ودار الفكر ـ دمشق، ط 2، 1421 هـ ـ 2000 م.

ـــ البصائر والذخائر ، تحقيق ابراهيم الكيلاني، دمشق، 1964 م.

ـــ أخلاق الوزيرين أو «مثالب الوزيرين» ، تحقيق محمد تاويت الطَّنجّي، المجمع العلمي العربي ـ دمشق، ب. ت.

ـــ المقابسات ، تحقيق محمد توفيق حسين، دار الآداب، بيروت، ط2، 1989.

18 ـ إخوان الصفاء، رسائل إخوان الصفاء (مجلدان، 4 أجزاء) تصحيح خير الدين الزركلي، المطبعة العربية ـ مصر 1347 هـ/ 1928 م.

19 ـ الأصفهاني، الراغب، معجم مفردات ألفاظ القرآن، تحقيق نديم مرعشلي، دار الكتاب العربي، بيروت، 1972 م.

20 ـ الأعسم، عبد الأمير، أبو حيّان التوحيدي في كتاب المقابسات ، دار الأندلس ـ بيروت، ط. أولى، 1400 هـ/ 1980 م.

21 ـ الأعشى، ميمون بن قيس، ديوان الأعشى ، تحقيق محمد محمد حسين. القاهرة ـ ب. ت.

22 ـ اسماعيل، حسن، الدلالات الحضارية في لغة المقدمة عند ابن خلدون ، دار الفارابي، بيروت، ط1، 2007.

23 ـ اشبنغلر، أوسوالد، تدهور الحضارة الغربية (جزءان) ترجمة أحمد الشيباني، دار مكتبة الحياة ـ بيروت، ب. ت.

24 ـ أمين، أحمد، ظهر الإسلام (مجلدان، 3 أجزاء)، دار الكتاب العربي ـ بيروت، ط. خامسة، 1388 هـ/ 1969 م.

25 ـ أنجلس، فريدريك، أصل العائلة والملكية الخاصة والدولة ، ترجمة الياس شاهين، دار التقدم ـ موسكو، ب. ت.

26 ـ أنيس، ابراهيم، دلالة الألفاظ ، مطبعة الأنجلو المصرية، ط. ثانية، 1976 م.

ـ اللغة بين القومية والعالمية، دار المعارف بمصر، 1970.

27 ـ أنيس، ابراهيم، وعبد الحليم منتصر، وعطية الصوالحي، ومحمد خلف الله أحمد، المعجم الوسيط ، (مجلدان)، دار إحياء التراث العربي ـ بيروت، ط. ثانية، 1392 هـ/ 1972 م.

28 ـ باي، ماريو، أسس علم اللغة ، ترجمة أحمد مختار عمر، جامعة طرابلس ـ ليبيا، 1973 م.

29 ـ البستاني، المعلم بطرس، محيط المحيط ، مكتبة لبنان ـ بيروت، ط. 1983 م.

30 ـ بروكلمان، كارل، تاريخ الأدب العربي (6 أجزاء)، ترجمة يعقوب بكر ورمضان عبد التواب وعبد الحليم النجّار، دار المعارف بمصر، ط. ثالثة، 1977 م.

31 ـ البغدادي، صفي الدين عبد المؤمن بن عبد الحق، مراصد الاطّلاع، تحقيق محمد علي البجاوي، (3 مجلدات) دار المعرفة ـ بيروت، ط 1، 1954 م.

32 ـ البغدادي، عبد القاهر، الفَرْق بين الفِرَق ، دار الآفاق الجديدة ـ بيروت، ط. رابعة، 1400 هـ/ 1980 م.

33 ـ البلاذري، فتوح البلدان ، مراجعة رضوان محمد رضوان، مطبعة السعادة مصر، 1959 م.

34 ـ بهنسي، عفيف، علم الجمال عند أبي حيّان التوحيدي، وزارة الإعلام العراقية، ب. ت.

35 ـ تامر، عارف، حِقيقة إخوان الصفاء وخلان الوفاء، المطبعة الكاثوليكية ـ بيروت، ط. ثانية، 1966 م.

36 ـ التهانوي، محمد علي الفاروقي، كشاف اصطلاحات الفنون ، تحقيق د. لطفي عبد البديع، المؤسسة المصرية العامة للترجمة والطباعة والنشر، 1382 هـ/ 1963 م.

37 ـ الثعالبي، يتيمة الدهر (5 مجلدات، تحقيق محمد مفيد قميحة، دار الكتب العلمية ـ بيروت، ط. أولى، 1983 م.

ــ فقه اللغة وأسرار العربية ، مكتبة الحياة ـ بيروت، ب. ت.

38 ـ ثعلب، الإمام أبو العباس أحمد بن يحيى بن زيد الشيباني، شرح

ديوان زهير بن أبي سلمى ـ الهيئة العامة للكتاب ـ القاهرة ـ بيروت، 1363 هـ/ 1944 م.

39 ـ الجاحظ، البيان والتبيين (4 أجزاء) تحقيق عبد السلام محمد هارون، دار الفكر ـ بيروت، ب. ت.

40 ـ الجرجاني، عبد القاهر، أسرار البلاغة ، تحقيق هـ ريتر، استانبول، مطبعة وزارة المعارف، 1954 م.

ـ دلائل الإعجاز ، تصحيح محمد عبده ومحمد محمود التركزي الشنقيطي، دار المعرفة ـ بيروت، 1398 هـ/ 1978 م.

41 ـ الجرجاني، القاضي علي بن عبد العزيز، الوساطة بين المتنبي وخصومه ، تحقيق محمد أبو الفضل ابراهيم ومحمد علي البجاوي، البابي الحلبي ـ مصر، 1966 م.

42 ـ الجرجاني، علي بن محمد الشريف، التعريفات ، مكتبة لبنان ـ بيروت، 1978 م.

43 ـ جماعة من الأساتذة السوفييت، موجز تاريخ الفلسفة ، تعريب توفيق ابراهيم سلوم، دار الفكر ـ موسكو، ط. ثالثة، 1979 م.

44 ـ الجواليقي، أبو منصور موهوب، المعرّب من الكلام الأعجمي على حروف المعجم، تحقيق أحمد محمد شاكر، ومعه كتاب تكملة إصلاح ما تغلط به العامة ، تحقيق عز الدين التنوخي، طهران 1966 م.

45 ـ جوزي، بندلي، من تاريخ الحركات الفكرية في الإسلام ، دار الروائع، بيروت، ب. ت.

46 ـ الجوهري، اسماعيل بن حمّاد، تاج اللغة وصحاح العربية ، (6 مجلدات مع مقدمة للمحقق أحمد عبد الغفور عطّار)، ط. ثالثة، 1402 هـ/ 1982 م.

47 ـ حاجي خليفة، كشف الظنون ، (6 مجلدات)، دار الفكر ـ بيروت، 1402 هـ/ 1982 م.

48 ـ حتّي، فيليب، تاريخ العرب ، دار غندور ـ بيروت، ط. خامسة، 1974 م.

49 ـ حسان بن ثابت، ديوان حسان بن ثابت ، ط. القاهرة، 1347 هـ

50 ـ حسان، تمام، مناهج البحث في اللغة، دار الثقافة، الدار البيضاء 1407 هـ/ 1986 م.

51 ـ الحوفي، أحمد محمد، أبو حيّان التوحيدي (جزءان) مكتبة نهضة مصر بالفجالة، ب. ت.

52 ـ حسين، طه، من تاريخ الأدب العربي. (3 أجزاء) دار العلم للملايين، بيروت. ط 5، 1991.

53 ـ الخفاجي، شهاب الدين أحمد، شفاء الغليل فيما في كلام العرب من الدخيل، تصحيح محمد بدر الدين النعساني،

مطبعة السعادة ـ مصر، ط. أولى، 1325 هـ/ 1907 م.

54 ـ الخوارزمي، أبو بكر الكاتب، مفاتيح العلوم ، طبعة فلوتن، 1895 م.

55 ـ خير الله ، أمين أسعد، الطب العربي ، المطبعة الأميركانية ـ بيروت، 1946 م.

56 ـ دائرة المعارف الإسلامية، ط. 1352 هـ/ 1939 م.

57 ـ دمشقية، عفيف، تجديد النحو العربي ، معهد الإنماء العربي ـ بيروت، ط. أولى، 1976 م.

ـ المنطلقات التأسيسية والفنيّة إلى النحو العربي ، معهد الإنماء العربي، بيروت، ط. أولى، 1978 م.

58 ـ دي خويه، ميكال يان، القرامطة؛ نشأتهم ـ دولتهم ـ علاقتهم

بالفاطميين ، ترجمة حسني زينة، دار ابن خلدون ـ بيروت، ط. أولى، 1978 م.

59 ـ الزَّبيدي، السيد محمد مرتضى الحسيني، تاج العروس من جواهر القاموس ، إصدار وزارة الإرشاد والأنباء بالكويت، (40 مجلداً)، صدر الجزء الأول، 1965 م، والجزء الأخير 2002م.

60 ـ الزركلي، خير الدين، الأعلام ، (8 مجلدات)، دار العلم للملايين ـ بيروت، ط. خامسة، 1980 م.

61 ـ زريق، قسطنطين، في معركة الحضارة ، دار العلم للملايين، ط. أولى، 1964 م.

62 ـ الزمخشري، جار اللـه أبو القاسم محمود بن عمر، أساس البلاغة ، دار صادر ودار بيروت ـ بيروت، 1385 هـ/ 1965 م.

63 ـ الزَّوْزَني، شرح المعلقات السبع ، دار القاموس الحديث ـ بيروت، ب. ت.

64 ـ السامرائي، ابراهيم، التطور اللغوي التاريخي ، دار الأندلس ـ بيروت، ط. ثالثة، 1983 م.

ـ فقه اللغة المقارن ، دار العلم للملايين ـ بيروت، ط. ثالثة، 1983 م.

65 ـ السبكي، تاج الدين، طبقات الشافعيَّة ، (3 مجلدات، 6 أجزاء)، المطبعة الحسينيَّة ـ مصر، ط. أولى، 1324 هـ/ 1906 م.

66 ـ السمعاني. أبو سعد عبد الكريم بن محمد بن منصور التميمي، الأنساب ، تحقيق محمد عوامة ـ بيروت، ب. ت (المجلد الثامن).

67 ـ السيوطي، جلال الدين عبد الرحمن الشافعي، بغية الوعاة ، دار المعرفة ـ بيروت. ب. ت.

ـ المزهر في علوم اللغة (جزءان)، شرح وضبط أحمد جاد المولى ومحمد أبو الفضل ابراهيم ومحمد علي البجاوي، عيسى البابي الحلبي، ط. رابعة، 1378 هـ/ 1958 م.

68 ـ شلق، علي، مراحل تطور النثر العربي، في نماذجه، (3 أجزاء) دار العلم للملايين، بيروت، ط 1، 1994.

69 ـ الشيبي، مصطفى كامل، الصلة بين التصوُّف والتشيُّع ، (جزءان)، دار الأندلس، بيروت، ط. ثالثة، 1982 م.

70 ـ شير، السيد أدي، الألفاظ الفارسية المعرّبة ، المطبعة الكاثوليكية ـ بيروت، 1908.

71 ـ الصابي، الهلال بن المحسِّن، الوزراء أو تحفة الأمراء في تاريخ الوزراء، تحقيق عبد الستار أحمد فراج، عيسى البابي الحلبي، القاهرة، 1958 م.

72 ـ الصالح، صبحي، النظم الإسلامية ، دار العلم للملايين ـ بيروت، ط. ثالثة، 1976 م.

73 ـ الصاوي، محمد اسماعيل عبد الله، شرح ديوان جرير ، دار الأندلس، بيروت، ب. ت.

74 ـ الصَّنَوْبري، ديوان الصنوبري تحقيق إحسان عباس، دار الثقافة ـ بيروت، 1970 م.

75 ـ الصولي، أبو بكر محمد بن يحيى، الأوراق (3 مجلدات) عني بنشره ج. هيورث، د. ن. دار المسيرة ـ بيروت، ط. ثانية، 1982 م.

76 ـ الصيادي، محمد المُنْجي، التعريب وتنسيقه في الوطن العربي ، مركز دراسات الوحدة العربية ـ بيروت، ط. أولى، 1980 م.

77 ـ الطبري، أبو جعفر محمد بن جرير، تاريخ الرسل والملوك (15 مجلداً)، مكتبة خياط، بيروت، ب. ت.

78 ـ عباس، إحسان، أبو حيّان التوحيدي ، دار بيروت، 1956 م.

79 ـ العزيز، حسين قاسم، البابكية، مكتبة النهضة ـ بغداد، ودار الفارابي ـ بيروت، ب. ت.

80 ـ العلايلي، عبد الـلـه ، المرجع ، دار المعجم العربي ـ بيروت. ط. أولى، 1963 م.

81 ـ المعجم (المجلد الأول ـ 4 أقسام)، دار المعجم العربي ـ بيروت، 1954 م.

82 ـ علبي، أحمد، ثورة الزَّنج ، دار الفارابي، بيروت، ط 3، 2007.

83 ـ علقمة، ديوان علقمة ، ط. القاهرة، 1293 هـ

84 ـ الفراهيدي، الخليل بن أحمد، كتاب العين، (6 أجزاء) تحقيق هادي حسين حمودي، عُمان 1994.

85 ـ الفريج، سهام عبد الوهاب، الأعشى ومعجمه اللغوي، جامعة الكويت، 2001.

86 ـ فريحة أنيس، محاضرات في اللهجات وأسلوب دراستها، جامعة الدول العربية، معهد الدراسات العربية العالية، 1955 م.

ـ معجم الألفاظ العامية ، مكتبة لبنان ـ بيروت، 1973 م.

87 ـ الفيروز آبادي، القاموس المحيط ، (4 مجلدات)، المطبعة الحسينية ـ مصر، ط. ثانية، 1344 هـ

88 ـ القالي، أبو علي، الأمالي (جزءان)، دار الآفاق الجديدة، بيروت، 1400 هـ 1980 م.

89 ـ القفطي، أبو الحسن علي بن يوسف، تاريخ الحكماء ، ليبزغ، 1320 هـ

90 ـ الكتبي، محمد بن شاكر، فوات الوفيات ، (5 مجلدات) تحقيق إحسان عباس، دار الثقافة ـ بيروت، 1973 م.

91 ـ كرد علي، محمد، أمراء البيان (جزءان)، مطبعة لجنة التأليف والنشر ـ القاهرة، ط. 1355 هـ/ 1937 م.

92 ـ الكفوي، أبو البقاء بن موسى الحسيني، الكليّات ، (5 أجزاء)، تحقيق عدنان درويش، ومحمد المصري، وزارة الثقافة والإرشاد القومي ـ دمشق، ط. ثانية، 1981 م.

93 ـ كوربان، هنري، تاريخ الفلسفة الإسلامية ، ترجمة نصير مروة وحسن قبيسي، منشورات عويدات ـ بيروت، ط. ثانية، 1977 م.

94 ـ لجنة من العلماء السوفيات بإشراف م. روزنتال وب. يودين، الموسوعة الفلسفية ، ترجمة سمير كرم، دار الطليعة ـ بيروت، ط. ثالثة، 1981 م.

95 ـ لويس م. م. اللغة في المجتمع ، ترجمة د. تمام حسان، دار إحياء الكتاب العربي ـ عيسى البابي الحلبي، ط. 1959 م.

96 ـ ماركس ـ أنجلس، المختارات (3 مجلدات) ترجمة الياس شاهين، دار التقدم ـ موسكو، 1980 م.

97 ـ مبارك، زكي، النثر الفني في القرن الرابع الهجري (جزءان)، دار الكتاب العربي ـ القاهرة، 1934 م.

98 ـ المبارك، محمد، فقه اللغة وخصائص العربية ، دار الفكر ـ بيروت، ط. ثالثة، 1968 م.

99 ـ متز، آدم، الحضارة الإسلامية في القرن الرابع الهجري (جزءان)، تعريب محمد عبد الهادي أبو ريدة، دار الكتاب العربي ـ بيروت، ط. خامسة، ب. ت.

100 ـ المحلي، جلال الدين، وجلال الدين السيوطي، تفسير الجلالين ، دار المعرفة ـ بيروت، ب. ت.

101 ـ محيي الدين، عبد الرزّاق، أبو حيّان التوحيدي، سيرته وآثاره، مصر. ط. أولى 1958 م.

102 ـ مجمع اللغة العربية (مصر)، معجم ألفاظ القرآن الكريم ، دار الشروق ـ القاهرة وبيروت، 1401 هـ/ 1981 م.

103 ـ مرعشلي، نديم وأسامة، الصحاح في اللغة والعلوم (مجلدان)، دار الحضارة العربية ـ بيروت، ط. أولى، 1974 م.

104 ـ مروة، حسين، النزعات المادية في الفلسفة العربية الإسلامية ، (مجلدان)، دار الفارابي ـ بيروت، ط. ثانية، 1979 م.

ــ تراثنا كيف نعرفه ، مؤسَّسة الأبحاث العربية ـ بيروت، ط. أولى، 1985.

105 ـ مسعود، جبران، الرائد ، دار العلم للملايين ـ بيروت، ط. ثانية، 1967 م.

106 ـ المسعودي، مروج الذهب ومعادن الجوهر (4 مجلدات)، تحقيق محمد محيي الدين عبد الحميد، دار المعرفة ـ بيروت، ب. ت.

107 ـ المطرِّزي، أبو الفتح ناصر بن عبد السيد بن علي، المغرِّب في ترتيب المعرَّب، تصحيح الشيخ خليل الميس، دار الكتاب العربي ـ بيروت، ب. ت.

108 ـ المقدّسي، أحسن التقاسيم في معرفة الأقاليم ، مكتبة خياط ـ بيروت، ب. ت.

109 ـ ناصر خسرو، سفر نامه ، ترجمة يحيى خشاب، دار الكتاب الجديد ـ بيروت، ط. ثالثة، 1983 م.

110 ـ ميكال، أندريه، الإسلام وحضارته، ترجمة زينب عبد العزيز، المكتبة العصرية، صيدا ـ بيروت، ب. ت.

111 ـ وافي. علي عبد الواحد، علم اللغة ، مكتبة نهضة مصر بالفجالة ـ القاهرة. ط. رابعة، 1377 هـ/ 1957 م.

ـ فقه اللغة ، مطبعة لجنة البيان العربي ـ بلاظو ـ غلي، ط. رابعة، 1385 هـ/ 1965 م.

112 ـ وهبة، مجدي، وكامل المهندس، معجم المصطلحات العربية في اللغة والأدب ، مكتبة لبنان ـ بيروت، ط. ثانية، 1984 م.

113 ـ اليازجي، ناصيف، العَرْف الطيِّب في شرح ديوان أبي الطيِّب ، دار القلم ـ بيروت، ط. ثانية، ب. ت.

114 ـ ياقوت، معجم الأدباء (20 مجلداً)، تحقيق، أحمد رفاعي بك، دار المأمون، مصر، ب. ت.

ـ معجم البلدان (5 مجلدات)، دار احياء التراث العربي ـ بيروت، 1399 هـ/ 1979 م.

115 ـ اليسوعي. روفائيل نخلة، غرائب اللغة العربية ، المطبعة الكاثوليكية، بيروت، ط. ثالثة، تموز 1960 م.

المجلات والدوريات

1 ـ الخوري، فؤاد، نشأة الأنتروبولوجيا والاجتماع، مجلة الفكر العربي، العددان 37 ـ 38. كانون الثاني ـ أيار 1985.

2 ـ دمشقية، عفيف، اللغة وباب الاجتهاد، مجلة الفكر العربي المعاصر. العددان 30 ـ 31، صيف 1984.

3 ـ العلايلي، عبدا الـلـه ، مقابلة، مجلة الأفق، العدد 48، آذار 1985.

4 ـ فخري، ماجد، إشكالية المنهج، منهج واحد أم عدة مناهج، مجلة الفكر العربي، العدد 42، حزيران 1986.

باللغات الأجنبية

-1 Augé, Paul. Larousse du XXe siècle (6. V.), librairie larousse-Paris, (2e. V.).

-2 Encyclopedia Univeralis (4e. V. et 16e. V.).

-3 Martiné, Andre, Eléments de lingustique générale, Paris, 1980 .

-4 Petit Larousse illustré, librairie larousse-Paris, 1978 .

-5 Walter, Henriette et Gérard, Dictionnaire des mots d'origine étrangère, d. France loisir, 2001 .

المحتويات

فهرس الفهارس